保育内容「言葉」と指導法

子どもの心のことばに耳を澄ませて

仲本美央・吉永安里 編著

HOUBUNSHORIN
萌文書林

はじめに

本書は、保育現場の子どもと保育者の姿から、保育内容の領域「言葉」と「言葉の指導法」を学ぶためのテキストです。保育者養成課程における必須科目として、必要な専門的知識とその技能を修得していくための内容を含めました。同時に、今、まさに保育者を目指している人たちが自らの学習過程において、学びたいことをテキスト内から選び取ることができる展開を心がけました。具体的には、以下の３つの展開です。

１．保育における言葉の「理論」「方法」「実践」「発展」から選び取る

保育の専門性とは、子ども理解を深めたうえで、その理解に基づいた指導計画を行い、実践し、その実践を省察することで課題を見出すことであり、またその課題を新たな保育実践へと発展させていくことを基本としています。子どもの言葉の育ちを支えるうえでも、その基本は同じことです。本書は、第１部では子どもの言葉の育ちの理解に必要とされる「理論」、第２部では子どもの育ちを支えるための指導計画や指導法としての「方法」、第３部では指導計画や指導法を含めた言葉を育む児童文化の「実践」、第４部では子どもの言葉の育ちの現代的課題を示しながら、よりよい言葉の育ちのあり方やその指導法の「発展」を解説しています。この一連の学びを習得することで、基本となる保育の専門性を身に付けることになります。また、学習者自身がこの４部の構成を意識して自らが学びたい視点から各章をつなげて選び取り、往還的に学ぶことができます。

２．子どもの言葉の育ちの場面から選び取る

保育の営みは、子どもの姿から始まるものです。目の前の子どもがどのような言葉を話しているのか、言葉には現れていなくとも子どもの表情や声、身振り、手振りなどでどのような言葉が心の中に広がっているのかを捉える力が必要です。このため、保育者を目指す人は、まず、見えない子どもの心の言葉にも耳を澄ませながら聴きたいという心もちを身につけましょう。その心もちを身につけるためには、専門的知識や技能を学ぶとともに子どもの言葉の育ちの場面から状況を読み取る力を習得することが重要です。本書は、どの章においても必ずEpisodeを掲載しながら解説しています。０歳児にはどのような言葉の育ちの過程があるのだろうか。子どもの言葉遊びの場面では保育者はどのような関わりや援助をしているのだろうか。実習のときに経験をした子どもたちとの言葉のやりとりの場面と同じようなEpisodeから学ぶことができないだろうか。このように、保育者養成課程で学んでいるときには多くの関心が現れてきます。生活場面における子どもの言葉の育ちの姿は様々です。学習者にとって必要なEpisodeを選び取り、そこから学びを深めていくことができます。

3．自らの実践的学びの段階から選び取る

保育者養成課程における学びには、講義や演習科目だけではなく実習科目の修得が必要です。おおむね２年間ないしは４年間において「理論⇔実践」の往還的な学びを積み重ねて保育の専門性の向上を目指していきます。そのため、学習者が本書を手に取る時期は様々なのです。実習を経験していない時期なのか、１回目の実習が終わった直後なのか、それとも全ての実習が終わった後なのか、その時々によって学習段階が異なります。本書では、各章において事前学習と事後学習の項目を設定しただけでなく、実習科目を修得している時期に応じた設問を作成しました。このことによって、学習者自らの実践的学びの段階に応じた設問を選び取ることができます。

上記３つの選び取る視点を参考にしながら、学びの主体者となって、または保育者養成校の教員が目の前の学生たちの学習段階に合わせて本書を活用していただきたいと願っております。かつ、これまでの領域言葉や言葉の指導法のテキストにはあまり示されてこなかった言葉の指導法とは何かを具体的に解説し、児童文化の指導計画が多数掲載されていますので、実習における部分実習や責任実習などの指導案作成時において参考にしていただきたいと思います。

最後に、言葉に限らず、子どもたちは環境を通して日々育っていきます。その育ちに関わる人々もその環境の一つです。皆さん自身が、子どもにとってのよりよい人的環境を目指すためにも、まずは、日常生活における自らの身の回りの言葉に対する感覚を研ぎ澄ませていきましょう。まず、あなたが言葉の面白さ、楽しさ、美しさ、不思議さなどを感じることができるようになれば、子どもたちにとって豊かな言葉を育む環境の一人になります。そして、自らの豊かな言葉への感覚が培われることによって、目の前の子どもたちの言語化された言葉だけでなく、目に見えない心の中の言葉にも耳を傾けて、子どもの思いや願い、感動、意欲などにも気づくことにもなるでしょう。本書における数々のEpisodeからも子どもの一人一人の言葉の背景にある心まで捉えながら学んでいただけましたら幸いです。

2024年12月　編者　仲本美央・吉永安里

目　次

第3部 言葉を育む児童文化

第1部

保育内容「言葉」の理論

子どもの言葉は、生まれた直後から環境を通して日々著しく成長・発達を遂げていきます。保育者は、そのような子どもの言葉の育ちを支えるうえで基礎的な知識を必要とします。その知識に基づいて、ねらいや計画を立てて実践に取り組むことを目指していくのです。

第１部では、保育内容『言葉』の領域における基本的な理論として、「子どもの言葉の発達」「領域言葉のねらいと内容」「言葉に対する感覚を豊かにする保育」「生活の中の言葉」を解説します。具体的には、人間にとっての言葉をどう理解するのか、子どもの言葉の基本的な発達過程とはどのようなものなのか、言葉が育つ過程に必要な感覚とは何か、それらを理解したうえで、具体的にどのように生活の中で言葉は育まれているのかを捉えていきます。

第1章

子どもの言葉の発達を理解する

学習の POINT

1．人間における言葉の意義と役割について理解する

・人間が生きている中で言葉を使うことは大切なことです。その言葉の意義と役割について、子どもの姿から理解を深めましょう。

2．乳幼児期の基本的な言葉の発達過程を理解する

・子どもが生まれた直後から就学前までの言葉の育ちについて、具体的な子どもの姿から捉えていきましょう。

3．就学前後の言葉の発達について理解する

・「一次的ことば」「二次的ことば」を中心に、就学前後の言葉の発達の特徴と違いについて理解を深めましょう。

事前学習 Work

【設問１】（目安：保育所実習Ⅰ前の学生向け）

人間にとって言葉はなぜ必要だと考えますか？あなたが子どものころからの育ちを振り返り、考えたことを300文字程度でまとめてみましょう。

【設問２】（目安：保育所実習Ⅰ・Ⅱの間の学生向け）

保育所実習や幼稚園実習中の子どもたち(2～5歳児)の姿を振り返り、子ども自らがイメージを言葉にして遊んでいる場面についてエピソードを書き、その遊びの中でどのように言葉の発達をしているのかについての考えを500～600字程度でまとめてみましょう。

【設問３】（目安：保育所実習Ⅰ・Ⅱ後の学生向け）

子どもの言葉の育ちを妨げる社会的な要因とは何かについてを考え、その状況にならないために保育者はどのような配慮が必要なのかについて、500～600字程度で考えをまとめていきましょう。

1．言葉の意義や役割とその発達の捉え方

（1）コミュニケーションの始まりと言葉の意義

人間にとって、最初の言葉とは一体何なのでしょうか？まず、生まれてすぐの言葉といえば、「泣き声」という音声の活動に始まります。生まれた直後に泣くことは、赤ちゃん自身が肺に空気を取り込み、生きるために必要な身体の機能をスタートさせることですが、徐々にその自らの「泣き声」が親などの他者に伝わったとき、意思を伝えるための手段になることを認識していきます。その赤ちゃんを育てている周りの大人もまた、その「泣き声」をキャッチし、お腹が空いたのかな？それとも抱っこしてほしいのかな？と目の前の赤ちゃんが要求していることに応じていきます（写真参照）。このことが、人間として声を通したコミュニケーションの始まりです。この時期の泣き声は不快な感情を伝える手段として用いられます。

抱っこしてほしい子ども

泣いた子どもの思いを身体いっぱいに受け止める保育者

その後、「あっ、あっ」などという発声や笑い声などでも、自らが発する声によって他者と共に心を通じ合わせていくことができる経験を積み重ねていきます。声と同様に、互いの視線を通じて意思が通じ合うことへの理解も深めていきます。自らの声や視線が、周りの人や状況、ものや出来事と結びつくことに気づいていくのです。乳児期の子どもにとって自らの声や視線は、言葉に代わる意思を伝えるコミュニケーション手段なのです。このことから、人間にとっての言葉の意義とは言葉になる以前の段階から始まっているといえます。その後、初語が生まれ、さらに１語文・２語文などを話すようになると、幼児期までの間にはおおむねの子どもたちが生活に必要な対話・会話ができるようになります。

（2）言葉の役割とその発達

このように、人は生きる過程において他者とのコミュニケーションを取るために必要な言葉を習得していきます。しかしながら、言葉の役割はこのコミュニケーション手段だけではありません。それ以外の役割も存在するのです。具体的には、以下の５つの手段となります。

①コミュニケーションとしての手段

人が言葉を通して他者とのコミュニケーションを取ること。そのやりとりの中で語彙数を増やし、言葉を使う能力を獲得する。

⇒第7章【Episode1】p.71参照

②思考する手段

人が日常生活の中で何か物事を考える際に、概念化したり、抽象化したり、推論している際に頭の中で言葉を使うこと。その際に、幼児の場合、その言葉が独り言としてつぶやきで現れる場合もある。

③行動を調整する手段

自分の行動または他者と共に行動を調整するうえで言葉を口にすること。自分の気持ちや動きをコントロールする際、そのことを言葉で口にする。

④自己を表現する手段

自分のしたいことやしてほしいことを言葉で表現したり、分からないことを尋ねたりすること。語彙の獲得過程にある乳幼児期においては、言葉での気持ちを表現することにもどかしさや葛藤を起こす場合もある。

⇒ 第6章【Episode1】p.60・【5】p.63, 第7章【Episode2】p.71・【3】p.72・【6】p.76を参照

⑤ものや行為を意味づける手段

ものや行為そのものを言葉によって意味づけて、生活における体験や経験などの現実世界や想像する世界を広げること。乳幼児期の子どもたちの場合、ものを何かに見立てて模倣しながら遊んだり、ごっこ遊びをしたりする際に現れる場合が多い。

⇒第6章【Episode3】p.62・【4】p.63・【6】p.65を参照

ここでは、次の2つのエピソードを通して、思考する手段と行動を調整する手段について理解を深めていきましょう。

Episode 1 手拭きタオルをたたむ（2歳児クラス7月）—思考する手段—

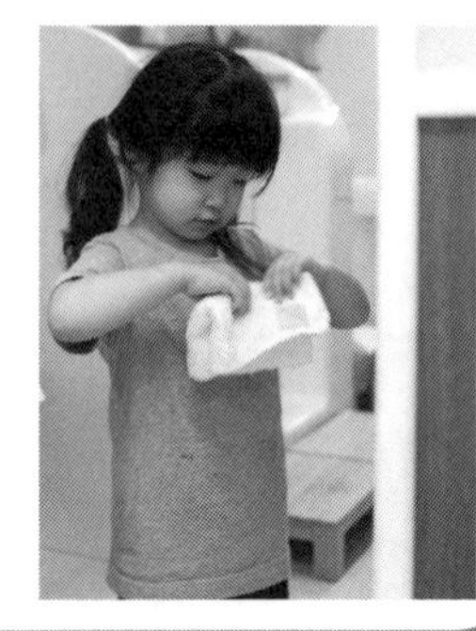

手洗いの後、ナツミちゃんが「こうやって、こうやる…」と独り言をつぶやいています。

ナツミちゃんは一生懸命に考えながらタオルをたたんでいます。そのようなナツミちゃんの姿を見て、保育者のサユリさんは、「ナツミちゃん、きれいにたたんだね。」とにっこりと嬉しそうに言葉をかけると、ナツミちゃんもそうでしょうと言わんばかりに満面の笑みを浮かべながら、たたんだタオルを棚にしまいました。

Episode 2

「せーの」でピョーン（2歳児クラス3月）―行動を調整する手段―

目的ホールにて、遊具を使って運動遊びをしています。遊具と遊具の間をはじめて飛ぶことにミサトちゃんはドキドキしています。やっと勇気が出たのか、
「せーの」という言葉と一緒にピョーンと飛んだミサトちゃん。

無事に着地した瞬間、傍らで見守っていた保育者に"できたよ!"と万歳するミサトちゃんの姿がありました。

以上のように、言葉は人間にとって様々な役割をもちながら発達していきます。同時に、言葉以外の発達に目を向けてみると、身体・運動・思考・情緒・社会性などの様々な側面の発達もあり、相互に影響し合いながら成長していくのです（図 1-1）。そのため、保育者はそれら発達における全ての側面を総合的に捉えながら、子どもを理解してその育ちを支える必要があります。また、乳幼児期の言葉の発達には、様々な要因が関連し、その発達過程には個人差があるため、それぞれの発達の年齢や段階はおおむねの目安と捉えながら保育することを心がけていきましょう。

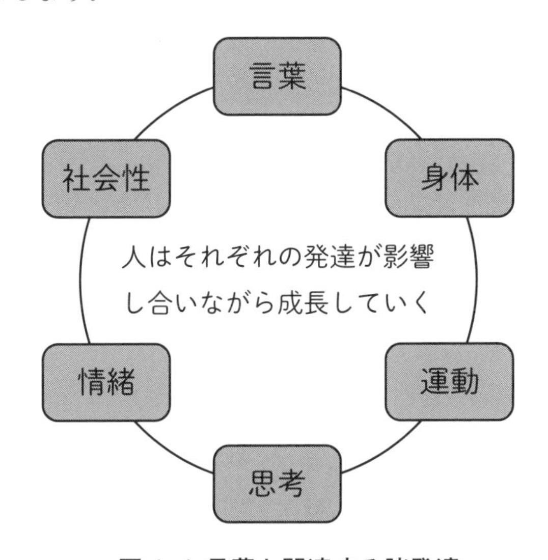

図 1-1 言葉と関連する諸発達

2．乳幼児期の言葉の発達過程

乳幼児期の発達過程には個人差があり、子どもそれぞれの言葉の発達の読み取りやそれに応じた援助・関わりが必要ですが、その際におおむねの言葉の発達段階を知識として身につけながら日々の保育に取り組むことが重要です。本書では、乳幼児期の言葉の発達過程を「音

声による言葉の認識とコミュニケーション能力の出現」「言葉の誕生と語彙の獲得」「会話の中でのやりとりの成立」「言葉を話す―聴くの関係の深まり」「考える言葉と読む・書くの獲得」の５つの段階で捉えていきましょう。

（１）音声による言葉の認識とコミュニケーション能力の出現　―おおむね０歳から１歳未満児―

①音を知覚している胎児

人間は果たして生まれた直後から言葉を学ぶのでしょうか。実は、1980年代以降の新生児を対象とした胎児からの言語習得に関する研究では、すでに母親の胎内にいた時から言葉の学習が始まっていること[1]が実証されています。例えば､親が話しをしている言語（母語）と他国の言語など胎児であった時の言葉を聴き分けたり[2]、胎児の時に聞きなれていた言語と聞き慣れていない言語で反応の違いを示したりすること[3]が明らかにされてきました。このことにより、人間は胎児期から音を知覚し、言葉の学習を始めていることが分かります。

②泣きや笑いなどの声や表情を通したコミュニケーション

赤ちゃんは泣くことで自らの気持ちを表現していきます。生まれた直後から、生理的な現象である「お腹がすいた」「オムツが濡れた」などのときには不快な状況を訴えとして泣くことで､周辺の大人が応じていきます。赤ちゃんは、その日常の繰り返しの中で、声が自らの欲求を満たしてくれる手段となることに気づいていくのです。赤ちゃんが泣いたときなどには、養育者などの大人は言葉などをかけながら応じていきますが、このような育児のときの語りかけには言語文化圏に関係なく、共通した大きな特徴があるといわれています。それがマザリーズ（Motherese）というものです。具体的には、表情豊かに微笑みながら、いつもよりも少し高い声で言葉に抑揚をつけながら語りかけることです。また、ゆっくりと間を取りながら、同じことを繰り返すという特徴もあります。

泣く赤ちゃん

この大人による愛情ある表情や声などの関わりによって、赤ちゃんは喜びや嬉しさの感情が広がるようになり、笑いも誘発されるようにもなります。最初は、生後２週間ころに現れる新生児微笑がありますが、この場合、周りからの誘発によって起こるものではなく、

笑う赤ちゃん

周りの人々に可愛いという感情を生みだし守られるために生理的な本能として自然と表出すると考えられています。その後、生後２か月ころになると、外界からの刺激によって反応する誘発的微笑が現れるようになります。このころの微笑には感情の交流があるため、赤ちゃんにとっても養育者などの大人にとってもコミュニケーションの一つとなり、快の感情を共有する人間関係の基礎を形成することにもつながります。そして、生後３～４か月ころには互いの表情を交わし合いながらの社会的微笑が現れ、笑い声も発するようになっていきます。

③自らの声と他者からのサインを通したコミュニケーション

赤ちゃんは、生後１か月も過ぎると、「アー」「ウー」などの声を出すようになっていきます。特に心地よい、機嫌がよいなどの快の感情のときに発するこの音声をクーイングといいます。養育者などの大人は、この声に対してあたかも会話をしているかのように「なぁに？」「はぁい」などと語りかけます。この応答的な関係もコミュニケーションの基礎となっていきます。

生後３～４か月ころになると、「マママ」「ウウウ」「ババババ」などリズムのあるような喃語（バブリング）といわれる声を発するようになります。そのうち、口唇内の発声器官や耳内の聴覚器官が発達することによって音声の幅も広がり、６か月ころには、「アムアム」「バブバブ」というように音の違う声を組み合わせた音声を反復する反復喃語（または重複喃語ともいう）も出てきます。

生後８か月ころになると、母語を中心に聞き慣れた言葉のイントネーションやリズムと同じような「ジャーゴン（またはジャルゴンと表記されることもある）」と呼ばれる発声を行うようになります。このことから外界の刺激を認識しながら音声を聞き取っている姿が分かります。

生後９～10か月ころになると、赤ちゃんは座位が取れるようになったことで視野が広がり、身の回りの広い範囲を認識するようになっていきます。今まで自分と他者または自分と対象物であった「二項関係」から、他者と共に同じ対象物に注意を向ける「三項関係」が成立するようになります。このことを共同注意と呼びます。このような関係が成立するようになると、他者が指さしたものを共に見ていくというやりとりができるようになり、相手には自分と同じように思いや考えがあることに気が付いていきます。いわゆる他者の「意図」に気付いていくようになるのです。また、自らも指差しができるようになり、自分の「意図」を相手に伝えることができるこ

共同注意（三項関係の成立）

とを理解していきます。このような指さしの行動は、人間特有のコミュニケーション手段であり、相手と気持ちを通わせたいという欲求を育み、共感する力を養っていきます（第6章【Episode1】p.60を参照）。

（2）言葉の誕生と語彙の獲得—おおむね1歳から3歳未満児—

人間は、生まれた直後から言葉の習得以前に他者とのコミュニケーションを成り立たせる手段をもち備えていますが、言葉はいつごろ習得していくものなのでしょうか。ここで、表1-1を見てみましょう。この表から、おおむねの言語発達の過程がわかります。

人間は生後12か月ころから意味の分かる言葉として初語を発するようになることがわかります。多くの場合、「ママ」や「マンマ」といった生活の中で最も身近な人やものを示す言葉を発していき、(一語文)の獲得の時期に入ります。この時期から月に5語くらいずつゆっくりと語彙を習得していくようになっていきます。一語文を使用する時期には、一つの語で多様な意味をもつという特徴があります。例えば、「マンマ」という一語で食べ物そのもの、食べ物を食べたい気持ち、食べ物を欲しいなど場面に応じて多様な意味でもって使用します。この時期、周辺の大人は子どもの表情や言葉を読み取りながらコミュニ—ションを取ることが大切です（第6章【Episode2】p.61参照）。

おおむね1歳半くらいになると、「ワンワン、ねんね」や「ママ、どうぞ」など二語文を使うようになります(第2章【Episode1】p.18・第6章【Episode3】p.62・第7章【Episode1】p.71を参照)。構造をもつ言葉を発話できるようになるということは言葉の仕組みを理解しはじめるということです。このことによって、語彙爆発といわれる語彙をたくさん習得する時期に入ります。おおむね1歳半から2歳には、月に30～60語くらいずつ、急激に語彙量を増やしていくといわれています。

このように語彙数が増えていくと、おおむね2～3歳には複数の語を繋げて話すようになり、多語文を使用するようになります。物事を捉える視野も広がることで、「これ、なあに？」「なんで？」「どうして？」といった質問をするようになります。いわゆる質問期(命名期)です。

Episode 3

なんでフワフワしているの？（1歳児クラス9月）

お月見のお団子の周りには子どもたちと保育者ミドリさんが集まってなにやらお話しが盛り上がっています。

ユナちゃん「なんで、ふわふわなの？」
ヒナタくん「なんで？」
カナちゃん「おもちだから、ふわふわ」
ユウタくん「(ミドリさんを見ながら)なんでおもち、ふわふわなの？」

表 1-1 おおむねの言語発達の過程

月齢	言語発達の特徴	言語発達上の時期
生後 12 か月頃	・有意味語といわれる意味の分かる言葉を初めて発する。	初語
	・月に 5 個くらいずつゆっくりと語彙を習得していく。	
1 歳初期	・初語が出現した後、「ワンワン」「はーい」「ブーブー」などの一語を使っていろいろな意味をもって使用する。	一語文
おおむね 1 歳半前後	・「ワンワン、ねんね」「ママ、どうぞ」など 2 つの語を繋げて話すようになる。	二語文
おおむね 1 歳半から 2 歳	・月に 30 ～ 60 語くらいずつ、急激に語彙量を増やす。	語彙爆発
おおむね 2 歳代	・複数の語をつないで、話す。	多語文
	・「これ、なあに？」「なんで？」「どうして？」といった質問をする。	質問期（命名期）
	・「が」「を」「の」「も」などの助詞を使用する。	助詞の獲得
	・「だから」などの接続詞を使用する。	接続詞の獲得
	・語彙量が 500 語程度。	
おおむね 3 歳代	・コップについているしずくを見て「コップさん、汗かいているね」というなどものに対する擬人化を行う。	アニミズム
	・「ぼく」や「わたし」などの言葉を使用する。	一人称の使用
	・自分のしたいこと、してほしいことを言葉で表す。	自己主張する言葉の獲得
	・日常生活に必要な言葉がわかる。	
	・語彙数が 1000 ～ 1500 語程度。	
おおむね 4 歳代	・日常の会話がほぼ成立し、おしゃべりが多い。	多弁期
	・「今日はとても暑いから、お外にいけない」などの複数の述語を使用する。	述語の使用
	・目の前のものを何かに例えて表現しようとする。	比喩の使用
	・自分の名前などひらがなに興味をもって読む。	文字を読むことへの興味・関心
	・「なんで、空は青いのかな？」など想像力やイメージが広がることで、簡単には答えられない質問をする。	想像と言葉のつながり
	・「昨日、今日、明日」などの言葉を理解する。	時系列を示す言葉の理解
おおむね 5 歳代	・構音が発達して正しく発音ができるようになる。	構音機能の獲得
	・言葉の構造を理解し、音節ごとに分解できるようになる。	音節分解の獲得
	・絵本や物語などを聞き想像力やイメージする力をもつことで自らファンタジーを語り、その中で言葉の面白さや美しさに興味をもつ。	想像やイメージを物語る
	・文字を書くことに興味をもちはじめる。	文字を書くことへの興味・関心
	・語彙数が 2000 語程度。	
おおむね 6 歳代	・相手によって適切な言葉を考え、使い分けて話すようになる。	言葉の分化（使い分け）
	・相手の話しを聞き、相手に分かるように話す。	互いに「聞く一話す」の成立
	・共通の目的や話題をもって話し合うようになる。	話し合いの成立
	・言葉によって思考したり、行動を調整したりできるようになる。	言葉による思考・行動調整
	・「これは●●だから、●●なんだよ」など論理的な言葉の表現を使用する。	言葉による論理的表現
	・語彙数が 2200 ～ 3000 語程度。	

赤羽根有里子・鈴木穂波 編『新時代の保育双書　保育内容ことば』（第 3 版）みらい、2018、p.39 の表 3-1「標準的な言語発達の過程」を小林春美・佐々木正人 編『新・子どもたちの言語獲得』大修館書店、2008，駒井美智子 編『保育者をめざす人の保育内容「言葉」』（第 2 版）みらい、2018，太田光洋・古相正美・野中千都 編著『保育内容「言葉」：話し，考え，つながる言葉の力を育てる』同文書林、2021 を参考に筆者が一部加筆・修正をして作成 [4) 5) 6) 7)]

ミドリさん「お米をつぶして柔らかくしておもちを作るんだよ」
こどもたち「ふーん」
おもちを触っては何度もなんでなのかなと考えているお月見の日の子どもたちでした。

【Episode3】p.8の通り、同じことを聞き、何度も確かめる様子もあります。

このように、物事に対する考えが深まるにつれて語彙量とともに、その言葉の意味を理解していきます。その背景には象徴機能や認知機能の発達が関連していると考えられています。象徴機能とは、目の前にない対象でも思い浮かべながら、別の象徴対象によって表現する機能のことを示します。また、認知機能とは特にものを見立てることができるようになることによって、イメージしたことを言葉にする能力が身に付いていくことです。そのことによって保育者や友達に何かを伝える（第６章【Episode5】p.63を参照）ようになったり、ごっこ遊びなども見られる（第６章【Episode4】p.63を参照）ようになったり、その中で多くの言葉で表現しながら、過ごす様子もあります。そのような日常生活の中で語彙量は500語程度を習得するようになり、その種類も増加し、助詞・接続詞などを含めたほとんどの品詞を使用できるようになっていきます。

（３）会話の中でのやりとりの成立—おおむね３～４歳—

おおむね３～４歳になると、自我の芽生えとともに自己中心性をもつため、周りの物事も自分と同じようにあるという認識をもって捉えるようになります。そのため、人とは異なる無機物であるものにも感情や気持ちがあるというイメージをもち、周りのコップについているしずくを見て「コップさん、汗かいているね」と言うなど擬人化を行うようにもなります。これはアニミズムというものです。この自我意識の発達においては「ぼく」や「わたし」などの一人称の言葉を使用することにも現れたり、自分のしたいことやしてほしいことを言葉で表したりする姿にも現れていきます。そのため、日常生活の会話の中で相手に言葉を伝えることが増加し、相手の言葉もよく聞くようになるため、日常生活に必要な言葉が分かるようにもなります(第７章【Episode3】p.72を参照)。語彙数は1000～1500語程度にもなっていきます。

（４）言葉を話す—聴くの関係の深まり—おおむね４～５歳—

おおむね４～５歳になると、日常の会話がほぼ成立するようになります。おしゃべりが多くなることから、多弁期ともいわれています（第７章【Episode3】p.72を参照)。「今日はとても暑いから、お外にいけない」などの複数の述語を使用する。その一方、思いを伝えたいがゆえに、行き違いが多くなる時期でもあります（第７章【Episode6】p.76を参照)。自分なりに想像したり、イメージしたことを友達や保育者に伝えたり（第２章【Episode3】p.21, 第６章【Episode6】p.65を参照)、比喩のように言葉を通して目の前のものを何かに例えて表現しようとしたりします。それほどまでに想像力やイメージする力が広がることによって言葉を通して遊びを中心とした活動が広がっていきます。また、「なんで、空は青いのかな？」など想像力やイメージが広がることで、簡単には答えられない質問をするようにもなります。このころから、少しずつ文字や数字にも興味・関心を寄せるようになり、自分の名前などひらがなに興味をもって読んだりするようにもなります。また、生活の中での時間の流れを理解し、「昨日、今日、明日」などの言葉を使用するようにもなります。

（5）考える言葉と読む・書くの獲得―おおむね５～６歳―

おおよね５～６歳になると、構音が発達して正しく発音ができるようになり、適切に言葉が伝わるようになることから、より友達同士の会話の中で互いの理解を深めるようになっていきます。また、子ども自身が自らの言葉によって思考したり、行動を調整したりできるようになり、言葉によって自らの行動を抑止したり、保留できるようになるため自立的な生活が促進されていきます。言葉の構造を理解し、音節ごとに分解できるようにもなるため、遊びの中でも言葉遊びに興味・関心を広げる時期でもあります（第２章【Episode2】p.20、第 12 章２【Episode6】p.149・【9】p.151・【10】p.151 を参照）。また、話し言葉も成長が著しい時期であり、相手によって適切な言葉を考えて使い分けながら話すようになったり、集団での遊びが展開することが多くなる中で相手の話しを聞き、相手に分かるように話したり、共通の目的や話題をもって話し合うようになります（第 16 章を参照）。そのような話し合いの流れの中で、「これは●●だから、●●なんだよ」などという論理的な言葉の表現を使用するようにもなります。

手紙を書く子どもたち

絵本や物語などをじっくりと聞く姿勢が見られるようにもなり、その中で想像力やイメージする力をもつことで自らファンタジーを語り、その中で言葉の面白さや美しさに興味をもつようにもなります (第 13 章、第 14 章の Episode を参照)。このころには、聞くこと、話すことの成立とともに読むこと、書くことなどにおいてより深い興味・関心が生まれ、特に文字を書くことに関しては遊びを中心に広がっていきます（第２章【Episode3】p.21、第６章【Episode7】p.65・【8】p.66）。そのため、語彙数はおおむねではありますが、５歳代では 2000 語程度、６歳代では 2200 ～ 3000 語程度も習得するといわれています。

3. 就学前後の言葉の発達

就学前後の言葉の発達には大きく異なる特徴があります。それは、「一次的ことば」と「二次的ことば」といわれるものです [8)]。「一次的ことば」の特徴としては、子ども自身が直接的な親しい相手との顔を見合わせた状態での会話を主としています。それらの会話は多くの場合、直接的な経験に基づきながら進行します。直接的な経験場面が会話の情報の一部に入ることで理解が支えられながらコミュニケーションを取っていきます。一方、「二次的なことば」の特徴としては、特定の個人が不特定多数の相手に向けて話すようになることです。また、その何か目的をもって話す場面においては、目の前にない場面の出来事や抽象的な概念、論理などが含まれるようになります。このように、言葉を使用する場面や対象ならびに方法が異なるだけでなく、言葉を取り込む過程も異なっていくのです。このため、就学前後の言葉の発達を支えていくには、まずは「一次的ことば」を土台としなければ、「二次的ことば」の確立が難しくなることを認識しておかなくてはなりません。

しかしながら、それは早期の言語学習を必要としているということではありません。幼児期までの言葉の発達は、日常生活ならびに遊びを中心とした生活の中で子ども自らが言葉を使いながら育まれていきます。この際、最も大切なのは子ども自身が主体的に身の回りの言葉に興味・関心をもち、言葉を取り込もうという意欲をもって、自然と言葉を活用する行動が現れてくることです。そのためには、子どもの生きる社会生活そのものにおいて人・もの・出来事との直接的な経験に基づいた豊かな言葉の環境があることが必要なのです。また、その言葉の環境において子どもと他者との肯定的な向き合いや関わりも大切です。この安定的な関係のある環境があるからこそさらなる対話・会話を展開していくのです[9)]。その豊かな環境の中で子どもが言葉に対して楽しい、面白い、美しいなどと感じ、言葉を使いたくなることが重要だといえるでしょう。

【設問1】（目安：保育所実習Ⅰ前の学生向け）

保育現場において子どもの言葉の育ちを支えることの重要性について考え、300字程度でまとめてみましょう。

【設問2】（目安：保育所実習Ⅰ・Ⅱの間の学生向け）

事前学習で取り組んだ保育所実習や幼稚園実習中の子どもたち(2～5歳児)の姿を振り返り、子ども自らがイメージを言葉にして遊んでいる場面についてエピソードを読み返してみましょう。あなたがもし、この子どもたちの傍らにいたとしたらどのような関わりや援助をするのかを考えて、400～500字程度でまとめてみましょう。

【設問3】（目安：保育所実習Ⅰ・Ⅱ後の学生向け）

学生たち3～4人ぐらいのグループとなって、子どもの言葉の育ちを妨げる社会問題が取り上げられた新聞記事を一つ取り上げ、そのような社会問題がなぜ、起こるのか、その問題解決のために子どもを取り巻く社会はどのようにあるべきなのかを話し合い、自らの考えを500～600字程度でまとめていきましょう。

第２章

領域「言葉」のねらいと内容

学習の POINT

１．領域「言葉」のねらいと内容についての理解

・『保育所保育指針解説』[1]「乳児保育」「社会的発達に関する視点『身近な人と気持ちが通じ合う』」と、１歳から３歳未満児及び３歳以上児についての領域「言葉」(ｱ) ねらい、(ｲ) 内容、(ｳ) 内容の取扱いを読み、理解を深めましょう。
・子どもが言葉を獲得していくために重要となる保育者の援助について、理解を深めましょう。

２．小学校で求められる幼児期の言葉の育ち

・領域「言葉」と「幼児期の終わりまでに育ってほしい姿」[2] を踏まえ、小学校教育につながる幼児期の言葉の育ちについて考えましょう。
・幼小接続の取り組みのために、「幼児期の終わりまでに育ってほしい姿」をどのように活用するとよいか考えましょう。

< 幼児期の終わりまでに育ってほしい姿 >

「言葉による伝え合い」

保育士等や友達と心を通わせる中で、絵本や物語などに親しみながら、豊かな言葉や表現を身に付け、経験したことや考えたことなどを言葉で伝えたり、相手の話を注意して聞いたりし、言葉による伝え合いを楽しむようになる。

事前学習 Work

【設問１】（目安：保育所実習 Ⅰ 前の学生向け）

子どもが言葉を獲得するためには、語彙の知識だけでなく言葉に関わる経験が重要だといわれます。その理由を 200 字程度でまとめましょう。

【設問２】（目安：保育所実習 Ⅰ・Ⅱ の間の学生向け）

実習経験や模擬保育を行った経験を振り返り、絵本や物語に親しむ活動を行った際に保育者としてどのような援助を行ったか、具体的な例をあげて 300 字程度でまとめましょう。

【設問３】（目安：保育所実習 Ⅰ・Ⅱ 後の学生向け）

実習経験を振り返り、言葉による伝え合いや、絵本や物語に親しむ活動における５歳児の姿を 300 字程度でまとめましょう。

1. 保育における領域「言葉」

（1）５領域の中の領域「言葉」

保育者として子どもの育ちを支えるためには言葉だけを育てればよいわけではなく、発達に合わせた言葉の力を高める関わり方を学ぶ必要があります。まず、３歳以上児の５領域のねらいを確認し、なぜ５領域が重要なのか考えてみましょう。

保育所保育指針解説 第２章３（2）（厚生労働省 ,2018／下線は筆者による）

健康（健康な心と体を育て、自ら健康で安全な生活をつくり出す力を養う。）
① 明るく伸び伸びと行動し、充実感を味わう。
② 自分の体を十分に動かし、進んで運動しようとする。
③ 健康、安全な生活に必要な習慣や態度を身に付け、見通しをもって行動する。

人間関係（他の人々と親しみ、支え合って生活するために、自立心を育て、人と関わる力を養う。）
① 保育所の生活を楽しみ、自分の力で行動することの充実感を味わう。
② 身近な人と親しみ、関わりを深め、工夫したり、協力したりして一緒に活動する楽しさを味わい、愛情や信頼感をもつ。
③ 社会生活における望ましい習慣や態度を身に付ける。

環境（周囲の様々な環境に好奇心や探究心をもって関わり、それらを生活に取り入れていこうとする力を養う。）
① 身近な環境に親しみ、自然と触れ合う中で様々な事象に興味や関心をもつ。
② 身近な環境に自分から関わり、発見を楽しんだり、考えたりし、それを生活に取り入れようとする。
③ 身近な事象を見たり、考えたり、扱ったりする中で、物の性質や数量、文字などに対する感覚を豊かにする。

言葉（経験したことや考えたことなどを自分なりの言葉で表現し、相手の話す言葉を聞こうとする意欲や態度を育て、言葉に対する感覚や言葉で表現する力を養う。）
① 自分の気持ちを言葉で表現する楽しさを味わう。
② 人の言葉や話などをよく聞き、自分の経験したことや考えたことを話し、伝え合う喜びを味わう。
③ 日常生活に必要な言葉が分かるようになるとともに、絵本や物語などに親しみ、言葉に対する感覚を豊かにし、保育士等や友達と心を通わせる。

表現（感じたことや考えたことを自分なりに表現することを通して、豊かな感性や表現する力を養い、創造性を豊かにする。）
① いろいろなものの美しさなどに対する豊かな感性をもつ。
② 感じたことや考えたことを自分なりに表現して楽しむ。
③ 生活の中でイメージを豊かにし、様々な表現を楽しむ。

（2）子どもの発達と言葉

中川は、子どもの言葉の発達が、脳幹、大脳辺縁系、大脳皮質という人間の脳のはたらきと対応しているとし、ビルの建築にたとえて１階から順に積み上げていくことが重要だと説明しました[3)]。

ことばビル

階	脳	内容
5階	大脳皮質	知力、ことば育て
4階	大脳皮質	手を使う
3階	大脳辺縁系	心育て
2階	脳幹	生活づくり
1階	脳幹	からだづくり

中川信子『健診とことばの相談』ぶどう社、1998を基に著者作成

図 2-1　子どもの発達と言葉

まず、脳幹部のはたらきに対応する「からだづくり、生活づくり」が１階と２階でビルの土台、次に大脳辺縁系のはたらきに対応する「心育て（情緒の発達や気持ちの安定）」が３階になります。そして、これらを基盤として、大脳皮質のはたらきに対応する「手を使う」が４階、「知力、ことば育て」がその上の５階となるというわけです。

こうして見ると、単に言葉を教え込むのではなく、それぞれの段階で子どもの発達に寄り添いながら関わっていくことが言葉の発達にとって重要だと分かります。五感を使った直接的な経験を十分に確保して子どもの育ちを支えていく必要があります。

2．乳児保育におけるねらいと内容

（1）「身近な人と気持ちが通じ合う」

2017年改定の「保育所保育指針」[4)]には、保育内容が「乳児保育」「１歳以上３歳未満児」「３歳以上児」と分けて記載されています。発達が未分化な乳児期の保育では養護の側面が重要視され、５領域でなく「健やかに伸び伸びと育つ」「身近な人と気持ちが通じ合う」「身近なものと関わり感性が育つ」の３つの視点が示されました。

５領域の「人間関係」や「言葉」と特につながるのが「身近な人と気持ちが通じ合う」です。人との関わりによって子どもに相手への信頼感や自己肯定感が育まれ、自分の気持ちを相手に伝えようとする意欲につながるからです。

「ねらい」は、保育を通じて育みたい３つの資質・能力を子どもが生活する姿からとらえたもので、「内容」は「ねらい」を達成するために保育者が適切に行う事項と、保育者の援助のもとで子どもが経験する事項とを示しています。乳児期の言葉の発達のためにどのような保育が適しているか、読んで考えましょう。

保育所保育指針「イ　身近な人と気持ちが通じ合う」（厚生労働省,2017／下線は筆者による）

受容的・応答的な関わりの下で、何かを伝えようとする意欲や身近な大人との信頼関係を育て、人と関わる力の基礎を培う。

(ア) ねらい

①安心できる関係の下で、身近な人と共に過ごす喜びを感じる。
②体の動きや表情、発声等により、保育士等と気持ちを通わせようとする。
③身近な人と親しみ、関わりを深め、愛情や信頼感が芽生える。

(イ) 内容

①子どもからの働きかけを踏まえた、応答的な触れ合いや言葉がけによって、欲求が満たされ、安定感をもって過ごす。
②体の動きや表情、発声、喃語等を優しく受け止めてもらい、保育士等とのやり取りを楽しむ。
③生活や遊びの中で、自分の身近な人の存在に気付き、親しみの気持ちを表す。
④保育士等による語りかけや歌いかけ、発声や喃語等への応答を通じて、言葉の理解や発語の意欲が育つ。
⑤温かく、受容的な関わりを通じて、自分を肯定する気持ちが芽生える。

（2）受容的・応答的な関わり

乳児期の子どもは、空腹、排泄、睡眠等の生理的不快によって泣き声を発します。次第に情動の分化が進むと泣く理由が多様化し、「そばに来てほしい」「知らない人は嫌だ」等、欲求を主張するためにも泣くようになります。泣き声に対して身近な大人が受容的、応答的に関わることが子どもの気持ちの安定につながります。

たとえば、排泄後の気持ち悪さから泣いている子どもに「おむつが濡れたね。すぐ替えようね」と不快感に共有した言葉がけをすることや、おむつを替えた後に「アーウー」などの声を出しながら微笑む子どもに「気持ちがよくなったね。すっきりしたね」と心地よさに共感した言葉がけをすることが大事だということです。

（3）伝えようとする意欲

発声の原初的なクーイングは生後１か月を過ぎるころ見られるようになり、喉の奥を鳴らすような「クークー」「アー」等の音が、子どもの機嫌がよいときに発せられます。

２か月を過ぎるころは「アーアー」「ウェーウェー」と母音を並べたような音が聞かれるようにもなります。５か月ごろには声帯等の発声器官や口周りの筋肉が発達し、「ウークー」「バーブー」等、子音を含む発声が聞かれるようになります。こうした喃語に対して、親や身近な大人は子どもの声を真似たような声を出したりあやしたりする傾向にあります。すると、子ども

はさらに同じ音を繰り返したり模倣したりします。実は、これが言葉の獲得につながるとともに、他者に何かを伝えようとする意欲や人と関わる力の基礎になります。つまり、言葉で他者とやりとりをする始まりであり、コミュニケーションの基盤といえます。

3．1歳から3歳未満児におけるねらいと内容

（1）言葉による保育者とのやりとり

1歳になると生活や遊びの中で理解できる言葉が増え、自分の意思や欲求を言葉で表現するようになります。「ブーブ」「ドーン」等の一語にいろいろな意味を込める一語文の時期を経て、「ポッポ見て」「おっきアック（大きいトラック）」等の二語文を言うようになり、次第に「こっちバス来るよ」のような三語文へと発達します。

下線部のように自分の思いを伝えようとする語が加わり、自分の思いが伝わる楽しさを実感できるようになる時期でもあります。そのため、この時期には子どもが言葉で人とやりとりすることを通して、「人に伝えたい」という思いをもつようにすることと、伝え合うことができる言葉の力を付けていくことが重要です。

また、自我が育ち、自己主張をすることが多くなるので、主張が通らずにもどかしさを感じることや、友達とのいざこざで泣くことも起こります。保育者は「自分でやりたい」「言いたいのに言えない」「もっと甘えたい」等の様々な思いを理解し、発達を見守りながら援助する必要があります。(ｲ) 内容①⑤⑥⑦の下線部に示されているように、子どもが言葉を聞いたり話したり、言葉で楽しんだり表現したりすることができるような関わり方が大事だということです。そうした関わり方が、言葉でのやりとりを楽しむ態度や、人の話を聞こうとする意欲を育てることになります。

保育所保育指針「エ　言葉」（厚生労働省，2017／下線は筆者による）

経験したことや考えたことなどを自分なりの言葉で表現し、相手の話す言葉を聞こうとする意欲や態度を育て、言葉に対する感覚や言葉で表現する力を養う。

(ｱ) ねらい

①言葉遊びや言葉で表現する楽しさを感じる。
②人の言葉や話などを聞き、自分でも思ったことを伝えようとする。
③絵本や物語等に親しむとともに、言葉のやり取りを通じて身近な人と気持ちを通わせる。

(イ) 内容

①保育士等の応答的な関わりや話しかけにより、自ら言葉を使おうとする。
②生活に必要な簡単な言葉に気付き、聞き分ける。
③親しみをもって日常の挨拶に応じる。
④絵本や紙芝居を楽しみ、簡単な言葉を繰り返したり、模倣をしたりして遊ぶ。
⑤保育士等とごっこ遊びをする中で、言葉のやり取りを楽しむ。
⑥保育士等を仲立ちとして、生活や遊びの中で友達との言葉のやり取りを楽しむ。
⑦保育士等や友達の言葉や話に興味や関心をもって、聞いたり、話したりする。

(2)「経験したことや考えたことを自分なりに表現する」

Episode 1

先生とお話

子ども：「おーいっこ、だーさい（もう1個、くーだーさい）」
保育者：「はい、どうぞ」と、ブロックを差しだす。
子ども：「はい、どうぞ」と繰り返し、ブロックをうれしそうに受け取る。

これは1歳11か月の男児と保育者のやりとりで、特に内容①⑦と関係します。「おーいっこ、だーさい」は、同じような場面で自分が聞いた音やリズムをつなげて発した言葉です。子どもの表現が不明瞭でも、保育者が意味を受容して応答することで、子どもは言葉が通じた楽しさと、伝え合う喜びを感じます。

また、この時期は「語彙爆発」といわれるほど言葉が急激に増えますが、「まつぶろっこりー（松ぼっくり）」「コチョレート（チョコレート）」と一部を間違えたり、「かにに刺された（蚊に刺された）」と助詞の追加が見られたりすることがあります。これらの間違いは指摘せずに、子どもが伝えたいことを共有しましょう。

そして、内容⑥「仲立ち」とあるように、子どもの言葉を受容し、補うやりとりをすることが重要です。物を取り合っている子どもに、「○○ちゃんはまだ使いたかったよね」「□□ちゃんは貸してほしかったんだよね」と双方の思いに共感し、それぞれの気持ちを伝える関わり方をします。

さらに、「イカってね、海の白いタコなんだよ」のように経験をもとに考えたことを自分なりに表現するようにもなります。こうした表現は、遊びや生活の経験や絵本等で見聞きした言葉が豊かであることの現れです。人との関係、場や遊具との関係、音楽や自然との関係が多様であるほど、子どもは様々な言葉を吸収し

て自分なりに表現します。この時期に子どもの発達に合わせた経験や絵本の読み聞かせを意識的に増やすことは重要なのです。

（3）表現する力

この時期には象徴機能が発達し、内容⑤にあるように見立て遊びやごっこ遊びを楽しむ中で、イメージする力が育ちます。重ねた箱を「わっしょい、わっしょい」と山車に見立てて運ぶ遊びや、フラフープを持って「次は急行でーす」と車掌さんになりきる遊びの中で、自分がイメージした場に見合う言葉を使うようになります。

この時期には「これ、なーに？」と物の名前を尋ねるようにもなるので、「ハトポッポいっぱいね」「ヘリコプター来たね」と、言葉に置き換えて丁寧に伝えると、子どもは物に名前があることを認識し、自分でも言ってみるようになります。

また、内容④にある絵本や紙芝居も子どものイメージの世界を広げます。読んでもらうのを聞いて同じ言葉を繰り返すことや登場人物の真似をすることが、言葉の獲得につながっていきます。たとえば、「ぽたあん　どろどろ　ぴちぴちぴち　ぷつぷつ」[5)] と聞いて子どもが真似をし、ままごとの場面でもこれらの言葉を使うようになるのは、ホットケーキが焼けるイメージと言葉が結び付き、自分が使える言葉として獲得したということです。絵本や紙芝居を楽しむ経験は、子どもが表現する力につながります。

4．3歳以上児におけるねらいと内容

（1）言葉に対する感覚を豊かに

「保育所保育指針」等の改訂によって、領域「言葉」のねらいに、網掛け部分「言葉に対する感覚を豊かにし」が付け加わりました。さらに、(ｲ) 内容に続く (ｳ) 内容の取扱い④には「子どもが生活の中で、言葉の響きやリズム、新しい言葉や表現などに触れ、これらを使う楽しさを味わえるようにすること。その際、絵本や物語に親しんだり、言葉遊びなどをしたりすることを通して、言葉が豊かになるようにすること」が加えられました。これは、2016 年の中央教育審議会答申で幼児期および幼小接続期に語彙力の重要性が示されたことと関係します。「小学校学習指導要領（平成 29 年告示）解説国語編」[6)] 第 1 学年および第 2 学年の「伝統的な言語文化」にも「言葉遊びを通して言葉の豊かさに気付くこと」が加わり、言葉に対する感覚を豊かにすることと言葉遊びを活用することが重要視されているのが分かります。

数え唄や唱え唄、「いろはに金平糖」等の言葉つなぎ遊びは、唱えること自体が楽しく、子どもは何度でも繰り返します。何度も唱える中で子どもは言葉のリズムや響きを体得し、語彙の獲得や使い方を理解できるようになります。また、「金平糖」も「砂糖」も「甘い」、「砂糖」も「うさぎ」も「白い」と、複数の言葉の共通性に気付くようにもなり、これは具体物を抽象化する思考の育成にもつながります。

保育所保育指針「エ　言葉」（厚生労働省,2017／下線は筆者による）

経験したことや考えたことなどを自分なりの言葉で表現し、相手の話す言葉を聞こうとする意欲や態度を育て、言葉に対する感覚や言葉で表現する力を養う。

(ｱ) ねらい

①自分の気持ちを言葉で表現する楽しさを味わう。
②人の言葉や話などをよく聞き、自分の経験したことや考えたことを話し、伝え合う喜びを味わう。
③日常生活に必要な言葉が分かるようになるとともに、絵本や物語などに親しみ、言葉に対する感覚を豊かにし、保育士等や友達と心を通わせる。

(ｲ) 内容

①保育士等や友達の言葉や話に興味関心をもち、親しみをもって聞いたり、話したりする。
②したり、見たり、聞いたり、感じたり、考えたりなどしたことを自分なりに言葉で表現する。
③したいこと、してほしいことを言葉で表現したり、分からないことを尋ねたりする。
④人の話を注意して聞き、相手に分かるように話す。
⑤生活の中で必要な言葉が分かり、使う。
⑥親しみをもって日常の挨拶をする。
⑦生活の中で言葉の楽しさや美しさに気付く。
⑧いろいろな体験を通じてイメージや言葉を豊かにする。
⑨絵本や物語などに親しみ、興味をもって聞き、想像をする楽しさを味わう。
⑩日常生活の中で、文字などで伝える楽しさを味わう。

（2）言葉の文章化

Episode 2

わたしはおかあさん

「先生、○○のおうちに入っていいよ」（公園の1㎡くらいの場所で）
「この子、もうさっきから泣いて困っているの。これはおっぱい搾ったのを入れるもの。お誕生日ケーキ作っているのに泣いてばかりで。この子ももう2歳になったのにね。昨日は1歳で明日は3歳なんですよ。先生、台所が散らかっちゃったから片付けて。今ねとっても忙しいの」

この時期は子どもがおしゃべりになり、多弁期とも呼ばれます。現実の生活と虚構の世界との二重構造の世界ができあがる時期ともいわれ、自分の知識をもとに思考することができるようになります。【Episode2】は3歳11か月の子どもがごっこ遊びの中でつくった空間

を言語化し、自分の物語として一まとまりの文章で話しています。下線部のように現実でない内容も含まれますが、自分の生活経験をもとに思考しながら表現しているのが分かります。

ヴィゴツキー[7)]は子どもの「ひとり言」は外に向かって自分の思考を語る「外言」だと捉えました。子どもは幼児期中期以降に「外言」でなく「内言」によって思考することができるようになるといわれますが、3歳から5歳では「内言」だけで思考することは難しいので、声に出して確かめることで知的に発達していきます。

また、この時期には自他の区別がつかなかったり自尊感情が強すぎたりして人間関係がうまくいかないこともありますが、言葉によって自分の行動を調整する力も付いていく時期です。内容②「したり、見たり、聞いたり、感じたり、考えたりなどしたことを自分なりに言葉で表現する」③「したいこと、してほしいことを言葉で表現したり、分からないことを尋ねたりする」という活動を大事にしましょう。

（3）遊びによる言葉のやり取り

Episode 3

シンデレラになって

M：「Aちゃん、シンデレラになって」
A：「シンデレラはいや。台所で灰だらけなんだよ」
M：「Aちゃん、シンデレラはね、後からよいことがたくさんあるんだよ」
A：「それならシンデレラでもいいよ。Mちゃんは何の役にする？」

【Episode3】は4歳児同士のやりとりです。A児の言い分に対し、M児が自分の知識をもとにシンデレラ役のよさを説明して、役割決めは解決しています。

ごっこ遊びが盛んになると子ども同士で役割を決め、イメージや話の筋を共有しながら言葉を交わすようになります。主張がかみ合わないこともありますが、気持ちを切り替えたり相手の言い分を聞いたりする中で、友達と一緒に遊ぶために必要な言葉を身に付けていきます。保育者はやりとりを見守り、ごっこ遊びの役割や筋を共有する過程で一人一人が納得できる展開になるように関わることが重要です。

ルールのある遊びも増えていきます。ボール遊びやリレー、鬼ごっこ、だるまさんがころんだ等を楽しめるようになります。はじめは細かなルールを理解できなかったり都合に合わせてルールを変えてしまったりしてけんかとなることがありますが、こうなったら鬼になる、これはずるいからやらない等、次第に友達同士でルールを共有して遊べるようになっていきます。保育者が仲介して子ども同士がやりとりできる機会を増やすことは、遊びのルールの共有だけでなく、どうやって伝え合えばよいか、言葉でのやりとりのルールの共有にもつながります。

5. 領域「言葉」と10の姿、小学校で求められる幼児期の言葉の育ち

（1）10の姿から小学校での学び

「幼児期の終わりまでに育ってほしい姿」[8)]は到達目標ではなく、保育において育みたい3つの資質・能力が育まれて見られるようになる具体的な姿です。特にクとケを読み、これをもとに小学校ではどのような姿が求められるか考えましょう。

> 「幼児期の終わりまでに育ってほしい姿」（10の姿）
>
> **ク　数量や図形、標識や文字などへの関心・感覚**
> 　遊びや生活の中で、数量や図形、標識や文字などに親しむ体験を重ねたり、標識や文字の役割に気付いたりし、自らの必要感に基づきこれらを活用し、興味や関心、感覚をもつようになる。
>
> **ケ　言葉による伝え合い**
> 　保育士等や友達と心を通わせる中で、絵本や物語などに親しみながら、豊かな言葉や表現を身に付け、経験したことや考えたことなどを言葉で伝えたり、相手の話を注意して聞いたりし、言葉による伝え合いを楽しむようになる。

（2）文字への気付き

クは、文字を読んだり書いたりできることを目的としているのではありません。標識や文字に情報や思いを伝える役割があることに気付き、自分でも手紙やお知らせ等を書くために使ってみようと意欲をもつことが大事だということです。

役割に気付かせるには、たとえば、着替えを入れるかごや靴箱にマークを付ける、連絡帳や絵本等の文字に触れる経験を豊かにする等の工夫が重要になります。以前、「あなたのとらしをるってなあに？」と４歳児に聞かれて不思議に思った保育者が、カレンダーの下に「あなたの健康と暮らしを守る」と書かれているのを見て４歳児が平仮名だけを読んだことを理解し、「間にあるのは漢字で『あなたのけんこうとくらしをまもる』と書いてあるよ」と伝えたそうです。すると、その子どもは漢字にも関心をもち、「健康」が「けんこう」であると覚えてしまったということです。また、自分が使う駅や住所の漢字は「鷹」「湊」と画数が多くても子どもは覚えてしまうという話を聞くこともあります。生活の中で文字の役割を意識できる環境がいかに大事かが分かります。

また、文字を使う必要感がもてる活動の機会を増やすことが文字に興味や関心をもつことにつながります。文字が書けなくても文字らしきものをお誕生日のカードやお手紙として書く活動や、ごっこ遊びで看板を作る活動によって、自分でも書いてみよう、使ってみようと

する意識が高まるからです。

文字に対する関心や意欲は、小学校で文字を読んだり書いたりする学習のよい準備となります。興味をもって主体的に学ぶ学習意欲にもつながっていきます。

（3）言葉による伝え合い

「ケ　言葉による伝え合い」に示される姿は保育活動全体を通して育まれます。そのうえで、絵本や物語等に親しみながら豊かな言葉や表現を身に付けること、経験や考えたことを伝え合うやりとりの機会が十分に積み重ねられることが重要です。

絵本や物語等に親しみながら豊かな言葉や表現を身に付けるためには、子どもが感じたことや気付いたことを保育者や友達と共有する経験や、絵本や物語の言葉や表現を遊びや生活の中で楽しめるように留意する経験を積み重ねる必要があります。たとえば、「おなか一杯で、ぼくかんろくつけたよ」と絵本で覚えた表現を子どもが発したことに対して「本当だ、すごい貫禄」と保育者が言葉を返すと、その子どもの中では絵本の言葉と自分の様子がつながるので、日常生活の中で絵本の言葉を楽しめたことになります。さらに、他の子どもから「○○ちゃん、おなかがぽこってなってる」「偉そうに歩いてる」というように会話が続くと、子どもが「かんろく」という言葉と言葉が表す様子を共有し、言葉に親しめたということになります。

また、言葉による伝え合いを楽しめるようにするためには、前項4（3）で述べたようにやりとりする経験を増やし、子ども一人一人が納得できる展開になるように保育者が留意する必要があります。子どもは納得できるやりとりの経験を積むことによって、伝え合いによって遊びや生活がよくなることを実感するからです。

「小一プロブレム」として「話が聞けない」「自分の意見や思いを言えない」「言葉でなく手足が出てけんかになる」等がしばしば取り上げられますが、これは、人との伝え合いが十分にできないことが一因です。幼児期に人と伝え合うやりとりを積み重ねる経験は、円滑な幼小接続のためにも有効だといえます。

伝え合いは小学校国語科「話すこと・聞くこと」第1学年および第2学年の特にオ「互いの話に関心をもち、相手の発言を受けて話をつなぐこと」という学習にもつながります。これは、小学校の学習の基礎として求められる聞く力、話す力、話し合う力であり、幼児期に身に付けたい力です。

【設問1】（目安：保育所実習Ⅰ前の学生向け）

特に乳児期の保育において、保育者の受容的、応答的な関わり方が、子どもが言葉を獲得していくうえでどのような意味があるか200字程度でまとめましょう。また、自分が考えたことについて4～5人のグループで話し合ってみましょう。

【設問2】（目安：保育所実習Ⅰ・Ⅱの間の学生向け）

3歳以上児になると、「言葉によって自分の行動を調整する力」（「保育者の言葉を聞いて真似る」「保育者の言葉を聞いてやってみる」「保育者に自分の言い分を聞いてもらい、自分も相手の言い分を聞けるようになる」「保育者の言葉から自分の気持ちが引き出され、保育者の助言を素直に聞く」等）が身に付くようになります。
これまでの実習やボランティア経験、または自分や自分の身近な子どもの幼少期の経験、さらに動画視聴等の中から事例を選び、どのような保育者の関わり方が「言葉によって自分の行動を調整する力」の発達にとって重要であるか、200字程度でまとめましょう。また、どのような保育者の関わり方が重要なのか、4～5人のグループで話し合ってみましょう。

【設問3】（目安：保育所実習Ⅰ・Ⅱ後の学生向け）

「しりとり」「カルタ」「数え唄」「回文」の中から1つを選び、これまでの実習やボランティア経験を踏まえて、幼児期の言葉遊びと小学校の学びをどのようにつないでいくとよいか、300字程度でまとめましょう。また、自分が考えたことについて4～5人のグループで話し合ってみましょう。

Memo

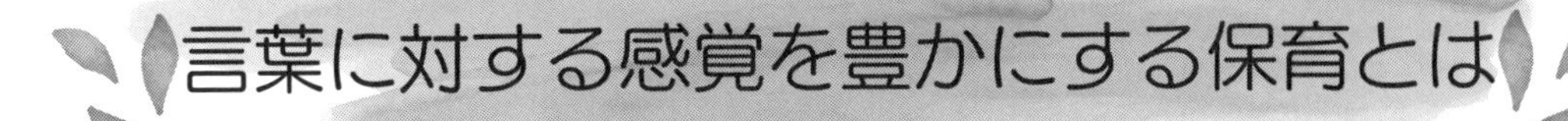

第３章

言葉に対する感覚を豊かにする保育とは

学習のPOINT

1．子どもの言葉の感覚が育つうえで必要な感性を理解する

・子どもが言葉を獲得する過程で必要な感性と、直接的な外界からの刺激としての体験・経験のあり方を理解しましょう。

2．３つの指針・要領の中に示された「言葉に対する感覚」に該当する箇所を捉え、理解する

・「幼児期の終わりまでに育ってほしい姿」を踏まえ、豊かな感性と言語表現のつながりを捉えてみましょう。

3．実践事例を通して、子どもの言葉の感覚が育つ過程と保育者の援助や関わりのあり方を知る

・言葉の感覚が育っている子どもの姿を捉えたうえで、保育者の援助や関わりによって言葉の育ちが支えられることを考えてみましょう。

事前学習 Work

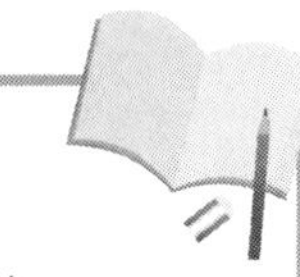

【設問１】（目安：保育所実習Ｉ前の学生向け）

皆さんの身の回りの環境を散歩し、その時期の季節（春・夏・秋・冬のいずれか）を感じられるものを50個探して、その意味を示す言葉をノートに記述してみましょう。

【設問２】（目安：保育所実習Ｉ・II の間の学生向け）

保育所実習や幼稚園実習中に、あなたが子どもの発話や対話から感動したエピソードを400-500字程度で書いてみましょう。

【設問３】（目安：保育所実習Ｉ・II 後の学生向け）

子どもが言葉に対する感覚を豊かにするためには、どのような身の回りの環境が必要でしょうか。人的、物的、自然・事象的環境を踏まえて考えてみましょう。

1. 言葉に対する感覚とは何か

この章を学ぶ皆さんは、事前学習として前頁の【設問 1】に取り組んだ際、どのくらい季節を感じられる用語を探すことができたのでしょうか。探す時期が春であるならば、道端に咲く「たんぽぽ」や「蝶々」、「温かな日差し」など次々と春らしいと感じられる言葉をたくさん探すことができたのでしょうか。それとも、なかなか探しだすことができず時間を要したり、50 個に達することが難しかったりしたのでしょうか。授業中にこの学習に取り組んだのであれば、探すことが得意な人、不得意な人など様々な人がいたことでしょう。私たちは毎日同じように生活をしているにも関わらず、季節を感じられる言葉を探すことにこのような違いが表れるのは一体なぜなのでしょうか。その違いが表れることの理由の一つには、人が成長・発達の過程において培ってきた「言葉の感覚」にあります。人間は生まれた直後から、言葉に限らずあらゆる感覚をもって身の回りの世界に気づき、そのことからの刺激を得て自分の中に取り込む力=「感性」を身に付けていきます。「言葉の感覚」は、その「感性」と深いつながりをもって人それぞれに育まれていくものなのです。

保育保育指針の保育の目標において、「様々な体験を通して、豊かな感性や表現力を育み、創造性の芽生えを培うこと」[1] と述べられているように、乳幼児期の保育においては感性を育てることの重要性が位置付けられています。そもそも感性とは、広辞苑によると「外界の刺激に応じて感覚・知覚を生ずる感覚器官の感受性」のことであり、感受性とは、「外界の印象を受け入れる能力。物を感じとる力。」のことを意味します [2]。保育現場における日常生活上の外界の刺激には、事物や事象だけでなく人も含まれ、子どもは目の前にある様々な刺激から影響を受けています。特に言葉の感覚は、生活の中での心揺さぶられる体験や経験が外界の刺激となり、そこで出現する言葉が結び付くことで養われていきます。

岡本は、人間が遭遇する出来事をどう意味付けるのか、さらには世界や人間、そして自己そのものをどういうものとして意味付けるかは、人生において中心的拠り所となるとし、幼児期はその意味付けの働きを促す決め手となる諸機能が時間をかけて育てられるべき時期と言及しています [3]。要するに、子どもが言葉を含めた全ての感覚が育つためには、子どもが主体的にその世界をつかみ取り、自らの中で意味付け、そしてどのように自分なりに表現するのかという過程が重要なのです。そして、保育においては保育者がその過程を保障することが必要です。

では、どのような保育実践であれば、そのような過程がつくりだされていくのでしょうか。このことについて、実習生のひかるさんが子どもと一緒に氷が溶ける現象に遭遇した時のことを例に考えていきましょう。ひかるさんにとっては初めての保育所実習です。2 歳児クラスに入って学ぶことになりました。子どもたちは毎日、様々なことに興味・関心を示しながら、ひかるさんにその不思議さや楽しさ、面白さを言葉や身振り手振りを通して伝えてくれます。手がかじかむほど寒い日が続いた実習 4 日目。この日もひかるさんに対して、子どもたちは園庭を歩きながら、自分が気になることを指さしながら言葉で伝えてくれました。この時、一緒に園庭で遊んでいたれなちゃんが昨日から木の根元に置いて見ていたバケツに張っていた氷がなくなっていることに気づきました。「あっ､氷がない。なんでないの。持って行っちゃったの？」と不思議そうな顔をしています。この時、実習生のひかるさんは太陽の光によって溶けたことを伝えた方がよいのだろうか、言葉でどのように説明できるだろうかと悩んでしまいました。そこで、ひかるさんはまず、「なんでだろうね。氷を探してみようか。」と提案してみました。早速、園庭にある水道傍に置いてあるバケツを覗き込んでみると、やはり氷ができています。れなちゃんは手でそっと触ってみました。「つめたい」「つるつるする」などいろいろな言葉で思ったこと､感じたことを口にします。すると､指で触ったところが溶けることに気づきました。「あっ、溶けた…」という言葉を口に出した瞬間に、ハッとれなちゃんがもう一声言いました。「なくなった氷…」。その言葉を耳にしたひかるさんは、れなちゃんに「木のところに行って触ってみよう！」と提案しました。すぐさま、木の根元に行って地面を触ってみると太陽の光に照らされたその場所はほんのり暖かくなっていたことに気が付きました。「あったかい､溶けちゃった…」と不思議そうに眺めるれなちゃんの姿に、一緒になって地面を触りながら喜びを感じ合うひかるさんでした。

かの有名な生物学者のレイチェル・カーソンは、「世界中の子どもに生涯消えることのない『センス・オブ・ワンダー』を授けて欲しい」という言葉を残しています[4)]。『センス・オブ・ワンダー』とは、神秘や不思議さに目を見張る感性のことを示します。筆者は、日頃から人間の「言葉の感覚」は、子ども時代に培っていきたいこの『センス・オブ・ワンダー』と共に養われることが重要であると考えています。実習生のひかるさんの保育実践は、乳幼児期の言葉の習得においては、ただ言葉や物事の意味を知り、言葉を教えることをねらいとしていませんでした。子ども自らの感性を通して主体的に目の前の世界をつかみ取り、意味付けるという一連の行為の流れの中で「言葉の感覚」を身に付けることをねらいとしていたのです。このようなねらいは言葉に限らず、人間が諸感覚を身に付けていく過程において大切な視点です。また、保育の営みにおいては、子どもの諸感覚を養ううえで一連のゆったりとした時間軸と経験の積み重ねの保障が必要なのです。

2. 世の中の不思議さ・美しさ・楽しさ・面白さから言葉を生みだす

実習生のひかるさんの例にあるように、子どもの言葉の感覚が育つ過程においては、心揺さぶられる体験・経験が必要です。保育現場では、その体験・経験の中で、世の中の不思議さや美しさ、楽しさ、面白さを味わう気持ちが言葉をはじめとした表情や身体の動きとして表現されていきます。ここでは、【Episode1】から、様々な葉っぱとの出会いによって、言葉で表現することにつながった子どもたちの様子を捉えていきましょう。

Episode 1 いろいろ葉っぱを見つけて言葉を表現する子どもたち

遠足へ行った時のことです。子どもたちと保育者のともえさんは公園内の緑豊かな広場を目指して、散策していました。すると、ようすけ君がはっぱを見つめて、言いました。

ようすけくん「ねぇ、これはクワの葉だ！」

その声に子どもたちの目が輝きはじめました。なぜならば、この時期のたんぽぽ組ではカイコの幼虫を飼育しており、子どもたちにとってはカイコの餌として葉っぱが大切なものだったからです。この特別な葉っぱを見つけたことがきっかけで、子どもたちはほかの葉っぱがあることにも気づいていきました。

ちほちゃん「この葉っぱは裏と表で色が違うよ。」
けいごくん「フワフワな葉っぱもあるよ。」
なおとくん「なんか、くさいよ。この葉っぱ。」
みずきくん「この葉っぱ、なんか長いよ。」
あやとくん「かたかたのくすぐったい草だよ。」
まおちゃん「（ぺんぺん草を手に）遊園地にありそうな花じゃない？」

いろいろな葉っぱの不思議さや美しさに気づいては、言葉がどんどん溢れでていきます。広場での楽しい葉っぱの発見が終わると、遠足帰りのバスの中でなにやら子どもたちが『いろいろはっぱ』[5)]の絵本を見ながら話し合っています。

ちひろくん「ねぇ、ともえ先生。みんなでさ、いろいろはっぱ２を作っちゃおうよ。」
ともえさん「えー、できるかな。」
みんな「できるー、だっていっぱい葉っぱ見つけたし、覚えているからね。」

子どもたちは、自分たちで見つけた葉っぱを思いだしては説明しながら会話しています。次の日、登園すると、子どもたちは早速、『いろいろはっぱ2』の製作に取り組みました。画用紙いっぱいに遠足で見つけた葉っぱを描いていく子どもたち。ともえさんは、子どもが言葉にする葉っぱの説明を書きとめ、絵本と同じように丁寧にパソコンで言葉を綴って子どもたちの絵の横に貼り付けました。

小寺卓矢 写真 文・佐藤孝夫監『いろいろはっぱ』アリス館、2017

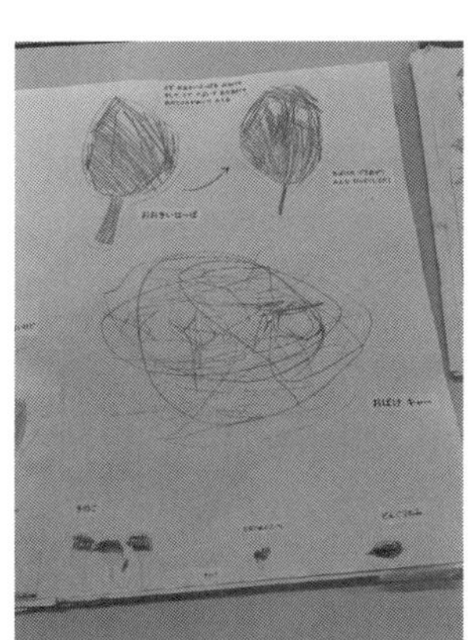

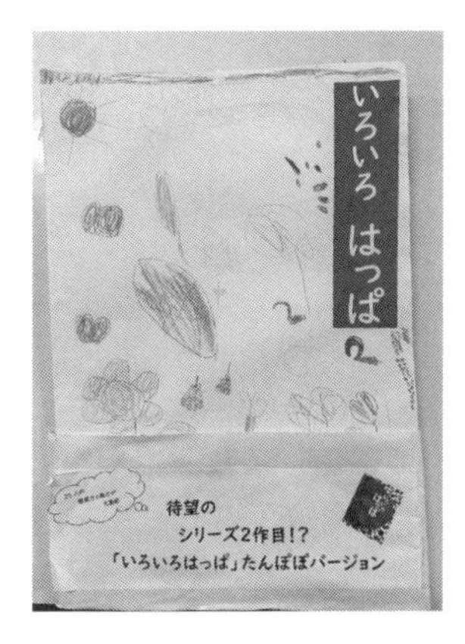

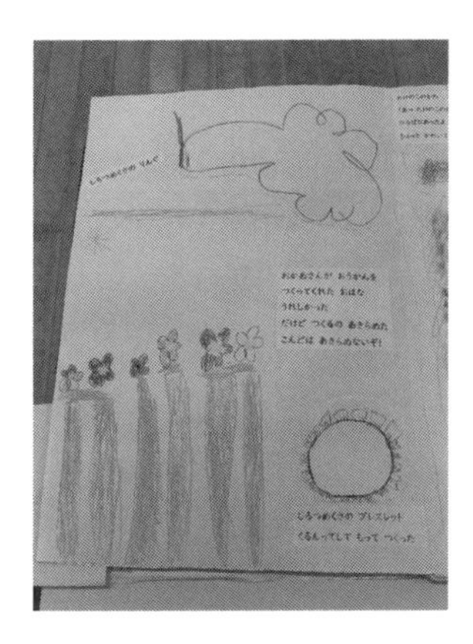

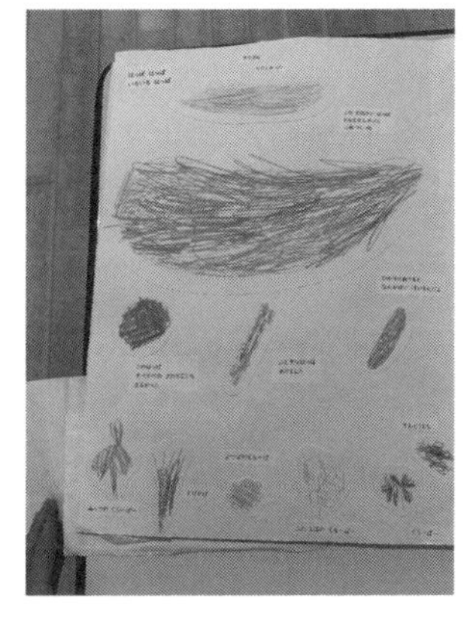

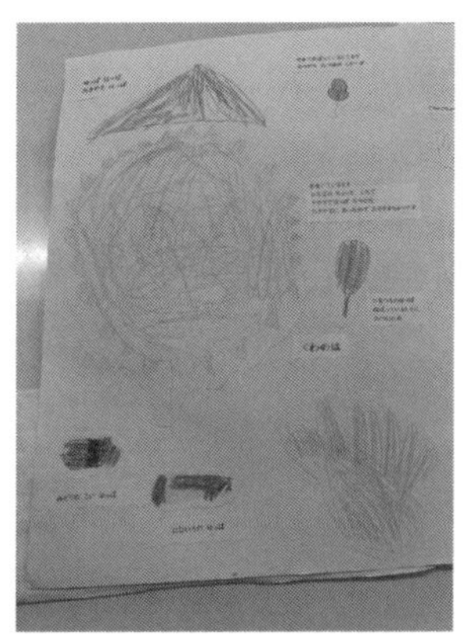

事例提供：学校法人百羊学園昭島幼稚園 教諭 樺沢 朋恵

【Episode1】では、桑の葉を見つけたようすけくんをきっかけに、クラス全体の子どもたちが葉っぱの不思議さや美しさに魅了されながら、発見を楽しんでいます。その感動を言葉として表現しています。さらに、『いろいろはっぱ』の絵本があったことで、自分たちの発見と見比べながら絵本に載っていない葉っぱもあることに気が付き、面白さや楽しさを味わっています。実は、ともえさんはこの時、カイコのお世話をしていた子どもたちはきっと葉っぱに興味・関心をもつに違いないということを予想し、そのほかにも様々な本をバスの中に用意していたのです。葉っぱに関する本を読むことによって、子どもたちはさらに興味・関心が深まり、『いろいろはっぱ2』を製作したいという意欲となっていきました。ともえさんは、子どもから語られる葉っぱの説明に、これほどまでに感性豊かな心の育ちがあったのかと感銘を受けました。その感性の素晴らしさは絵本づくりだけには終わりませんでした。ちほちゃんの姿に、ともえさんはさらに驚かされることになりました。「ねぇ、この葉っぱ、光に当てるとなんか入っているんだよ」と見せてくれたのです（右写真）。子どもは小さな科学者だと尊敬した瞬間でした。

保育所保育指針における幼児期の終わりまでに育って欲しい姿のうち、「コ 豊かな感性と表現」では心を動かす出来事などに触れ感性を働かせる中で、様々な素材の特徴や表現の仕方などに気付き、感じたことや考えたことを自分で表現したり、友達同士で表現する過程を楽しんだりし、喜びを味わい、意欲をもつようになることが示されています[6)]。子どもは、生活の中で体験を通して心を動かされる出来事に触れ、自らの感性を基に、思いや考えを巡らせ、様々な表現を楽しむようになっていきます。しかしながら、その表現を広げていくためには、保育者の役割が重要です。ともえさんのように、子どもの感性から表現されることを予想し、物的環境である絵本や本の環境を整備したり、子どもが絵本作りをしたいという意欲が表れたときには言葉を受け止めながら、オリジナルの絵本を一緒に作り上げていく援助や関わりは保育者の感性の豊かさから表れる専門性であるといえます。

3. 遊びの中で言葉の豊かさに気づく

子どもは自分の周囲の人や物、環境、生活経験を通じ、興味・関心を広げて関係を築きながら成長・発達をしていきます。生活経験の中での遊びは、人や環境、出来事を自分なりに取り込みながら学ぶことのできる最大の経験です。時には、言葉遊びを通して周囲の人や物、出来事の面白さ、不思議さなどを発見し、言葉の構造への理解につながることもあります。これもまた、言葉の豊かさに気づき、感覚が育まれることの一つであることを【Episode2】の「はんたいホラネ!?」から捉えていきましょう。

Episode 2

はんたいホラネ!?

リトミックの時間に楽しんでいた歌「はんたいホラネ!?」(中川ひろたか作詞・作曲)を毎日のように口ずさむ子どもたち。1番から4番までをあっという間に覚えていました。

すると、ようたくんが気づいた「くまとまくもあるよ」という言葉をきっかけに子どもたちは歌詞以外の反対の言葉を探すようになりました。「みせとせみ」「わなとなわ」「えいといえ」など、無限のように言葉が溢れでていきます。時には、必死になって、うーんと頭を抱えながら考えを絞りだす子どももいます。

その様子を見ていた保育者たちも「私も見つけました!」と子どもたちに披露しています。子どもだけではなく、大人も一緒になって言葉遊びの競争の始まりです。それからというもの、子どもたちは日常の生活ではあらゆるところで2文字の言葉にこだわって見つけだすことが広がり、言葉への興味・関心が深まっていきました。

事例提供：学校法人百羊学園昭島幼稚園 教諭 樺沢 朋恵

しりとり、さかさ言葉など言葉の感覚のうち、言葉の構造への理解を深めることのできる遊びは、数多くあります。遊びだからこそ、友達や保育者と一緒にその不思議さや面白さ、楽しさを味わう中で言葉の感覚を養っていくことには大きな意味があります。同時に、言葉の習得過程にある子どもにおいては、その感覚を身に付けるうえで難しいと感じるときもあります。大人である保育者が言葉を発見するモデルとなったり、言葉の仕組みを一緒に考え合ったり、言葉の発見を手伝ったりしながら協同する役割を担うことによって、言葉を表現していく子どもの思いや状況の後押しとなり、遊びを展開していくことにもつながっています。

4. 書くことを通して人と人とがつながる言葉の感覚を身に付ける

幼児期も後半になると、書き言葉によって表現された思いや考えから心揺さぶられる経験が表れてきます。保育現場では、手紙を書く、手紙を読むことから目の前にいない人の存在を感じることのできる言葉の感覚を味わうことも多いのです。手紙を書くことや読むことで言葉を習得する以前に、書くことを通して子どもたちはどのように、人と人とがつながる言葉の感覚を身に付けていくのでしょうか。【Episode3】の手紙を通した保育実践から考えていきましょう。

書くことを通して感じたクラスのつながり

園内には、子どもたちが手紙を出すことのできるポストが各所にあります。毎年のように、手紙のやりとりが友達や先生との関係に深まりを与えてくれます。しかしながら、感染症が拡大した時期には、ぱったりと手紙が投函されなくなり、静かな時を過ごしていきました。4月の進級当時、やはり4歳児クラスの子どもたちと保育者のともえさんは分散登園を余儀なくされたり、今日は大好きな友達は来るのかなと不安を抱えたりすることが続きました。そこで、ともえさんはどうにか子どもたちが自分のクラスだと思い、安心できるようにと手紙について次のように提案しました。

ともえさん「みんなで集まれないから、今年はポストをたくさん使えたらいいね。」

すると、早速、子どもたちは手紙を書き始めました。

“えりちゃんへ　いっしょにあそぼうね　るなより”
“あかりちゃんへ　はやくあいたいよ。だいすきだよ。　はるかより”
“けんたろうくんへ　きょうりゅうごっこしてあそぼうね　けんとより”

たった1行の手紙ですが、子どもの心が表れていきます。そのような気持ちを伝えたいと思っている友達に会えないことや、短時間では遊びきれなかった思いが綴られて、その返事を書くことが幼稚園登園への意欲にもなっていきました。

事例提供：学校法人百羊学園昭島幼稚園 教諭 樺沢 朋恵

保育所保育指針第２章の３歳以上児の保育内容言葉の領域には「日常生活の中で、文字などで伝える楽しさを味わう。」とあります[7)]。この【Episode3】では、手紙のやりとりから文字で伝える楽しさを味わっていますが、それ以前に自分の思ったことを相手に伝え、相手の思っていることに気付くことの喜びに満ち溢れています。幼児期において手紙を書くことは、自らの思いを文字で書くことを通して、言葉の習得過程につながる育ちを中心に捉えがちです。しかし、そのこと以前に大切なことは、相手に気持ちが伝わるもしくは相手の気持ちが伝わってくるという言葉の感覚を味わうことです。そのことが書きたいという意欲へとつながり、ひらがなを知り、書くことを身に付けるようになっていったのです。実際に、えりちゃんはこれまで全く興味をもっていなかったひらがなを数日で見て書けるようになりました。この手紙のやりとりから、仲良くなった友達との安定的な生活が広がっていったそうです。大切な友達のために自らの力を使って思いを届け、互いに思いを交わし合い、会えないときもつながっているという言葉の感覚は、子どもたちの人生において、言葉を使うことに対する価値観として素晴らしい経験になったといえるでしょう。

5. 子どもの言葉の感覚を引きだし、共感する保育者の感性

本章から分かる通り、子どもは自らの感性で目の前にある世界をつかみ取り、その世界の価値を意味付けながら自分なりの言葉で表現する力を身につけています。しかし、子どもはただ単に事物・事象と出会うだけ、そして大人が言葉を伝えたり、教えたりするだけではその力を身に付けることはできません。まずは、この章で語られた保育者のように、子どもの生活や遊びの状況の意味を捉え、場面ごとの成長・発達を支えることを目指した保育指導計画が必要となります。そして、この計画を基本としながらも、一緒になって身の回りの事物や事象を見つめる気持ち、新しい発見に驚く心、発見を楽しむ思い、新しい世界に出会う喜び、そして、その喜びの分かち合いなどの保育者の感性が必要とされます。この感性は、子どもの言葉の感覚を引きだし、見守り、共感し、環境を構成するための必要不可欠な保育者としての資質であるといえるでしょう。

【設問１】（目安：保育所実習Ⅰ前の学生向け）
事前学習で見つけた50個の季節を表す言葉を使って、美しいと感じられる詩を一つ作ってみましょう。作った詩を友達同士で伝え合い、感じたこと、思ったことなどを語り合い、言葉で表現することの素晴らしさに気づいてみましょう。

【設問２】（目安：保育所実習Ⅰ・Ⅱの間の学生向け）
事前学習で書いた保育所実習や幼稚園実習中に、あなたが子どもの発話や対話から感動したエピソードを読み返してみましょう。そのエピソードにおいて、子どもはどのように言葉の感覚が養われているのかを考察して、400-500字程度でまとめてみましょう。

【設問３】（目安：保育所実習Ⅰ・Ⅱ後の学生向け）
皆さんの住まいや学校の近隣を散歩して、保育者だったとしたら子どもたちがどのようなことを発見し、言葉で表現していくのかを想像してみましょう。また、近隣の地図を描き、子どもと共に感じ合いたい、楽しみ合いたいと思う事物、事象を言葉にして地図の中に記入してみましょう。

コラム
Column

「言葉に対する感覚を豊かにする保育」における保育者の役割
―絵本から劇遊びへの発展事例から考える―

絵本を読んだ後、その想像した世界は子どもたちの心の中に残っているものです。時には、その想像している世界が遊びへと発展する場合もあります。そのようなとき、特に幼児においては、保育者が「子どもが他児と関わることにより心を動かされる体験をするのか」「豊かなイメージをもち、言葉に対する感覚が養われるのか」に配慮した援助をすることによって、遊びがより発展していきます。ここでは、こども園の３歳児クラスにおける絵本『三びきのやぎのがらがらどん』[1)] の世界を保育者の援助により、遊びの中で展開させていった場面から捉えてみましょう。

Episode

『三びきのやぎのがらがらどん』からイメージを膨らませる（3歳児6月）

ブロック玩具で遊ぶことが大好きな子どもたち。畳の上で、今日もまた、保育者と一緒に何かを作り始めました。

その間、観察者である私は、他の子どもたちとおままごとをして遊んでいたのですが、しばらくして畳の方に目を向けると、１人の子どもが、動物のような形のものを作って保育者に見せています。

すると、「ちいやぎがやってきました。かた・こと・かた・こと」と保育者が子どもたちに語りかけ始めます。ふと見ると、ブロック玩具で立体的な橋ができあがっていて、その橋の上を、子どもがさっき作った動物のような形のものを動かしながら、会話をしています。そして、「だれだ、おれのはしをカタコトさせるのは」と言いながら、これもまたブロック玩具で作ったお面を顔の前にかぶせて、保育者がトロルになりきって子どもたちに語りかけます。

すると、続いて「ちゅうやぎさん」と言いながら、また、少し大きめのブロック玩具で作ったやぎを動かしてみる子どもがいます。

「ちゅうやぎさんがやってきました。がた、ごと、がた、ごと」保育者が語りかけ、またトロルになりと、『三びきのやぎのがらがらどん』の世界を展開させた遊びが続いていきました。

普段から絵本の中で触れている物語「三びきのやぎのがらがらどん」から子どもたちがイメージを膨らませ、普段は剣や鉄砲といったものを作る道具であった井形ブロックが、橋になり、三匹のやぎになり、トロルになりと、保育者とともにそのイメージを広げる遊びの道具になっていきました。

保育者がその子どもたちがもつイメージを引きだして、イメージを膨らませた遊びの世界へとつなげていき、子どもたち自身が保育者と会話をしながらその世界に入り込むことで、自ら言葉を発し、その世界を絵本が目の前になくても、とても楽しんでいることが分かります。子どもたちが絵本からイメージを広げ、それがごっこ遊びにつながり劇遊びへとつながっていく実践であるといえるでしょう。

これは、要領、指針、教育・保育要領の各解説書の中で述べられている、子どもたちが友達や保育者との関わりの中で、「日頃から接している絵本を通して豊かなイメージをもち、それを言葉に出してみる」「物語の世界に浸り言葉を使う楽しさを味わえるようにする」「言葉を使った遊びを楽しむ経験を積み重ねていくようにする」といったところにもつながっています。このように「言葉に対する感覚を豊かにする保育」では、日常の園生活の中で、目の前の子どもの興味・関心に応じた保育者の役割が重要であることが分かるでしょう。

第4章

生活の中の言葉

学習の
POINT

1．環境を通して育まれる子どもの言葉

・保育は環境を通して行うことが基本です。子どもの言葉を豊かに育む環境のあり方について理解しましょう。

2．子どもの視点から捉える子どもの言葉の世界

・保育の実践は子どもを理解することから始まります。園生活の中で子どもはどのような言葉の体験や経験をしているのでしょうか。園生活における子どもの言葉のあり様を子どもの視点から捉えてみましょう。

3．子どもの言葉を育む保育の文化

・子どもたちの言葉の育ちのために大切にされてきた文化があります。子どもの言葉を豊かに育む実践者となるために大切なことについて考えてみましょう。

事前学習
Work

【設問１】（目安：保育所実習Ⅰ前の学生向け）

「保育所保育指針解説」に示された「３歳以上児の保育に関するねらい内容」「領域「言葉」内容の取扱い」を読み、保育者の援助のポイントを300 ～ 500字程度にまとめましょう。

【設問２】（目安：保育所実習Ⅰ・Ⅱの間の学生向け）

実習先で印象に残った子どもの言葉を書きだしてみましょう。そのときの子どもの気持ちや言葉の意味、言葉の育ちについて考察しましょう。

【設問３】（目安：保育所実習Ⅰ・Ⅱ後の学生向け）

実習を振り返り、園にはどのような文字環境があったか、文字環境を通し子どもたちはどのような経験をしていたか書きだしてみましょう。そのうえで、小学校における文字指導との違いについて考え300 ～ 500字程度にまとめましょう。

1．環境を通して育まれる子どもの言葉

乳幼児期は、自分の生活から離れ一方向的に知識や技能を教えられるのではなく、子ども自身の興味や関心に基づいた直接的・具体的な体験を通し、その時期にふさわしい生活を営むために必要なことが次第に培われる時期であるとされます。子どもの言葉の感覚が豊かに育まれるためには、言葉を覚えさせたり書かせたりするのではなく、様々な環境との関わりのなかで子ども自身が多様な感情を体験し、子どもなりの意味や価値を見出すことができるよう、環境を構成することが求められます[1)]。

環境構成といっても、子どもが好きそうな遊具や用具、素材を揃えておけばよいというわけではありません。子どもが今何を考え、何に興味をもっているか、何を実現しようとしているかなど、子どもの「今・ここ」を捉え、子どもと共に環境を創生することが大切です。また、環境はそれぞれに主体性をもち、子どもたちに語りかける力をもっています[2)]。環境そのものの魅力や子どもにとっての環境の意味を検討したうえで構成することが求められるでしょう。同じ種類の物であっても素材や数量などによって受ける印象が異なります。

空間や時間も子どもの言葉の豊かな感覚を育むうえで重要な意味をもちます。温かく親しみのあるくつろいだ空間は子どもの自由感を生みだします。遊びを発展させたり試行錯誤することができる空間、自由にアクセスできる物の配置や動線は、他者との関わりを紡ぎ、遊びへのひらめきを豊かに創発させることでしょう[3)]。子どもがじっくりと探究したり、試行錯誤できる時間も保障したいものです。

このように、環境構成とは、様々な物（人工物･自然物)、人、空間や時間、社会事象といった様々な環境を関連させた中で、子どもが能動的に環境にアクセスし、その時期にふさわしい体験や経験を重ねていくことができるような状況を作りだすことといえるでしょう。それでは、子どもたちは生活の中でどのような言葉の体験や経験をしているのでしょうか。保育は子どもを理解することから始まります。次の節では、子どもが生活の中でどのような言葉の体験や経験をしているのか、子どもの視点から子どもの言葉の意味について考えていきたいと思います。

2．生活の中で広がる言葉・深まる言葉

子どもの視点から子どもの世界を捉えてみると、豊かな言葉の世界が見えてきます。

（1）想像の世界が育む言葉の感覚

「たこ焼き一丁、焼けました」「シャンプーをします。こちらに座ってください」「今から助けに行くぜ、変身！」「バブちゃん（赤ちゃん）がお腹空いたって」…。日々、園のいたるところで様々なごっこ遊びが展開されています。何かになりきって想像の世界を楽しむ子どもたちの言葉のやり取りは、その世界さながらです。

Episode 1

「ニャーオ？」（4歳児10月）

保育室前のテラス。A子、M美、U香の3人は、保育室のままごとコーナーから道具を運び、ウレタン積み木で家づくりをしています。

A子：「ニャ～オ？」（尋ねる様子）
M美：「ニャーン、ニャー」（同調する様子）
A子：「ねー、ここはご飯を食べるところで、こっちは寝るところね。Aちゃんはお姉ちゃんだからね」
M美・U香：「ニャア～」

（しばらくして、3人の遊びの様子を見ていた保育者がやってくる）

M美：「ネコのお家なの」
A子：「ニャア～」（M美に同調した様子で言う）
保育者：「ニャ～オ？！なんて素敵なネコのお家、まるでお城のよう。入ってもよいですか」
（保育者の応答に3人は顔をほころばせる）
A子：「ニャニャ、ニャニャニャ～ニャ」（おどけた様子で言う）
保育者：「ニャニャ、ニャニャ～ニャ」（A子と同じ調子で言う）

（A子と保育者のやり取りが続く。U香・M美は、A子と保育者のやり取りを見て笑いながら、粘土で型抜きクッキーを作りフライパンに並べる）

保育者：「いい匂いがするニャー」
M美：「ネコのクッキーなんです」（かしこまって言う）
保育者：「まあ、ネコのクッキー、おいしそう～」
M美：「はい。クッキーパーティを開くんです」
U香：「とってもおいしいですよ」
保育者：「ご招待してくださるのですか（子どもたち「はい」と答える）。G郎くんたちの電車に乗ってこようかしら。他のお客さんもパーティに連れてきてもよいですか」

「ニャーオ？」「ニャニャニャ」。このエピソードを読んで、子どもたちがネコの鳴き真似で会話をして遊んでいることに驚かれたのではないでしょうか。子どもという存在の不思議さやごっこ遊びがもつ奥行きの深さを感じることができるエピソードです。オノマトペ（擬音語）がもつ音の響きやリズムは、子どもたちが想像の世界へと没入するためのエッセンスであり、ネコごっこをより豊かにするためのスパイスなのかもしれません。また、気の合う友達や保育者とネコになりきりネコの言葉で共鳴し合うことは、つながりを感じる楽しい体験なのでしょう。ごっこ遊びを思う存分楽しむ子どもたちです。しかしその一方で、遊びの方向や役割を決定する際には、自分の考えが相手にしっかりと伝わるよう現実感あふれる会話をしています。状況に合わせ言葉の特性を巧みに使い分ける子どもたちの姿には思わず感嘆してしまいます。子どもは想像の世界と現実の世界を自由に行き来できる存在なのでしょう。

大人の視点で考えてみると、動物の鳴き声をオノマトペで表現するのは、なんとなく気恥ずかしいような気もします。おそらくその背景には、オノマトペが言葉未満で幼稚な表現であるという理由がどこかにあるのかもしれません。しかし、私たちの生活を思い起こしてみれば、実に様々なオノマトペを使い暮らしていることが分かります。「ドキドキ」「ワクワク」「ペコペコ」「サクサク」など。声に出して読んでみると、身体感覚を伴いながらその状況を理解することができるように思います。長い歴史の中で人々が共有してきた文化的な言葉なのだと思います。

このような視点から子どもの姿を捉え直してみると、子どもたちは言葉の音がもつ楽しさや面白さを身体で味わっていることが見えてきます。大人の視点ではなく、子どもの視点から捉えることの大切さを考えさせられる子どもの姿です。

（2）児童文化財との出会いの中で

園での生活の中で子どもたちは、同じものや出来事に関心をもったり、一緒に活動することを楽しんだり、価値を共有することに意味をもつようになります。

Episode 2

実習生のペープサート劇がきっかけとなって（4歳児2月）

実習生が披露してくれた手作りのペープサート劇がきっかけとなり、「みんなの前でお話を発表したい」と保育者にリクエストしてくる子どもが出てきました。動物や人物の絵を切り取り作ったペープサート、お絵描き帳に描いた紙芝居…。登園し身支度を終えると、早速準備が始まります。そのような子どもたちの姿を受けて、お帰りの時間（降園時の集合）にちょっとした発表会コーナーを設けました。発表会といっても、サンタクロースが風邪をひいてしまった話、動物たちがピクニックに行った話など、ごくごく簡単なストーリーです。それでも観客の子どもたちはクラスメイトが発表するとあって目を輝かせ真剣に見ています。

その数日後。T郎とN太が「劇を発表したい」と保育者に伝えてきました。2人は乗り物や生き物などの絵が描かれたペープサートを手にたくさん持っています。「やってみる？」ということで、その日のお帰りの時間に発表することになりました。

（お帰りの時間）
保育者：「今日は、T郎くんとN太くんが劇を発表してくれます」

観客の拍手と声援に、T郎とN太はクラスのみんなの前に立つだけで胸がいっぱいの様子。なかなか始められずにいます。

保育者：「おや、何かやってきたよ」と2人に問いかけます。
T郎：「新幹線がやってきました」（ペープサートを出す）
保育者：「次にやってきたのは…」（N太につなぐ）
N太：「ヘラクレスオオカブトです」（ペープサートを恥ずかしそうに出す）
（ペープサートが登場するたびに観客の子どもたちから歓声があがる）

クラスの中で、「Ｔ郎くんは乗り物博士」「Ｎ太くんは生き物博士」とあって、観客の子どもたちもうれしそうに見ています。保育者の助けを借りながら、Ｔ郎とＮ太は様々な乗り物や生き物を紹介することができました。

Ｔ郎とＮ太にとっても、観客の子どもたちにとっても、保育者にとっても、みんながうれしい時間になりました。

ここでは、Ｔ郎とＮ太の姿にも注目してみましょう。自分でペープサートを作った誇らしい気持ちと誰かに見てもらいたい気持ち。だけど、みんなの前で発表するのは自信がない気持ち。相反する気持ちを抱きながら前に立つＴ郎とＮ太です。このようなとき、自分の気持ちを丸ごと受け止め、話を引きだし、話をつないでくれる保育者の存在は、子どもたちの支えとなり自分で踏みだす勇気となります。Ｔ郎とＮ太は、保育者の助けを借りながら自分の力で発表することができました。自分の言葉で表現したい伝えたい意欲の基盤へつながる経験です。このような保育者の一人一人の話に耳を傾け共感する姿勢は、相手の話に対しても関心をもち、耳を傾け、話を聞く態度も育みます。そして多様な他者と互いの意見を出し合い、対話を通して方向性を生みだす協同的な力にもつながります。

（3）言葉が育まれる子どもの時間とリズム

雨が降った後に美しい虹がかかったり、給食室からいい匂いが漂ってきたり…。園での生活の中で子どもたちは思いがけない様々な瞬間に出逢います。時間も空間も子どもの言葉の豊かさを育む大切な環境です。

子どもの言葉の豊かさを育む視点から【Episode3】を考えてみましょう。「わあ」と歓声をあげる子どもや言葉を発さずに眺める子ども…。このような子どもの姿は言葉の豊かさが育っていないということになるのでしょうか。保育者はこのような姿をどう捉えればよいのでしょうか。矢野は、言葉をもたない生物との交流は言葉によって作りだされる自己の世界との距離を破壊させる、生命に触れる深い体験であると論じています。そしてそのような体験は、既成の言葉では言い表すことができない深い体験であり、言語化できないところにこそ体験の価値があることを示唆しています[4)]。

Episode 3

アゲハチョウを想う時間 （4歳児6月～）

卵から大切に育ててきたアオムシがとうとう蛹になりました。毎日、サンショウの葉を食べてたくさん動いていたのに、蛹になった途端にじっと動かなくなってしまったアオムシ。「蛹の中はどうなっているのかな」「いつアゲハチョウになるのかな」と毎日様子を見守ります。そしてある日のこと。「アゲハになってる！」の声に子どもたちはどっと集まりました。羽化したばかりのアゲハチョウは、羽を乾かしながらゆっくりと広げます。子どもたちはじっとその様子を見守ります。急遽、クラスで話し合い、アゲハチョウを自然の世界に戻すことになりました。羽を美しく広げたアゲハチョウは子どもたちに見守られながら優雅に飛び立っていきます。「わあ～」と歓声をあげ様子を見守る子ども、「バイバイ～」と見送る子ども、何も言葉を発さず、じっと眺める子どももいました。一人一人がアゲハチョウに願いを込める時間でした。

（そして1年後…）

アゲハチョウの旅立ちから1年が経ちました。今年もアゲハチョウの姿を見かける季節になりました。「あのアゲハの子孫なんじゃない？」「結婚したのかもね」「羽の模様が似ていた」「育った場所を思いだしてやってきたのかもしれない」など、園庭にアゲハチョウがやってくるたびに、去年自分たちが育てたアゲハチョウに想いを馳せる子どもたちです。

時に、保育者は必要以上に子どもに解説したり、感想を求めたり、学びの機会として出来事をまとめてしまうことがあります。しかし、子どもは感じたことや見たことを全て言葉で表現できるわけではありません。うまく言語化できなくても子どもの豊かな体験は子どもの中にあることを保育者は大切にしたいものです。可視化することはできない子どもの体験を価値あるものとして保障する保育者の心持ちが求められるのだと思います。

アゲハチョウの出来事から1年後、年長児になった子どもたちは、アゲハチョウのその後について会話をしています。科学的な思考力の芽生えを感じさせられる言葉です。このような姿は、卵から成虫になるまでの時間を共に過ごす中で、成長の様子を観察したり図鑑で調べた経験があってこそのあり様なのでしょう。時間も空間も大切な環境であることを知らせてくれる子どもの姿です。このように子どもは時を経て言葉として表現することがあります。

Episode 4

“ナス”じゃなくて“キュウリ”だね（2歳児7月）

実習生の加藤さんは今日から2歳児クラスに入ることになりました。朝、早速園庭でゆうなちゃんと遊んでいたときのことです。プランターに植えられたキュウリを見て、「ナスだ、ナスだよ」と指を差しながら、加藤さんにうれしそうに教えてくれました。加藤さんは「これはナスではなく、キュウリだよ」とすぐに教えるべきかどうか迷いましたが、うれしそうなゆうなちゃんの様子を見て、物の名前を覚えるにはどうすればよいのだろうかと、そのときは笑顔を交わし合うだけの時間となってしまいました。お昼休みの休憩時間、加藤さんはゆうなちゃんとのやり取りを振り返り、どうすればよいのだろうと考えました。そして、あることを思いつき、おやつ後の園庭での遊びの時間にゆうなちゃんともう一度関わってみることにしました。

おやつの後、加藤さんはゆうなちゃんや他の子どもたちと一緒に園庭のお散歩に行きました。園庭に咲いている美しいお花を探しながら、「ひまわりだね」などと、口々にお花の名前を言いながら歩いています。しばらく歩いていると菜園にたどり着きました。そこにナスが大きく実っていたのです。それに気が付いたゆうなちゃんの口から「あっ、なす!」とうれしそうな声があがりました。そして、「あっ、あさのおやさいは?」とゆうなちゃんが自分で気が付いたのです。加藤さんは、「そうだね、朝のお野菜はナスじゃないね」と一緒に驚きました。そして、「そうだ、年長さんのところにお野菜の本があったから読んでみようか!」と提案しました。野菜の本を見ながら、「キュウリっていうんだね」「ブツブツしてるのがキュウリだね」「ナスはツルツル?」と野菜に興味・関心を広げていく子どもたちでした。

その日の夕方には、プランターのキュウリのブツブツを指で触りながら「キュウリってブツブツなんだね」と楽しそうに会話をするゆうなちゃんと加藤さんの姿がありました。

【Episode4】では、実習生の加藤さんがキュウリをナスと言い間違えるゆうなちゃんと出会います。しかし、加藤さんは大学で子どもの言葉を習得する過程においては、否定的な関わりではなく肯定的に育ちを支えていく保育が重要だということを学んでいました。加藤さんは（すぐにナスではなくてキュウリなんだよと教えることが果たしてよい援助なのだろうか）と悩みました。そこで、お昼休みに考えたのが、実際のナスを見ることで、その間違いをゆうなちゃん自らが気付くのではないかという予想だったのです。加藤さんはお昼時間の間に園庭にある菜園にナスがあるかどうかを確認しました。また、子どもたちが野菜にさらに興味を示すかもしれないと園内の本棚を確認して、野菜の絵本が年長クラスにあることも確認していました。加藤さんなりにねらいを立て午後の保育における計画を立てたうえでの、おやつ後のお散歩だったのです。加藤さんの予想通り、ゆうなちゃんは自らが自分自身でナスとキュウリの違いに気付き、それぞれの野菜の名前を言葉として習得する過程となりました。

このように、子ども自身が意欲をもって主体的に言葉を習得していく過程を支える人的環境として肯定的な保育者の関わり・援助は大切です。さらに、言葉の習得過程において、プランターや菜園、園庭の草花といった自然・事象的環境があることで、「本物」や「事実」などとの出会いが生みだされ、体験的な言葉の育ちにもつながります。また、子どもが野菜の本という物的環境と出会うことによって言葉だけではなく知識として身に付けていくことにもつながりました。園内のそのような総合的な環境の保障こそが子どもたちの言葉の育ちを支えていくことにつながっているのです。

3. 文字などで伝える楽しさを味わう

領域「言葉」３歳以上児のねらい及び内容には、「日常生活の中で、文字などで伝える楽しさを味わう」ことが示されています。「文字などで伝える楽しさを味わう」こととは一体どのようなことなのでしょうか。ここでは、文字に関する子どもの遊びや生活のあり様をもとに、子どもにとっての文字の意味について考えていきます。

（1）文字がもつ意味との出会いを創る

「小学校で困らないように園でも読み書きの練習をするべきだ」「文字は小学校で学ぶものだから小学校に入るまでは教えてはいけない」という声を聞くことがあります。どちらの意見も子どものために考えられた真剣な大人の意見です。しかし、子どもの視点から捉えてみるとどちらの意見も子どもの育ちから捉えられていない実態も見えてきます。

文字は人類が長い歴史の中で作りあげてきた文化の１つであり、子どもは文字を使う前から環境の中の１つとして文字や記号に出会っています。大人から絵本を読んでもらうことを考えると、乳児期からすでに文字に出会っているといえるでしょう。

園にも様々な文字環境が存在します。靴入れやロッカー、絵本や図鑑…。保育室に設定された文字環境は子どもたちにその意味を働きかけ、子どもたちは文字がもつ意味を自然に受け取るようになります。やがて、子ども自身が文字のもつ意味を意識するようになると一気に文字の世界は広がります。知っている文字や自分の名前を書いたり、絵に文字で説明をつけたり、文字を追いながら絵本を読んだり、友達と読み合ったりと読み書きする姿も見られるようになります。このように文字環境は間接的にも直接的にも子どもに影響を与えます。

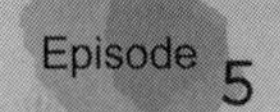

保育室の掲示コーナーにて（５歳児１月）

探検ごっこ中の女児４名が保育室に戻ってくる。Ｙ子とＭ香はピアノを弾き始め、Ａ子とＲ子は、保育室の掲示コーナーにふらっと立ち寄ると、掲示物を眺め会話をしている。

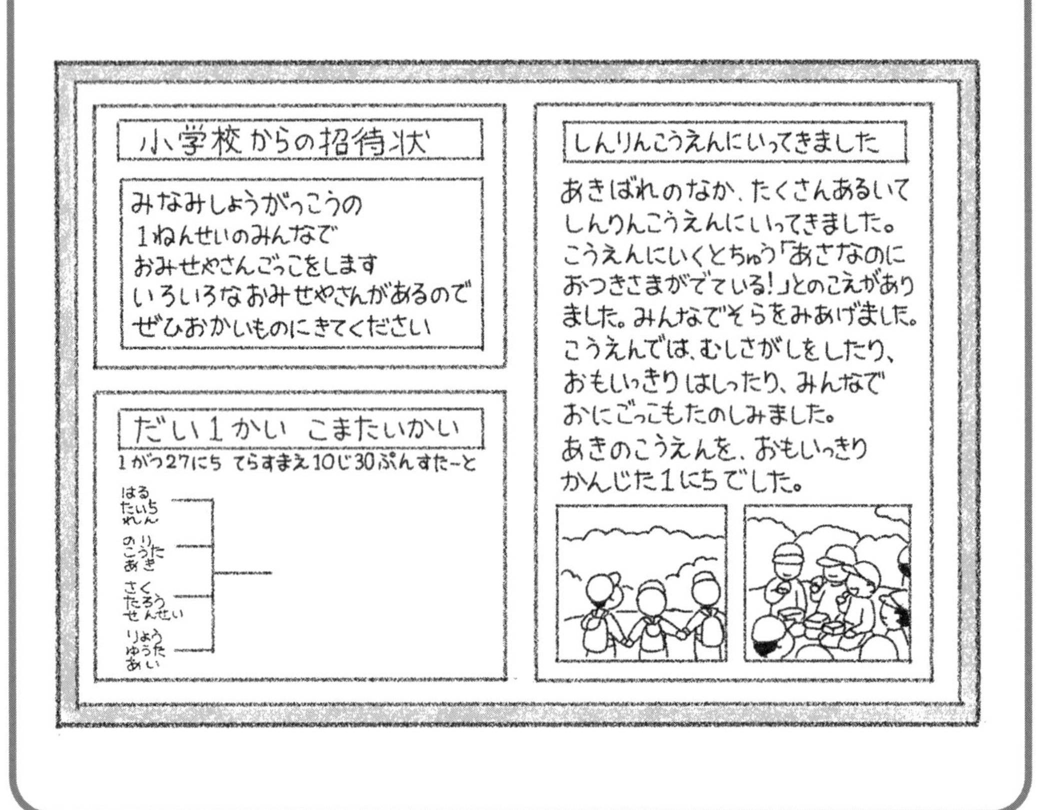

【Episode5】では、保育室の一角に掲示コーナーが保育者によって設定されています。そこには近隣の小学校からの招待状、駒回し大会のトーナメント表、園外保育での写真や出来事をまとめたドキュメンテーションなど、今後の予定や自分たちの園生活の記録などが掲示されています。過去や未来を可視化した掲示物は、子どもたちに情報を与えるだけではなく対話を生みだすツールとなり、園生活を創造する一員としての主体性を育みます[5) 6)]。子どもたちは大人が思う以上に、自分たちで自分たちの生活に参加したい共有したい能動的な存在です[7)]。遊びから切り離す形で画一的に「読み書き指導」を行うのではなく、遊びや生活を通して文字に出会えるよう文字環境を構成していくことが大切です。文字は子どもたちの生活の中にすでに息づいているのです。

（2）文字を通して伝わり合う楽しさを支える

「読み書き」を意識するようになると、子どもは遊びや生活のなかに文字を取り入れた伝え合いを楽しむようになります。次の事例を読んでみましょう。

お手紙ごっこ（5歳児1月）

子どもたちの間でじわじわとやり取りされていたお手紙ごっこ。お正月に届いた年賀状がきっかけとなり、クラスの中でお手紙ごっこが始まりました。配達役はその日の当番が担当します。「切手も貼るんだよね」という女児のリクエストに応え切手用の紙を準備したところ、オリジナルの切手を作成する子どもも登場しました。

自分のもとにお手紙が届くとうれしいものです。Y夏からもらったお手紙がうれしかったR太は、ロッカーに書かれた友達の名前を手がかりに、文字を見つけ返事を書きあげました。

【Episode6】のお手紙ごっこは、就学を前にした時期の子どもたちに見られる姿です。文字には他者の思いや考えを伝えることができる特性があること、時空を超えて情報を受け取ることができる特性があることなど、子どもたちは文字の特性を遊びに取り込むようになります。お手紙ごっこ以外にも、お店屋さんごっこ遊びの看板やメニュー表、お知らせなど、文字を通したやり取りを通して遊びを楽しいものへと発展する姿が見られるようになります。郵便番号や切手、投函するためのポストなど、本物のような体験ができる環境構成は喜びや充実感をもった遊びへと展開していくことでしょう。

文字に対する関心や能力は個人差が大きく、保育者は強制することなく子ども一人一人が遊びの中で自然に楽しめるように配慮することが必要です[8)]。また、読むことはできても書くことは難しかったり、自分なりの書き方で文字を書く場合もあります。子どもの「文字を書きたい」「伝えてみたい」「知りたい」そのこと自体が大切なのです。

（3）子どもの言葉を豊かに育むために

この章では、園生活の中で子どもたちがどのような言葉の体験や経験をしているのか、6つのエピソードをもとに子どもの視点からその内実を捉えてきました。これらのエピソードから示されるように、子どもの言葉は机上で育まれるものではなく、様々な環境との関わりを通して育まれることに対する理解が深められたのではないでしょうか。

保育における環境は子どもの生活を豊かにするために創生され、子どもたちにとって価値あるものとして共有されてきた歴史的かつ文化的背景をもっています。このような観点で捉えてみると、保育の営み自体が文化的な実践であるといえるでしょう[9)]。子どもは文化的な営みに参加し育つ存在であり[10)]、保育者は文化的な営みへの案内人です。

それゆえ、保育の現場に立ち子どもと関わる実習生もまた、子どもの言葉を育むうえで必要な文化的な営みへの案内人なのです。【Episode2】「実習生のペープサート劇がきっかけとなって」では、実習生による児童文化財の実践が、子どもたちの遊びとなって伝播し、クラスで分かち合う様子が描かれていました。子どもにとって実習生は「先生になる勉強をするためにやってきた人」ではなく、自分たちの生活に新たな文化の風を運んでくれる存在であることを私たちは理解する必要があることが分かるでしょう。

子どものよき案内人になるためには、子どもの言葉を育む良質な環境を見極める感性をもつことが求められます。「子どもが好きそうだから」「かわいいから」などといった安易な理由ではその感性は磨かれません。良質な文化に数多く触れ、子どもの言葉に関する知識や技術を蓄えることが基本となります。数多く触れる中で物事を本質的に捉える審美眼が養われていくのだと思います。【Episode2】で登場したペープサート以外にも有形無形様々な児童文化財が存在します。そしてどの児童文化財もその土地に根付いた文化と歴史をもっています。

本書では、保育者を目指す皆さんを言葉の世界へ誘います。本テキストの第3部には、様々な児童文化財と指導実践例が紹介されています。そこで育まれる豊かな言葉の世界を感受し自らの感性を養いながら、学びを深めていきましょう。

(4) 保育者の言葉について考える

保育者を目指す皆さんには、自分の言葉に責任をもち、他者の言葉も大切にする存在であってほしいと思います。【Episode4】「“ナス”じゃなくて“キュウリ”だね」では、野菜の名前を間違える子どもに対し、間違いを正した方がよいのか悩む実習生の姿が描かれていました。昨今、相手の間違いに冷やかしを入れたり、即座に切り返したり、論破したりすることが美徳とされ賞賛される風潮があるといわれます。言い間違えることで笑いが起きる場面も見かけるようになりました[11)]。

日本の保育思想の礎を築いた倉橋惣三(1882-1955)は、保育者は「詩心」[12)]や「詩感」[13)]をもつことが大切であると述べました。倉橋の言う「詩感」とは「心のはだのこまやかさ」を指し、保育者は「導き手、教え手である前に、子どもに対する豊かな詩心の所有者でなければならぬ」と指摘しています。今日、あなたはどのようなことに心動いたでしょうか。学生時代から様々なことに関心をもち、子どもの小さな大切なことに共感できる柔軟でみずみずしい感性を育ててほしいと思います。子どもの言葉について考えることは、私たちの生活のあり方について考えることでもあり、他者を理解することでもあるのです。

【設問１】（目安：保育所実習Ⅰ前の学生向け）

４人１組になり、最近経験した出来事をオノマトペ（擬態語・擬音語）で伝え合ってみましょう。

【設問２】（目安：保育所実習Ⅰ・Ⅱの間の学生向け）

子どもの言葉の豊かさを育む人的環境として、次の実習でのあなたの課題や工夫してみたいこと、実践してみたいことを300～500字程度にまとめましょう。

【設問３】（目安：保育所実習Ⅰ・Ⅱ後の学生向け）

①言葉に関する実習での体験を思いだし、詩的表現で振り返ってみましょう（解説も付けること）。

②グループや全体で詩的表現の発表会を行いましょう。

③発表会を終え、どのような気付きや学びがあったでしょうか。300～500字程度にまとめてみましょう。

参考：保育実習Ⅰを経験した学生の詩的表現

「赤ちゃん」

初めての赤ちゃん　どうして泣いてるの
聞いても答えはわからない
大きな声で泣き続ける赤ちゃん　私を困らせる赤ちゃん

私の抱っこで眠る赤ちゃん　すやすや夢を見る
ああ　どうか　これからも
泣いて笑って幸せに
初めての梅雨が明ければ　初めての夏が来る
初めての水遊びは　どんな思い出になるだろう

【解説】

実習初日に初めて出会った６人の赤ちゃんに緊張と戸惑いでいっぱいでした。突然泣き出す赤ちゃんに対し、どうしたら良いのかわからず、また、私の顔を見ただけで人見知りで泣き出す赤ちゃんもいて悲しい気持ちでした。しかし、午睡時の６人の赤ちゃんの寝顔はとても愛らしく、自分の抱っこで寝てくれた時は感動しました。

コラム Column

生き物との出会いを感性や知識で表現する

幼稚園教育要領解説には「幼児期は、自然な生活の流れの中で直接的･具体的な体験を通して、人格形成の基礎を培う時期である」[1)] と明記されています。実際に、保育者として子どもたちの傍らにいると、生活や遊びにおける具体的な体験を通して、子どもたちがその体験を言語化し、表現していく姿があちらこちらで見受けられます。「生き物」との関わりも、子どもたちの感性に大きな影響を与えるその具体的な体験の一つです。

3歳児クラスの子どもたちの姿を例として捉えてみると、この時期は庭にいる小さな生き物に気がつき、採集したり、観察したりすることを生活や遊びの一部として楽しみます。特にダンゴムシは園内にたくさん生息しており、子どもたちでも見つけたり、捕まえたりするのにちょうどよい存在です。

園庭で、E君がダンゴムシを一生懸命に集めていた時のことです。カップの底がダンゴムシで黒く見えるほどの数が集まっています。

保育者である筆者は、E君がダンゴムシを捕まえることに夢中になる様子を興味深く思い、近づいて声をかけました。

E君「ダンゴムシ、いーっぱいつかまえたい！おおきいやつ！もっと、いっぱい、いっぱい、いっぱい、いーっぱい!!」
保育者「本当にたくさんつかまえているね」
E君「わらじむし は　すぐに　しんじゃうんだよ。ダンゴムシも　しぬと　ち　が　でるよ。」
保育者「ダンゴムシも死ぬと血が出るの!?」
E君「やさしく　したら　しなないよ」
保育者「優しく!?」
E君「やさしく　さわると　しなない。つよく　さわると　しんじゃう」
保育者「そうか。優しく持てば死なないのか」
E君「このなかにね、おす　と　めす　がいるんだよ」
保育者「オスとメスって、E君、見てわかるの!?」
E君「いろ　が　ちがうんだよ。(じーっとダンゴムシを見つめて）ダンゴムシ、もじもじあるいているねー」
保育者「本当だ！もじもじ歩いているねー！」

このように、E君は生き物を観察する中で、自らの感性で生き物の不思議さを発見し、もち備えている知識を言葉に変えて表現したり、ダンゴムシの様子を言葉で表現したりしていました。保育現場における子どもの体験は様々です。生き物との触れ合いはその体験の一つではありますが、言葉が育まれるとともに、科学する心の芽生えやさらに豊かな感性を育むことにもつながるということが伝わってくることでしょう。

第2部

保育内容「言葉」の指導法

日々の生活や遊びの中で、子どもたちは環境に自ら関わりながら様々な体験をし、思いや考えを膨らませてそれを人に伝えようとします。保育者は、そうした言語生活をより豊かにする指導法を検討することが求められます。

第２部では、目の前の子どもがどんなことを思い、どんな言葉の力が育とうとしているのかを的確に把握し、一人一人に応じた言葉を育む指導法について考えていきます。「保育場面から子どもの理解を深め、計画・実践・改善の方法を構想する」「子どもの言葉を育む環境構成と保育者の援助」「特別な配慮が必要な子どもへの対応①：言葉の発達に課題がある子どもへの支援」「特別な配慮が必要な子どもへの対応②：日本語を母語としない子どもへの支援」「小学校教育との連携・接続：領域言葉と小学校国語との連続性のある指導を考える」という５つの観点から、乳児期から就学前まで、そして特別な配慮を要する多様な子どもに応じた言葉を育む指導法について学んでいきます。

第５章

保育内容「言葉」の指導法とは

子ども、教材、指導法を研究する

学習の POINT

1．乳幼児期における言葉の指導法についての理解と判断

・生活や遊び、保育者の設定する活動の中で、子どもが主体的に、そして夢中になって領域言葉の内容を経験することができるような指導法について考えましょう。

2．指導法の研究の方法についての理解

・指導法を考えるためには、子ども理解、教材の理解が重要であり、さらに子ども理解に基づいてどのような教材をどのように指導するかについての指導法を検討しましょう。

事前学習 Work

【設問１】（目安：保育所実習Ⅰ前の学生向け）

言葉を育む教材にはどのようなものがあるか、自分の経験や本書の目次などを見ながら、言葉を育む教材（例：絵本、言葉遊びなど）にはどのようなものがあるか、またそれぞれの教材には子どもにとってどのような意味があるか考えを出し合ってみましょう。

【設問２】（目安：保育所実習Ⅰ・Ⅱの間の学生向け）

絵本『はらぺこあおむし』を３歳児クラスで読み聞かせすると想定したときに、いつ、どんな場面で、どのように（環境構成、言葉かけなどの保育者の援助など）読み聞かせしますか。また、それはどうしてですか。自分なりの考えをまとめ、話し合ってみましょう。

【設問３】（目安：保育所実習Ⅰ・Ⅱ後の学生向け）

保育所や幼稚園の実習時に行った読み聞かせで、特に工夫をした場面を一つ取り上げ、①どんな子どもたちに、②どのような絵本を、③どのような（環境構成、言葉かけなどの保育者の援助など）工夫をして読み聞かせしたかについて話し合ってみましょう。

1．保育内容「言葉」の指導法とは

子どもの言葉はどのように育っていくのでしょうか。また、保育者はどのように子どもの言葉の育ちを促しているのでしょう。

第1部の保育内容「言葉」の理論では、子どもの言葉の発達と発達に即して園生活で「どのような」言葉が育まれるか、また園生活で経験してほしい言葉に係る保育内容を示した領域「言葉」について学んできました。また、保育者が環境構成や援助を工夫することで、話したり聞いたりする音声言語だけでなく、書いたり読んだりする文字言語、言葉に対する感覚など多様な言葉の力が幼児期に育まれていることをたくさんの事例から学んできました。

第2部の保育内容「言葉」の指導法では、多様な言葉を生活や遊びの中で「どのように」育んでいくか、その指導法について考えていきます。ここで大切なのは、保育内容の指導法は、特別な技術としてそれだけ独立して存在するものではないということです。例えば、役者は芸を磨いて優れた演技をみせてくれます。またピアニストも素晴らしい演奏を披露してくれます。しかしそうした技術を磨くことの目的は卓越した演技や演奏を観客に披露し観客の心を揺さぶることであって、保育の目的とは異なります。もちろん、素晴らしい演技や美しい音楽に子どもたちが心揺さぶられ感性が育まれることもありますが、保育者が子どもに一方的に演技や演奏の技術を披露したとしても、自発的な遊びや主体的な生活を通して子どもの資質・能力を育むことにはなりません。絵本を子どもと読み合ったり、子どもと様々な遊びを楽しんだり、そこには常に子どもの存在があり、子どもとの関わりなしに子どもの言葉やその他の資質・能力を育む指導法を考えることにはならないのです。

保育内容「言葉」の指導法を考えるうえで、まず保育者は一人一人の子どもの興味・関心や言葉の発達状況を把握し、その子ども理解に基づいてどのような教材を用いてどのように指導を行うのがよいのか、教材の特性をより深く多面的に研究し、どのように指導するか指導法を検討する必要があります。

2．子ども理解から始まる指導法の検討

指導法を考えるうえでまず重要なのは、目の前の子どもを理解することです。その子どもの思い、その子どもの発達の状況を知らずして、どのようにその子どもに関わるかを決定することはできません。

第6章のエピソードからは、一人一人の子どもの興味・関心や言葉の発達状況に応じた指導が展開されている様子がよく伝わってきます。たとえば、【Episode2】p.61では、0歳児クラスのB児が見立て遊びをしています。B児はまだ言葉が話せませんが、保育者は食べ物を差しだすB児の様子から「食べてほしい」という気持ちを読み取り、「ありがとう。アムアム。」とタイミングよく応答しています。この保育者の援助をきっかけにB児は繰り返しこの遊びを楽しんでいます。こうした子どもの姿に即した保育者の受容的で的確な援助

とともに、食べ物の絵や調理器具、色々なものに見立てやすい形状の玩具などを子どもの目や手に届きやすい場所に配置するなど、見立て遊びが始まる時期の子どもたちの遊びを豊かに広げる教材を保育室の適切な場所に配置しています。

子どもの思いや発達に即した生活や遊びが展開される環境は、どのようなものかを考えて教材を効果的に用い、またその環境の中でどのように保育者が関わるかを検討すること、そして子どもの遊びや生活での姿に応じて、新たな教材を柔軟にその場で提供できるようにすることが、乳幼児期の指導法を考えるということになるのです。

3. 教材とは

教材とは一般的には、教育活動における目的や目標を達成するために提示したり活用したりする素材のことを指します。教材という用語は小学校以上の教育では長く用いられてきましたが、幼児教育においては2017年改訂の幼稚園教育要領において、「教師は，幼児と人やものとの関わりが重要であることを踏まえ，教材を工夫し，物的・空間的環境を構成しなければならない。」と示され[1]、子どもの育ちを保障するための教材の研究を十分に行い、教材研究に対する保育者の意識を上げていくことが求められています[2]。

幼児教育における教材は、「教育目標の実現のために、教師と子どもの間で選択された文化的素材であり、教育活動において、教師がどのような教材を選択するかは、子どもが教材とのかかわりを通して何を学ぶのかにつながり、教育の成果を大きく左右する」[3]と定義されています。つまり、「教材＝もの」ではなく教師と子どもとの間で選択される子どもを取り巻くあらゆる文化的価値をもちうる素材ということです。たとえば雨が降るといった自然現象や買い物をするといった社会的事象なども教材になりえますが、重要なのは「教材が子どもにとって意味あるものとなるためには、教師の考え方や理解、活用力が求められる」[4]という点です。教材を工夫し、物的・空間的環境を構成するには、ただたくさんのものや事象を準備・計画し、子どもに与えればよいというわけではないということです。子どもが主体的にどのような教材と関わり、その過程でどのような経験をし、どのような資質・能力を発達させていくのかを明確にし、教材を用いた指導法を十分に検討し保育の計画を立てることが大切なのです。

4. 教材を研究する

では、幼児期にふさわしい保育を実践するため、それぞれの子どもに合った教材をどのように準備し、どのように指導に活かせばよいのでしょうか。そのためには、教材を深く知る必要があります。これを教材研究といいますが、教材研究には３つの側面があります。

教材研究には、素材研究、教材研究、指導法研究の３つの段階があります[5]。

（1）素材研究

素材とはものや事象自体のことをいい、素材研究はその素材の性質や特徴などについて多面的に検討することを指します。たとえば自然の素材であれば、砂や葉、花や木の実などがあるでしょう。また、保育で頻繁に用いられる紙も折り紙や画用紙、牛乳パック、段ボールなど多様な素材があります。それぞれ性質や特徴は異なります。それぞれの素材の特性やその違いを検討するプロセスが素材研究なのです。

言葉を育む素材としては、代表的なものとして絵本や物語があげられるでしょう。たとえば、絵本や物語を素材研究する観点としては以下のようなものがあります。

表 5-1 絵本分析の観点

①絵	②人物	③表現	④構造	⑤視点
絵本の向きと登場人物の向き	登場人物	地の文・会話文	設定（人・時・場所）	語り手（話者）
ページ配置・事物の位置	中心人物	心情表現	場面	視点人物（一人称・三人称）
色彩	人物像	情景描写	伏線	視点の転換
明暗	呼称表現	リズム	あらすじ	視点の効果
枠・はみだし・断ち落とし	人物の変容	象徴	出来事・事件	
		表現技法（対比・類比・比喩、擬人法、擬声語・擬態語、色彩語など）	全体構成（起承転結）	
		文体と効果（話法、文末表現、常体・敬体など）	クライマックス（山場・転換点）	

吉永安里『ダイヤモンドチャート法：読みを可視化する方略』東洋館出版社、2013、p.9 より抜粋・加筆[6)]

①絵

絵本は、絵と文からなるメディアです。子どもたちは絵を見て、大人の語りを聞いて物語の面白さを感じたり、内容や展開を理解したりします。このため、絵から受ける印象や絵から理解できる物語の内容や展開について研究しておく必要があります。

モーリス・センダック さく・じんぐうてるお やく『かいじゅうたちのいるところ』冨山房、1975

たとえば登場人物の向きです。横書き・左開きの場合、一般的には物語の時間的・動作的な流れは左から右、縦書き・右開きの場合には絵は右から左に描かれています。逆に横書きで左向きに描かれている場合、進行方向に背を向けることになり、登場人物の後ろ向きな気持ちや状態を表すともいわれています。登場人物の心情は乳幼児期に読まれる絵本には細かく言葉で表現されることは少ないですが、こうした人物の描かれ方によって示されているのです。

また、枠やはみだしも登場人物の心情を表していることがあります。『かいじゅうたちのいるところ』[7] は中心人物であるマックスの気持ちや空想の広がりが、絵の枠の大きさによって示され、マックスの空想が広がるにつれて絵がページをはみ出し、クライマックスでは見開きいっぱいになります。

②人物

物語にどのような人物が出てくるか、それぞれの人物がどのような人物なのか（人物像）を捉えます。物語には動物やものが登場することもありますが、心情が表現されない動物やものは登場人物に含まれません。擬人化されて人と同じようにものを考えたり心情が表現されたりする動物やものが登場人物に含まれます。

林明子 さく
『こんとあき』
福音館書店、1989

新美南吉 作・かすや昌宏 絵『ごんぎつね』
あすなろ書房、1998

また、呼称表現は人物像を捉えるのに役立ちます。同じキツネの出てくる絵本でも『こんとあき』[8] の「こん」と『ごんぎつね』[9] の「ごん」では音の響きもそれに伴う雰囲気も異なります。清音の「こん」はかわいらしく純粋なイメージ、「ごん」は濁音で、ちょっと古風で悪い感じがしませんか。このように呼称表現が人物像を表すこともあります。

③表現

ハンス・ウィルヘルム えとぶん・久山太市 やく『ずーっとずっとだいすきだよ』評論社、1988

表現技法とも呼ばれます。文末表現も表現技法の一つです。たとえば常体（だ、である体）か敬体（です、ます体）かでも物語全体の雰囲気や語りが変わってきます。多くの子ども向けの絵本は柔らかい雰囲気を出すために敬体で書かれています。しかし、『ずーっとずっとだいすきだよ』[10] は中心人物の「ぼく」が飼い犬のエルフィーについて独白のように語っているため、常体で書かれています。常体の場合には、文章が引き締まった印象になり、緊張感や決意のようなものが感じられるでしょう。

また、言葉の響きやリズムのような言語感覚を揺さぶる韻文や擬声語・擬態語による表現技法が取り入れられている絵本も多くあります。赤ちゃん絵本で有名な『じゃあじゃあびりびり』[11] にはたくさんの擬声語・擬態語が出てきます。

まついのりこ さく『じゃあじゃあびりびり』偕成社、1983

『ぐりとぐら』[12]は、物語そのものは散文で書かれていますが一部歌のようなリズムのある韻文が現れます。

なかがわりえこ 文・おおむらゆりこ 絵『ぐりとぐら』福音館書店、1963

その他にも地の文と会話文が書き分けられているもの、地の文だけで書かれているものなど絵本によって異なります。会話文がある場合には、誰の言葉なのかを把握しておく必要があります。また、物語には登場人物の気持ちを表す心情表現が登場しますが、心情表現は、直接的に「悲しい」「うれしい」と表現される直接表現や会話の内容、登場人物の表情や行動などの描写、そして物語の場面の様子を表す情景表現からも読み取ることができます。たとえば、『大造じいさんとがん』[13]には、「東の空が真っ赤に燃えて」、「秋の日が美しくかがやいていました。」など空に関する情景描写が見られます。これは中心人物である大造じいさんが毎年戦いを挑んでいる残雪というがんの頭領を、いつも空を眺めながら待ち構えており、その時の心情を空の景色に投影しているからと考えられます。

椋鳩十 作・あべ弘士 絵『大造じいさんとがん』理論社、2017

④構造

物語の構造や展開を理解しておくことも大切です。構造は物語の場合、起承転結の四部構成になっていることが多く、起の部分では、人、時間、場面などの物語の設定が描かれます。また、物語を理解するうえでは、あらすじを捉えることも重要です。「だれ（中心人物）が、どうして（事件）、どうなったか（結末）」の大まかなストーリーラインを把握します。急展開する場面、中心人物の気持ちが大きく変化したり、事件が解決したりする緊張―弛緩が生じる転換点はクライマックス（山場）といわれます。

長谷川摂子 作・ふりやなな 画『めっきらもっきらどおんどん』福音館書店、1985

ファンタジーの物語は構造に特徴がみられます。ファンタジーの世界の入口、出口があり、パラレルワールドに入って必ず出てくることから「行きて帰りし物語」とよばれます。中心人物がファンタジーの世界に行き、冒険をして戻ってくるパターンをとります。『めっきらもっきら どおん どん』[14]や『かいじゅうたちのいるところ』（前掲書）は代表的な作品です。

⑤視点

その他にも、読み手がその物語をどのように読むかに大きな影響を与えるのが視点です。物語には必ずお話を語る語り手の存在があります。その語り手の心情に読者は同化して読んでいくので、この語り手がどのような存在なのかを捉えることは大変重要です。語り手は作者とは同一ではありません。作者が女性であっても、語り手の語り口が男性性を感じさせることもありますしその逆もあります。また、若い作者が年配の語り手を想定して語らせているお話もあります。

そして、その語り手がどの登場人物に寄り添った視点で語るかという視点人物も重要です。読者は、この視点人物の視点で物語の世界を見て、物語の世界を体験するからです。物語の場合、多くは一人称視点か三人称視点です。「あなた」という二人称は歌には多いのですが、物語の場合はほとんどありません。一人称視点で有名なのは『ずーっとずっとだいすきだよ』(前掲書)です。「ぼく」の視点でお話が語られています。また、多くの物語は三人称視点ですが、三人称には、三人称全知（複数の登場人物の心情が語られる)、三人称限定（特定の登場人物の心情のみ語られる)、三人称客観（どの登場人物の心情も客観的に描かれる）という3つの語りの視点があります。

⑥その他

①～⑤以外にも作者について調べたり、主題（テーマ）を探ったりすることもあります。作者を知ることで、同一作者の異なる物語やシリーズものを読んだとき、表現技法や展開に共通性が見出されることもあります。また、物語の主題を考えることで、その物語から教訓や知識を引き出すこともできます。しかし、あまり作者や主題を考えることに捉われすぎると、読み手の自由な受け止め、それぞれの考えや感想を排除してしまうことにもなりかねないため、読者が物語を読み進めていく中で感じること考えることを大切にしたいものです。

（2）教材研究

素材研究したものや事象を子どもとの関わりにおいて、どのような使い方ができるのかを考えるのが教材研究です。保育のねらいに沿った保育を実践するために、先ほど物語の素材分析をしたように保育者が素材研究をし、素材の特徴を理解したうえで、それぞれの素材が子どもの発達や経験、そしてその活動をする際に適切であるかを考えます。つまり、子ども理解と素材研究に基づいて行われるのが教材研究なのです。

たとえば、先ほどの物語の素材分析をしてみると、絵本を読んだときに、「クラスの子どもたちは、この人物に感情移入してお話を読むだろうな。」「この挿絵に反応して子どもが面白がるかもしれない。」「この部分でリズムを感じたり、この部分で気持ちが盛り上がったりして唱和したり身体で表現したりするかもしれない。」などと素材に触れたときの子どもの姿が思い浮かんできます。そうした子どもの姿を予想し、それを指導法につなげていくのです。

教材研究をする際には、子どもの経験も十分に考慮する必要があります。日々の子どもの関心、行事、季節などは配慮の観点となります。「最近虫に興味をもっているから虫に関連する本を選ぼう。特に、虫の本の中でも飼い方に興味をもっているときは図鑑的なこの絵本がいいな、その虫に愛着を感じているときにはストーリー性のある別の物語絵本がよいな。」など選書をする際にも役立ちます。

（3）指導法研究

教材研究を深める中で、素材と触れたときの多様な子どもの姿を予想し、それに対しての保育者の指導を考えるのが指導法研究です。子どもがこんな風に反応したらこのように言葉かけをしよう、あるいは子どもの反応が生まれやすくなるような環境構成の工夫をしよう、といったことです。指導法を研究する際には、活動や遊びの中で、どのような環境でどのような言葉かけをしたら、子どもがどのようなことを経験したり、感じたり考えたりすることにつながるのかを具体的に考えることが大切です[15)]。

たとえば、絵本の読み合いをするときの環境構成一つとっても、劇場型（イラスト①)、円座（イラスト②)、ランダム型（イラスト③)、椅子に座る、床に座るなど、どの方法がその日の読み合いにとってよいかを考える必要があります。たとえば、今日の絵本はきっと子どもたちが体を動かしたくなるだろうなと考えて椅子なしで座ったり、長いお話の絵をよく見て保育者の語りを集中して聞けるように劇場型で座ったり、など読み合いのねらいに即した環境構成を考えるということです。また、子どもがこの部分の言葉の意味を尋ねてきたらこんな風に答えよう、ここで保育者が身体を動かしながら読んだら子どもも反応するだろうな、唱和し始めたら一緒に楽しめるようにこの部分は繰り返し読もうかな、など保育者の言葉かけや反応も検討します。

素材研究、教材研究を十分に行うことで、実践した際の子どもの発言や動き、子どもが難しさを感じるような場面でどのように援助するかなど、クラス全体の様子はもちろん、一人一人の子どもに応じた適切な指導法を考えることができるのです。

イラスト①劇場型

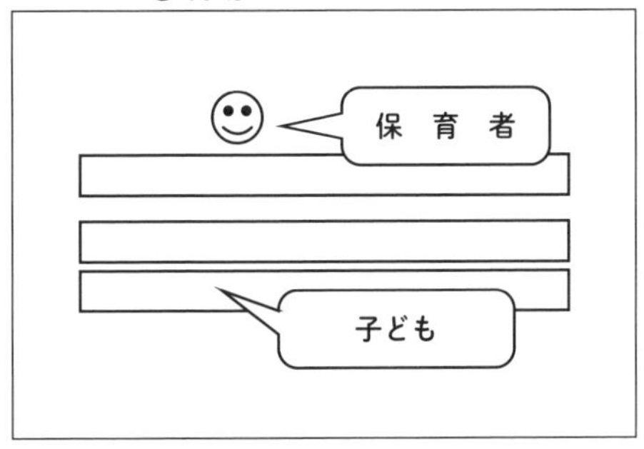

イラスト②円座

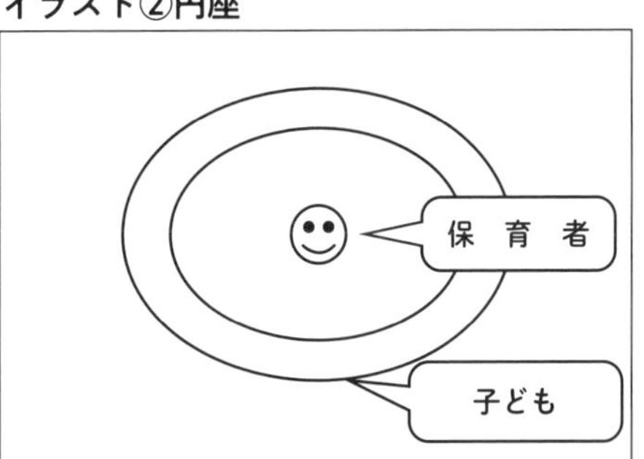

イラスト③ランダム型

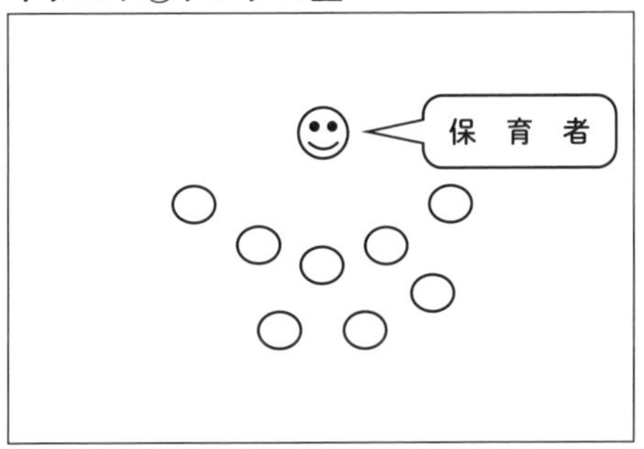

5. 教材研究を言葉の指導法に生かす

以上のように、言葉を育む素材の一例として絵本を取り上げ、教材研究(素材研究、教材研究、指導法研究)を捉えていきましたが、教材研究は絵本だけではなく、実践に活用されるすべての素材において求められることです。第3部では、言葉を育む児童文化として絵本をはじめとした様々な素材が取り上げられますが、その素材を用いたすべての実践において、教材研究が必要不可欠なのです。

神長は、「幼児が主体的な活動を通してさまざまな体験を積み重ねていくためには、幼児の周りにある様々な事物や生き物、自然事象、社会事象等、また先生や友達などがそれぞれの幼児にどのように受け止められているか、そして、いかなる意味をもっているのかについて、教師自身がよく理解することが必要」であり、「教師には、日頃から教材研究を通して環境を見る目を磨き、教材を工夫して物的・空間的環境の構成に生かすことが求められる」と述べています[16)]。

この第2部保育内容「言葉」の指導法では、子どもの姿を細やかに捉え、教材研究を徹底して行い、子どもの姿に応じた言葉の指導法を考えることができるように、0歳から就学を迎える子どもまでを含めた異なる発達状況にある子どもたち、特別な配慮が必要な子どもの中でも特に言葉の発達に課題がある子どもや日本語を母語としない子どもたちなど、多様な子どもへの多様な言葉の指導法を取り上げ、言葉を育む指導法について理解を深めていきます。

【設問1】(目安:保育所実習Ⅰ前の学生向け)

事前学習の設問1で取り上げた教材の中から1つ選び、その教材を何歳の子どもと、どのような形で楽しみたいか、またその教材を通してどのような子どもの言葉を育みたいか話し合ってみましょう。

【設問2】(目安:保育所実習Ⅰ・Ⅱの間の学生向け)

事前学習の設問2で自分の考えた3歳児クラスでの絵本『はらぺこあおむし』の読み聞かせ場面を想定し、実際の保育場面を想定して4名程度のグループでミニ模擬保育をし、想定した場面に見合った環境構成や保育者の言葉かけの工夫がされていたか互いにアドバイスし合いましょう。

【設問3】(目安:保育所実習Ⅰ・Ⅱ後の学生向け)

事前学習の設問3で取り上げた保育所や幼稚園での実習時に行った読み聞かせを振り返り、①子ども理解、②教材理解、③子ども理解と教材理解に基づいた指導法の工夫の3点について、よかった点、改善が必要だった点について振り返り話し合ってみましょう。

第6章

保育場面から子どもの理解を深め、計画・実践・改善の内容を構想する

学習のPOINT

1．子どもの姿を捉える

目の前の子どもの興味・関心を捉えることは、保育を進めるうえでとても大切なことです。そのような子どもの姿を捉えることについて、理解を深めましょう。

2．子どもの姿から、環境構成と保育者の援助を考える

子どもの姿を捉えたうえで、保育の計画を立てます。主に、環境構成と保育者の援助の視点から考えてみましょう。

3．実践後の振り返りをする

保育実践の後、保育者はどのように振り返りをしているのでしょうか。その実践に触れてみましょう。

4．次の計画につなげる

実践を振り返った内容を、次の計画につなげていきます。その実際について理解を深めましょう。

事前学習 Work

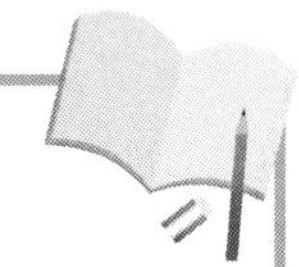

【設問１】（目安：保育所実習Ⅰ前の学生向け）

街で見かけた子どもの姿を捉えて、どのような会話（または発話）をしていたか、300 ~ 500 文字で書いてみましょう。その際、子どもの大まかな年齢についても記述してください。

【設問２】（目安：保育所実習Ⅰ前の学生向け）

設問１で書いたエピソードをグループで共有し、その子どもは何が楽しかったか、何に関心があったのか、どんなことを思っていたのか……など、自由に話し合ってみましょう。

【設問３】（目安：保育所実習Ⅰ・Ⅱの間の学生向け）

園見学や実習に行った際、保育者は子どもの姿をどのような方法で記録に残していましたか。また子どもの姿をどのように保育者間で共有していましたか。実習を振り返って、グループで話し合ってみましょう。

1. 0歳児

まず、子どもの姿を捉える視点として、乳児（0歳児）保育の3つの視点を確認します。

2017（平成29）年の保育所保育指針[1)]および幼保連携型認定こども園教育・保育要領[2)]では、乳児保育の保育内容を5領域ではなく、3つの視点として整理しています。これは、乳児保育の場合、教育的側面である5領域で保育内容を考えようとしても、領域「言葉」と領域「人間関係」について分けて考えられない、領域「環境」と領域「表現」について分けて考えられない…というような子どもの姿があるからです。乳児の生活と遊びは未分化な状態にあることから、乳児の保育内容は5領域ではなく、3つの視点として示されたのです。その視点は「健やかに伸び伸びと育つ」「身近な人と気持ちが通じ合う」「身近なものと関わり感性が育つ」の3つです。これは「自分との関わり」「人との関わり」「物との関わり」というふうに言い替えて考えることもできるでしょう。

0歳児の保育内容の記載のイメージ

言葉
表現
養護
身近な人と気持ちが通じ合う
身近なものと関わり感性が育つ
人間関係
環境
健やかに伸び伸びと育つ
健康
※生活や遊びを通じて、子どもたちの身体的・精神的・社会的発達の基盤を培う

図6-1　0歳児の保育内容の記載のイメージ

厚生労働省 雇用均等・児童家庭局保育課「社会保障審議会児童部会保育専門委員会（第10回）資料4」，2016年
https://www.mhlw.go.jp/file/05-Shingikai-12601000-Seisakutoukatsukan-Sanjikanshitsu_Shakaihoshoutantou/04_1.pdf
(2024/07/25 閲覧)[3)]

それでは、0歳児クラスの生活の場面と遊びの場面から、エピソードをもとに子どもの姿を捉えてみましょう。

生活の場面「これが食べたい」

A児は、食事のメニューがすべてテーブルに並べられると、指をさして自分の食べたいものを保育者に伝えています。まだ言葉を話すことはできないのですが、「これが食べたい」という気持ちを、指さしや視線、表情で表しているのです。保育者は「これ食べたいのね」とその気持ちを言語化しながら、同じものを指さして、確認をしています。

【Episode1】の姿を「養護」や「教育」の視点から考えてみましょう。養護の視点とは、生命の保持や基本的な生活習慣、情緒の安定などです。教育の視点とは、前述した乳児保育

の３つの視点です。エピソード１は食事の場面ですので、まず空腹を満たすという「生命の保持」という側面から考えることができます。つまり養護の側面です。しかしこういった乳児の生活の場面について、教育の視点からも捉えることができます。乳児保育の３つの視点から考えてみましょう。

本書は領域の「言葉」を中心に扱っていますから、ここは「言葉」の視点につながる「身近な人と気持ちが通じ合う」という視点から見ていきましょう。

写真のやり取りは、さりげなく行われているようにみえる食事の一場面ですが、様々な保育者の配慮と環境構成から、「子どもが自分の思いを伝えようとする姿」が保障されています。

まず、保育者の配慮について考えてみましょう。言葉のやり取りの基本は「コミュニケーション」です。まだ言葉を発することができない新生児期から、コミュニケーションは始まっています。保育者は普段から、子どもが意思表示できるような関わりを心がけなければなりません。このような場面では、「ご飯にしようね」「どれが食べたい？」などと言葉をかけるなかで、子どもは「これが食べたい」あるいは「食べたくない」という自分の気持ちを認識していくことができるのです。保育者はその点を意識して、指さしや表情などを通した乳児からの働きかけを見逃さずに優しく肯定的に声をかけていくことが大切です。

次に環境の留意点ですが、食事のメニューをテーブルに全て置いて、子どもが自分で選べるようにするというようなことも大切です。「どれを食べようかな」と、子どもが考える余地があるということです。子どもの言葉の発達と、子どもの興味・関心や意欲は、とても大きく関連しています。気持ちが動いてそれを「伝えたい」、というところから言葉は出てくるのです。つまり、言葉を育む場として、適切な大人の関わりや環境が保障されていることが大切なのです。生活面でも遊びの面でも、常にそのようなことを保育者はしっかり意識をして、そのことを計画に反映していきます。

Episode 2

遊びの場面　「はい！どうぞ」

お座りができるようになり、両手を自由自在に使って遊べるようになった０歳児クラスのＢ児。棒状のおもちゃを食べ物に見立てて「はい！どうぞ！」という思いで保育者に差しだしています。保育者はＢ児が差しだしたものが食べ物を意味していると分かり、「ありがとう。アムアム」と言って食べる真似をします。Ｂ児は自分の思いが伝わったことがうれしくて、何度も「はい！」と差しだし、その動作を繰り返しています。

【Episode2】は、遊びの場面です。「眠い」「お腹が空いた」などの生理的欲求を十分に満たしてもらい、保育者を信頼して安心して過ごしている子どもは、それぞれの遊びを見つ

けて遊び始めます。このような場面で、保育者はどのようなことに配慮しているか、考えていきましょう。

まずこの子どもは、食べ物に見立てたおもちゃを、身近な保育者に親しみを感じながら「はい！」と言って差しだしています。「食べてほしい」という気持ちです。このような場面で大切なのは、「応答性」です。子どもが「はい！」と言っておもちゃを差しだしたときに、それがどのような意味をもっているのかを理解して、「アムアム、美味しいね」などと適切な対応をタイミングよくすることです。子どもがイメージしていることを理解して関わることで、子どもは「自分の思いが伝わった」と感じてうれしくなりその行為を繰り返すでしょう。温かく、受容的な関わりを通じて、自分を肯定する気持ちも芽生えるでしょう。子どもの気持ちを慮って、受け止める姿勢で対応していくことが大切です。

それでは、このような遊びにつながるきっかけをつくるための環境構成として、保育者はどのような工夫をしているでしょうか。写真の子どもの後ろには、食べ物の絵が貼ってあります。保育者は、見立て遊びが楽しいと感じている子どもの姿を捉えて、イメージが浮かびやすいように、食べ物の絵を貼るという環境を整えています。さらに、家庭のキッチンにあるようなボウルをおもちゃの棚に加えたり、どのような物にも見立てやすいような形状のおもちゃをたくさん用意したりして、その遊びのきっかけになるような環境を整えています。このような保育者の関わりや環境構成は、保育者が計画した内容に基づいて行われているのです。

2. １歳以上３歳未満児

（1）子どもの姿

見立て遊びやつもり遊びなどでよくみられる生活の再現は、保育所保育指針の領域「言葉」の１歳以上３歳未満児の「目標」であるところの「経験したことや考えたことなどを自分なりの言葉で表現し……」という文言にもあるように、「自分が経験したこと」がその遊びのベースになります。【Episode3】では、生活の再現を自分なりの言葉で表現しながら楽しんでいます。

Episode 3

生活の再現

０歳児クラスで見立て遊びをたっぷり楽しんだＣ児は、１歳児クラスになると動物のおもちゃを使って、生活の再現をして楽しむようになりました。「ここはお風呂ね」「気持ちいいね～」などと言葉を発しながらその世界を楽しんでいます。

Episode 4

イメージを言葉にする

D児、E児、F児の3人は、積み木を電車に見立てています。「ぷっぷー」「シュッシュ」などと、それぞれが思い思いに言葉を発して、その世界を楽しんでいます。

一人遊びをたっぷり楽しむと、今度は友達同士でイメージを共有して楽しむようになります。役割分担などはなく、それぞれの世界を楽しんでいますが、友達が横にいることで遊びが発展していきます。「ぷっぷー」「シュッシュー」などと言葉を発していますが、まだ平行遊びの段階で、仲間とやり取りをする言葉ではありません。そのような場面で保育者が間に入り「電車に乗っておでかけですか？」「いってらっしゃい！」などと言葉をかけることで、そこにいる子どもたちの中でイメージが共有され、遊びがどんどん発展していきます。

保育所保育指針の領域「言葉」の1歳以上3歳未満児の「内容」⑥に「保育士等を仲立ちとして、生活や遊びの中で友達との言葉のやり取りを楽しむ」とあるように、保育者の関わりとしては、子どものイメージを感じ取り、代弁したり、子ども同士の間をつなぐような役割を担ったりします。また、環境構成の配慮点として、積み木や人形など、遊びに使われるおもちゃについては同じものをたくさん用意しておくことが大切です。言葉のやり取りを楽しむ前に、ものの取り合いになってしまうようでは、集中して遊べないからです。そのような配慮により、子どもたちは遊びに集中することができて、イメージが豊かになり、その結果、言葉が育まれていくのです。

Episode 5

友達に伝える

「あ！ありんこだ」「ここにもいるよ」「見て見て！」とうれしそうに言葉を交わすG児とH児。自分が見つけたアリを友達に伝えることが楽しい様子です。

【Episode5】では、言葉が友達に伝えるための手段になっています。保育所保育指針の領域「言葉」の1歳以上3歳未満児の「内容」の⑦に「保育士等や友達の言葉や話に興味や関心をもって、聞いたり、話したりする」という文言がありますが、この【Episode5】では、

アリの存在が助けとなって、友達とのやり取りを楽しむという学びになっていることが分かります。

（2）指導計画の実際

指導計画を立案する際には、これまで見てきたように、子どもの姿を「保育所保育指針」や「幼保連携型認定こども園教育・保育要領」の保育内容と照らし合わせて、見ていくことが大切です。そのうえで、どのような保育者の配慮が必要か、どのような環境構成が必要かということを考えていきます。たとえば、【Episode4】の事例をもとに、指導計画の一部を考えてみましょう。

表 6-1 指導計画案

<table>
<tr><td rowspan="2">【子どもの姿】
積み木を電車などに見立てて遊ぶことが多くなっている。「ぷっぷー」「シュッシュ」などと、それぞれが思い思いの言葉を発して、その世界を楽しんでいる。2～3人の友達と隣り合わせに座り、同じような動きをしながら、言葉についても真似をして、「シュッシュー」などと言葉を発する場面が多い。ごっこ遊びのように、それぞれの役割があるというよりは、まだそれぞれの世界を楽しむ平行遊びの段階である。遊びの継続時間は日に日に長くなっており、毎日どこかの場面で、積み木のコーナーで、この遊びを楽しむ姿が見られる。</td><td>【ねらい】
・経験したことや考えたことを自分なりの言葉で表現する。
・「ぷっぷー」「シュッシュ」など、言葉で表現することを楽しみながら、友達の言葉にも興味をもって聞く。</td></tr>
<tr><td>【内容】
・保育士とごっこ遊びをする中で、言葉のやり取りを楽しむ。
・保育士を仲立ちとして、生活や遊びの中で友達との言葉のやり取りを楽しむ。
・保育士等や友達の言葉に興味をもって聞く。</td></tr>
<tr><td>【環境構成】
・積み木の取り合いにならないように、積み木のコーナーには十分な数の積み木を用意する。
・扱いやすいように、軽くて大きめの積み木を用意する。
・イメージが豊かになるように、電車や汽車の写真を積み木コーナーに貼る。
・積み木コーナーのスペースを広げ、積み木の電車に人形などを乗せられるよう適当な大きさの動物人形を置く。</td><td>【保育者の配慮】
・子どものイメージを感じ取り、代弁したり、子ども同士の間をつなぐような役割を担うようにする。たとえば、子どもたちの中でイメージが共有されやすいように、必要に応じて「電車に乗っておでかけですか？」「いってらっしゃい」などと言葉をかける。
・場所の取り合いやものの取り合いになりそうなときは、早めに介入して、遊びが続くように見守る。</td></tr>
</table>

このように、子どもの姿を保育内容の視点から捉え、環境構成や保育者の配慮を明記していくことが大切です。

3. 3歳以上児

3歳以上の子どもは、友達との関わりが深まり、仲間と遊ぶことが楽しくなっていきます。戸外では鬼ごっこなどの集団遊びを楽しみ、室内では役割を明確にしたごっこ遊びなど、集団で何かを作りあげるという遊びが多くなります。年齢が高くなるにつれ、協同的な遊びが多くみられるようになるのです。保育者は、一人一人の子どもの育ちを保障するとともに、集団としての活動が充実したものになるように配慮することが大切です。

（1）子どもの姿

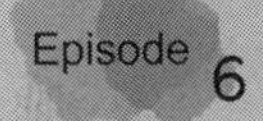

お話の世界

I児は、「お話をはじめます」と言って、保育者に助けられながら、舞台を作りました。「そこへ、犬がきました…」など、自分の中にあるイメージのお話を友達に伝えています。友達もI児が話すお話の世界に興味をもって聞き、内容を共有し、楽しんでいます。

この場面を保育所保育指針の領域「言葉」の３歳児以上児の「ねらい」と照らし合わせて見てみると、（3）の「…絵本や物語などに親しみ、言葉に対する感覚を豊かにし、保育士等や友達と心を通わせる」というところが当てはまると考えられます。「内容」では、「絵本や物語などに親しみ、興味をもって聞き、想像する楽しさを味わう」というようなあたりが該当するでしょう。【Episode6】のように、「自分のイメージをお話にして友達に伝える」というような段階の前には、保育者からたくさん絵本を読んでもらったり、お話をしてもらったりする経験がたくさん蓄積されていることが基本となります。つまり、お話の楽しさをベースにもっている、ということが重要なのです。

Episode 7

ポストの設置

年賀状のシーズンになり、ハガキのやり取りに興味をもつ子どもが出てきました。

保育者は、環境構成として廊下にポストを設置しておきました。すると、それに関心をもち「お手紙書きたい」という子どもが出てきたので、保育者はハガキとして使えるような画用紙やハガキの見本となるような実際のもの、それからハサミ、カラーペンなどをコーナーに用意しました。また、切手として使えるような薄い紙と切手の見本、ギザギザに切ることのできるピンキングバサミを用意しました。興味をもった子どもたちは「さきちゃんの『さ』は、どう書くの？」などと言いながら、ロッカーの名前を見に行ったりして、保育室のあちこちで文字を探す姿が見られました。

（2）計画の実際

表 6-2　指導計画案

【子どもの姿】	【ねらい】
自宅に届いた年賀状を見て、ハガキのやり取りに興味をもつ子どもがでてきた。散歩に行った際も、読めるようになった文字を拾い読みして口にしている様子が見られる。「○○ちゃんにお手紙書きたい」などという要求もでてきている。	・文字などで気持ちを伝える楽しさを味わう。 【内容】 ・郵便屋さんごっこを通して文字を書くことを楽しむ。 ・気持ちを伝える楽しさを味わう。
【環境構成】	【保育者の配慮】
・ハガキとして使えるような画用紙、切手として使えるような薄い紙、使用済みの切手やハガキ、カラーペン、ピンキングバサミをコーナーに用意する。 ・郵便屋さんのイメージを共有できるように郵便局や配達員の写真をコーナーに貼っておく。	・子どもが文字などを使いながら思ったことや考えたことを伝える喜びや楽しさを味わえるように、郵便屋さんごっこのコーナーにいて、書き方を迷ったり書きたい文字が分からなかったときに対応する。 ・ごっこ遊びでは必要に応じて役割の整理などをする。

（3）振り返りから次の計画へ

Episode 8

文字や数字への興味・関心

郵便屋さんごっこを毎日楽しんでいるＪ児は、保育室内のロッカーや連絡ノート入れなどの名前表示の文字を見て、友達の名前を書こうとしています。また、自宅に届いた年賀状を見て、郵便番号の存在にも気が付きます。「はがきの上のところに書いてある数字を書きたい」と保育者に伝えてきました。数字にも興味が出てきて、ハガキのあちこちに数字を書いています。

クラスでは郵便屋さんごっこを楽しむ姿が見られていますが、その中でも文字や数字に興味をもつ子どもが増えてきました。この様子を見て、保育者は郵便屋さんごっこコーナーに50音表と子どもが住んでいる地域の郵便番号一覧を置きました。このような環境に刺激を受けて、子どもたちはますます文字や数字に興味をもち、気持ちを文字にしていくことで友達に何かを伝えたいという思いを強くしていきました。

遊びは子どもたちの興味・関心から広がり、どんどん発展していきます。その発展を予想して教材を用意したり、環境を整えたりすることは、保育者の大事な仕事です。計画し、環境を整え、実践し、振り返り、さらにその内容を次の計画に活かす……というこの循環が、保育の計画の大切な考え方となります。

【設問１】（目安：保育所実習Ⅰ・Ⅱの間の学生向け）

実習や園見学、授業で取り扱った事例などを振り返って０歳児クラスの子どもと保育者のやり取りを思いだしてみましょう。まだ言葉を発しない乳児が保育者とどのような方法で気持ちのやり取りをしていたか、そこには保育者のどのような配慮が必要か、ということをグループで話し合ってみましょう。

【設問２】（目安：保育所実習Ⅰ・Ⅱの間の学生向け）

実習を振り返り、子どもの興味・関心から、保育者はどのような計画につなげていたか、環境構成や保育者の配慮の視点から事例をもち寄り、グループで話し合ってみましょう。

【設問３】（目安：保育所実習Ⅰ・Ⅱ後の学生向け）

４名１グループとなり、子どもの姿を捉えて計画を立て、実践して振り返り、さらにそこでの課題を次の計画に入れるという循環について、一つの事例を取りあげて、図などを使って整理してみましょう。さらにその事例について、要領や指針等を参考にしながら、「ねらい」「内容」「環境構成」「保育者の配慮」を実際に書いてみましょう。

Memo

第７章

子どもの言葉を育む環境構成と保育者の援助

学習のPOINT

１．子どもの言葉の発達過程を理解し、ふさわしい環境構成と援助を考える

・乳幼児期における、愛着や信頼を感じる大人との応答的な関わりの重要性、そのうえで経験を広げ、新たに出会ったものや行動を表す言葉に出会うことを通し言葉の世界が広がっていくことを理解しましょう。また、そのための保育者の環境構成と援助について考えます。

２．生活・遊びを通した言葉の獲得を支える援助について理解する

・幼稚園や保育所という集団生活の場における特別な言葉や挨拶を中心に、生活を通してそれらの言葉を獲得していく際の援助について、事例を通して考えましょう。

３．子ども同士の関わりの中での言葉の育ちとそのための援助を理解する

・幼稚園や保育所という集団生活の場における特別な言葉や挨拶を中心に、生活を通してそれらの言葉を獲得していく際の援助について、事例を通して考えましょう。

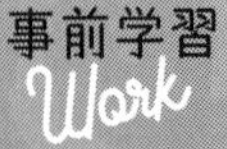

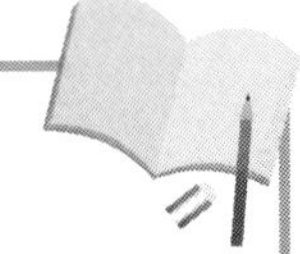

【設問１】（目安：保育所実習Ⅰ前の学生向け）

日常生活の中で感じる話しやすい人・もっとこの人の話を聞きたいと思う人やそういった環境をつくり出す要因について考えてみましょう。どのような条件が話しやすさを生む要因になっているでしょうか。

【設問２】（目安：保育所実習Ⅰ・Ⅱの間の学生向け）

実習において、子ども同士の会話、子どもと保育者の会話の場面をいくつも目にしたことと思います。４～５人でグループをつくり、まず各自が目にした具体的な言葉のやり取りの場面を発表し、年齢別にまとめ、言葉のやり取りにおける発達の過程を把握しましょう。

【設問３】（目安：保育所実習Ⅰ・Ⅱ後の学生向け）

子どもたちのけんかの場面を思いだし、何が原因だったか、その場はどのように指導されたか・解決にいたったかを300字程度でまとめてみましょう。

1．話したい・聞きたい意欲を育む援助

子どもは、生まれておよそ１年経ったころに初めて意味のある言葉を話すようになります。言葉を話すようになるまでの１年間、赤ちゃんは、身近な信頼できる大人に愛情を注がれて過ごし、日々応答的な関わりの中でたくさんの言葉をかけてもらうことで、言葉を獲得する力を育んでいきます。

空腹や排泄などの不快を伝える泣き声にすぐに対応し関わる大人の対応、乳児への愛情を話しかけやあやし行動で伝える大人の行為や言葉を通し、乳児は人の存在を知り、特定の大人との間に愛着関係を形成していきます。こうして培われた特定の人への信頼感から、子どもは人への関心を強くし、人とつながりたいという思いを強くしていきます。人と人がつながるコミュニケーションに有効なのが言葉であり、優しく対応してくれる大人の言葉によって、相互の応答的なやり取りが生じます。様々な音声を聞き、真似して発音することを通して喃語を発声するようになります。

さらに、大好きな大人がいることで情緒的な安定感が得られ、周りの環境への主体的な働きかけが活発に行われるようになり、欲しいものややりたいこと、行動によってもたらされた心情を、大好きな人に伝えたいと思うようになります。それが、言葉の獲得への積極的な取り組みの姿勢を育てていきます。

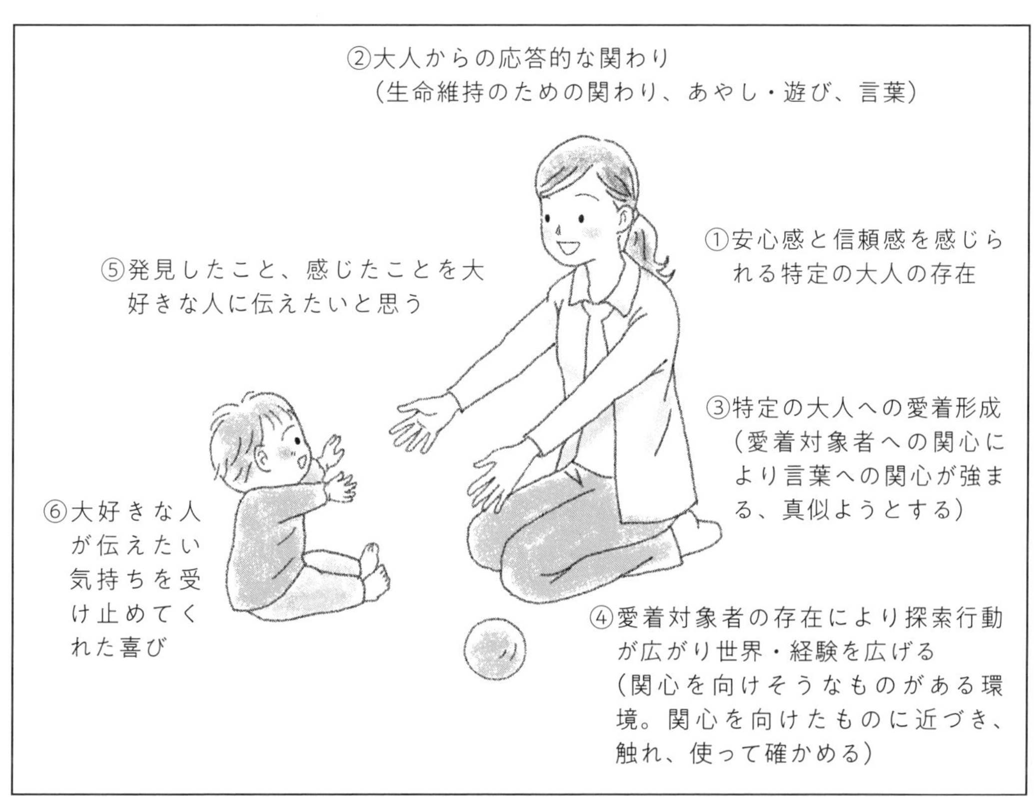

著者作成

図 7-1　子どもが言葉を獲得していくために必要な環境

「保育所保育指針」第２章保育の内容

１乳児保育に関わるねらい及び内容

イ　社会的発達に関する視点「身近な人と気持ちが通じ合う」

受容的・応答的な関わりの下で、何かを伝えようとする意欲や身近な大人との信頼関係を育て、人と関わる力の基礎を培う。

(ｱ) ねらい

①安心できる関係の下で、身近な人と共に過ごす喜びを感じる。
②体の動きや表情、発声等により、保育士等と気持ちを通わせようとする。
③身近な人と親しみ、関わりを深め、愛情や信頼感が芽生える。

(ｲ) 内容

①子どもからの働きかけを踏まえた、応答的な触れ合いや言葉がけによって、欲求が満たされ、安定感をもって過ごす。
②体の動きや表情、発声、喃語等を優しく受け止めてもらい、保育士等とのやり取りを楽しむ。
③生活や遊びの中で、自分の身近な人の存在に気付き、親しみの気持ちを表す。
④保育士等による語りかけや歌いかけ、発声や喃語等への応答を通じて、言葉の理解や発語の意欲が育つ。
⑤温かく、受容的な関わりを通じて、自分を肯定する気持ちが芽生える。

つまり、子どもの言葉の育ちのためには、大好きな人の存在があり、その人とつながりたいという気持ちが育まれること、そして、体と心を能動的に動かし自分の世界を広げることで伝えたいと思うことをもっていることが、基盤としてなくてはならない重要なものだといえます。

言葉を獲得する力の育ちのもとについては、保育所保育指針[1)]第２章 保育の内容 １乳児保育に関わるねらいおよび内容に、上記のように記されています。

３歳以上児の保育のねらいには「②人の言葉や話などをよく聞き、自分の経験したことや考えたことを話し、伝え合う喜びを味わう。」とありますが、乳児期のまだ言葉を発することができないころからの、周りの大人の愛情に満ちた応答的な関わりの中で、子どもは言葉の存在を知り、大好きな人と話したい、この人の言葉を聞きたいという思いをもちます。この話したい・聞きたいという“意欲”を育む援助は、子どもの言葉の獲得のための援助の根幹となります。

言葉のもつコミュニケーション機能は、人と人をつなげます。つまり、言葉の育ちを促すためには、人の存在を知り、人は温かな存在であることが分かり、人に対する愛着と信頼感が子どもの中に育っていくことが必要なのです。

乳児期の子どもは、人の声に強く反応し、話しかける大人の顔をじっと見つめます。こうした子どもに対して優しく話しかけながら、微笑んだり触れたり、空腹や排せつの不快を伝える泣き声にタイミングよく応えていくことで、子どもは大人の声ややり取りを心地よいものと感じるようになります。こうした応答的な関わりが、人に対する信頼感の育ちを促す基盤となり、言葉を獲得する育ちを促します。

乳児クラスでの子どもと保育者のやり取りの一例を紹介しましょう。

Episode 1

言葉のやり取りを繰り返し楽しむ（1歳7か月）

少しずつ言葉の出現が増えてきた1歳7か月のTちゃんは、玩具の置かれている棚からボールを持ち、とことこと歩いて保育者のもとにやって来ると「あい（はい）、どうぞ」と言って差しだしました。保育者は、「Tちゃん、『はい』って言って、これ、先生にくれるの？」とTちゃんが差しだしたボールを受け取りました。そして、「ありがとう」とTちゃんの顔を見て、頭を下げました。Tちゃんは、うれしそうに笑いました。

すると次にTちゃんは、「あい（はい）、どうぞ」と言いながら保育者に向けて手を伸ばしました。保育者は、「こんどは、先生が、Tちゃんにあげようね。はい、どうぞ」と言ってボールをTちゃんに渡しました。保育者が手渡したボールを受け取ったTちゃんは、「ありがとう」の御礼の言葉を伝えるように、頭を下げるジェスチャーをしました。

この後、保育者はTちゃんの求めに応じ、このやり取りを何度も繰り返して遊びました。

Episode 2

アリを発見した喜びの共有　話す・聞く（2歳）

みんなで園庭に出て遊んでいると、花壇の近くに1人でしゃがみこんでいたMちゃんが、砂場で他の子どもたちと遊んでいた保育者のところにやってきました。Mちゃん「先生、来て」。保育者「どうしたの」。Mちゃん「アリさんがねー、えっとねー、こうやって」と、Mちゃんは手振りでアリの真似をしました。

保育者がMちゃんに付いて行くと、小さな穴から何匹ものアリが砂の粒を持って出てきてはまた穴の中に入っていきます。「わー、アリさん、いっぱいだね。土の中、掘ってるね。よいしょ、よいしょって」と保育者が言うと、Mちゃんは「よいしょ、よいしょ」と、保育者の言葉を真似て繰り返しました。保育者が「たいへんそうだね。アリさん、一生懸命働いてるね」と言うと、Mちゃんは「ありさん、がんばれー　がんばれー」と、小さなアリに向かって声援を送り始めました。保育者も「アリさん、頑張れー」と、Mちゃんに合わせて声援を送りました。

【Episode1】【Episode2】とも、子どもから、保育者に対して働きかけています。2つの事例とも子どもと保育者との間に強い信頼関係があり、この人と遊びたいとかこの人に伝えたいという子どもの思いを強く感じます。保育者も子どもの気持ちを十分に理解し、他の子どものことも考慮したうえで、求めに応じた対応をしています。【Episode2】のMちゃんのように、体を思い通りに動かせるようになり積極的に自分の周りのものに目を向け、日々新たな発見に心踊らせるようになった子どもは、その感動を大好きな大人に伝え共感してほしいという欲求をもちます。少しずつ話せるようになった言葉を使って伝え、それに対する言葉での応答を受け止めることで、子どもは言葉の存在の重要さを知っていきます。

複数の子どもの保育を担当する保育者は、子どもの全ての要求に対応することは難しいこともありますが、その中でも逃してはならない「今、このとき」に対応することは、子どもとの信頼関係の構築に大きく関わります。そして、子どもの言葉の力の育ちにも影響を与えるといえます。

関わる際には、子どもが口にした一語文、二語文や三語文のつたない表現の中に、どんな思いが込められているのかを理解しなくてはいけません。子どもは五感で何を捉えたか、そこから感じたことや考えたことを推察します。保育者の聞き入る姿、言葉を受け止めてくれる姿、自分の話を楽しんでくれている姿が、子どもに喜びと安心感と信頼感を与え、話したいという気持ちを大きくします。

そして、こうした信頼関係のある保育者と子どもの間では、子どもは保育者の言葉を聞きたいと思い、聞こうとする姿勢で関わるようになります。

保育者が自分の話すのをきちんと聞いてくれること、友達に対しても同じように聞き入っていること。その姿勢に日々触れている子どもは、「聞くこと」についても保育者の姿から学んでいるのです。

Episode 3

伝えたい・聞きたい気持ちの育ち（4歳）

数日間の連休が明けた登園日のことです。保育者は、全員の名前を呼んで出欠を確認した後、円く並べた椅子に座る子どもたちをぐるっと見渡しながら、「お休みの間、みんな何をしましたか？ お父さんやお母さんと一緒に遊んだかな？ どこかにお出かけしたかな？ 楽しいことありましたか？」と問いかけました。

子どもたちは、「おとうさんとねー、公園に行った」「おばあちゃんが、遊びに来たー」など、何人もの子どもが話し始めました。中には、思わず椅子から立って、保育者に駆け寄ってきて話しかける子どももいます。

保育者は「みんなお話ししたいことがたくさんあったんだね。みんなのお話、ちゃんと聞きたいし、みんなもお友達の話をちゃんと聞きたいんじゃないかな。一人ずつ順番にお話ししてもらうようにするね」と言いました。

保育者から名前を呼ばれたＨくんは、少し恥ずかしそうです。保育者が優しい眼差しを送り、他の子どもたちは「なにかな、どんなお話かな」とワクワクするような表情でＨくんに目を向けました。Ｈくんは、「あのね、おとうさんとね、公園で、サッカーした」と言って、そのときの楽しかったことを思いだしたように、顔をほころばせました。「お父さんとサッカーをして、楽しかったんだね」と言う保育者の言葉に、Ｈくんは大きく頷きました。

Ｓちゃんが次に名前を呼ばれ、話し始めました。「パパの、お誕生日の、お祝いした」と話してくれたＳちゃんに、保育者は「そうだったの！ 楽しかった？」とたずねるとＳちゃんは、「うん。ケーキ食べた」と応えました。そのとき円になって座っていたＭくんが「いいなー」と言いました。Ｓちゃんは、Ｍくんに目をやり、微笑みました。

３歳ごろになると言葉の使い方の誤りはあるものの、会話のやり取りができるようになってきます。そして、４歳ごろは、「おしゃべり期」といわれるほど多弁に話すようになります。

【Episode3】のように、話したい気持ちが大きく膨らみ、たくさんの友達の前で１人で話すことも、経験を積んで次第にできるようになっていきます。

皆の前で話すことは緊張感を伴いますが、何を話したらいいかという求められていることを明確に理解していること、伝えたいことがあること、そして、見守る保育者の存在があることで、子どもは取り組むことができます。

そして、何よりも私の話を聞こうとしてくれているという保育者や友達の姿が、話したい気持ちを後押しします。「友達は何をしたのかな、知りたいな」という聞き入る友達の姿を受けて、伝えるという行動が前向きに行われます。保育者は、子どもたちの話す力の育ちを促すためには、聞く力の育ちも関連していることを意識し、日々の保育の中で指導に取り組む必要があります。

保育者が子ども一人一人の話をきちんと聞く姿勢があると、きちんと聞いてもらえた子どもは保育者や友達の話をきちんと聞こうと思います。また、保育者の姿を見て、「先生は私の話だけではなく、みんなの話をきちんと聞いている」と気付いた子どもは、自分も保育者と同じように誰の話でもきちんと聞こうという気持ちを抱きます。

環境構成の工夫も子どもの意識に大きく影響します。【Episode3】では、クラスの子どもたちが円になって座るように環境構成をしていますが、椅子の並べ方や話している人と聞く人の距離によって、その場の雰囲気は変わります。また物的な環境ばかりではなく、生活の流れも環境になります。慌ただしいスケジュールでは気持ちが落ち着きません、体力や神経を使った活動の後では疲れてしまって集中して聞く気持ちをつくるのに苦労します。「静かに聞きましょう」「しっかり聞き逃さないように」という指導の言葉を言う前に、その場を聞きたくなるような、聞きやすい環境にすることも保育者の役割といえます。

2．生活に必要な言葉の習得を支える援助

生活の場の広がりは、そこにあるもの、そこで生活する人、そこでのものや人に関わることで生まれる活動、その活動を通して得た感動や発見をもたらし、それらを表す言葉と出会い、新たな言葉を獲得する機会となります。

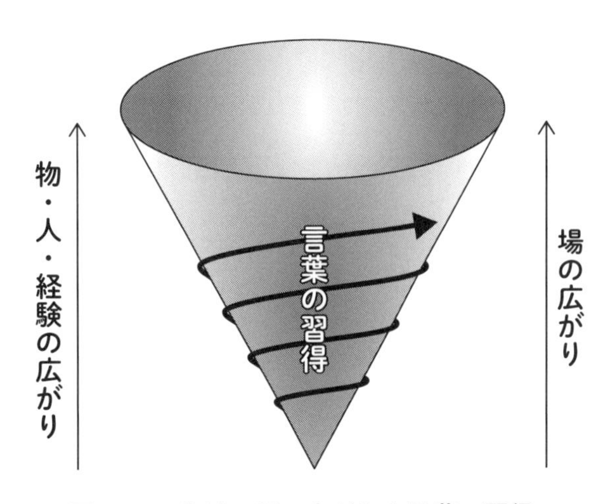

図 7-2　生活の場の広がりと言葉の習得

著者作成

家庭で家族と過ごす生活を中心にしてきた子どもが保育所や幼稚園といった集団生活の場で過ごすようになると、家庭ではやったことがなかった行動や活動に取り組むことになります。たとえば「順番」「返事」「給食室」「当

番」など。家族の中で、その子ども中心に生活が回っていた家庭生活では、多くの子どもがいて「順番」に並ばないといけないことや、朝の会で「返事」をして皆の出席を確認することはありませんでした。

Episode 4

幼稚園の生活の流れを理解し落ち着いた3歳児（3歳児）

幼稚園に入園したＫくんは、初めて親と別れて過ごすことになりました。幼稚園の門の前で保護者と別れる際は、大泣きです。やっとのことで担任の保育者に抱かれて保育室に入ってからも、なかなか涙が止まりません。保育者が「Ｋくん、幼稚園で先生と遊んで、給食食べて、帰りの会をしたら、お母さんがお迎えに来てくれるよ」と言っても、「おかあさんとこ、帰る、お家に帰る」を繰り返しながら泣いています。保育者はしばらくの間、Ｋくんと毎日一緒に過ごしました。

１週間、10日と日が過ぎると、Ｋくんは、登園時に親と別れる際に少し悲しそうな顔はするものの、泣かずに１日幼稚園で過ごせるようになりました。そして、保育室ばかりではなく、園庭の砂場にも足を運ぶようになりました。ある朝、Ｋくんは保育者と一緒に出席ノートにシールを貼りながら、「給食食べて、帰りの会したら、お母さんが迎えにくる」と言いました。「そうだよ、給食食べて、帰りの会をしたら、お母さんが来るよ。それまで、いっぱい遊ぼうね」と保育者が繰り返すと、Ｋくんは「うん」と大きく返事をしました。

生活を示す言葉が分かって使えることは、その言葉の表す概念を理解し、先の見通しをもって生活できるようになるということです。【Episode4】でＫくんは、毎日の繰り返しの中で、幼稚園の生活を表す言葉を知りました。

生活の場の広がりは、新たな言葉を獲得させ、子どもの認知力の発達を促します。子どもはまだ言葉がうまく話せないからとか、言葉が難しいからと考えるのではなく、３歳くらいになったら一つ一つの行動や活動、場所などを言葉で伝えていくことが、子どもが自分の世界を明瞭に把握することを促します。それは、その世界の生活の主体者となるためには必要なことです。

また、クラスの担任のもとで多くの子どもたちと共に生活を過ごす中では、「貸して」「どうぞ」「ありがとう」といった要求とそれへの応答の言葉、また、朝の登園時の「おはよう」や降園時の「さようなら」、食事の際の「いただきます」など、様々な場面での挨拶があります。

幼稚園教育要領[2)] 第２章 ねらい及び内容 領域「言葉」の内容（６）には、「親しみをもって日常の挨拶をする。」があげられています。

「挨拶」の漢字「挨」はたたく、押すという意味、「拶」は迫るという意味があります。つまり「挨拶」はこちらから相手に向かってつながりを求めていくという行為だといえます。社会生活において、挨拶は社会人の基本的なマナーで、子どものころから生活を通して身に付けることが求められます。その際、子どもが挨拶の意味を感じ取りやってみようとする援助が必要でしょう。やらせるのではなく、温かく安心できる雰囲気のもとで、明るく親しみを込めた挨拶を保育者がしてくれた。その姿を見たり、挨拶の言葉をかけてもらった心地よさを感じることで、自分もそれに応じたくなってやってみるという子どもの主体的な取り組みを促す援助が、生活を通しての指導としてふさわしいと考えます。

Episode 5

気持ちを伝える挨拶（3歳児）

幼稚園のバスが到着し、降車した子どもたちがニコニコ笑いながら自分のクラスの靴箱のところに駆けてきました。3歳児クラスの先生が「Aくん、おはようございます」と笑顔で出迎えます。Aくんは、ちょっと照れくさそうな表情で「おはよう」と言い返しました。

そこに、先に登園していたBくんが保育室からやってきました。AくんとBくんは、電車が好きで昨日もブロックで電車ごっこをして遊んでいました。2人は目と目を合わすとニターッと微笑み合いました。Aくんが靴を履き替えるのをBくんは横に立って見守りながら、「はやく、はやく」と小さくジャンプします。そして、履き替えるやいなや2人は保育室に向かって走って行きました。

子どもにとっての挨拶は、言葉できちんと言うということだけではなく、目を合わせて笑い合ったり、ちょっと体に触れてみたりといった些細な行動も挨拶の意味をもつことがあります。「おはよう、今日も、電車ごっこして遊ぼうよ。ぼく、Aくんが来るのを待ってたんだよ」。【Episode5】のBくんの姿には、そんな思いが感じ取れました。

挨拶は相手の心の扉を叩いて開くものとすると、そのような挨拶の意味を理解し、気持ちがこもった挨拶ができることが望ましいといえます。そのためには、形から入りその意味を理解することもありますし、AくんとBくんの姿を見守る【Episode5】の保育者のように、まずは気持ちのやり取りができていることを認め、そのうえでその気持ちを表す挨拶について、そして、社会的マナーとしての挨拶の意味について理解できるようにするといいのではないでしょうか。

3．言葉のすれ違いや
うまく伝わらないもどかしさへの援助

3歳くらいになると、言葉による伝え合いが徐々にできるようになります。対大人とのやり取りにおいては、大人が子どもの不十分な言葉を補ってやり取りをすることで会話となります。自他の区別が付くようになり友達への関心が高まることで、子ども同士でのやり取りも生じますが、相手の気持ちに気付けなかったり、所有の意識が不確かだったりしてものの取り合いなどが多々起こります。保育者が気持ちや経験を言語化する援助や、子ども同士の気持ちを伝える仲立ちをする援助によって、子どもの伝えようとする気持ちが支えられ、どう伝えたらいいか、そして、会話のやり取りについて子どもは学んでいきます。

4歳くらいになると、自分の考えをもつようになり、気の合う友達ができて主体的に遊ぶ姿が見られるようになります。

思いのすれ違い（４歳児）

一緒に遊ぶことの多いＡくん、Ｂくん、Ｃくんは、昨日の午後、園庭で鬼ごっこをして遊びました。盛りあがっていたところで片付けの時間になり、３人の中でいつも遊びを引っ張っていくＡくんが、「明日も、鬼ごっこしよう」と言い、３人は名残惜しそうに保育室に戻りました。

翌日、登園したＣくんは、３人で鬼ごっこをすることで頭がいっぱいです。しかし、ＡくんとＢくんはその日に保育者が保育室に用意したダンボール箱や空き容器に興味をもって、保育者と共に箱を使って製作の遊びに取りかかりました。

Ｃくんは１人でテラスに座り２人が出てくるのを待っていますが、一向にその気配はありません。保育者がＣくんの姿を見て、テラスにやってきました。

保育者：Ｃくん、どうしたの？
Ｃくん：いっしょに遊ぶって言ったのに…
保育者：誰と、一緒に遊ぶの？
Ｃくん：ＡくんとＢくんと
保育者：ＡくんとＢくん、お部屋で遊んでいるよ
Ｃくん：鬼ごっこするっていったのに
保育者：ＡくんとＢくんと、鬼ごっこする約束したんだ
Ｃくん：そう
保育者：じゃあ、ＡくんとＢくんに、それ、伝えにいく？ 思いだしてくれるかもしれないよ

Ｃくんは保育者の提案を受けて、保育室に入っていきました。ロボット作りを始めたＡくんの横に行き、しばらく様子を見ていたＣくんは、「Ａくん、鬼ごっこ」と言いましたが、Ａくんはそれには何も答えず、空き容器のたくさん入っているダンボールのところに行き、ほしい材料を探し始めました。

Ｃくんは１人で園庭に行き、三輪車のバイクに乗って遊び始めました。

【Episode6】のＣくんは、行動力があるＡくんやＢくんを特別な友達と感じていたのかもしれません。その友達との約束は、Ｃくんをワクワクさせる楽しみでもありました。この日の登園の目的は、３人での鬼ごっこ遊びをすることといっても過言ではなかったでしょう。しかし、ＡくんもＢくんも、昨日の約束はすっかり忘れてしまい、別の遊びに夢中です。

それぞれが自分の思いをもつようになり、自分のやりたいことに主体的に取り組めるようになると、そこで、思いのすれ違いが生じることが多々あります。この３人の子どもたちも、誰が悪いということではありません。Ａくんは約束を忘れるほどダンボールの方が魅力的で、Ｃくんが来たことで約束の鬼ごっこを思いだしても、そちらに気持ちは動かないほどロボット作りが楽しかったのでしょう。

保育者に励まされてＡくんに思いを告げに行ったＣくんにも、Ｃくんの気持ちを聞いたけれど関われなかったＡくんにも、意味のある経験だったと思います。

【設問１】（目安：保育所実習Ⅰ前の学生向け）

４～５人でグループになり、実習に行った際に、子どもが実習生のあなたと話してみたい、あなたの話を聞きたいと思ってくれるためにはどんなことに配慮したらいいでしょうか。具体的に行ってみたいこと、たとえば、自己紹介の仕方や内容なども合わせて考えて発表し合ってみましょう。

【設問２】（目安：保育所実習Ⅰ・Ⅱの間の学生向け）

４～５人でグループをつくり、【Episode6】を取りあげて、Ｃくん、Ａくんの気持ちを考えてみましょう。また、あなたが保育者だったらどのような援助をしたいと考えるか発表し、皆で話し合ってみましょう。

【設問３】（目安：保育所実習Ⅰ・Ⅱ後の学生向け）

子ども同士の言葉のすれ違いやうまく伝わらずにトラブルが生じた場面を取りあげ、その場面の子どもの様子（エピソード記録の形式でまとめる）、その場面に相応しいと考える援助とその意図および留意点を、合わせて800字程度にまとめてみましょう。

日常の保育における保護者への対応（連絡帳・おたより等）

保育所の連絡帳とおたよりは、保護者と保育者のコミュニケーションを円滑にする重要な手段です。連絡帳には、子どもの成長の様子を記録します。保育者は、連絡帳の記述内容をとおして、保護者の子育てする力を引きだすことをねらい、保育者と保護者が連絡帳を活用しながら、相互に協力し合う関係を築くことで、子どもの成長・発達を支えています。

【事 例】

２歳児の連絡帳の一部分より
── 自己主張期の子ども同士における言葉のやり取りと保護者への保育者の対応 ──

保育者：今日も友達がそばに来て玩具を取られると思ったのか、パッと手を振りかぶったので、その手を止めて「ダメって、たたこうとしてるでしょう」と言うと、Ａちゃんは、「爪切ったから大丈夫」とニコーッと笑っていました。２歳になり、語彙も増え、自分の意思や欲求を言葉で表出できるようになり、成長を感じました。

保護者：家でもすぐに手が出て叱られている娘です。叱ることの繰り返しで、難しいです。衝動にかられ、すぐに自分を見失ってしまう娘ですが、よろしくお願いします。

保育者：叱るって難しいですよね。Ａちゃんの納得できるように、端的な言葉で繰り返し伝えています。少しずつ、他の子どもとの関わり方を身に付け、保育所のきまりや、その大切さにも気付いていくのでしょうね。

上記は、子どもが友達に対して不適切な振る舞いをすることを見越した保育者が仲立ちをした場面です。その結果、子どもは感情を抑えて「爪切ったから大丈夫」とはにかみました。保育者の言葉がけは、子どもの自我を受け止め、かつ子ども自身が感情をコントロールするための重要な援助となります。保育者の記述は、いつ、どんな場面でどのように子どもに関わったのかが重要です。保育所で他児との関係を築くことができる重要な場であることを発達に合わせて伝えていきます。専門職である保育者は、保護者に、子どもにどのように関われば、子どもの成長につながるのか、その具体的な方法を伝えています。保護者に対して、「叱るって難しいですよね」と共感しながら、Ａちゃんの対応について助言やアドバイスをしています。

連絡帳とは、保育者と保護者とのコミュニケーションの場であり、信頼関係を深める方法の一つであり、保護者の気持ちを受け止めることで、親子関係を安定させていくことにもなります。保育者は、連絡帳の記述を通して、保護者が子育てへの意欲や自信を得られるように、保護者と共に子どもの成長を喜び合うことができるとよいでしょう。

おたよりも、保護者との連携手段の一つです。たとえば、保育方針や保育内容を伝えることで、保護者の協力や理解を求め、よりよい保育につなげます。「クラスたより」を定期的に発行し、流行の遊びや活動、絵本などを専門的な視点で伝えます。

下記は、連絡帳と同様、具体的な子どもの会話を取りあげて、保護者が秋の自然を感じながら、保育者と友達との関係性を伝え、子育てに見通しをもつことができるような内容としています。

【10月子どもの姿　（１歳児）　小さい秋みーつけた！】

散歩中、「ぼっちゃん、ばあちゃん」と指していたので、「ぼっちゃん？」と「おばあちゃん？」をみんなで探しましたが、指の先を辿るとオレンジ色の小さなかぼちゃでした。秋の自然を身体で感じながら、言葉で表現していました。

また、子どもの写真や言葉、保育者のコメントを添えることで、より保護者が子どもの育ちを理解できます。子どもとの応答的な心の通ったやり取りが、彼らの言葉や心情の育ちにつながることを多様な方法で保護者に伝えていきたいものです。

「クラスたより」は、保育者側からの発信となり、保護者を対象とするもので、読みやすい文章や季節が感じられるイラスト、子どもの写真等、個人情報の取り扱いとしての厳重な配慮が必要です。

さらに、「保育ドキュメンテーション」は、保育の活動の子どもの写真や会話を記録して、園内に掲示して、保護者に伝える「保育記録」です。行事や日々の活動などにおいて、結果のみならず、きっかけや過程を可視化した「ドキュメンテーション」を園内に掲示すると、子どもが試行錯誤する様子や、話し合いの様子などを伝えることができます。たんなる事実の羅列でなく、子どもの内面や育ちや保育者の思い、保育中の子どもの活動写真にコメントを記載した内容から、子どもと保護者が共通する話題を得ることや保育所で同じ年齢の子どもとの関わる姿を把握し、子どもの成長を理解することがねらいとなります。

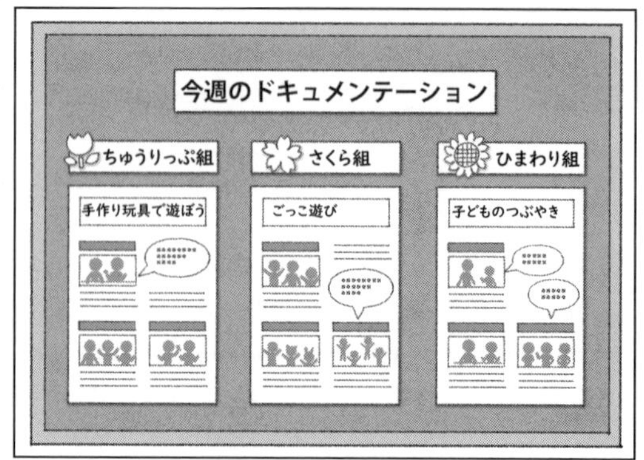

こうした場や手段を通して、日常の保育の子どもの成長を保護者に伝えて関係性を構築することが、保育の特性を生かした子育て支援という高い専門性となります。

特別な配慮が必要な子どもへの対応①
言葉の発達に課題がある子どもへの支援

学習のPOINT

1．言葉の発達に課題がある子どもへの支援

・言葉の発達の課題について理解を深め、どのような配慮が求められるのかを学びましょう。

2．言葉の発達に課題がある子どもの保護者への支援と他機関との連携

・言葉の発達に課題がある子どもの保護者の思いや気持ちへの理解を深め、他機関との連携について学びましょう。

3．子どもをより理解するための個別の指導計画の作成

・言葉の発達に課題のある子どもの事例から、保育の実践の中で子ども一人一人を理解するための個別の指導計画の作成について学びましょう。

4．保育の実践の中での個別の指導計画の活用

・言葉の発達に課題のある子どもの事例から、保育の実践の中でどのように個別の指導計画が活用されているのかを学びましょう。

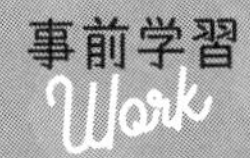

【設問１】（目安：保育所実習Ⅰ前の学生向け）

特別な配慮が必要な子どもへの対応について、保育所保育指針、幼稚園教育要領ではどのように解説されているのか調べてみましょう。

【設問２】（目安：保育所実習Ⅰ前の学生向け）

保育の現場において作成される“保育の計画”について、どのようなものがあるのかを調べてみましょう。また、調べた計画の内容と、どのように関連し合っているのかを整理しましょう。

【設問３】（目安：保育所実習Ⅰ・Ⅱの間の学生向け）

実習経験を振り返り、保育の実践の中で子どもたち一人一人にどのような配慮が行われていたのかを話し合いましょう。また、なぜその配慮が必要か自分の考えをまとめてみましょう。

【設問４】（目安：保育所実習Ⅰ・Ⅱ間の学生向け）

言葉の発達に課題がある場合に、子どもの目線でどのような困り事が生じるのかを想像し、自分の考えをまとめてみましょう。

1. 言葉の発達に課題がある子ども

（1）言葉の発達に課題がある子どもへの支援

言葉の発達の課題は“言葉を話さない”“発音が不明瞭”“やり取りがかみ合わない”など様々です。また、言葉は発達の目安として分かりやすく課題が目立ちやすいため保護者からの相談も多いです。しかし、言葉は多くの器官や機能の発達と関連して育ち、個人差も大きいため原因を特定することは難しく、何かマニュアル的な支援法があるわけでもありません。保育者として大切なことは一人一人の子どもが生活の中で具体的にどのようなことに困っていて、必要な配慮は何かを全体の発達から考えていくことだと理解しましょう。そのような丁寧な関わりは、障害の有無に関わらず全ての子どもに対して必要なことです。それを踏まえて、事例から言葉の発達に課題がある子どもへの支援について理解を深めましょう。

Episode 1

「ダンゴムシみてみて！」（2歳児クラス）

A君は3歳の誕生日を迎えたところですが、言葉でやり取りをする姿はまだありません。保育者Bさんも A君がお話する姿をほぼ見たことがありませんが、何度か虫の名前をつぶやいている姿を見かけたことがありました。A君のお母さんはまだ言葉が出ていないことについて心配をしていますが、「男の子は言葉がゆっくりだと言われるし、そのうち出てくるかな」と話しています。A君は室内では虫の図鑑を見たり、園庭では一人で虫を探したりして遊んでいることが多く、Bさんは A君の姿から「虫が好きなのね」と感じていました。また、A君の興味・関心を大切にして関わっていきたいと考え、園庭では一緒にダンゴムシを探しています。A君から何かを伝えようとすることはありませんが、Bさんがダンゴムシの丸まる姿に合わせて「ダンゴムシ、コーロコロ、コロコロコロコロ」と歌うように言うと、A君がうれしそうにほほ笑むことがありました。また、たくさんダンゴムシを見つけることができたときにA君がうれしそうな表情をしているように感じて「たくさんいたね！うれしいね」とBさんが言葉にして伝えると、そのうれしさを共有できたように感じていました。ある日、Bさんのもとへ A君がやってきて何か伝えたいという様子で声を出し、Bさんの腕を引っ張りました。一緒についていくと、A君が指さした先にはダンゴムシがいました。Bさんは伝えようとしてくれた気持ちがうれしくて、「ダンゴムシを見つけたのね。教えてくれてありがとう」と伝え、笑顔で顔を見合わせました。最近では A君もダンゴムシを見つけるとBさんに視線を送り、「コロコロ」と言う姿も増えてきています。また、虫に関連させて他の遊びに誘うことで興味をもつ様子が出てきています。

【Episode1】は言葉の遅れがみられるA君と保育者Bさんとの関わりですが、保育者Bさんは“言葉が増えない、話さない”という発語の課題だけに目を向けることなく関わりを深めていることが分かります。言葉を話してほしいという気持ちから無理に何かを言わせようとすることは子どもにとって大きな負担となってしまいます。また、たとえば繰り返し言葉を言わせることが言葉の発達につながるかと言われると、必ずしもそうとは言えません。それは、言葉とは音となって聞こえるものだけではなく、いくつかの要素が含まれているからです。言葉に含まれる要素を整理すると次の3点になります[1)]。

❶音声言語（言える言葉）（Speech）
　発語と言われる、音となって口から発せられる言葉のこと
❷意味の理解 (分かる言葉)（Language）
　認知や概念操作といった脳の中の働きと関係する
❸コミュニケーション意欲（伝えたい気持ち）（Communication）
　相手に伝えたい、と思う気持ちのこと

意味の理解とコミュニケーション意欲が整ってはじめて発語へとつながります。言葉の発達に課題がある場合、基本的にどこに原因があるのか、また3つの要素のバランスを捉えることがより丁寧に子どもを理解することにつながるでしょう。【Episode1】では保育者Bさんの丁寧な関わりによってA君の相手に伝えたい気持ちが育まれたことに注目しましょう。

また、この3つの要素に加えて言葉の発達に課題がある子どもと出会ったときに理解しておくべき視点があります。それは、子どものこれまでの【育ちの過程】と、子どもが置かれている【養育の環境】です。

【育ちの過程】は成育歴ともいいますが､出生から現在までどのような育ちをしてきたのか、その育ちの内容を理解しましょう。子どもが置かれている【養育の環境】については、虐待など養育環境に課題がある場合に言葉の発達に遅れが生じる場合があります。子どもをとりまく環境を含めて出生から現在までの発達の様子を理解することが、より一人一人に合った支援につながります。

（2）言葉の遅れの主な要因

言葉の発達に遅れがみられる場合、主な要因は様々でいくつかの要因が重複していることもあります。また、環境因子や個人因子にも影響を受けるため同じ要因であってもその状態像は一人一人異なることに留意が必要です。言葉の遅れの背景にどのような要因があるのか、基礎知識を習得することで、一人一人の子どもの状態をより丁寧に把握することが保育者には求められます。ここでは、言葉に関する課題を整理していきたいと思います[2) 3) 4)]。

①音声言語（言える言葉）（Speech）における課題

a）構音障害

音をつくる器官（唇や舌など）に不都合が生じ、正確な発音ができない状態を構音障害といいます。たとえば「サカナ」が「タカナ」や「シャカナ」、「ヒコーキ」が「コーキ」という発音になるなどです。構音障害は「器質的構音障害」と「機能的構音障害」とに区別されます。「器質的構音障害」は口蓋裂などによる発音の困難や聴覚障害などがあげられます。「機能的構音障害」は器質的な原因が認められないもので、幼児期の通常の発達過程における一過性の構音の誤りは除外されます。一般的に幼児の構音は５歳までに９割が確立するといわれています。4、５歳以上まで特に目立ったり、本人が気にしたりしている場合には専門家への相談が必要ですが、保育場面では話しやすい雰囲気をつくることを大切にしましょう。

b）吃音

吃音は「あ、あ、あ、あのね」と言葉のはじめの音を繰り返す、「あーのね」と引き伸ばす、「…あのね」と言葉が詰まるなどを特徴としています。原因ははっきりと分かっていません。３歳ごろから発症する子どもが多く、小学校頃までに自然と消失する子どももいます。しかし、吃音を治そうとして注意や言い直しをさせるなどの対応により症状が悪化してしまう場合があります。そのような対応は子どもにとって自分を否定されたと感じさせてしまうことでもあります。子どもが伝えたい内容に注目をして、安心してコミュニケーションが取れるようにすることが求められます。

②意味の理解（分かる言葉）（Language）における課題

a）知的障害

知的障害は知的機能に明らかな制限があり、適応行動の問題もある能力障害です。おおむね18歳までに生じるとされています。程度の差は大きいですが、知的機能の発達の遅れに関連して言語機能全体の発達が遅れる場合があります。言葉の理解がどれくらいできているのか、丁寧に子どもの様子を確認し、子どもが分かりやすい伝え方を意識する必要があります。

b）聴覚障害

聴覚障害とは、音の聞こえの力が低下している状態のことです。聞こえの問題は言葉の発達に大きな影響をもたらします。その状態はまったく聞こえないという場合から少し聞き取りにくいという場合まで含まれます。聴覚障害のある子どもの中には、少し聞き取りにくいという状態が当たり前のため、その状態を子ども自身が理解しづらいということがあります。そのため周囲に気づかれにくいことが多いと理解しておく必要があるでしょう。聴覚障害の疑いがある場合には医療機関での精密検査が必要となります。

c）環境による言葉の遅れ

言葉は身近な大人との安定した関係を土台に発達していきます。虐待などにより、子どもが生きるうえで欠かせない安心や安全が守られていない環境で育った場合は言葉の発達全体に大きく影響します。

③コミュニケーション意欲（伝えたい気持ち）（Communication）における課題

a）発達障害

発達障害は脳機能の非定型的発達によってもたらされる認知や行動の遅れや偏りのことで、自閉スペクトラム症（autism spectrum disorder：ASD）や注意欠如・多動症（attention-deficit ／ hyperactivity disorder：AD ／ HD）などが含まれます。自閉スペクトラム症は他者との対人関係の質的な障害と興味や関心の偏り、こだわりを特徴とします。たとえば、自分の興味のあることについて一方的に話したり、アニメのセリフをいつも話したりなど、人とやり取りすることに困難が生じる場合があります。

b）緘黙

緘黙は発語の能力はあるものの場面によって声を出さない、言葉を言わない状態のことです。「場面緘黙」または「選択性緘黙」ともよびます。たとえば、家庭ではとてもよく話すのに保育所では一言も話さないといった状況です。3、4歳ごろから始まり、6歳ごろがピークとされています。対人関係や不安などの感情の問題など心理的な原因によるものとされていますが、その原因ははっきりとは分かっていません。何とか話してもらおうとすることは、子どもにとって大きな負担となってしまいます。「お話をしてもしなくても、いつでも大切に思っている」と伝わる、子どもが安心できる関わりが大切です。

（3）大切にしたい支援のポイント

言葉の発達に課題がある子どもへの支援については、子どもの全体の発達や言葉の遅れの原因、環境の状態などそれぞれの子どもに合った対応が望まれます。ここでは前提として、どの子どもにとっても大切にしたい支援のポイントを学んでいきましょう[5)]。

① Point 1　一緒にいると安心できる相手になる

子どもは誰しも特定の大人との安心できる関係を基礎にして成長していきます。子どもにとって一緒にいると安心できる相手になることが発達を支援するうえでまず大切となります。では、そのような信頼関係はどのように築かれていくのでしょうか。【Episode1】では保育者Bさんが A 君のことを、言葉を話す、話さないに関わらず丸ごと受け止めて A 君の気持ちを大切にしていることが分かります。それは信頼関係を築くうえで何よりも大切なことです。そっとそばにいて一緒にダンゴムシを探す、たくさん見つけた場面では A 君のうれしそうな心の動きを察して B さんから言葉にして伝える。このような経験の積み重ねで「この人は自分の気持ちを分かってくれる」という安心感やこの人に伝えたいという気持ちを育みます。

② Point2　子どもの興味・関心を大切にする

障害のある子、配慮が必要な子の中には初めての環境に不安を感じたり、やっていることにうまく注目ができなかったり、それぞれの理由から興味・関心の幅が広がりにくいことがあります。また、周囲から理解されづらく、「ずっと同じ遊びをしている」と捉えられてしまうこともあるでしょう。そのような場面で無理に全体に合わせようとしたりせず、その子なりのペースを大切にすることが求められます。保育者ＢさんもＡ君の虫への興味・関心をまずは大切にしながら声をかけ、一緒に遊びを深めていきました。その結果、虫に関連させることで他の遊びにも興味・関心が広がろうとしている様子がみられます。初めは子どもの興味のあることを出発点に、徐々に違う要素の“楽しさ”を混ぜ、安心した環境の中で興味・関心の幅を広げていくような関わりが求められます。

③ Point3　様々な方法でコミュニケーションを

大人は言葉中心のコミュニケーションを取っているため、子どもとのコミュニケーションにおいても言葉に注目をしてしまいがちです。それが、言葉の発達に課題があるとすればなおさらでしょう。しかし、子どもが発する情報の多くは言葉以外、表情や仕草、視線や声のトーンなどに含まれています。言葉以外の子どもの表現に丁寧に目を向けて応答することが大切です。保育者ＢさんはＡ君のうれしそうな表情を感じ取り、「(ダンゴムシ）たくさんいたね！うれしいね」と気持ちを代弁するように応答しています。このように広い意味でのコミュニケーションを基盤として言葉は発達していきます。また、保育者が応答するときにも言葉だけでなく様々な方法を意識した伝え方が望まれます。

④ Point4　子どもが分かりやすい話し方・伝え方を意識する

障害のあるなしに関わらず子どもが分かりやすい話し方・伝え方は全ての子どもにとって必要な支援といえます。障害のある子や配慮が必要な子どもにはそれぞれの子どもに合わせた、より分かりやすい話し方・伝え方を工夫しましょう。言葉で言うだけではなく、実際に帽子を見せてお散歩に誘うなど、目で見て分かる支援は子どもの理解の手助けとなります。ジェスチャーを多く使う、絵で描いて伝えるなども子どもにとって分かりやすい伝え方でしょう。話し方の工夫としては、ゆっくり、はっきりと、短い文章で話すとしっかりと伝わるようになると思いますが、しっかり伝えようと思うほど保育者は必死になり厳し

い表情や声色になってしまうものです。穏やかに子どもに言葉を届けることも意識しましょう。

⑤ Point5　子ども一人一人を理解する

言葉の発達に課題が生じる背景にはいろいろな要因（聴覚障害や構音障害、発達障害など）が関連している場合があります。障害についての知識や必要な配慮を知っておくことはもちろん大切なことですし、子どもがなぜこの行動をするのかを考えるときには具体的な支援の手がかりとなることもあります。しかし、「○○の障害があるからこの支援を」というように、障害名で子どもを理解することのないように心がけましょう。同じ障害名であっても、子どもの発達の様子は一人一人異なります。それぞれの子どもを丁寧に理解することが大切です。

（4）言葉の発達に課題のある子どもの保護者への支援と他機関連携

保護者への支援で大切なことは、保護者の思い、悩みや不安を受け止めることです。親も一人の人間です。子どもの言葉の発達に遅れがあるかもしれない、そのときに否定したくなったり焦ったり様々な感情が生まれることを理解しましょう。そのうえで、目の前の子どもの育ちを共に喜び、課題についてはどのような手立てがあるとより生活しやすくなるのかを共に考える、一緒に育ちを支える仲間として共に歩む姿勢が求められます。

言葉の発達に課題が生じる背景にはいろいろな要因が関連している場合があるため専門家の支援が必要なこともあります。言葉の発達について相談できる専門機関には保健センターや医療機関、児童発達支援センターなどがあります。地域の子どもを取り巻くシステムや専門機関について知っておく必要があるでしょう。保護者、保育者、専門機関の子どもを中心としたネットワークづくりが求められます。

2．一人一人の子どもの育ちを捉える個別の指導計画

個別の指導計画について、保育所保育指針 第１章の３（２）キでは特別な配慮を必要とする子どもに対して、子どもの状況に応じた保育を実施する観点から、家庭や関係機関と連携した支援のための計画を個別に作成することが望ましいと記載されています[6)]。ここでは、言葉の発達に課題があるＣちゃんの個別の指導計画を作成することになった保育者Ｄさんの事例を通して、日々の保育の実践の中でどのように個別の指導計画を活かしているのか学びましょう。

（1）個別の指導計画の作成

Episode 2

Cちゃんをより深く知るための個別の指導計画

保育者Dさんは今年度から4歳児クラスの担任です。Cちゃんは自閉スペクトラム症の診断を受けていて、言葉の発達の様子は単語を何語か話していますがオウム返しが多く、自分の思い通りにならない場面では相手を叩いたり蹴ったりする姿が見られています。自治体から障害認定を受けているので、加配の保育者が一緒に過ごしています。Dさんの保育所では認定を受けている子どもに対して、年度の最初に保護者との面談で子どもの現在の姿や保護者の思いを確認して個別の指導計画を作成しています。そして、年度の中間と年度末にも保護者とともに計画を振り返り、次の計画につなげています。

個別の指導計画は障害のある子どもや配慮が必要な子どもに対してきめ細やかな指導を実現するために作成しますが、その形式や作成の方法に関しては決まったものがあるわけではありません。それぞれの園や保育者によって異なります。また、作成者も加配の保育者が作成する場合もあれば担任が作成することもあります。大切なことは園全体で連携を取りながら、子どもの姿を共有し、どの保育者も同じ思いで関われるように、計画を活かしていくことだと学びましょう。【Episode2】の保育者Dさんの保育所では前期・中間・後期の3期に分けて個別の指導計画を作成しています。作成をする前にはまず子どもの育ちの過程や現在の姿を把握することが大切です。これまでの育ちの過程は入園時に保護者が提出する成育歴の記述などで確認します。現在の姿は以下の点などを意識して確認するといいでしょう[7)]。

・好きなこと、嫌いなこと
・その子どものよいところ、その子どもが困っていること
・保護者の思い

Dさんの保育所では年度の最初に保護者と面談を行い、その姿を共有しています（次頁表8-1 Cちゃんの個別の指導計画：子どもの姿）。そのうえで、どのような姿が望まれるのか目標を設定し、どのような配慮で困っていることが軽減されるのか、その具体的な手立てを検討していきます。また、作成に当たっては保護者と共に子どもの発達を支える意識をもちましょう。また、日頃から課題だけではなく子どもの肯定的な姿を共有し信頼関係を築いていくことを大切にしましょう[8)]。

表８-１　Ｃちゃんの個別の指導計画：子どもの姿

〇〇年度　個別指導計画

４歳児　〇〇組　氏名　△△　△△△　　〇〇年〇月〇日生まれ	
子どもの姿	
基本的生活習慣	・食事のときに苦手なものはなかなか飲み込めない姿がある。また、白米が好きで、混ぜご飯は食べようとしないが、具をよけると一口食べてみようとする姿がある。 ・身支度は自分で行っているがボタンは難しいようである。家では甘えてやってほしがることが多い。 ・排泄は自立している。
運動	・走ったり身体を動かして遊ぶことが好きである。 ・巧技台での活動などはあまり取り組みたがらない。特に初めての活動では拒否が大きい。
遊び	・ブロックや絵を描くことが好きで遊びに集中していると活動に入ることが難しい。 ・家ではブロックやタブレットのアプリ、動画を見るなどして過ごしている。
人との関わり	・自分のペースで過ごしている。思うようにならないことが起こると叩く、蹴るといった行動がみられる。家では泣き叫ぶことも多く、根気強く待つと切り替えることができるが本人の主張をどこまで聞くか難しい。 ・友達の様子を気にする姿が前よりも増えている。家では友達の名前を呼ぶこともある。 ・保育者とのスキンシップに笑顔を見せることが多い。
言葉・表現	・言葉の理解に関して、日々の生活の流れについては保育者の言葉がけで行動することができている。まだ遊びたいときなどは言葉がけで切り上げることは難しく、乱暴な行動で表すことが多い。 ・何か伝えたいときは、保育者を引っ張ってくるなど行動や身振りで伝えることが多い。「〇〇なの？」と気持ちを代弁すると、オウム返しではあるが言葉で伝えようとする姿も出てきている。

（２）保育実践の中で個別指導計画を活用する

個別の指導計画は作成後に保育実践の中で活用し、子ども一人一人により合ったものに変化していくものだと考えましょう。子どもの日々の変化をどのように記録し、保育所全体として共有していくのかはそれぞれの園で創意工夫がなされていると思われますが、書式にとらわれ過ぎずに忙しい業務の中でも肯定的に子どもの姿を記録していける方法を考えていけるとよいでしょう。保育者Ｄさんの保育所の場合は、しっかりとした話し合いではなく、日々の保育の中での保育者同士のコミュニケーションを大切にしています。そして日誌に記録することで次の指導計画へと活かしています。また、全体会議で情報を共有することで、より多くの保育者の視点から保育を振り返ることとなり、自分の見方を見直すこともできます。

表 8-2 Cちゃんの個別指導計画

◯◯年度　個別指導計画

4歳児　◯◯組　氏名　△△　△△△　　　◯◯年◯月◯日生まれ

1. 個別指導計画　　　◯◯年◯月◯日作成（◯歳◯か月）

①保護者の希望
・言葉が出てほしい。　・友達と一緒に遊べるようになってほしい。

②子どもの姿
・友達への興味・関心が広がってきている。
・自分の思いが伝わらないときに乱暴な行動で表そうとすることがある。

③保護者と確認した課題となる姿
・自分の思いの伝え方と友達との関わりについて。

④支援方針（長期目標）
・自分の思いを言葉で伝えられるようになる。　・興味・関心の幅を広げていく。

⑤支援目標（短期目標）
・大人が仲立ちとなって思いを相手に伝えようとする。

⑥具体的な手立て
・思いが伝わらない気持ちに共感をしながら、乱暴な行動はしてはいけないことを簡潔に分かりやすく伝えていく。大人が仲立ちとなって本児の思いを言葉にして伝え方を知らせていく。
・肯定的な雰囲気の中でスキンシップを大切にして過ごす。

上記の説明を受け、承諾しました。
◯◯年◯月◯日　　保護者氏名　△△　△△△

2. 中間のまとめと後期の目標　　　◯◯年◯月◯日作成（◯歳◯か月）

①子どもの姿
・友達の様子に興味をもつ姿や大人にほめてほしいという姿が出始めている。
・工作が得意で、自分なりの作品作りを楽しんでいる。
・自分の思いを受け止めてもらうと、気持ちを落ち着けることができることが増えた。

②支援方針（長期目標）　継続・変更
・自分の思いを言葉で伝えられるようになる。　・興味・関心の幅を広げていく。

③支援目標（短期目標）
・本児のペースを大切にしながらも、大人の仲立ちで友達と同じ場で遊びを楽しむ。
・大人が仲立ちとなって思いを相手に伝えようとする。

④具体的な手立て
・友達の様子に興味をもっているときには、はじめは様子が見える場所で遊びを楽しむ。また、得意な工作をしているときなど、友達からの誘いを取り入れて大人と一緒に参加できるように仲立ちしていく。

上記の説明を受け、承諾しました。
◯◯年◯月◯日　　保護者氏名　△△　△△△

3. 個別指導計画まとめ　　　◯◯年◯月◯日作成（◯歳◯か月）

①個別指導計画まとめと今後に向けて
・周りの友達や大人への興味・関心が広がり始めている。友達が遊んでいる様子を見に行き、「いれて」の言葉はないものの友達の名前を言う姿がある。本児のペースで過ごす中で活動へ参加する姿も増えてきている。今後は自分の思いを相手に伝える経験を重ね、興味・関心を更に広げて一斉活動への参加を無理なく促していく。

②保護者より
・少しずつではあるが言葉が出始めていてうれしく思っている。家では動画を見ることをなかなか切り上げられない姿が増えてきている。今後も友達と一緒に過ごしながら本人のペースで成長していってほしいと思っている。就学については相談をしながら本人に合うところを考えたい。

上記の説明を受け、承諾しました。
◯◯年◯月◯日　　保護者氏名　△△　△△△

日々の保育実践の振り返り

日々の保育実践の中でＣちゃんの姿がすぐに大きく変化することはありませんが、保育者Ｄさんはクラスの担任同士で小さな変化を振り返っています。

「Ｃちゃんは、Ｅ先生に思いを受け止めてもらうと、いつもより早く気持ちを落ち着けることができたんですよ。」

「作った工作をほめてもらうと、よく笑うようになりましたよね。それに作る作品が素敵でびっくりしました。工作が得意なのかもしれないですね。周りの友達も最近Ｃちゃんの真似をして作っていますし、もう少し工作の素材を増やしてみましょうか。」

忙しい業務の中で振り返りの時間をしっかりとることはできませんが、少しの時間を見つけては話をしたり、日々の日誌に記録を付けたりすることで個別の指導計画と連動させています。また、全体会議等で保育所全体でも情報共有をしています。

【設問１】（目安：保育所実習Ⅰ前の学生向け）

連携する他機関について、どのような機関があるのかを調べてみましょう。また、その役割や内容を整理してまとめてみましょう。

【設問２】（目安：保育所実習Ⅰ前の学生向け）

個別の指導計画の実践の中での作成や活用の事例を図書館などで調べてみましょう。調べたことをグループになり発表しましょう。

【設問３】（目安：保育所実習Ⅰ・Ⅱ間の学生向け）

グループで実習経験を振り返り、保育者が子どもたちにどのような伝え方の工夫をしていたのかを発表しましょう。

【設問４】（目安：保育所実習Ⅰ・Ⅱ間の学生向け）

実習経験を振り返り、出会った子どもを思い浮かべて子どもの姿を書きだしてみましょう。それに基づいてその子に合った目標と、その目標に向けてどのような配慮が必要なのか、具体的な手立てを話し合ってみましょう。

コラム Column 1

小さい声ってどんな声？

【事 例】

保育者が子どもたち全体に向けて話をしているときや絵本を読み合うとき、どうしても声が大きくなってしまう子どもがいます。保育者は「小さい声で話してね」と言葉をかけますが、なかなか伝わらず保育者も子どもも困ってしまう、そんな場面を想像してみてください。保育者の視点から考えると、「どうして何度言っても伝わらないのだろう…」という気持ちを抱くことがあるかもしれません。そんなとき、「どうして」を考えるとともに「どうしたら」伝わるのかも考えてみてほしいと思っています。

どうしても声が大きくなってしまう行動の背景の一例として、自閉スペクトラム症の特徴から言葉の曖昧な表現が理解できない場合があります。「小さい声で話してね」と保育者は言いますが、さて「小さい声」ってどんな声でしょう。ひそひそと話すような小さい声？隣の人と話すような小さい声？これは全部、言葉にすると“小さい声”になってしまいます。また、人によっては小さい声ではなく普通の声だと感じる場合もあるわけです。どうしたら、伝わりやすくなるのか、言葉だけで理解やイメージが難しい場合には視覚的な情報を合わせて伝えると、理解やイメージの手助けとなります。声の大きさであれば“ひそひそ話す、ありさんの声”“お部屋で話す、ねこさんの声”“お外で話す、ぞうさんの声”をイラストで示すとともに、保育者自身もその声の大きさで話すことでより伝わりやすくなるでしょう。相手にとって伝わりやすい方法を考えることは特別な配慮として捉えられることも多いですが、私たちも生活の中ではたくさんの視覚的な情報を手がかりに状況を理解していることが多いものです。「どうしたら」相手に伝わるのかを考えることは、子どもでも大人でも、人とコミュニケーションを取るうえで大切にしたいことなのではないでしょうか。

コラム Column 2

他職種との連携で子どもの言葉の育ちを支える

一般的に子どもの発達過程を理解するうえで、特に言葉は表出されるあり様がわかりやすいために、発達段階を捉える指標となりがちです。そのため、他の子どもと比べて言葉の話し方に特徴的なところがあったり、語彙量が少なかったりするなどほんの少しでも違いが感じられると、もしかしたら言葉の育ちに問題があるのではないかと過敏になってしまう危険性があります。そのため、対象となる子どもの言葉の発達については短い期間の中で一面的に捉えるのではなく、長期的な関わりの中で保護者とも連携し、家庭での様子も踏まえて全体像を把握しながら見極めていくことが重要です。

しかしながら、もし、実際に言葉の育ちに躓いている子どもがいた場合には、保育者はその原因の多様さにも考慮して丁寧に捉えていく視点が必要です。具体的には、その対象となる子どもの、言葉の育ちの躓きの原因は「言葉の理解」と「言葉の表出」のどちらに困難さがあるのか、それとも言葉が「聴こえていない」のか、「人とのコミュニケーションの取りにくさ」なのかというように、子ども自身が抱えている原因を様々な側面から捉えていくことです。また、それが身体的な問題なのか、心理的な問題なのか、子どもを取り巻く環境が不適切なのかなど、子どもの内因と外因どこに原因があるのかも見極めながら、保育現場における子どもの育ちを支える構造を検討する必要があります。

そして、保育現場で子どもの育ちを支える構造を作りだす際には、園内だけの対応ではなく、外部の社会資源である専門機関や専門職と連携することによって、より多面的側面からの子ども理解が可能となっていきます。同時に、より専門的な支援を提供することにもつながります。保育所等訪問支援で心理職などが訪問している際には、言葉の育ちを中心として相談することもよいでしょう。そのことによって、保育者とは異なる専門性から支援アプローチを提案してもらえる可能性があります。また、保護者と連携し、地域の療育機関等を利用して言語聴覚士に相談することもできます。言語聴覚士は、言語発達を中心として構音発達、吃音、難聴などへ対応する専門職であるため、言葉の育ちに躓いている子どもの状態を評価し、具体的な支援方法を見いだしていきます。その支援方法は、保護者・保育者と共有されることによって、子どもへの一貫した支援アプローチとなり、協働して支える構造を作りだすことにもなります。このため、保育者は日頃から、地域において連携できる社会資源はどこにあるのかを把握しておくことが大切でしょう。

第9章

特別な配慮が必要な子どもへの対応②
日本語を母語としない子どもへの支援

学習の POINT

1．日本語を母語としない子どもの言葉の育ちの特徴を踏まえた保育支援

・日本語を母語としない子どもの言葉の育ちと学びの特徴、言葉を育てるための保育者の支援のあり方について、理解を深めましょう。

2．日本語を母語としない子どもの保育実践

・1）日本語が理解できない子どもへの配慮、特に入園初期の支援、2）子どもの自己肯定感を育てるための支援、3）子どもの主体的な参加を促すための支援、4）日本語会話に問題がないように見える子どもへの支援等について具体的な事例から考えてみましょう。

事前学習 Work

【設問１】（目安：保育所実習Ⅰ前の学生向け）

皆さんは、これまで外国にルーツをもつ人と関わったり、異文化に触れたりした経験がありますか。言葉が通じないことで困った経験もあるのではないでしょうか。そうした経験の具体的なエピソードをあげて、グループで紹介し合いましょう。

【設問２】（目安：保育所実習Ⅰ・Ⅱの間の学生向け）

日本の園生活における習慣や決まり（例：日本独特の持ち物、行事など）を書き出してみましょう。そのうえで、日本語を母語としない子どもにその習慣や決まりを伝える際の支援方法を考えてみましょう。

【設問３】（目安：保育所実習Ⅰ・Ⅱの間の学生向け）

日本語を理解できない子どもが困っている場面を再現、あるいは想定するシナリオを作成し、保育者役と子ども役に分かれてロールプレイをしてみましょう。

1. 日本語を母語としない子どもの言葉の育ちとその支援

近年のグローバル化により、外国にルーツをもつ子どもなど、日本語を母語としない子どもが日本で保育や教育を受ける機会が増加しています。そのため、皆さんが保育の場で日本語を母語としない子どもと出会うことも多いと考えられます。ここでは、そうした子どもの言葉の育ちと課題、支援方法について考えてみましょう。

（1）子どもの自己肯定感とアイデンティティの育ちにつながる母語

母語とは、子どもが初めて覚えた言葉で、通常は保護者が家庭で話す言葉を指します。日本で生まれ、日本語で生活している私たちは、日本語を土台として思考力や表現力を身に付けます。しかし、日本語を母語としない子どもたちは、土台である母語と社会で使われている言語が異なるため、園生活や学校生活を通してどんどん社会の言葉である日本語を学ぶ反面、何も手立てをしないと母語を急激に喪失してしまう危険性があります。そのため、そうした子どもたちには、日本語の習得とともに土台である母語の保持伸張を支援する必要があります。

母語の保持伸張のためには、子どもが日常的に母語に触れる環境が必要です。子どもが安心して母語で話せる環境は、自分が話している言葉を肯定的に捉えることができ、子どもの自己肯定感をも育てます。したがって、家庭だけではなく、園生活においても母語を話してもよい環境、話しやすい環境を整えることが大事です。また、家庭では保護者が自分の一番得意な言葉を用いて、たくさんの表現で子育てすることを支援しましょう。母語による親子のコミュニケーションを豊かなものにすることが、母語喪失を防ぐとともに母語の保持伸張を支えるのです。母語が話されている社会から離れ、日本語で社会生活を余儀なくされた子どもにとって、母語環境を意図的につくることは大変重要です。

子どもが母語を維持できていれば、親子間のコミュニケーションが豊かになります。日本語が苦手な保護者と母語を使って会話することで深い話ができるからです。さらに、母語の保持伸張は、自分のルーツを大切にすることにもつながり、それによってアイデンティティも育まれます。

（2）ダブルリミテッド・バイリンガルを生まない支援

母語が大事とはいえ、外国にルーツをもつ子どもなど、日本語を母語としない子どもも、これから日本で生きていくのだから日本語教育に重点を置いた方がよいと考える人も多いと思います。実際に保育者の中には、日本語の苦手な保護者に対して、「日本の小学校に入学するのだから、家庭でも日本語で話してください」と求める人もいます。しかし、日本語が不得意な保護者が、間違った発音や表現の日本語を使ったり、母語と日本語を混ぜて使ったりすると、子どもは間違った表現を覚えてしまい、日本語も母語も年齢相応のレベルに到達しないことがあります。この状態をダブルリミテッド・バイリンガル[1]と呼びます（図9-1）。

カミンズ（Cummins）は、アメリカやカナダにおいてアイデンティティを奪われた移民の子どもの学力不振の原因が、不適切な学校教育にあると分析されず、言語が不自由なことに起因するとされてしまうことが多いと指摘しています[2]。つまり、母語を保持する教育を行わないことが学力不振の原因であることを、教育現場は認識していないということです。太田[3]は、「母語能力が確立されていない時期に、母語教育の機会が閉ざされた状態で、第二言語のみによる学習を行うことは、基礎的な認知能力の発達に不可欠で重要な言語システムを破壊し、表現と思考の道具としての母語も第二言語も用いることができない状態に、子どもを陥れている」と述べています。これが、カミンズのいうダブルリミテッド・バイリンガルの状態です。

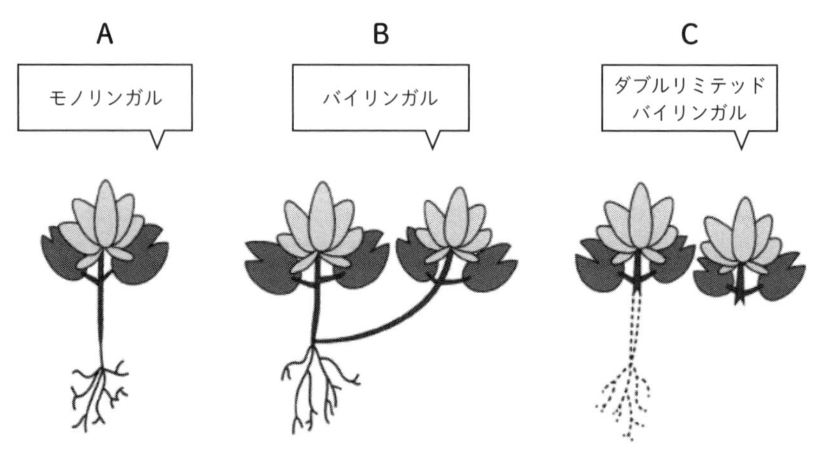

図 9-1　母語と第二言語の関係

佐々木由美子『多文化共生保育の挑戦：外国籍保育士の役割と実践』明石書店、2020、p.68

スクトナブ＝カンガス（Skutnabb=Kangas）は、母語と第二言語の関係を水蓮の花にたとえて説明しています。スクトナブ＝カンガスの図[4]を参考に作成したものが図9-1です[5]。Aの母語が確立しているモノリンガルの場合、根と茎がしっかりして、水面に花が咲いています。Bは母語が確立しているバイリンガルを示しています。根と茎がしっかりしていて、茎が枝分かれして水面に2つの花が咲いています。そしてCは、母語の確立が不十分なバイリンガルを示したものです。水面に2つの花は咲いていますが、第二言語にたとえられている花（右の花）には茎はありません。また母語にたとえられている花（左の花）の茎は途中で切断されています。この図が示すように、母語の確立と第二言語の発達には大きな関係があり、母語が確立されていない場合、両方の言語の発達が阻害され、ダブルリミテッド・バイリンガルに陥る可能性があるということです。言い換えれば、一見すると2つの言語がしっかりと確立されたように見えても、実際にはどちらの言語も年齢相応のレベルまで達してはいないということを意味しています。このように、母語である第一言語と第二言語は密接に関係しているのです。

したがって、日本語を母語としない子どもの言葉を育てるためには、第二言語である日本語の育ちとともに第一言語である母語の保持伸張を支えることが重要になります。

（3）相互に依存し合う母語と第二言語

母語の保持伸張は、日本語の習得にもよい影響があるといわれています。カミンズは、子どもの学習面において、母語と第二言語の発達は相互依存し、母語による学習向上を行いながら、第二言語を習得することは、学習者の言語能力全体を伸ばすとしています。図 9-2 は、カミンズの 2 言語相互依存説を示したものです。この説では、深層面と表層面という言葉を用いて説明がされています。深層面には、2 つの言語に共通する部分があることから、その部分は共有と呼ばれています。表層面に現れる言語が別々であっても、深層面にある見えない部分は共有であり、母語である第一言語で学んだことは第二言語でも理解できるということです。これが、母語が発達すれば、第二言語の学習の伸びも早いといわれる理由です。

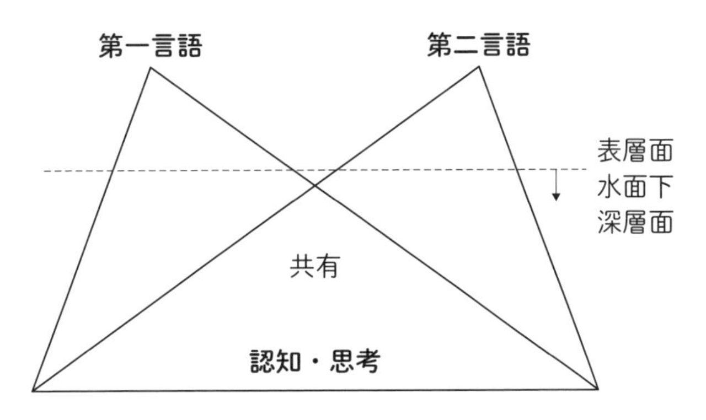

図 9-2　2 言語相互依存説

Cummins, J.『Empowering Minority Students』California Association for Bilingual Education1989, p.45 を参考に筆者作成

たとえば、子どもがある概念をすでに理解している場合、第二言語で再度その概念を学ぶ必要はありません。それは、その概念を母語に置き換えて考えることができるからです。カミンズはこれを言語間の転移（cross-Language transfer）と呼んでいます。そのため、すでに学習した概念を表すのに必要な新しい語彙、つまり「表層面の言語能力」のみを学べばよいことになります。この言語相互依存説からも、日本語を母語としない子どもの言葉の育ちを支えるためには日本語力の向上を促す支援とともに、母語を保持伸張するための支援が重要だということが理解できたのではないでしょうか。

母語と日本語の双方を伸ばすための支援というと、難しく考えてしまいますが、「家庭では母語で、園では日本語で」というように場所によって言葉を使い分ける環境をつくることが効果的な支援になります。家庭では保護者が自分の一番得意な言葉である母語でたくさん話しかけ、園生活では保育者が自分の一番得意な日本語でたくさん話しかけることが子どもの母語と日本語双方の育ちを支えるのです。

（4）保護者への支援

子どもが安心して園生活を送り、意欲的に言葉を学ぶためには保護者と連携し、子どもの育ちを共に支えていく必要があります。外国人保護者の場合、日本語でコミュニケーションが取りにくいことに加えて、様々な社会的困難を抱えている場合も少なくありません。そのため、保護者との丁寧な関わりの中で家庭の状況や問題を把握し、必要に応じて市町村等の関連機関と連携し、適切な支援につなげる必要があります。保育者は、保護者の母語での子育てを応援するとともに、保護者が孤立しないよう、地域の外国人コミュニティや支援団体などと連携することも大事です。また、日本人の保護者との関係づくりのため、園行事などを通して保護者同士が声をかけ合えるような機会を多くつくりましょう。

外国人保護者の日本語力には個人差があり、日常会話ができても日本語の読み書きができない人も多くいます。日本の園では連絡帳が保護者とのコミュニケーションツールとして使われていますが、連絡帳に困難を感じている外国人保護者も少なくありません。中には、お便りが読めずに行事に参加できなかった、行事に必要な持ち物が分からず、子どもに持たせられなかったという事例もあります。このような出来事が、保護者の自信喪失につながることもあるので、連絡帳やお便りを保護者の理解できる言語に翻訳する、漢字にルビを振るなどの個別の支援も必要でしょう。

また、保護者が子どもを送迎する際など、様々な機会に保護者に話しかけることが大事です。日本語が不得意な保護者は自分から保育者に話しかけることを躊躇してしまうことがありますので、時には保護者の母語を学び、母語で挨拶をしてみてはいかがでしょうか。保護者は、保育者が自分の母語で話しかけてくれたら、保育者に親しみを感じ、それが保育者に信頼を寄せていくきっかけにもなると思います。外国人保護者と会話をする際には、日本人同士がいつも交わしているような、くだけた日本語ではなく、分かりやすい正しい日本語を使って丁寧に話すことを心がけましょう。

保護者の安心が子どもの心の安定につながります。保護者との連携を大切にし、保護者と共に子どもの育ちを支えていきましょう。

2. 日本語を母語としない子どもへの支援

言葉の育ちに困り感のある子どものインクルーシブ保育場面から、日本語を母語としない子どもが主体的に遊びに参加し、言葉を育むことのできる保育実践について考えてみましょう。

（1）日本語が理解できない子どもへの支援

日本語を理解できない子どもが、初めて日本での園生活を送るとき、言葉が通じないことで不安定になってしまうことがあります。そのような場合に保育者は、言葉にならない子どもの思いを受け止めなければなりません。子どもの行動や表情、声のトーンなどから子どもの思いを理解するよう努めましょう。そして、言葉でのコミュニケーションを補う様々な方法、たとえば身振り手振りや絵、写真などを用い、時にはスキンシップを取りながら子どもと関わり、子どもが安心して園生活を送れるよう支援しなければなりません。また、言葉を覚え始める時期の子どもを対象とした絵本などを用いて、具体物と日本語を対比させたり、分かりやすい日本語を使って対話的な会話を重ねたりするなど、個別の対応が必要です。そして、様々な表現を使って豊かな言葉で語りかけることを心がけましょう。

Episode 1

豊かな言葉で語りかける

子ども：先生みてみて、おっきい木！
保育者Ａ：そうだね、おっきい木だね。
保育者Ｂ：（身振り手振りを交えて、木の幹や枝、葉などを指しながら）ほんとにおっきい木だね、太くて高い木だね！枝がいっぱい伸びて緑の葉っぱもいっぱいだね。
子ども：おっきい、ふとい、たかい……はっぱいっぱい！

ここで、【Episode1】について保育者Ａと保育者Ｂの応答の違いについて考えてみましょう。

【Episode1】の保育者Ａは、子どもに応えてはいますが、子どもの言葉を反復しているだけです。それに対して保育者Ｂは、子どもの言葉に続けて、身振り手振りを使いながら様々な言葉で木の様子を子どもに伝えています。このように保育者が様々な表現を使って豊かな言葉で伝えることが、子どもの語彙獲得のための支援になります。これは、日本語を母語としない子どもだけでなく、すべての子どもの日本語力を向上させることにもつながりますので、保育者は常に豊かな言葉で子どもたちに語りかけましょう。

（2）子どもの自己肯定感を育てる支援

はじめに、【Episode2】について保育者の意図と子どもの気持ちに焦点をあてて考えてみましょう。

Episode 2

２つの言葉が話せるってすごい

保育者：ブラジル国籍の保護者に向けて（ゆっくりと、はっきりと、身振り手振りを交えて）来週からプールが始まるので、タオルと水着をもたせてくださいね。毎朝お熱を測って、この用紙（用紙を見せながら、記入欄を指さして）に書いてきてください。

保護者：……？（よく分からない様子）
子ども：先生、ぼくがママに話すよ。○○○○（ポルトガル語で通訳する）
保護者：（にっこり笑って）.○○（ポルトガル語で「わかった」）。
保育者：（子どもに）ありがとう。2つの言葉が話せるってすごいね！　先生にも○○さんのおうち言葉（ポルトガル語）を教えて！
子ども：（誇らしげに）いいよ。

【Episode2】では、保育者が子どもの母語を尊重し、2つの言語を話せることはすごいことだといっています。そのときの子どもの気持ちはどうでしょうか。きっと、2つの言語で保育者と保護者の橋渡しができたことに誇りをもったと思います。

日本語を母語としない子どもたちは、社会の中で使われている言語と異なる自分の母語や母国の文化に負い目を感じてしまうことがあります。その結果、母語を話すことを嫌がり、日本語が苦手な保護者を嫌ってしまうこともあるのです。そうした状況をつくらないために、園生活の中でも母語を話してよい環境をつくり、2つの言語が話せることは素晴らしいことだと子どもに伝えましょう。それが子どもの自己肯定感の育ちや、アイデンティティの育ちを支えます。

（3）日本語を母語としない子どもに配慮した活動計画

表9-1の指導案は、日本語を母語としない子どもが在籍するクラスで実習を行った学生が作成したものです。対象クラスには3歳児から通園しているフィリピン国籍の子どもA、入園したばかりのブラジル国籍の子どもB、Aと同様に3歳から通園しているブラジル国籍の子どもCが在籍しています。この学生は日本語を母語としない子どもが主体的に参加できるよう、フルーツバスケットの果物名に多言語を使うという工夫をしています。

この指導案では、フルーツバスケットのゲームに入る前に果物の名前あてクイズを実施し、果物の名前をフィリピン国籍のAには英語で、ブラジル国籍のBとCにはポルトガル語で答えてもらうことを計画しました。それを子どもたち全員で声を出して真似ることにより、多言語で果物の名前を知るという活動です。ねらいの中にもあるように、この活動は日本語を母語としない子どもが自分の母語に自信をもつだけでなく、日本人児童が外国語に関心をもつことにもつながります。この活動をきっかけにいつも日本語を教えてもらっている立場のA、B、C児が、外国語の先生になって、日本人児童に自分たちの言葉を教え、さらに遊びが広がるかもしれません。

（4）日本語会話に問題がないように見える子どもへの支援

日本で生まれ育った外国にルーツをもつ子どもや、保護者のどちらかが日本人である子ど

表 9-1　保育実習Ⅱ指導案

全日・（部分）指導案　　フルーツバスケット

月　日　曜日	5 歳児	組	25 名	実習生名	

〈子どもの姿〉	〈ねらい〉
・フィリピン国籍の A は日本語でクラスのみんなと遊んでいる。 ・ブラジル国籍の子ども B は入園したばかりで日本語がほとんど理解できず、C のそばにいる。 ・ブラジル国籍の C は日本語もポルトガル語も理解できるので、B や保育者に通訳をしてくれることもある。	・A、B、C 児が自分の言葉に自信をもつ。 ・日本人児童が英語とポルトガル語に興味をもつ。 ・多言語による果物の名前を知る。 ・ルールを守ってフルーツバスケットを楽しく行う。 〈内容〉 ・紙皿で作った果物（りんご・みかん・ぶどう・ばなな・いちご）のメダルを使って名前当てクイズを行い、多言語による果物の名前を知る。 ・日本語、英語、ポルトガル語でフルーツバスケットを楽しむ。

時間	環境の構成	予想される子どもの姿	保育者の援助・配慮
10：00	○メダルを使ったクイズ		○メダルを使い、クイズをする
	りんご Apple maçã メダル例 ・メダルを準備する。 各果物を 5 個（5×5＝25） ・メダルを使って果物の名前を 3 言語で当てるゲームを行う。	・子どもたちが「りんご」と答える。 ・子どもたちは顔を見合わせて笑う。 ・A は「Apple」と小さい声で答える。 ・子どもたちが「Apple」と真似をする。 ・「知ってるよ、りんごは英語でアップル」と言う子どももいる。 ・A は笑ってもう一度「Apple」と大きな声で発音する。 ・みんなが「すごいー」と言う。 ・全員で「Apple」と言う。 ・C は「りんご」と答える。 ・C は「Maçã（マッサン）だよ」と答える。 ・B も「Maçãだよ」と言う。 ・子どもたちも「Maçã」と真似をする。 ・子どもたちは 3 つの言語で答える。	・メダルに描いてある果物の絵を指さして「これはなに？」と聞く。 ・A に向かって「りんごは A のおうちの言葉で何て言うの？」と聞く。 ・「Apple」と真似をする。 子どもたちが続いて真似をするよう大きな声で ・英語を知っている子どもたちもいるので「A のおうちの言葉は英語だね」と言う。 ・もう一度、発音をしっかり真似て「Apple」と言う。 ・「みんなで真似してみよう」と言う。 ・次は C に向かって「これはなに？」と聞く。 ・「C と B のおうちの言葉でなんて言うか教えて」と聞く。 ・保育者は「Maçã」と真似をする。 ・果物クイズを 3 つの言語で繰り返す。

もの場合、一見すると日本語習得に問題がないように見えます。ここでは、保護者がともにペルー国籍であり、本人もペルー国籍である日本生まれの D の【Episode3】について考えてみましょう。

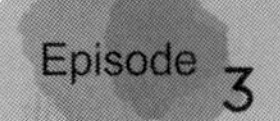

日本語は話せるけれど難しいことは「わからない」

ペルー国籍で4歳児のDは、3歳児クラスの4月からこの園に通っている。Dは、友達と日本語で楽しく遊び、園での日課になっている活動は自分から進んで行動できる。そのため、保育者は他の子どもと同じように支援をしていた。

製作活動の際に、Dは「わかんない」といって保育者のもとに来ることが多くなった。そこで保育者は、Dが複雑な手順を理解できないのかもしれないと感じ、Dの様子を見ながら、他の子どもに説明した後にDにはもう一度丁寧に説明するなど、支援方法を変えた。

すると、Dは「わかんない」ではなく「できた」といって保育者のところに来るようになった。

【Episode3】のように、日本語を流暢に話しているように見えても、複雑な表現や抽象的な指示の理解が難しいことがあります。特に、全体に一斉に説明するような製作活動などでは、次々と細かな指示が出されることがあるため、より理解が難しくなります。この事例の保育者はそれに気づき、子どもに個別に説明するよう支援方法を見直しました。この支援によってDは製作活動を楽しむことができるようになりました。

言語には、「生活言語」と「学習言語」があります。「生活言語」は日常生活の中で使う言葉であり、場面や具体物など非言語的要素が理解を手助けます。一方、「学習言語」は教科学習のために必要な言語であり、場面がなく文脈から切り離されることが多いので、認知力を必要とします。保育の場には教科学習はありませんが、製作場面などでは方法や手順の指示など日常生活であまり使わない言葉が多くなることがあり、日本語を母語としない子どもには、その理解に困難が生じる可能性があります。そのため、保育者は日本語を母語としない子ども一人一人の理解度に応じて個別の支援をする必要があります。

このように日本語を母語としない子どもへの支援は子ども一人一人の言語習得状況によって異なります。言語習得の個人差は非常に大きいので、保育の中では個に応じた支援が必要になります。したがって、日本語を母語としない子どもについては個別の配慮を必要とする子どもと捉え、個別支援計画を作成し、活用することが望ましいでしょう。子ども一人一人の状況にあった支援が、子どもの言葉の育ちを支えていくのです。

【設問１】（目安：保育所実習Ⅰ前の学生向け）

母語の重要性について整理し、保育者ができる母語支援についてまとめましょう。

【設問２】（目安：保育所実習Ⅰ・Ⅱの　間の学生向け）

日本語を母語としない子どもが、主体的に参加できる活動の指導案を作成してみましょう。

【設問３】（目安：保育所実習Ⅰ・Ⅱ後の学生向け）

日本語が理解できない子どもとコミュニケーションを取るための教材を作成し、どんな場面でどのように活用できるか話し合ってみましょう。

Memo

第10章

小学校教育との連携・接続

領域言葉と小学校国語との連続性のある指導を考える

学習のPOINT

1．領域言葉と小学校国語科の共通点と相違点についての理解

・領域言葉のねらいや内容を思い出し、小学校の国語科との共通点や違いを考えてみることで、幼児教育と小学校教育の連続性についての理解を深めましょう。

2．5歳児の長期・短期の指導計画の特徴についての理解

・小学校への架け橋期である5歳児の年間計画や期の計画、週案から5歳の育ちと学びの特徴、保育者の援助のあり方について、領域「言葉」に焦点を当てて考えてみましょう。

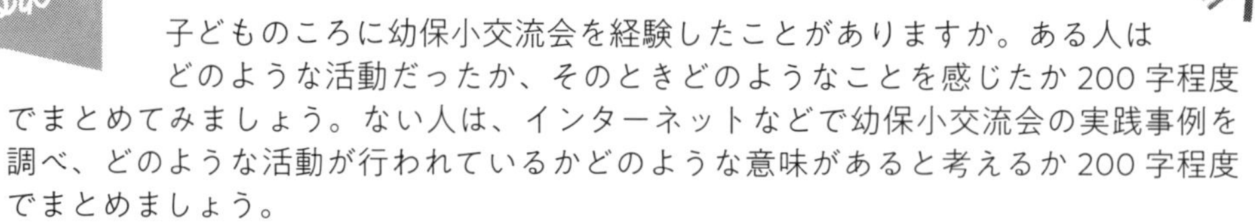

事前学習 Work

【設問1】（目安：保育所実習Ⅰ前の学生向け）

子どものころに幼保小交流会を経験したことがありますか。ある人はどのような活動だったか、そのときどのようなことを感じたか200字程度でまとめてみましょう。ない人は、インターネットなどで幼保小交流会の実践事例を調べ、どのような活動が行われているかどのような意味があると考えるか200字程度でまとめましょう。

【設問2】（目安：保育所実習Ⅰ・Ⅱの間の学生向け）

3、4歳児と比較したときの5歳児の遊びや活動、保育者の援助の特徴について自分なりの考えをまとめてみましょう。

【設問3】（目安：保育所実習Ⅰ・Ⅱ後の学生向け）

保育所や幼稚園では、話したり聞いたりする活動や文字を読んだり書いたりする遊びとしてどのようなものがありましたか。実習経験を振り返り、思いつく限りの活動や遊びをあげましょう。また、その活動と遊びにはどのような意味があるかを考察して400文字程度でまとめてみましょう。

1．幼児教育と小学校教育の特徴

幼児教育から小学校教育への連続性ある指導を考えていくために、まずエピソードを通してそれぞれの教育の特徴について考えてみましょう。

Episode 1

幼稚園３歳児クラスの『おおきなかぶ』の読み合い

保育者１：それでもかぶは抜けません。ねこはねずみを呼んできました。
子どもＡ：ねずみ？チューチューチュー！（後ろに座っている子どもＢに向かって）
保育者２：ねずみがねこをひっぱって，ねこがいぬをひっぱって，いぬがまごをひっぱって，まごがおばあさんをひっぱって，おばあさんがおじいさんをひっぱって―みんなも手伝ってくれる？
保育者３＆子ども全員：うんとこしょ，どっこいしょ。うんとこしょ，どっこいしょ！（かぶを引っ張る動作をしながら）
保育者４：もう１回言うね。
保育者５＆子ども全員：うんとこしょ，どっこいしょー！
保育者６：やっと，かぶは，ぬけました。はい，おーしーまい（絵本を閉じながら）。

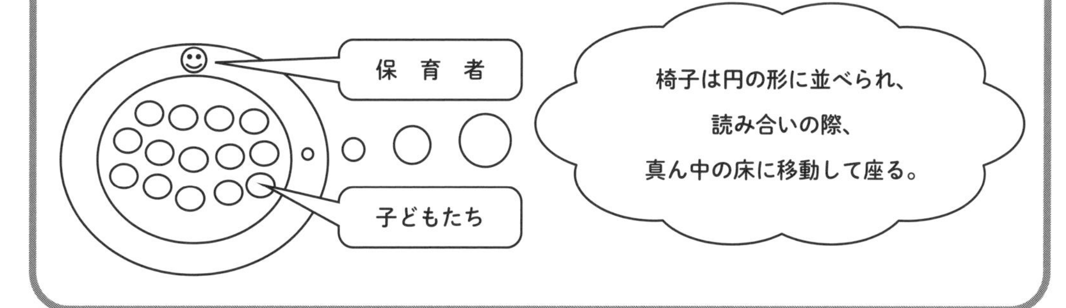

【Episode1】では、幼稚園の３歳児クラスにおいて保育者と子どもたちが『おおきなかぶ』[1)]の絵本の読み合いをしている場面です。帰りの会の集まりで、子どもたちはいつも並べるように椅子を円の形に並べ、保育者も共に輪になって座っていましたが、絵本の読み合いのときには保育者の横に座っている子どもたちが絵本が見えないため、保育者のすぐ前の床に座るように伝えてから読み合いが始まりました。保育者は、読み始めのところでは子どもたちがお話の内容に集中できるように、「うんとこしょ、どっこいしょ」を子どもとは一緒に読まずに、さらっと読み進めることを計画していました。しかし、お話が進むにつれ、子どもたちが「うんとこしょ、どっこいしょ」の繰り返しに気付き始め、だんだん一緒に読む声が大きくなってきたことに気付きました。そこで、最後の「うんとこしょ、どっこいしょ」のところは指導計画を柔軟に変更し、「みんなも手伝ってくれる？」と声をかけてみました。すると，子どもたちがうれしそうに読み合いに参加する様子が見られました。そこで保育者は、「もう１回言うね。」と子どもたちがもう一度「うんとこしょ、どっこいしょ」を一緒に楽しめるような言葉がけをし、絵本の読み合いを終えました。

Episode 2

小学校１年生の国語『おおきなかぶ』の授業

教師１：おじいさんがかぶの種を蒔きました。どんな風に蒔いたと思う？（教師が手をあげて挙手を促す）
子どもＣ：ぱらっぱらっと蒔いた。
教師２：ねえ、手をあげる。ルール違反でしょ？
子どもＤ：（黙って立つ）
教師３：Ｄさん。（Ｄに笑いかけて）返事。
子どもＤ：はい。
教師４：はい、どうぞ。
子どもD: ぱらっぱらって蒔きました。
教師５：ぱらっぱらって蒔く。分かりました。
子ども数名：同じ！
教師６:同じ。じゃあその、ぱらっぱらって蒔いたとき、おじいさんどんな気持ちで蒔いたんだろうね？（挙手を促すように手をあげて）Ｅさん。
子どもE: 大きくなあれ。
教師７：あ、大きくなってねーって蒔いた？はい。えーっと、Ｆさん。
子どもＦ：甘くなあれ。

【Episode2】は小学校１年生の『おおきなかぶ』の国語の授業の様子です。小学校では、教師が授業のねらいに合わせて、クラス全体に「発問」という問いかけをします。ここでは教師１「どんな様子で蒔いたと思う？」、教師６「どんな気持ちで蒔いたんだろうね？」と問いかけ、それに対して子どもたちが挙手をして起立し、自分の考えを答えている様子が見られました。また、教師はその答えを黒板に書きながら、授業がどのように、どこまで進んでいるかを子どもが分かりやすく示していきました。一方で、教師は子どもたちに手をあげ、返事をしてから発言するように求めたり、学習のルールを指導したりしながら国語の授業を進めている様子がうかがえます。

2. 領域言葉と小学校国語科の共通点と相違点とは

２つのエピソードは一例ではありますが、幼児教育の領域言葉のねらいや方法、小学校教育の国語の読むことの学習の目標や小学校の教育の方法を反映した、幼児期の読み合いと小学校の国語の授業の典型的な光景です。

領域言葉とのねらいや内容を振り返ってみましょう（**第２章** pp.19-23 参照）。領域言葉では、絵本に親しみ、興味をもって聞き、想像を巡らせたり、楽しみを十分に味わったりすることによって言葉に対する感覚を養うことが求められています。先ほどの幼稚園の事例でも、子どもたちがねらいに向かって資質能力を育んでいけるよう、絵本の登場人物に共感して一緒に抜くような動作をしたり、ネズミの鳴き声を真似たり、「うんとこしょ、どっこい

幼稚園教育要領（文部科学省、2017／絵本に関連する部分のみ抜粋。太字は著者による）[2)]

第２章 ねらい及び内容

言葉〔経験したことや考えたことなどを**自分なりの言葉**で表現し、相手の話す**言葉を聞こうとする意欲や態度**を育て、**言葉に対する感覚や言葉で表現する力**を養う。〕

1 ねらい

(3) 日常生活に必要な言葉が分かるようになるとともに、**絵本や物語などに親しみ、言葉に対する感覚を豊かにし、先生や友達と心を通わせる。**

2 内容

(9) **絵本や物語などに親しみ、興味をもって聞き、想像をする楽しさ**を味わう。

3 内容の取扱い

(3) 絵本や物語などで、その**内容と自分の経験とを結び付け**たり、**想像を巡らせたり**するなど、**楽しみを十分に味わう**ことによって、次第に**豊かなイメージ**をもち、**言葉に対する感覚が養われるように**すること。

(4) 幼児が生活の中で、**言葉の響きやリズム、新しい言葉や表現**などに触れ、これらを**使う楽しさを味わえる**ようにすること。その際、**絵本や物語に親しんだり、言葉遊びなどをしたり**することを通して、言葉が豊かになるようにすること。

小学校学習指導要領（文部科学省、2017／読むことに関連する部分のみ抜粋。太字は著者による）[3)]

第２章 各教科第１節 国 語

第１ 目　標

言葉による見方・考え方を働かせ、言語活動を通して、国語で**正確に理解**し**適切に表現**する資質・能力を次のとおり育成することを目指す。

(1) 日常生活に必要な国語について、その特質を**理解し適切に使う**ことができるようにする。

(2) 日常生活における人との関わりの中で**伝え合う力**を高め、**思考力や想像力**を養う。

(3) 言葉がもつよさを認識するとともに、**言語感覚**を養い、**国語の大切さを自覚**し、**国語を尊重してその能力の向上を図る態度**を養う。

1 目　標〔第１学年及び第２学年〕

(1) 日常生活に必要な国語の知識や技能を身に付けるとともに、我が国の言語文化に親しんだり理解したりすることができるようにする。

(2) **順序立てて考える力や感じたり想像したりする力**を養い、日常生活における人との関わりの中で伝え合う力を高め、自分の思いや考えをもつことができるようにする。

(3) **言葉がもつよさを感じる**とともに、楽しんで読書をし、国語を大切にして、**思いや考えを伝え合おうとする態度**を養う。

2 内　容〔第１学年及び第２学年〕

〔思考力、判断力、表現力等〕

C　読むこと〔第１学年及び第２学年〕

(1) 読むことに関する次の事項を身に付けることができるよう指導する。

ア　**時間的な順序**や**事柄の順序**などを考えながら、**内容の大体**を捉えること。
イ　**場面の様子**や**登場人物の行動**など、**内容の大体**を捉えること。
ウ　文章の中の重要な語や文を考えて選び出すこと。
エ　**場面の様子**に着目して、**登場人物の行動**を具体的に**想像すること**。
オ　**文章の内容と自分の体験とを結び付けて**、感想をもつこと。
カ　文章を読んで感じたことや分かったことを**共有する**こと。
(2) (1) に示す事項については、例えば、次のような言語活動を通して指導するものとする。
ア　事物の仕組みを説明した文章などを読み、分かったことや考えたことを述べる活動。
イ　**読み聞かせ**を聞いたり物語などを読んだりして、**内容や感想**などを伝え合ったり、**演じたり**する活動。
ウ　学校図書館などを利用し、**図鑑や科学的なことについて書いた本**などを読み、分かったことなどを説明する活動。

しょ」の掛け声をかけ始めたりする子どもたちの様子を捉えて、一緒に言ったり、繰り返したりできるように計画を柔軟に変更しながら読み合いが行われていきました。また、子どもたちが教師や他の子どもたちと共にお話が楽しめるように、教師と子どもたちがひとところに集まって、１冊の絵本をみんなで共有する読み合いの環境構成が工夫されていました。

一方、小学校では教師が黒板の前に立ち、子どもたちは与えられた自分の席で授業を受けていました。こうした環境構成は中学、高等学校など小学校以上の教育現場でも一般的に見られます。しかし、幼児期の読み合いで伸び伸びと自分の感じたことを言葉や身体で表してきた子どもたちは、小学校でも教師に問いかけられると、つい口々に発言してしまい、手をあげるように指導されてしまったわけです。また、小学校の国語科の第１学年及び第２学年の目標では、幼児期の「自分なり」の言葉とは違って、「国語」という国によって定められたルールに則った言葉を適切に表現したり正確に理解したり、登場人物の様子などを自分なりの想像ではなく、文章に基づいた読み取りをし、それを他者に分かる言葉で共有することが求められています。このため、教師が「どんな風に蒔きましたか？」などの物語の内容を読み深められるような問いかけをすると同時に、クラス全体にわかりやすく話ができるように、教師に指名された子どもが起立して大きな声で、文法的に正しい言葉で、必要な情報を落とさずに、「です・ます」のような丁寧な言葉で発言するよう、学習ルールも指導されます。

このように幼児期の領域言葉のねらいや内容と小学校の国語の授業の目標や指導内容は、話したり聞いたりする表現・理解の力や伝え合う力、言語感覚や想像する力を育んでいく点は共通していますが、幼児期には「自分なりの言葉」で楽しんだり、親しんだり、興味もったりすることが重視されている一方、小学校では適切で、正確な、「国語の能力の向上を図る態度」が求められるという違いもあります。子どもたちは発達や経験の積み重ねで次第にそうした学習の仕方ができるようになっていきますが、急に切り替えることは難しいことです。まして、個々の席が離れ、友達同士や教師の援助が届きにくい小学校の環境構成の中で、学習ルールを厳しく指導されたなら、子どもたちは萎縮してしまうことにもなりかねません。

3．領域言葉と国語をつなぐ指導計画とは

そうした幼児教育と小学校教育の大きな段差を、適切な段差で徐々にのぼっていけるスロープにする取り組みの一つが、幼児期のアプローチカリキュラム、小学校のスタートカリキュラム、そして2021年から始まった架け橋期のカリキュラムです。そうした幼小の連続性を意識した指導のあり方が、次の【Episode3】【Episode4】からよく見えてきます。【Episode3】は幼稚園の５歳児クラス１月の様子です。子どもたちが円に並べた椅子に座り、その日届いた月刊絵本を一人１冊持ってみんなで読み合っていました。子どもたちは保育者の「はるちゃんとたっちゃんとお母さんとおばあちゃん、どこにいるのかな？」という問いかけに、自分の絵本を指さしながら「ここ」という指示代名詞で伝えようとします。しか

Episode 3

幼稚園５歳児クラス１月の月刊絵本『はるちゃんもうすぐいちねんせい』[4)] の読み合い

保育者１：駅に着きました。たくさんの人がいる、大きな通りを渡ります。さあ、はるちゃんとたっちゃんとお母さんとおばあちゃん、どこにいるのかな（保育者の月刊絵本を指さしながら）？
子ども数名：（それぞれ自分の月刊絵本を見ながら）どこだ？
子どもG：（指さしながら）ここ。
保育者２：え、どこ？
子どもH：（指さしながら）一番はじっこ、ここだよって……
保育者３：ここ？でもお洋服の色がさっきとちょっと違うじゃん。
子どもI：（指さしながら）ここ、こっち！
保育者４：え、これは（指さしながら）おばあちゃんだよ、これ。
子どもJ：（指さしながら）ここだよ！
保育者５：あ、本当だ、いたいた。え、見つかんない人？まだ……
子ども数名：はーい！
保育者６：よく見て。信号の近くだって。
子どもK：あ、あった。
保育者７：たっちゃんとお母さんが手を繋いでいるね。まだ見つからない人、言ってね。
子どもL：見つかった。
保育者８：見つかってない人、友達に聞いてもいいよ。自分で探すっていう頑張る人は自分で探していいよ。発見。いろんな人がいますね、携帯見てたり……高校生がいたり。じゃあ、次のページ、いってみます。

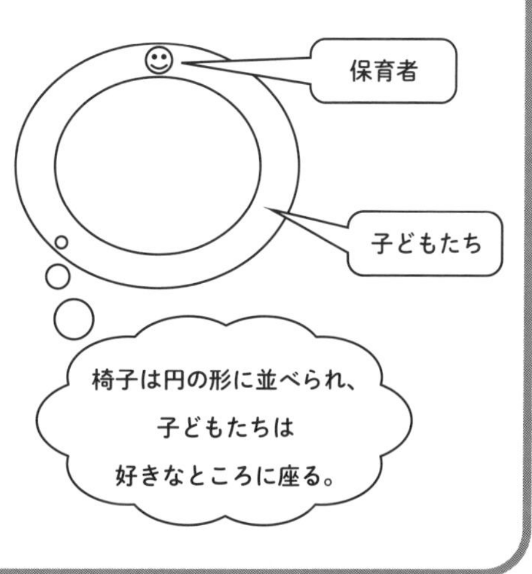

し、1冊の絵本を共有しているいつもの絵本の読み合いとは違って、他の子どもたちには「ここ」では伝わりません。保育者はさりげなく「信号の近く」「たっちゃんとお母さんが手を繋いでいる」「友達に聞いてもいい」と、場面や登場人物の様子が伝わるような言葉がけをしたり、近くに座っている子ども同士教え合ったりして読み合いを進められるように配慮していることが分かります。幼児期に特徴的に見られる身近な人とのおしゃべりの場面で互いに情報を共有している場合にしか通じない「ここ」「こっち」といった指示代名詞などを多用した話し言葉を「一次的ことば」、不特定多数の聞き手にも伝わるように必要な情報を落とさずに話そうとするときの言葉を「二次的ことば」ということは**第1章で**学んできました。幼児期の後半は、互いに親密な関係にある保育者と子ども同士が話すときにこの一次的ことばが用いられますが、一人1冊月刊絵本を持っている状態での読み合いになると通じません。幼児期に典型的に見られるみんなで集まって1冊の絵本の読み合いをするのではなく、小学校のように一人1冊の絵本を用いて読み合いをするという方法を取り入れることで、子どもたちが読み合いを通して自然に「二次的ことば」に触れられるような工夫がされているのです。

Episode 4

小学校1年生『おおきなかぶ』のやりとりと環境構成

子どもM：抜けたときに吹っ飛んじゃう！
教師1：抜けたときに吹っ飛んじゃうって言ったのはなんで？
子どもN：重すぎるから！
教師2：はい、Oさん。
子どもO：かぶが大きすぎて、みんなで抜いたらかぶが勝手にピューって飛んでく。
教師3：今、かぶが飛ぶんじゃなくて、かぶが飛んでっちゃうって話していたんだけど、吹っ飛んじゃうのはどうして？みんなが吹っ飛ぶんじゃなくて。Pさん。
子どもP：かぶをつかんでるから。
教師4：かぶをつかんでるから飛んじゃう？Qさん。
子どもQ：勢いよく抜けたから。
教師5：勢いよくってことか、ほうほう、勢いがいい(「いきおい」と板書)。勢いがいいってどういうこと？もう少しつなげていこうか、Rくん。
子どもR：たとえば、雑草とか抜くときに、抜き終わったら後ろに倒れちゃう。
教師6：後ろに倒れちゃう！今、たとえばって言葉が出たね(黒板横の「たとえば」と書かれたマグネットを取り黒板に貼る。
子どもS：雑草抜き大会だ！
子どもT：あ、そうか！雑草抜きのときかあ。
教師7：ね、後ろにふっ飛んじゃうね、Qくん。

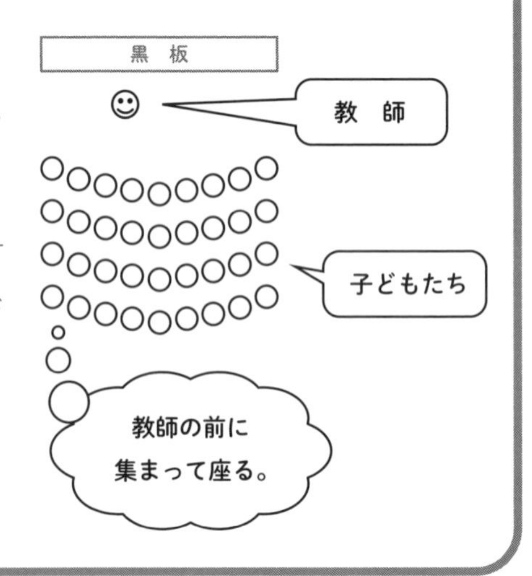

4．5歳児の長期・短期の指導計画の特徴についての理解

ここまで、保育や授業の具体的な実践を取りあげて、子どもの育ちや学びの特徴を生かした柔軟な指導計画の工夫が重要であることを示してきました。1回1回の実践においても、指導の内容や方法は保育者や教師によって綿密な計画が立てられ、実践された後には振り返って評価をし、次の日の実践の計画に生かされていきます。そうした日々の実践が、次の週の実践、次の月、次の年の実践へと生かされていくような計画・実践・評価・改善のサイクルをつくっていくことが大切です。

では、小学校への架け橋期である5歳児の週案、期の計画、年間指導計画から5歳の言葉の育ちの特徴、保育者の援助のあり方について考えてみましょう。

（1）5歳児の短期指導計画（週）に見る言葉の育ちと保育者の援助

表10-1の幼稚園5歳児2週案（11月28日～12月9日）を見てみましょう。言葉に焦点を当ててみると、子どもたちの育ちの姿として、生活の姿では見通しをもって友達同士互いに声をかけ合っている様子がうかがえます。また、遊びの姿では劇の相談の際、イメージが広がらない、自身の思いだけを主張してしまう子どもの姿が見えてきます。

こうした子どもの姿から、「思いを伝えあったり、（劇の）言葉や動きを決めたりするときに、互いを意識できるように2～5人で取り組んでいけるようにする。また、決まったことをつなぎ合わせて1つになっていくように」環境構成を工夫し、「何を決めるのかその日その日の課題を明確にし、自分たちなりに考えを出し合いながら進めていけるようにする」、「役柄や得意なことに応じて、言葉・動き・表情などを工夫し、楽しんで表現する過程を大切にしていく」といった教師の援助が計画されています。個人差はあるものの、見通しをもって活動に取り組み、友達と話し合うことができるようになってくる5歳児ならではの姿と、その姿を支える保育者の環境構成の工夫や援助が詳細に計画されていることが分かります。

（2）5歳児の長期指導計画（期・年間）に見る言葉の育ちと保育者の援助

表10-2は幼稚園5歳児Ⅳ期（9月上旬～10月中旬）の長期指導計画です。長期の計画の中にも「言葉の育ち」の項目が設けられ、幼児の姿（実態）を踏まえたねらいと内容が立てられ、環境構成や教師の援助が綿密に練られていることが分かります。また、「保育園・小学校との連携」という項目もあり、園児が小学校へ安心して就学できるよう、保育所や小学校と連携を取り、よい関係づくりができるような計画が立てられています。

また、より長期の計画として年間指導計画があります。表10-3と10-4は5歳児の年間計画と、それを踏まえた絵本の読み合いの年間計画です。こうした 養護と教育を併せた年間指導計画の中で、領域「言葉」も他の養護や教育のねらいや内容と関連付けて年間の計画が立てられていることが分かります。さらにこの園では、絵本の読み合いに関連する詳細な年間計画も立てられ、ねらいとそれに合わせた選書が工夫されています。

表 10- 1　2週案

＜生活の姿＞生活発表会をすることが決まってから、少しずつ見通しをもって楽しみにしたり、声を掛け合って集まろうとしたりする姿が見られる。

11月28日～12月9日　　5歳児　　つばめ組

ねらい	☆生活発表会に向かって、仲間と考えやイメージを出し合ったり、やりたいことを実現するために力を合わせたりしていく楽しさや達成感を味わう。 ☆グループの中での自分の役割が分かり、仲間の中で自分の力を十分に発揮していくことを楽しむ。	園長印		副園長印		担任印	

幼児の実態〈幼児の育ちの姿〉	経験して欲しい内容	環　境	教師の援助
〈生活の姿〉 ○生活発表会をすることが決まってから、少しずつ先の見通しをもって楽しみにしたり、声をかけ合って集まろうとしたりする姿が見られる。〔当日や仲間を意識して先の見通しをもつ〕 ○一方で、周りの様子が見えず、注意し合うことに気持ちが向いたり、我関せずな態度をとったりする幼児もいる。〔周囲の状況に気付かない〕 〈遊びの姿〉 ○生活発表会に向けての劇の相談では、イメージが広がっていかなかったり、自分の思いだけが先行したりして個人差が大きい。思いを伝え合うという過程には、教師がリードしたり、分かりやすく示したりすることが必要である。〔イメージをふくらませる難しさ〕〔思いを言葉にしていく難しさ〕 ○新しい楽器に触れたり、曲に合わせて鳴らしたりすることを楽しんでいる。〔新しい楽器に触れる面白さ〕 ○園庭では、ドッジボールや鬼遊びを自分たちで遊び始められるようになってきた。悔しさやルールの認識の違いからトラブルになることもあるが、少しずつ自分たちで解決していこうとしている。〔分かりやすい遊び＝自分たちで進めていこうとする〕	○生活発表会までの大まかな見通しをもち、作るものややることなど必要なことを自分たちで考えていこうとする。 ○必要なものやイメージしたものを作るために適した材料や素材を選んで作ることを楽しむ。 ○自分の思いを相手に分かるように伝えようとしたり、聞いたりして、取り組んでいくことを楽しむ。 ○みんなの力が合わさって1つになっていく楽しさや喜びを味わう。 ○それぞれの楽器の音やリズムが合わさる心地良さを感じる。 ○歌詞や曲調に合わせて心を込めて歌おうとする。 ○たくさんのお客さんに見てもらい達成感や満足感を味わう。 ○劇や合奏、遊びの中で、自分の役割を決めたり、分かったりして、最後まで取り組んでいこうとする。 ○時に折り合いをつけたり、我慢をしたりしながら、仲間の中で自己を調整する。 ○役になりきったり、イメージを広げてセリフを言ったりして楽しむ。 ○自分の力を存分に発揮する良さを感じる。	〈生活発表会に向かって、仲間と考えやイメージを出し合ったり、力を合わせたりしていく楽しさを味わえるように…〉 ＊当日に期待をもちながら、自分たちで時間や日数を意識して進めていけるように、予定を表示したり、決めた内容、決める内容を分かりやすく示したりする。 ＊大道具作りや衣装作りなど自分たちのやりたいことを実現するための素材の材料を十分に用意しておく。できあがったものも互いに見合えたり、すぐに取り出しやすかったりできるように置いておく。 ＊思いを伝え合ったり、言葉や動きを決めていったりするときに互いを意識できるように2～5人で取り組んでいけるようにする。決まったことをつなぎ合わせて1つになっていくように。 ＊遊戯室の使用とともに、好きな遊びの中でも自分たちで楽器の取り組みや劇の準備をしたりしていけるように、環境を作っていく。 〈学級やグループの中で自分の役割が分かって意欲的に取り組んでいけるように…〉 ＊1つ1つ決めたり、作ったりすることが自分事として捉えられるように、選択肢の中から決定できるように視覚的に分かるものを用いて示したり時間が長くなりすぎないように調整したりする。	◆何を決めるのか、その日その日の課題を明確にし、自分たちなりに考えを出し合いながら進めていけるようにする。 ◆少しずつできるようになっていることや頑張っているところ、さらに意識していく部分等、取り組みごとにポイントとして伝えていく。 ◆友達と一緒に生活発表会の取り組みを進めていこうと声をかけ合ったり、力を合わせたりしている様子を見守り、十分に認めていく。子どもたちの思いが実現できるよう、教師もアイディアを伝えたり、子どもとともに作っていく支えとなったりして、自分たちのやりたいことが実現できる面白さや満足感が味わえるようにしていく。 ◆学級のみんなと気持ちを合わせて合奏する心地良さを共感できるよう、リズムや分担、1人1人の音が合わさって1つになることが意識できるように知らせていく。 ◆役柄や得意なことに応じて、言葉・動き・表情などを工夫し、楽しんで表現する過程を大切にしてく。 ◆1人1人の頑張っている様子を教師が言葉にして返したり、互いに認め合える状況作りをしたりして、自信につながっていくようにする。当日、お客さんの前で自分の力が十分に発揮できるよう取り組みの過程を支えていく。
＜遊びの姿＞生活発表会に向けての劇の相談では、イメージが広がっていかなかったり、自分の思いだけが先行したりして、個人差が大きい。思いを伝えあうという過程は教師がリードしたり、わかりやすく示したりすることが必要である。		保育資料 歌…ともだちになるために、希望のうた 合奏…森の音楽家 劇…おむすびころりん 運動遊び…ドッジボール 鬼遊び	

表 10- 2　Ⅳ期の計画

友達との伝え合いが生まれる生活と遊び

伝え合いを生む環境

文字への関心を生む環境

自分の思いや考えを伝え合う活動

小学校生活への安心感と期待につなげる活動

	幼児の姿（実態）	◎ねらい　○内容	＊環境構成	◆教師の援助
生活 【心の育ち（意欲）】	・夏休み明け、教師や友達との再会を喜び、休み中に経験したことを話したり、友達と一緒に再現して遊んだりしている。 ・片付けの時間に気付いた幼児が周りの幼児に声をかけたり、生活の流れを思い出して自分たちで生活を進めていこうとしている。 ・ホワイトボードを見て、自分で片付けの時間や次にする活動を把握している。次にする活動へ期待や見通しをもち、行動しようとする幼児が見られるようになってきた。教師に声をかけられることで意識し、行動する姿も見られる。 ・一学期に楽しんでいた遊びを思い出し、水を使った遊びなど夏の余韻を感じながら楽しむ姿が見られる。	◎園生活の中で必要な仕事の内容が分かり、自分たちで行おうとする。 ○生活の流れや集まる時間などを意識して動く必要性が分かる。 ○片付け、係活動など、必要なことを考え、自分から取り組もうとする。 ○運動会で必要なことを考え、自分たちで係活動を進めていこうとする。 ◎秋の自然の変化や身近な栽培物に親しみをもち、世話をしたり遊びに取り入れたりして興味・関心を深める。 ○身近な自然物を取り入れて遊ぶ楽しさを感じる。 ○植物の生長や季節の変化に気付き、不思議さや面白さを感じる。	＊２学期当初は、園での遊びの楽しさや友達とのつながりを思い出しながら楽しめるように、友達との会話や遊びのきっかけになる環境を用意しておく。（１学期に親しんだ遊びの材料や用具、夏休みの経験を再現できるような材料や遊具など） ＊一日の生活の流れを意識して動くことができるように分かりやすく表示する。 ＊秋の季節の虫や草花などの種類や名前、飼い方などを調べられるように図鑑や絵本を用意したり、秋に関する製作が作れるように材料を用意したりする。	◆降園時に翌日の活動について知らせたりして、一人一人が見通しをもって取り組めるようにする。 ◆片付けや当番活動の時間など、自分たちで気付いたり友達同士で知らせ合ったりする姿を認め、自分たちで生活を進められるようにする。 ◆今後の予定や運動会までのスケジュールを分かりやすく伝えていくと共に、自分たちがしようと思っていることをするためには、いつ、どのようなことをすると良いか一緒に考えていく。 ◆不思議に思ったことや発見したことを共感的に受け止めたり、面白がったりして興味や関心を広げたり、深めたりすることができるようにする。 ◆秋になって出会う虫や種取りなど季節の変化に気付けるように話題にしていく。
遊び・人とのかかわり 【言葉の育ち】	・学級のみんなの前で夏休みの話をする中で、自分の思いを聞いてもらえることを喜んだり、友達の話に興味をもって聞いたりする姿が見られる。 ・遊びや生活の場面で、自分の考えを互いに主張するようになり、思いのぶつかりあいからトラブルになる様子が見られる。自分たちだけで解決することはまだ難しい。	◎いろいろな運動遊びに目当てをもって取り組み、体を思い切り動かす心地良さや競い合う面白さを感じる。 ○ルールのある遊びをする中で、相手チームと競い合ったり、同じチームで力を合わせたり励まし合ったりしながら、チーム対抗の遊びの面白さを感じる。 ○学年の友達とみんなで動きを揃えて踊る楽しさや、動きや掛け声が合う心地良さを感じる。	＊他学年と連携をとりながら、学年の友達と一緒に遊びを進めていけるように、園庭に共通の運動遊びができる場を保障する。 ＊いろいろな運動遊びに興味をもって取り組むことができるように、遊具や用具、音響を自分たちで出し入れしやすいように整理して置いておく。 ＊一人一人の力が合わさって「チーム」の力になることを場面を捉えて伝える機会を作ったり、作戦タイムの時間を作ったりする。 ＊お互いに見せ合い、刺激を受け合えるような機会を作る。	◆教師も一緒に仲間となり運動遊びに取り組み、競い合うことの楽しさ、思いきり体を動かすことの心地良さなどが感じられるようにする。その中で、嬉しさ、悔しさなど様々な感情を仲間と一緒に共有する経験ができるようにする。 ◆リレーなどの競技を行う中で、どうすれば勝てるのかを考えるきっかけを作ったり、自分たちで気付けないところを伝えたりし、チームで協力して取り組んでいけるようにする。 ◆「合う」心地良さ、楽しさを共感的に伝えたり、良くなったところを具体的に返したりしていく。
みんなでする活動 みんながする活動	・自分たちで遊び出せるように場を設定しておくと、鬼遊びやリレーなどの運動遊びを繰り返し　楽しんでいる。何度も楽しむ中で、戸外で思い切り体を動かす気持ち良さを感じたり、競い合う面白さを感じたりしている。 ・様々な運動遊びを何度も繰り返し取り組む中で、どうすると勝てるのかを考えたり、気付いたりしている。同じチームの友達と一緒に様々な作戦を考え、一緒に遊ぶ楽しさや競い合う面白さを感じる姿が見られるようになってきた。 ・園庭の変化に気付き、季節の移り変わりや変化を感じている。	◎共通の目的に向かって友達と一緒に力を合わせたり、役割を分担したりして取り組み、やり遂げた充実感や満足感を味わう。 ○共通の目的をもって一緒に遊ぶ楽しさを感じる。 ○学年の友達やいろいろな先生に自分の思いやイメージを相手に分かるように言葉で伝える。 ○必要な係を考えたり、必要な物を作ったりして自分たちで進めていこうとする。 ○運動会に向けて見通しをもち、友達と協力して活動を進め、力を合わせる良さや友達の良さに気付く。 ○目的に向かって自分の力を出したり友達と力を合わせたりする楽しさを十分に感じる。	＊それぞれのイメージが出てきたときに、友達の思いに気付いたり、互いの思いを話し合ったりできるように環境を整える。 ＊同じ場で一緒に遊んでいる友達の様子が見えるような物の配置や場の確保をする。 ＊目的に向かって見通しをもち進めていくことができるように、運動会までの日程を表示する。 ＊自分たちで係活動を進めていくことができるように十分な時間と落ち着いて取り組める場を保障する。 ＊小学生の係活動の姿を見て、自分たちでも取り組んでみたいと思えるように応援団のグッズやプラカードなどを用意する。	◆一緒に遊んでいる幼児同士の動きや言葉、友達の良いところに関心がもてるような声をかける。 ◆一人一人が考えを言葉で表せるように援助し、必要に応じて言葉をつけ足したり質問したりして言葉を引き出す。 ◆共通のめあてが明確になるように、子どもの中から具体的なイメージを引き出したり、イメージの中から出てきたことが実現できるように一緒に考えていったりする。 ◆目的に向かって見通しがもてるようにし、何が必要かを子どもが気付けるようにする。 ◆目的に向かって意欲的に取り組んでいる姿を十分に認め、価値づけをしていく。

活動・教材例		
〈自分の思いを表現し、伝わる嬉しさ、聞いてもらえる喜びが感じられるように〉 ・夏休みの思い出発表会　・敬老の日の手紙 〈いろいろな国があることを知り、よく見て描く面白さが感じられるように〉 ・万国旗 〈チームや学年の友達の存在や力を意識できるように〉 ・リレー　・リズム表現　・バルーン　・縄引き　など 〈共通の目的に向かって分担したり協力したりしてやり遂げる達成感を味わえるように〉 ・運動会の係活動 〈声や気持ちを揃えて歌う楽しさを感じることができるように〉 「うんどうかいのうた」「ゴーゴーゴー」「虫の音楽会」「あしたははれる」「歌えバンバン」 〈栽培〉 ・大根の種まき、栽培　・一学期から育てている野菜の収穫・片付け 〈憧れの小学生の動きを取り入れて楽しむことができるように〉 ・応援団　・ラジオ体操	家庭との連携	・夏休み用カレンダーを利用して、夏休み中の様子を知ったり、そのことを２学期以降の子どもとの関わりや遊びに活かしたりしていく。 ・夏休み中の成長を聞いたり、喜び合ったりして保護者との関係をより密にしていく。 ・学級懇談会や学級便りを通じて、２学期の生活について経験させたいことや育てていきたいことを分かりやすく伝えていく。また、園行事の意味や考え方を理解してもらうと共に、協力や参加を促していく。 ・一人一人の頑張っている姿や成長している様子をいろいろな行事を通して伝えていき、共に喜び合う。
	保育園・小学校との連携	・運動会に向けて共通理解が図れるように、保幼小で事前に話し合う機会をもつ。 ・近隣の小学校の運動会に参加する中で、小学生の様子を見て良い刺激をうけたり、そのことを遊びや活動へ生かしたりすることができるようにする。また、小学生との交流を通して憧れの気持ちがもてるようにする。 ・幼保小合同運動会に向けて練習を学校の校庭で行うことができるように連携を図る。広い校庭でのびのびと体を動かす心地良さが十分に味わえるようにする。

表 10-3　年間指導計画と遊び（石神井町さくら保育園 有馬聡子）

令和５年度
　　５歳児（やしぐみ）年間指導計画

年間目標	・一人ひとりの子どもの健康増進を積極的に図 ・身近な自然や社会事象に関わり、興味や関心 ・物の性質や仕組みに興味・関心を持ち、自ら ・共通の目標に向かって、力を合わせることの ・感じたことや考えたことを自分なりに表現し、

年間区分		1期（4・5・6月）	2期（7・8・9月）
ねらい		・新しい環境に慣れ、安心して過ごせるようにする ・社会生活に必要な基本的生活習慣を身に付ける。（4期まで継続） ・年長児としての意欲と自信を持って、様々な活動に取り組む。 ・自分のやりたい遊びを見つけ、保育者や友だちと一緒に遊ぶことを楽しむ。	・活動と休息のバランスに気をつけて、健康に過ごせるようにする。 ・仲間関係の中で自己主張したり、相手の意見に耳を傾けたりする中で、共感し合いながら共通の目標に向かって力を合わせ、達成感、充実感を味わう。（↓3期まで継続） ・様々な活動をとおして運動機能や五感を育み、充実感を味わう。
保育の内容	養護（生命の保持・情緒の安定）	**保育士の援助する事項**	**保育士の援助する事項**
		・新型コロナウイルス感染予防対策に努める。 ・生活習慣を再度確認し、健康な生活を送るために必要な習慣を身につけられるようにする。 ・一人ひとりの子どもの状態や生活リズムを把握し、健康に過ごせるようにする。 ・一人ひとりの気持ちを受け止め、保育士との信頼関係を築き、情緒の安定した生活ができるようにする。	・健康や休息の意味がわかり、適切な休息を取り入れ、心身の疲れを緩和しながら快適に過ごせるようにする。 ・水分補給や室内の換気を行い、室内を清潔にすると共に涼しく安全な環境を整え、健康に過ごせるようにする。 ・信頼関係の中で自分の気持ちや考えを表すことができるようにする。 ・避難訓練を通して災害等緊急時に適切な行動がとれるようにする。
	教育（健康・人間関係・環境・言葉・表現）	**子どもの経験する事項**	**子どもの経験する事項**
		・新型コロナウイルス感染予防の為の手洗いを徹底する。 ・周りの大人や友だちとの関わりの中で安定感を持ち、様々な活動に意欲をもって取り組む。 ・十分に体を動かして戸外でのびのびと遊ぶ。 ・友だちと楽しく生活する中で決まりの大切さに気づき守ろうとする。 ・周りの大人や友だちの話をよく聞いて、内容を理解したり、自分の気持ちを伝えようとしたりする。 ・身近な素材に触れ、表現する楽しさを味わう。 ・楽しんでいる絵本や童話をきっかけにして、様々な道具を使って表現したり、友だちと一緒にイメージを広げて遊んだりする。 ・年下の子どもやさくらんぼくらぶの子どもたちとのふれあいをとおして、年長者としての自覚をもち、優しい気持ちで関わる。 ・園庭や散歩の道中で桜、ヨモギ、オオイヌノフグリ、沈丁花、ハナミズキ、カラスノエンドウなど身近な春の草木に親しみ、興味を持つ。 ・植物の種まき、野菜の苗植え、水やりの世話を楽しんで行う。 ・年中行事の雰囲気を楽しんだり、由来に興味を持ったりする。	・自分の体に関心を持ち、健康な生活を送るために必要な生活リズムを身に付け、自ら適度な運動と休息、水分補給をとり、体調不良を感じた時には、保育士に伝える。 ・あそびをとおして、意見や感情の行き違いを経験し、相手の気持ち、考えを分かろうとする。 ・自分の体験や思い、考えを言葉で伝えることで共感し合える経験を、あそびや生活の中で積み重ねる。 ・集団あそびの中で、保育者の話を理解して活動する。 ・絵本と共に、本格的な物語も楽しみ、友だちとイメージを共有して楽しんでいく。 ・夏の星座や、入道雲、雷など夏の自然事象に興味を持ち、不思議さや面白さを感じる。 ・水、砂、泥、虫など様々なものに触れて遊ぶ。 ・勝敗のあるゲームに取り組み、友だちと協力し合って競技を楽しむ。 ・仲間と協力し一つの目標に向かって頑張る大切さや素晴らしさを知る。 ・友だちのよさに気づき、一緒に活動する楽しさを味わう。 ・年中行事の雰囲気を楽しんだり、由来に興味を持ったりする。
配慮事項		・年長組になり、新しい環境になった喜びや不安を十分に受け止め、安定した気持ちで日々を過ごすことが自信につながるように配慮する。 ・子どもの気づきを大切にし、友だちと共感しながら楽しめるあそびにつながっていくように様々な素材を準備する。 ・園庭の草花や虫にふれたり、自然事象に気づいたりできるような環境を整え、春の自然にふれて楽しめるようにする。	・夏の暑さから、急な体調の変化をきたすことに留意しながら体調管理に気をつける。 ・子ども同士のトラブルに十分付き合い、自分で気持ちの切り替えができるように援助する。 ・クラスで友だちに認められる経験を通して、自分はかけがえのない大切な存在だと感じ、お互いを認め合えるクラス運営に励んでいく。
食育		・姿勢、食具の使い方を確認し合い、適度な会話をしながら、友だちと一緒に食べる喜びを味わう。　・よもぎ団子作りをする。 ・野菜の栽培をとおして、食べ物がどのように成長するか興味を持つ。 ・いろいろな豆類の皮むきなどをし、興味・関心を広げる。 ・梅の実、ヤマモモの実を収穫し、梅ジュース、ヤマモモジャムを作る。 ・味噌の天地返しをし、出来上がっていく過程に興味を持つ。	・食事マナーを知り、自ら意識して姿勢を正し、箸を使用して食事ができるようにする。（箸の使い方を知る）（三色ボードについて） ・口にしている献立に、どんな食品が入っているのか興味を持つ。 ・食事を作っている人との関わりをとおして、食材や調理する人への感謝の気持ちを育てる。　・カレーを作り、料理に興味を持つ。 ・出来上がった味噌を料理にして味わう。（おにぎり、みそ汁など）
保護者支援		・クラス保護者会、クラスだよりなどをとおして、園の方針、クラス運営の見通しを伝えていく。 ・個人面談で、就学に向けて、生活リズムの安定の大切さを伝えていく。	・一人ひとりの保護者の状況を踏まえ、子どもと保護者の安定した関係に配慮して、信頼関係を深め、子育てで不安に感じていることを受け止め相談し合う。
地域支援		・年間通して、さくらんぼくらぶの子どもたちと異年齢の交流を持つ。	・石神井公園の笹飾りに参加する。 ・行事を通して、地域の人とふれあい親しみを持つ。
小学校との連携		・小学校生活の現状を把握し、保幼小交流会の話し合いを行い、必要に応じて情報交換、連携を図る。	・小学校生活の現状を把握し、保幼小交流会の話し合いを行い、必要に応じて情報交換、連携を図る。
行事		・クラス保護者会・健康診断・歯科検診・歯磨き指導・保育参観 ・身体計測・避難訓練・おはなし会・絵本貸出・アートくらぶ ・ゲーム貸出	・石神井公園笹飾り・七夕・笹送り ・総合防災訓練・十五夜　・身体計測・避難訓練・おはなし会・絵本貸出 ・アートくらぶ　・ゲーム貸出
考察			

子ども
即した

話したり
伝え合っ

絵本等を
イメージ

年間を
継続的
踏んだ

り安定感を持って過ごすことができるようにする。
をもち、豊かな心情や好奇心、探求心を高める。
調べたり話し合ったりすることで、思考力や認識力を高めていく。
大切さを知ると共に、達成感や充実感を一緒に味わう。
豊かな感性や表現する力を養い、創造性を豊かにする

園長	主任	担任

の育ちに
指導

聞いたり
たりする

通じて
を広げる

通じた
で段階を
連携

3期（10・11・12月）	4期（1・2・3月）
・気温の変化に合わせて衣服調節をしたり、身の回りの危険に気付いたりし、疾病や事故防止等の認識を深めていく事ができるようにする。 ・仲間の必要性を実感し、仲間の一人としての自覚や自信を持ち、友だちへの親しみや信頼感を高める。 ・共通の目的に向かって友だちと協力してあそぶ楽しさを味わう。	・健康な身体を保つために必要なことを理解して、手洗い、うがいなど感染予防を自ら行い、元気に過ごせるようにする。 ・園生活を振り返り、大きくなった事を感じたり様々な経験や人との関わりの広がりを通して自立心を高めたりして就学への意欲を持つ。 ・共通の目的をもって取り組み、最後までやりとげる充実感を味わう。
保育士の援助する事項	**保育士の援助する事項**
・健康診断などをとおして、健康増進を図るために、自分で出来ることに関心を持てるようにする。 ・身の回りの危険な場所や事物などが分かり、安全についての理解を深めたり、交通安全の習慣を身につけたりできるよう援助する。 ・一人ひとりの子どもが周囲から主体として受け止められ、集団の中で受け入れられているという安心感がもてるようにする。	・一人ひとりの健康状態を把握し、流行性の感染症予防に努め、子どもの姿に変化がある時は適切に対応し、健康に過ごせるようにする。 ・健康に過ごすための生活習慣が身に付き、自分でできたことに自信や満足感をもって生活できるようにする。 ・一人ひとりの成長を認め、それぞれが達成感や満足感を味わうようにし、就学への期待をもてるようにする。
子どもの経験する事項	**子どもの経験する事項**
・衛生的な生活習慣と健康とのつながりを理解し、自ら丁寧に行なえるようになる。 ・生活の中で、危険を招く事態が分かり、自ら気をつけて行動する。 ・身体を動かして遊ぶことを通して、全身運動が滑らかになり、走る、飛ぶ、投げる、蹴るなどの活動に、自信をもって意欲的に挑戦する。 ・相手の話を聞いたり、共感したりすることで、あそびのつながりや深まりを楽しみ、満足するまで遊んだり、生活やあそびの中での決まりを自分たちで作り、伝え合うようになる。 ・集団あそびの中で楽しんだことを友だちや身近な人とも楽しむ。 ・身近にある用具や様々な道具を試行錯誤しながら使用することで、指先にも意識が持てるようになり、細やかな作業ができるようになる。 ・身近な自然の美しさを感じ自然物をつかって様々なあそびを楽しむ。 ・歌をうたったり、リズムの変化を楽しんだりする。 ・これまで楽しんできた経験を活かして、仲間と協力して、一つの表現活動に取り組み、自信を持って、発表する喜びを感じる。 ・年中行事の雰囲気を楽しんだり、由来に興味を持ったりする。	・体や病気について関心を持ち、自分や友だちの体調の変化を知らせ、健康な生活に必要な習慣や態度を身につける。 ・寒さに負けずに十分に体を動かし、様々な運動あそびに挑戦する。 ・集団生活の中で、自己主張したり、相手の意見を取り入れたりしながら協力し合う。 ・生活の場をみんなで協力し合って使いやすく整える。 ・生活の中で感じたり、考えたりしたことを、自由に表現して楽しむ。 ・異年齢児や小学生など色々な人との関わりを深めたり、小学校の生活について知ったりし、新しい生活に向けての自信を持つ。 ・体験したことや絵本、童話をとおして、想像力や言葉を豊かにし、仲間と創意工夫しながら表現を楽しむ。 ・日常生活の中で、文字や記号などを使いながら思ったことや考えたことを伝える喜びや楽しさを味わい、文字に対する興味や関心を持つ。 ・冬の身近な事象に関心を持ち、取り入れてあそぶことを楽しむ。 ・身近な草花の変化や、春の訪れに気づく。 ・正月、節分、桃の節句などの意味や由来を知り、文化や伝統に親しむ。 ・歯科衛生指導に参加し歯磨き習慣と正しいブラッシング方法を知る。
・あそびや行事に向けての活動の中で、友だちと思いやイメージを共感し合いながら、自分たちで取り組んでいる実感や充実感が自信に繋がるようにする。 ・あそびや生活の中で周囲の環境と関わり、自分なりに考えることができるようになる過程を大切にしながら、他児の考えなどにも触れる喜びや楽しさを感じられるようにする。	・園生活を振り返り、仲間がいることの楽しさ、繋がりの大切さ、成長したことを認め合い、自信や自立心につながるようにする。 ・就学に向けて、不安な気持ちを持つ子どももいるので、十分に気持ちを受け止め、小学校での生活に期待が持てるように、保幼小交流会や絵本などを通して伝えていく。
・十五夜のお月見団子作りをしたり、鏡餅作りを見たり、お節料理の話を聞いたりして、伝統行事食の意味や由来に興味をもつ。 ・収穫したさつまいもを調理して食べる。 ・鰹節を削って出汁を味わう。自分たちで作った味噌で味噌汁を作る。 ・魚を解体する様子を見て、魚の体について知り、興味を持つ。	・体の健康と食べものの関係に興味を持って食事をする。 ・適度な会話を楽しみながら、時間も意識して食事をする。 ・節分のいり豆や、やいかがしの意味、桃の節句の行事食の由来を知る。 ・一つひとつの調理工程に興味を持ち、うどん作りを楽しむ。
・クラス保護者会で、就学に向けて大切なことを確認し合い、見通しを持てるようにすることと、就学までの生活のあり方を見直せる機会をもつ。	・日々のあそびや行事に向けての取り組みの過程をおたよりにして知らせ、子どもたちの育ちを感じてもらい、成長を喜び合う。
・自分たちの生活に関わる地域の人や施設に興味、関心を持つ。	・自分たちの生活に関わる地域の人や施設に興味、関心を持つ。
・保幼小交流会、就学児健診に行くことで、就学への期待を持つ。	・子どもの生活や発達の連続性を踏まえ、育ちを支えるために必要な申し送りを行う。
・健康診断・歯科検診・視力測定・うんどう会・芋煮会 ・大きくなったね会・クラス保護者会・もちつき ・避難訓練・身体計測・おはなし会・絵本貸出　・ゲーム貸出	・節分・ひなまつり・卒園式 ・お別れ会・身体計測・避難訓練・おはなし会・絵本貸出 ・ゲーム貸出

小学校への円滑な接続を視野に入れた指導計画

表10-4　絵本の年間指導計画（石神井町さくら保育園 有馬聡子）

令和5年度

5歳児（やしぐみ）　絵本年間計画

	1期（4・5・6月）			2期（7・8・9月）		
	4月	5月	6月	7月	8月	9月
ねらい	・絵本やおはなしの世界の楽しさを知り、気づきの目をもつ。	・絵本やおはなしの世界の楽しさがわかり、気づきを楽しむ。	・日常生活の中で絵本やおはなしの世界との共通点を見つけ、保育士や友だちと楽しむ。	・日常生活の中で絵本やおはなしの世界との共通点を見つけ、保育士や友だちとあそびへつなげる。	・日常生活の中で絵本やおはなしの世界との共通点を見つけ、あそびへつなげていくことで、友だち関係を深めていく。	・日常生活の中で絵本やおはなしの世界との共通点を見つけあそびを発展させることで、友だち関係を広げていく。
ものがたり	みち いちごばたけの ちいさなおばあさん バルバルさん もりのおうちの きいちごジュース おべんともって おはなみに いたずら王子 バートラム そらまめくんの ベッド ジオジオのかんむり くものすおやぶん とりものちょう まりーちゃんと ひつじ ちいさいおうち くんちゃんとにじ くんちゃんの はたけしごと ふたりはともだち ペレの あたらしいふく まどべにならんだ 5つのおもちゃ わたしとあそんで	おたまじゃくしの 101ちゃん きかんしゃやえもん みどりいろのたね くいしんぼうの はなこさん そらいろのたね ともだちや おりこうなアニカ かもさんおとおり はなのすきなうし おかあさんだいすき くんちゃんの だいりょこう サリーの こけももつみ アンディとライオン カイとカイサの ぼうけん ぞうのババール （年間） きれいずきティッチ えんどうまめばあさんとそらまめじいさんのいそがしい毎日 ちいさなふたりの いえさがし	あまがえる りょこうしゃ あきちゃんと かみなり せんたくかあちゃん おじさんのかさ かさもっておむかえ ざりがにおうさま まっかちん おふろだいすき でんでらりゅうが でてきたよ まゆとそらとぶくも しずくのぼうけん どろんこぶた ゆかいなかえる ブルーベリーもりでのプッテのぼうけん 歯医者の チューせんせい こわがりの カエルぼうや おひさまのたまご スーザンの かくれんぼ まいごのまめのつる たなばた	トマトさん まゆとかっぱ おっきょちゃんと かっぱ たろうめいじんの たからもの かとりせんこう ちいさなたいこ はじめてのキャンプ アイラのおとまり よるのびょういん くんちゃんのもりの キャンプ あおくんと きいろちゃん エミールくん がんばる チムとゆうかんな せんちょうさん フルリーナと山の鳥 キリギリスくん 11ぴきのねこ シリーズ くものすおやぶん ほとけのさばき ゆうちゃんの みきさーしゃ	ちょろりんと とっけー めっきらもっきら どおんどん もものうえの たねまろ ゆらゆらばしの うえで こんとあき すいかのプール おしいれのぼうけん ぼうしのおうち げんきなマドレーヌ うみべのハリー スイミー うちゅうひこうしに なりたいな 教会ねずみと のんきなネコ ネコがすきな船長の おはなし ロケットこざる すてきな三にんぐみ わたしのおふね マギーB マドレーヌといぬ	とんぼの うんどうかい とべバッタ おひさまいろの きもの アベコベさん いろいろへんないろ のはじまり つきのぼうや おつきさまって どんなあじ くんちゃんは おおいそがし ちいさなちいさな おばあちゃん パリのエマ まゆと おおきなケーキ ものぐさトミー もりのなか じてんしゃにのる ひとまねこざる やまこえのこえ かわこえて かぜはどこへいくの
科学	さくら たんぽぽ よもぎだんご　まめ 雑草のくらし ふしぎなにじ ありからみると	どろであそぼう ぼくのもものき うめのみとり ぷっくり えんどうまめ ほら、このとおり たねそだててみよう	はははのはなし かたつむり　ほたる みずたまレンズ あしたの てんきははれ くもりあめ？ じしゃくのふしぎ	およぐ　とんぼ いもむしけむし うみのなかのぞいた すぷーんぼしと おっぱいぼし おへそのひみつ	みず はなびのはなし かぶとむしはどこ？ ひまわり あさがおのなかは みずがいっぱい	コッコさんのかかし はしる あしのうらのはなし はしれますか とべますか あなたのいえ わたしのいえ
昔話	ふしぎなたけのこ つるにょうぼう	くわずにょうぼう 金のがちょう	ふるやのもり へそもち	うらしまたろう ほしになった りゅうのきば	さんまいのおふだ しあわせハンス	やまなしもぎ さんびきのこぶた ねむりひめ
ことば・詩	ことわざ絵本 ことばあそびうた→ のはらうた（年間）	ごはんはおいしい	かえるがみえる	ことばあそびうた また	なぞなぞあそびうた かぞえうたのほん	それほんとう？ ヨッケリなしを とっといで
長編・童話	いやいやえん	もりのへなそうる	こぶたのピクルス	カヌーはまんいん やまんば山の モッコたち	なぞなぞの すきな女の子	番ねずみの ヤカちゃん
考察						

多様なジャンル（ものがたり・科学・昔話・ことば・詩・長編・童話）

季節や子どもの育ちにた選書

園長	主任	担任

行事、
の言葉
合わせ

3期（10・11・12月）			4期（1・2・3月）		
10月	11月	12月	1月	2月	3月
・絵本やおはなしの世界のイメージを友だちと共有し、様々な道具や素材を使って表現する。	・絵本やおはなしの世界のイメージを友だちと共有し、様々な道具や素材を戸外でも見つけ、あそびを発展させる。	・日々の気づきを楽しみ、自分自身でおはなしの世界と繋げあそびを深める。	・日々の気づきを楽しみ、自分自身でおはなしの世界と繋げ、友だちと共通の目的をもってあそびの世界を広げる。	・おはなしの世界、あそびの世界を自由に行き来し、想像力や創造力をつかって遊ぶ経験を積み重ねる。	・おはなしの世界を自由に行き来する体験をとおして、友だちとの繋がりを大切にし、感じ考えて行動しようとする。
おおきなおおきなおいも ぴかくんめをまわす もりのかくれんぼう おおきなきがほしい いたずらきかんしゃちゅうちゅう かしこいビル 木はいいなあ きみなんかだいきらいさ しょうぼうねこ どんぐりぼうやのぼうけん ガブルくんとコウモリオニ ラチとライオン またもりへ へびのくりクター はろるどとむらさきのくれよん マドレーヌといたずらっこ	ちょろりんのすてきなセーター たのしいふゆごもり ことろのばんば おしゃべりなたまごやき はしれ、きかんしゃちからあし いつもちこくのおとこのこ おさるとぼうしうり おばけりんご ピッツアぼうや ウルスリのすず もりのこびとたち がちょうのペチューニア くんちゃんとふゆのパーティー ひとまねこざるびょういんへいく さるのオズワルド	ピッキのクリスマス しんせつなともだち もりのてがみ くろうまブランキー もうすぐおしょうがつ おおきいツリーちいさいツリー サンタクロースと小人たち エマのたび マドレーヌのクリスマス てぶくろがいっぱい しずかなおはなし サンタクロースってほんとにいるの？ ペッテルとロッタのクリスマス ぶたのめいかしゅローランド こねこのピッチ ハリーのセーター ながれぼしをひろいに	おおさむこさむ はじめてのゆき まゆとおに じごくのそうべえ ぼくのおじさん ねずみのおいしゃさま せかいいちおいしいスープ 100まんびきのねこ はたらきもののじょせつしゃケイティ たこをあげるひとまねこざる ふくろうくん しりたがりやのふくろうぼうや しろいうさぎとくろいうさぎ だるまちゃんとにおうちゃん	ゆうかんなアイリーン はなをくんくん ぽとんぽとんはなんのおと ゆきのひ びゅんびゅんごまがまわったら りきしのほし もりのひなまつり はるよこい くまのビーディーくん どうながのプレッツェル ふくろにいれられたおとこのこ マイクマリガンとスチームシャベル あくたれラルフ スーホの白い馬 エルシー・ピドック、ゆめでなわとびをする ひとまねこざるときいろいぼうし	ぐりとぐらのおおそうじ まゆとりゅう くんちゃんのはじめてのがっこう おなべおなべにえたかな 100万回生きたねこ ラチとライオン おかあさんがおかあさんになったひ あしたもともだち ちいさいおうち うさぎしょうがっこう あしたがっこうへいくんだよ ちょっとまって あさえとちいさいいもうと ろばのシルベスターとまほうのこいし みち
ごてんにすむのはだれ？ いっぽんの木 みんなでいねかり 月・木の実ノート ばばばあちゃんのやきいもたいかい	すすき どんぐりかいぎ きのこの絵本 ぼくはたね にほんのかきのき ぼくのコレクション	あなたがうまれるまで きもち ばばばあちゃんのおもちつき じめんのうえとじめんのした	しもばしら 雪のうえのなぞのあしあと ちのはなし うちゅう あんな雪こんな氷	ふゆめがっしょうだん せいめいのれきし まちでくらすとり すずめ はなのあなのはなし	つくし たんぽぽ さくら ひやしんす いちねんいちくみのいちにち
かにむかし おおかみと7ひきのこやぎ	ブレーメンのおんがくたい おおきなかぶ	かさじぞう 十二支のはじまり	ももたろう だいふくもち	だいくとおにろく てぶくろ ゆきむすめ	たいようまでのぼったコンドル マーシャとくま
ことばのこばこ これはのみのぴこ→	→	→	おしょうがつさん		ねっこぼっこ
エルマーのぼうけん		とうさんおはなしして	大どろぼうホッツェンプロッツ オニタロウ		

(3) 5歳児の長期指導計画の評価と改善

表10-5は、5歳児Ⅳ期(1月上旬～3月中旬)の計画内の「教師の援助」部分を振り返って評価し、次年度以降に生かせるよう改善のための書き込みをしている様子です。特に5歳児の場合は、小学校での生活を見通して、幼児期後半にふさわしい、見通しをもって主体的に生活したり、協同的な遊びの中で資質・能力が育まれるよう、職員間で実践を振り返り、評価を行いながら、年間指導計画のねらいや内容をより子どもの実態に即したものとし、具体的な環境構成や教師の援助を加筆したり、修正したりしているのです。

短期、長期に関わらず、こうした絶え間ない指導の計画、実践、評価、改善を繰り返すカリキュラムマネジメントを通して、指導計画は子どもにとってよりふさわしいものとなり、幼児教育から小学校教育への連続性ある指導が実現できるのです。

表10-5 年間指導計画の期ごとの評価と改善

教師の援助 ～子どもの心に寄り添って～
〈自分のやりたい遊びに向かって、思いや考えを様々な方法で表しながら、十分に力を発揮して遊ぶ充実感が味わえるように〉 ・自分なりに考えたり工夫したりしながらやりたい遊びを楽しんでいる姿を見守ったり、その遊びがより楽しくなるための方法や必要なものを提案したり一緒に考えたりする。 ・幼児自身が“こうしたらこうなるのでは”と予測したり、見通しをもって進めたりして遊ぶ楽しさを味わえるように、問いを投げ掛けたり、イメージや考えを実現する過程を支えたりして、自分の力を十分に発揮しながらやりたい遊びに向かう姿を認める。 ・今まで繰り返し楽しんでいた遊びや経験してきた方法が、幼児の提案や動きで仲間に広がったり、自分たちで決めた・取り組んだという満足感につながったりしていくように、幼児の呟きや表していることを拾いながら、仲間同士の遊びに返していく。 ・文字や数は、興味・関心、習得の状況に個人差が大きいので、それぞれの必要感に応じて丁寧に関わったり、触れて遊ぶ機会をもったりし、取り入れる楽しさを共有していく。 **〈互いの良さに気付き、協力しながら遊びや生活を進めていくことを楽しめるように〉** ・意見の違いや思いが通らない時など、それぞれの感情を受け止めながら、必要に応じて一緒に取り組む仲間に知らせたり、気付かせたりする。その上で、自分たちでどうしたらよいか方向性を見出せるように、考えを整理したり、少し先の見通し、自分たちで分かって取り組めることを投げ掛けたりして見守る。 ・一人一人の役割のもつ大切さ・責任が感じられるように、それぞれの大切さを伝えたり、共有したりする。また、役立つ嬉しさ・喜びが実感できるように、それぞれの幼児がグループや学級の中に位置づいたり認められたりできるようにする。 ・考えがつながり合ってこそ、より良く・より楽しくなることが感じられるようにし、一人一人の良さを生かしたり、それぞれの力を発揮したりして自信をもてるように関わっていく。 **〈様々な活動や行事の経験を通して、大きくなることへの期待や喜びをもち、自信をもって行動しようとするために〉** ・自分たちなりに考えて行動している姿を認めながら、具体的にあとどれくらいか、何が必要かを一緒に考え、見通しをもって生活していけるようにする。 ・修了に向けての取り組みなど幼稚園生活を振り返る中で成長したことを喜んだり、認め合ったりして自信をもてるようにしたり、自分たちに関わってくれた人へ感謝の気持ちをもてたりできるようにする。 ・年少児との関わりを通して、モデルとなって動いたり、相手を思いやりながら関わったりしている姿を十分に認めたり、自分たちの役割の大きさを伝えたりしながら自信につながるようにする。

小学校での生活を見通した改善のための書き込み

【設問１】（目安：保育所実習Ⅰ前の学生向け）

４名１グループとなり、それぞれの幼保小交流会の経験について紹介し合いましょう。また、交流活動には幼児、児童にとってそれぞれどのような意味があるのか話し合ってみましょう。さらに交流活動を幼児と小学生にとってより充実した活動にするために、どのような交流会の工夫ができるか、様々な自治体や園・小学校の幼保小交流会の取り組みを調べ、今後どのような幼保小交流の活動が工夫できるか考えてみましょう。

【設問２】（目安：保育所実習Ⅰ・Ⅱの間の学生向け）

４名１グループとなり、実習を振り返って５歳児が①どのような遊びや活動をしていたか、②３、４歳児の遊びや活動と比較したときにどのような特徴があったか、③それを踏まえて保育者がどのような援助をしていたかを紹介し合い、模造紙にまとめて発表しましょう。５歳児の発達の特徴とその援助の留意点についての理解を深めましょう。

【設問３】（目安：保育所実習Ⅰ・Ⅱ後の学生向け）

４名１グループで実習経験を振り返り、話したり聞いたりする活動や文字を読んだり書いたりする遊びをあげてみましょう。そのうえで、５歳児１月に小学生と交流活動をするとして、言葉による伝え合いや文字を読んだり書いたりすることへの興味・関心を生かした交流活動の保育計画を立ててみましょう。

Memo

コラム Column 1

子どもの育ちと学びをつなぐ要録

幼児教育の遊びの中で育まれた資質・能力を、小学校教育に円滑につなぐ幼小接続を実現するための一つの手立てが要録です。正式には「幼稚園幼児指導要録」「幼保連携型認定こども園園児指導要録」「保育所児童保育要録」といいます。要録は、幼児教育を通じた子どもの育ちと学びの姿を小学校に伝えるための重要な資料です。記載されている子どもの姿とその背景にある保育者の指導の意図を、小学校教諭が正しく理解し、小学校において要録が適切に活用される記述が求められています。このため、要録を書く際には、一人一人のよさと学びのプロセス、それを支える保育者の援助が伝わるように書きます。要録は、大きく分けて「学籍（認定こども園は、学籍等）に関する記録（保育所は、入所に関する記録）」と「指導（認定こども園は、指導等）に関する記録（保育所は、保育に関する記録）」があります。ここでは、「指導（認定こども園は指導等）に関する記録（保育所は保育に関する記録）」の書き方のコツについて、言葉に関連する「伝え合い」を例としてみていきましょう。

①子どもの特徴が伝わるようなエピソードを選んで書く

１つ目は、幼稚園、認定こども園は「指導上参考となる事項」、保育所は「保育の展開と子どもの育ち」のところに「幼児期の終わりまでに育ってほしい姿」について一人一人の子どもの特徴が伝わるようなエピソードを選んで書くことです。これまでも幼稚園、認定こども園、保育所は、幼児期の子どもの育ちの資料である要録を卒園時に小学校に送付していましたが、平成29年の幼稚園教育要領、幼保連携型認定こども園教育・保育要領、保育所保育指針において保育者と小学校教諭が就学前の子どもの育ちと学びの姿を共有できるように、「幼児期の終わりまでに育ってほしい姿」を10の姿にまとめました。そして平成30年に国から示された要録の様式例に、「幼児期の終わりまでに育ってほしい姿」を記載する形が示されました。この「幼児期の終わりまでに育ってほしい姿」を書く際には、10個の姿を一つずつ取り上げて書くのではなく、その子の育ちや学びの姿がよく伝わるようなエピソードを２つ程度取り上げ、その中で見られるいくつかの特徴的な姿を盛り込んで書き、さらにそこでの保育者の援助を記入するとよいでしょう（次頁※１）。

②入所時からの子どもの育ちが伝わるように書く

２つ目は、保育所の「最終年度に至るまでの育ちに関する事項」を入所時からの子どもの育ちが伝わるように書くことです（次頁※２）。そのためには、５歳児担当の保育士だけが要録の書き方を学べばよいということではなく、すべての職員が要録の書き方を理解しておく必要があります。保育所に在籍する４歳児までの子どもの記録である児童票（在籍状況や健康記録、保育経過記録等を記した書類）に、入所時からの担当保育士が見通しをもって丁寧に記録して蓄積し、５歳児の担当保育士が児童票を振り返って要録が書けるように、園全体で児童票と要録の書き方を確認し、子どもの育ちの連続性が分かる記述を心がけるとよいでしょう。

小学校で要録を十分活用してもらうためには、要録を細かくびっしり書いて送ればよいというものではありません。保育所児童保育要録の見直し検討会[1)]が「小学校側から到達目標的に受け止められることのないよう、その示し方や記載内容に関する説明には注意や工夫が必要である。同時に、その趣旨を要録の様式に示すことに加え、保小合同の研修の機会などを通じて、丁寧に伝えていくことも必要である」と述べているように、資料での申し送りにとどまらず、保育者と小学校教諭が対面での対話を継続していくことが大切なのです。

（様式の参考例）

保育所児童保育要録（保育に関する記録）

本資料は、就学に際して保育所と小学校（義務教育学校の前期課程及び特別支援学校の小学部を含む。）が子どもに関する情報を共有し、子どもの育ちを支えるための資料である。

		保育の過程と子どもの育ちに関する事項	最終年度に至るまでの育ちに関する事項
ふりがな		（最終年度の重点）	※2　3歳4か月で入所。友達との遊びの中で、自分の思いを通そうとする場面も多かったが、保育者が仲立ちし、思いを伝え合い、協力して遊ぶ楽しさに気づけるような援助をする中で、次第に友達の考えも受け入れながら遊べるようになってきた。
氏名			
生年月日	年　月　日		
性別		（個人の重点）	
ねらい（発達を捉える視点）			
健康	明るく伸び伸びと行動し、充実感を味わう。	（保育の展開と子どもの育ち） ※1　自然に対する興味が芽生え、公園で見つけた虫の飼育方法を保育室の図鑑で調べたり、保育者に尋ねたりし、友達に虫の世話の仕方や特徴を生き生きと伝える姿が見られた。	
	自分の体を十分に動かし、進んで運動しようとする。		
	健康、安全な生活に必要な習慣や態度を身に付け、見通しをもって行動する。		
人間関係	保育所の生活を楽しみ、自分の力で行動することの充実感を味わう。		
	身近な人と親しみ、関わりを深め、工夫したり、協力したりして一緒に活動する楽しさを味わい、愛情や信頼感をもつ。		
	社会生活における望ましい習慣や態度を身に付ける。		
環境	身近な環境に親しみ、自然と触れ合う中で様々な事象に興味や関心をもつ。		幼児期の終わりまでに育ってほしい姿 各項目の内容等については、別紙※に示す「幼児期の終わりまでに育ってほしい姿について」を参照すること。
	身近な環境に自分から関わり、発見を楽しんだり、考えたりし、それを生活に取り入れようとする。		健康な心と体
	身近な事象を見たり、考えたり、扱ったりする中で、物の性質や数量、文字などに対する感覚を豊かにする。		自立心
言葉	自分の気持ちを言葉で表現する楽しさを味わう。		協同性
	人の言葉や話などをよく聞き、自分の経験したことや考えたことを話し、伝え合う喜びを味わう。		道徳性・規範意識の芽生え 社会生活との関わり
	日常生活に必要な言葉が分かるようになるとともに、絵本や物語などに親しみ、言葉に対する感覚を豊かにし、保育士等や友達と心を通わせる。		思考力の芽生え 自然との関わり・生命尊重
表現	いろいろなものの美しさなどに対する豊かな感性をもつ。	（特に配慮すべき事項）	数量や図形、標識や文字などへの関心・感覚
	感じたことや考えたことを自分なりに表現して楽しむ。		言葉による伝え合い
	生活の中でイメージを豊かにし、様々な表現を楽しむ。		豊かな感性と表現

保育所における保育は、養護及び教育を一体的に行うことをその特性とするものであり、保育所における保育全体を通じて、養護に関するねらい及び内容を踏まえた保育が展開されることを念頭に置き、次の各事項を記入すること。

○保育の過程と子どもの育ちに関する事項

＊最終年度の重点：年度当初に、全体的な計画に基づき長期の見通しとして設定したものを記入すること。

＊個人の重点：1年間を振り返って、子どもの指導について特に重視してきた点を記入すること。

＊保育の展開と子どもの育ち：最終年度の1年間の保育における指導の過程と子どもの発達の姿（保育所保育指針 第2章「保育の内容」に示された各領域のねらいを視点として、子どもの発達の実情から向上が著しいと思われるもの）を、保育所の生活を通して全体的、総合的に捉えて記入すること。その際、他の子どもとの比較や一定の基準に対する達成度についての評定によって捉えるものではないことに留意すること。あわせて、就学後の指導に必要と考えられる配慮事項等について記入すること。別紙を参照し、「幼児期の終わりまでに育ってほしい姿」を活用して子どもに育まれている資質・能力を捉え、指導の過程と育ちつつある姿をわかりやすく記入するように留意すること。

＊特に配慮すべき事項：子どもの健康の状況等、就学後の指導において配慮が必要なこととして、特記すべき事項がある場合に記入すること。

○最終年度に至るまでの育ちに関する事項

子どもの入所時から最終年度に至るまでの育ちに関し、最終年度における保育の過程と子どもの育ちの姿を理解する上で、特に重要と考えられることを記入すること。

※別紙は省略

コラム Column 2

子育て支援現場での児童文化財の活用

地域子育て支援センターや保育所による子育て支援事業などは、保育士などから子育てに役立つ知識を学んだり、保護者同士・子ども同士の交流による友達づくりの場所にもなっています。また、自宅で触れる機会が少ないパネルシアターや紙芝居などの児童文化財を皆で見て楽しむことができます。

ときわひろみ 作・さとうあや 絵
『よんでよんで』教育画劇、2015

ここでは『よんでよんで』という紙芝居を紹介します。この紙芝居は、絵本を読んでもらいたいのに、家事などで忙しいお母さんから「あとでね！まっててね！」と言われてなかなか相手にしてもらえず、動物さんにお願いして絵本を読んでもらうというものです。「誰かいないかな～？」と紙を引き抜きながら観客の子どもたちに、登場してくる動物を言い当ててもらう参加型紙芝居です。そして物語の最後は主人公がお母さんのお膝の上で絵本を読んでもらえます。
この作品を子育て支援で演じることにより、４つの効果が期待できます。

１つ目は、紙芝居の特性であるメディア性を活用し、皆で同じ作品を見ることで、共感するおもしろさが体感できます。

２つ目は、コミュニケーションが生まれることです。演じ手が「誰かいないかな～？」や「ブタさんはどんな鳴き声かな？」と呼びかけることで子どもたちがそれに反応し、聞き手・演じ手が一体となって紙芝居を盛りあげていくことができます。

３つ目は、読書の推進につながることです。紙芝居を通して、日々忙しいお母さんに少しでも「絵本、読んでみようかな」と思ってもらえるような間接的なメッセージを与えることができます。

４つ目は、保護者も子どもと一緒に聞き手になることで、リフレッシュしながら物語を楽しむことができます。筆者が子育て支援センターで上演後に実施したアンケートでは、参加した14組すべての保護者が「気分転換になった」と回答していました。

このように、子育て支援では、様々なニーズに対応しつつ、適材適所で児童文化財を使い分けるスキルが求められています。

第3部

言葉を育む
児童文化

遊びを中心とした保育現場の生活では、子どもにとってよりよい文化との出会いや触れ合い、文化活動そのものが重要であり、この子どもの成長に関わる文化そのものが児童文化であるといわれています。子どもの言葉を中心とした育ちを支えるうえでは、この児童文化を含めた環境を通した総合的な学びが必要とされています。

第３部では、子どもにとっての児童文化とは何かについて学ぶとともに、言葉を育て、想像する楽しさや面白さを広げる基本的な児童文化財について捉えていきます。具体的には、「言葉のリズム」「言葉遊び」などの言葉そのものの豊かさを味わう活動や「絵本」「物語（文学）」「昔話」「紙芝居」「シアター遊び」「ごっこ遊び」「劇遊び」「人形劇」などの児童文化財を活用した保育実践に関する知識と技術、指導計画の立て方について解説していきます。さらに、具体的な言葉を中心とした遊びや表現活動の展開を記したEpisodeから、子どもが楽しみながら成長していく過程とその要因についても学んでいきます。

第11章

言葉を育て、想像する楽しさを広げる「児童文化財」とは何か

学習のPOINT

1．子どもの言葉を育てる教材として活用される児童文化財について理解する

・幼稚園教育要領および保育所保育指針にあげられている児童文化財を中心に、児童文化財の種類を理解しましょう。

・各種児童文化財がもつ表現要素の違いから、それぞれの児童文化財の特性を考えてみましょう。

2．想像する楽しさを経験するための児童文化財について考える

・児童文化財の特性により、子どもの想像する経験に違いがあることを理解し、教材研究の重要性を理解しましょう。

3．言葉の育ちにとっての児童文化財の意義を理解する

・言葉の育ちと児童文化財の関係について、「他者とのつながりを生む」「言葉の世界を広げる」「想像する力を育てる」の3点から考えてみましょう。

事前学習 Work

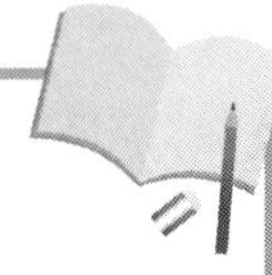

【設問1】（目安：保育所実習Ⅰ前の学生向け）

3歳未満の子どもを対象にした絵本、3歳以上の子どもを対象にした絵本と考えられるものにはどのような絵本があるでしょうか。図書館などで、実際に絵本を探し、読んでみましょう。

【設問2】（目安：保育所実習Ⅰ・Ⅱの間の学生向け）

4～5人でグループをつくり、保育所や幼稚園における絵本や紙芝居、童話（幼年文学）の活用の実態をそれぞれ発表しましょう。絵本の読み語りや紙芝居の上演は、どの程度保育の中で行われていましたか。保育室にはどのような絵本が、どのように置かれていましたか。

【設問3】（目安：保育所実習Ⅰ・Ⅱ後の学生向け）

保育実習Ⅰ・Ⅱを通して、絵本の読み語りや紙芝居の上演を少なくとも1回は行ったことと思います。絵本や紙芝居を楽しむ子どもたちの反応について、思い出される姿を800字程度にまとめましょう。

1．児童文化財の種類と特性

（1）児童文化財とは

児童文化とは、子どもに関わる文化の総称です。その範疇には、児童文化財、児童文化活動、児童文化施設、児童文化政策、広くは衣食住の生活全てが含まれます。

『保育用語辞典（第８版）』[1]には、「児童文化財」について次のように解説されています。

> 子どもの健全な心身の発達に深いかかわりをもつ有形無形のもの、技術、活動などの総称。おとなが子どものために用意した文化財や子どもが自分の生活をより楽しくするためにつくりだした文化財がある。広義には、子どもの生活における文化事象全般。一般にはより狭義に、遊び、お話、玩具、図書、紙芝居、人形劇、音楽、映画、テレビ、ビデオなどを指す。

ここには具体的な児童文化財として、「遊び、お話、玩具、図書、紙芝居、人形劇、音楽、映画、テレビ、ビデオ」が列挙されています。これらは保育の場においては、大人がつくり出し子どもに伝達するものとして、保育者が保育のねらいに合わせた教材として選択し保育に活用しています。

ただし、ここで見逃してはならないのは、この解説にもあるように児童文化財にはつくり手からみて２つの捉え方があるということです。保育者によって新たな文化財に出会い楽しんだ経験は、子ども自身が文化財をつくり出す活動を生み、子どもを文化の創造者にします。これは、保育所保育指針[2]、幼稚園教育要領[3]で述べられている子どもの主体性を尊重した保育・教育の理念にも重なります。保育者が用意した環境に主体的に自ら関わり活動を生みだすという「環境を通した保育・教育」です。

保育所保育指針、幼稚園教育要領の領域「言葉」には、児童文化財がどのように位置付けられているでしょうか。

〈１歳以上３歳未満児の保育〉

保育所保育指針 第２章保育の内容２ １歳以上３歳未満児の保育に関わるねらい及び内容　領域「言葉」

○言葉遊びや言葉で表現する楽しさを感じる。**【ねらい①】**
○絵本や物語等に親しむとともに、言葉のやり取りを通じて身近な人と気持ちを通わせる。**【ねらい③】**
○絵本や紙芝居を楽しみ、簡単な言葉を繰り返したり、模倣をしたりして遊ぶ。**【内容④】**

〈3歳以上の保育〉

保育所保育指針 第２章保育の内容３　３歳以上児の保育に関するねらい及び内容領域「言葉」（幼稚園教育要領 第２章 ねらい及び内容 領域「言葉」の内容と同様）

○日常生活に必要な言葉が分かるようになるとともに、絵本や物語などに親しみ、言葉に対する感覚を豊かにし、保育士等や友達と心を通わせる。**【ねらい③】**
○絵本や物語などに親しみ、興味をもって聞き、想像をする楽しさを味わう。**【内容⑨】**
○絵本や物語などで、その内容と自分の経験とを結び付けたり、想像を巡らせたりするなど、楽しみを十分に味わうことによって、次第に豊かなイメージをもち、言葉に対する感覚が養われるようにすること。**【内容の取扱い③】**
○子どもが生活の中で、言葉の響きやリズム、新しい言葉や表現などに触れ、これらを使う楽しさを味わえるようにすること。その際、絵本や物語に親しんだり、言葉遊びなどをしたりすることを通して、言葉が豊かになるようにすること。**【内容の取扱い④】**

保育所保育指針、幼稚園教育要領の領域「言葉」に位置付けられた児童文化財をまとめると、「言葉遊び」「絵本」「紙芝居」「物語」の４つです。

「物語」は、幼年文学や児童文学を指していると考えますが、自身で文学を読んで理解することの難しい乳幼児期の子どもは、大人が読むのを聞くことによって「物語」の作品を味わうことになります。これは、「絵本」も同じことです。このように子どもにどのように、どんなメディアを媒介に「物語」や「絵本」の作品を伝達するかという点から考えると、上述『保育用語辞典』の「児童文化財」の解説にあげられている「お話、人形劇、映画、テレビ、ビデオ」を含め、保育所保育指針や幼稚園教育要領に位置付けられていない児童文化財についてもここでは取り上げたいと思います。特に最近は映像メディアの発展が著しく、子どもの日常生活の隅々にまで浸透し、保育現場でもICTの活用の拡充がねらわれ、実際に広がっています。

本書第３部 第12～14章では、言葉を育てる様々な保育教材を活用する技術の習得とそれを活用した保育方法の理解のために、「童謡・わらべうた・手遊び・ふれあい遊び・詩・言葉遊び・絵本・物語（幼年文学・児童文学）・昔話・紙芝居・シアター遊び・ごっこ遊び・劇遊び・人形劇）」を取り上げています。

児童文化財の中でも、見たり聞いたりして楽しむ児童文化財は、保育・教育の場では「視聴覚教材」として活用されます。たとえば、日本の昔話「桃太郎」は、絵本、おはなし（語り）、紙芝居、人形劇など、様々な児童文化財・視聴覚教材によって子どもたちに伝達され、楽しまれます。

では、絵本の読み語りと人形劇の上演とでは、それを受け取る子どもたちの経験にはどんな違いがあるでしょうか。ここでは、それぞれの児童文化財の特性を表現要素の観点からまとめ、文化財の特性と、それを享受する子どもの経験との関係を考えます。

（2）児童文化財の種類と特性

それぞれの児童文化財により表現要素が異なるということは、子どもがその物語を受け止め味わう経験においても違いが生じます。それぞれの児童文化財の特性について、文化財がもつ表現要素の観点からまとめてみます。

享受者に求められる想像	児童文化財	文字情報	音声情報・音	視覚情報	情報量　抽象度
多　い	幼年文学・児童文学	○			少ない　抽象的
↑	おはなし（語り）		○		↑　↑
	絵本	○		○ 平面の静止画	
	紙芝居		○	○ 平面の静止画	
	人形劇		○	○ 立体の動く人形	
	演劇		○	○ 人間の俳優	
	アニメーション		○	○映像の動画	
↓ 少ない	実写映像（テレビ・映画・インターネット動画など）		○	○ 実物を映し出した映像の動画	↓　↓ 多　い　具象的

図 11-1　表現要素からみたメディアの特性　著者作成

①物語（幼年文学・児童文学）

児童文学は、子どもを読者対象として創作された文学です。幼児から小学校低学年くらいの児童を対象にしたものが幼年文学と称されています。児童文学、特に幼年文学の書籍には多くのページに挿絵が挿入されていますが、これはあくまでも文章に付けられた従属的な情報であり、作品の内容自体は文章で全て表されています。

文字理解ができない発達の過程では、子どもは本を自分で読んで内容を理解し味わうことはできません。また、文字理解ができる場合でも、文字を読んでその内容を理解し、作品の場面を想像して頭に描きだして文学作品を味わうことは大変なエネルギーと想像力を要します。

②おはなし（語り・素話・ストーリーテリング）

おはなしとは、語り手が作品を全て覚えたうえで語られるものです。昔話はそもそも口承文芸で、おはなしの語りによって伝達され楽しまれるものでした。音声で語られる言葉によって表現される作品は、語り手の声の質やその人の醸しだす雰囲気、語りの速度やリズム、間なども表現要素となって、聞き手の想像力を刺激します。視覚的情報が何もない、音声だけの表現だからこそ引き込まれて聞き入る子どもの姿があります。

①の幼年文学や児童文学を子どもに伝達する場合の多くは、大人が読み語りを行います。この場合は、②のおはなしとほぼ同じ表現要素となります。

③絵本

絵本は、絵と文という異なる表現要素が融合し新たな一つの世界を表したものです。絵と文、どちらが主でも従でもなく、言葉でしか表せない内容を文で、絵でしか表せない内容を絵で表しています。

幼児の場合は、大人が読み語りをすることで絵本の作品内容を味わいます。その場合、②のおはなしで述べたように、読み手の音声や語り方、そして、ページのめくり方、タイミングも表現要素になります。

④紙芝居

現在一般的に紙芝居といわれているのは、江戸時代の「写し絵」（関西では「錦影絵」）を源とする「平絵」の紙芝居です。上演を簡易化する工夫の中で明治時代に「立ち絵」が生まれ、昭和初期1930年ごろに平絵の「紙芝居」が登場しました。この変遷からも明らかなように、紙芝居は「読む」ものではなく「演じる」ものです。それは、舞台を使用したり、裏側に書かれている文章が脚本形式になっていることからも分かります。

登場人物の台詞のやり取りを中心とした演劇的な作品の展開は、観客に登場人物の生き生きとしたさまを感じさせます。また、観客から向かって左（舞台の下手）に引き抜かれる絵は、登場人物の移動の向きや場面の変化の連続性を計算して描かれ、「サッと抜く」「途中まで抜く」などの抜き方も、表現要素として、場面の状況や時間の経過などを表す演出効果を相乗的に生みだします。

⑤人形劇

人形劇は、ものである人形を用いた演劇です。絵本や紙芝居は、物語のある場面の一瞬を切り取って描かれた二次元の絵で表現されますが、人形劇は立体あるいは平面の人形が舞台に登場し、その登場人物の台詞と動き（動作・行動）によって作品が展開していきます。それは、児童文学や絵本のような言葉による説明的な表現ではなく、自分たちの生活に近い具象性の高いものとなります。

ただし、人形は顔の表情を変えることはなく、その構造や動きも人間の俳優のように繊細ではありません。しかし、観客はそれを想像で補って観ることで舞台に引き込まれ、人形（演者）と観客が一体となります。これが生の人形劇を鑑賞する醍醐味です。

また、効果音楽や照明などを使用することで、その場や登場人物の心情を表わしたり、リズミカルな挿入歌によって幼い子どもたちをいっそう引き込むことができます。

⑥演劇

演劇は、人間の俳優が演じる劇です。人間の俳優による演技は人形とは違い、表情による繊細な演技が可能で、人間の肉体から生じるエネルギーとあいまって、生々しいリアルさを観客に感じさせます。

⑦アニメーション

アニメーションは、フィルムのコマ撮りの継起的提示によって動きを作りだし、そこに音声や効果音・音楽を合わせたものです。自由度の高い映像表現が展開でき、実写では不可能な演技や演出表現が可能になります。現実を越えた美しい描写や激しい動きの映像と効果音・音楽が相まった表現は、刺激的で子どもを強く惹き付けます。

⑧実写映像

実写映像は、テレビ・映画・インターネットメディアなどによる実写映像作品です。実物や実態そのものをそのままの映像や音を伝えることができます。真実を映し出し伝えることができるといえますが、カメラワークや編集を駆使した映像には制作者の意図があり、それが視聴者の鑑賞に影響を与えることは意識しておくべきでしょう。

図 11-1 の図の上部に位置する児童文化財の方が下部に位置するものよりも児童文化財に含まれる表現要素は少なく、下部の方が多くなっています。つまり、上部の方が抽象度が高い、下部の方が具象度が高いといえます。

これらの文化財を通して子どもが、たとえば昔話「桃太郎」の作品を、図にあげた様々な児童文化財で伝達され享受したとします。おはなしで伝達される場合は、「あるところにおじいさんと　おばあさんが　いました。おじいさんは　やまへしばかりに、おばあさんはかわへ　せんたくに　いきました」という耳に入った言葉から、享受者はどんな場所か、どんなおじいさんとおばあさんかを想像しなくてはいけません。それを聞いた子どもの想像はそれぞれ少しずつ異なるでしょう。また、現在の子どもたちでは、昔話の世界を想像できない子どももいるかもしれません。

しかし、絵本の読み語りや紙芝居の上演であれば、自分で想像しなくても一場面ごとの絵が昔話の世界や登場人物の風貌を表しています。さらに、人形劇や演劇では、登場人物の一つ一つの行動が、演技によって連続性をもって表現され具体的に分かります。一方、絵本では「やさしいおじいさんがいました」と説明されることも、人形劇では、おじいさんの人形が表すキャラクターや行動からその性格を観客自らが考えることになります。

このように、児童文化財による表現の特性の違いは、作品を享受する子どもたちの想像活動に違いを生じさせるのです。おはなしという文化財により言葉を聞いただけで物語の世界を想像し内容を理解することができるようになっている、あるいは、そのような育ちが期待できる過程に至っていると理解した子どもには、おはなしという文化財で昔話を楽しむ経験を提供することがふさわしいでしょう。しかし、まだ言葉だけで理解することが難しい育ちの過程にある子どもには、視覚的な情報が多い絵本や紙芝居や人形劇といった児童文化財によって享受することで、物語の世界が想像でき、物語を理解して、作品を味わい楽しむことができやすいといえます。

また、同じ昔話の絵本であっても画面数や絵の描き方などにより、発達や経験や保育のね

らいにあった1冊の絵本を選ぶことが保育者には求められます。それが、児童文化を教材化する教材研究になります。例えば、左の2冊の『かさじぞう』の昔話絵本を、読み比べてみましょう。

（左）瀬田貞二 再話・赤羽末吉 画
『かさじぞう』福音館書店、1961[4)]
（右）岩崎京子 文・新井五郎 絵
『かさこじぞう』ポプラ社、1967[5)]

2. 幼児の言葉の発達における児童文化財の意義

言葉の力を獲得するために必要な環境は、まず愛情をもって接してくれる大人との応答的な関わりがあること、その中で温かな言葉に包まれて過ごすこと、そして、身の回りの一つ一つのものや人に出会いその名前を知ったり、様々な経験を通して行動や気持ちを表す言葉を知ることです。絵本や紙芝居といった児童文化財が子どもの環境になくても、子どもは言葉を獲得することはできます。ではなぜ、上述したように保育所保育指針、幼稚園教育要領に子どもの言葉を育てる教材として絵本や紙芝居といった児童文化財が位置付けられているのでしょうか。

（1）他者とつながる喜びをもたらす

子どもは1歳ごろに初めての意味のある言葉である初語を発し、その後、語彙数を増やし、一語文でのコミュニケーションを行うようになり、さらに、二語文、三語文を経て、まとまりのある形として整った文体での会話ができるようになっていきます。この発達は、初語が出る以前の乳児の時期から、愛情を向ける大人との応答的な関わりの経験が積み重なった結果として獲得されます。児童文化財は、子どもの健全な心身の発達に深い関わりをもつと上述しました。この時期の子どもにとっては、大人との関わりが特に重要で、大人と子どものつながりをつくり出し、楽しさを共有する経験をもたらす児童文化財の存在が大きな意味をもちます。

『保育所保育指針解説』[6)] 第2章　保育の内容　1 乳児保育に関するねらい及び内容　(2) ねらい及び内容　イ　社会的発達に関する視点「身近な人と気持ちが通じ合う」(イ) 内容の④には、「保育士等による語りかけや歌いかけ、 発声や喃語等への応答を通じて、言葉の理解や発語の意欲が育つ。」とあり、(ウ) 内容の取扱い②の解説には「子どもの喃語や指差しなどを、保育士等が受け止め、共感し、言葉に置き換え伝えていくことが、子どもの言葉を育て、人とやり取りすることの喜びと意欲を育むことになる。保育士等と一緒に絵本を楽しむことは、こうした経験を重ねていくことでもある。」と述べられています。

「いっぽんばし　こちょこちょ」や「いない　いない　ばあ」などの、触れ合いを伴った歌いかけや語りかけの遊びは、肌で感じる温もり、視覚的に捉えられる対面する大人の表情、耳から入る優しい語りかけの言葉を総合的に子どもに感じさせます。

また、絵本の絵に描かれたものと子どもの身の回りにある実物を結びつけたりしながら、言葉を補ってやり取りを楽しむことを通して、言葉への出会いを広げていきます。

Episode 1

『くだもの』（1歳8か月）

保育者とAちゃんが並んで座り絵本を楽しんでいます。この絵本は、すいか、もも、なし、ぶどうと、子どもにとって身近なくだものが、丸ごとの状態と、洗ったり切ったりして食べられる状態になって差し出された状態とが続けて描かれます。「すいか。わー大きいね、まんまるだね」。Aちゃんは、絵本に向けていた視線を保育者に向け、指で絵本のすいかを指しながら「すいか」と言いました。「そう、すいか。Aちゃん、この前、すいか食べたね」。ページをめくると、お皿に切って並べられたすいかが描かれています。「はいどうぞ」。保育者がそこに書かれた言葉を読み、「一緒に食べようか」と言って、すいかを食べる振りをすると、Aちゃんも真似をして絵本のすいかに手を伸ばし、それを口元に持っていくと「あむあむ」と食べる振りをします。絵本の絵と保育者の顔を交互に見つめながら、Aちゃんは保育者と一緒に絵本を介したやり取りを楽しみました。

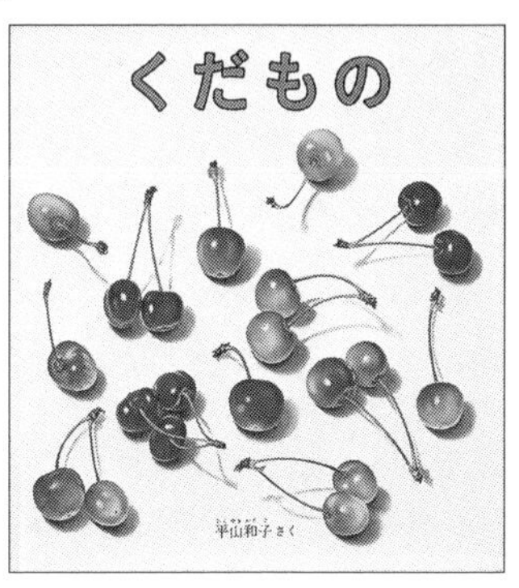

平山和子 さく『くだもの』福音館書店、1979[7)]

保育所保育指針1歳以上3歳未満児の保育内容領域「言葉」のねらい③には「絵本や物語等に親しむとともに、言葉のやり取りを通じて身近な人と気持ちを通わせる。」、また、3歳以上の保育内容領域「言葉」のねらい③には、「絵本や物語などに親しみ、言葉に対する感覚を豊かにし、保育士等や友達と心を通わせる。」とあります。

年齢の低い子どもほど、児童文化財はまずは大人が子どもに手渡しともに楽しむものです。そういった点からも、児童文化財があることで子どもと大人の関わりが積極的に生みだされます。

（2）言葉の世界を広げ豊かにする

『幼稚園教育要領解説』[8)] 第2章 ねらい及び内容 領域「言葉」内容（7）「生活の中で言葉の楽しさや美しさに気付く。」には、「幼稚園生活において絵本や物語などの話や詩などの言葉を聞く中で、楽しい言葉や美しい言葉に出会うこともある。」と述べられています。

子どもが日常生活において出会う言葉は、身近な人との会話、また、テレビ番組の視聴においても出演者の言葉は話し言葉で、ほぼ口語にしか出会うことができません。しかも、生活圏の狭い幼い乳幼児においては、関わる人も一定の親しい大人に限定され、使用される語彙や表現は単調なものになりがちです。

しかし、絵本や童話や詩は、作家が考え抜いた文学的な表現で構成されています。特に、子どもを読者対象として創作された絵本や童話の言葉は、大人が読み語ることで子どもの耳から受け止められることも考慮され、聞く言葉として美しい響きとリズムをもった文章で表現され、聞き心地がよく子どもの中にすっと染み込む美しい言葉となっています。

「うんとこしょ　どっこいしょ」「ごろごろ　ごろごろ」といったオノマトペの擬態語は、子どもの体の内部に働きかけ、子どもは絵本を見ながら思わずその言葉に合わせてカブを抜くように体を前後させたり、道を回転しながら進むように体を左右に揺らしたりします。言葉は言葉そのものの意味を伝達するだけではなく、その言葉が表す状態や心情を感じさせる音の響きをもち、それは、言葉の感性といえるものの一つです。

『よあけ』[9)]は、おじいさんと孫が眠っている山に囲まれた静かな湖畔に、よあけが近づくその移ろいを美しい絵と言葉で描き出した絵本です。

瀬田貞二の訳文の言葉は、シュルヴィッツの絵と重なり、４歳児クラスの空気を『よあけ』の世界で埋め尽くしました。このときの子どもの様子を見て、言葉を理解するということは、意味が説明できるということ以上に、その言葉を五感で理解することではないかと思いました。

また、「です。」「ました。」などの敬体文の言い回し、場や人との関係によってふさわしい言葉があることに気が付くことも、絵本など児童文化財の中で出会う多様な世界によって、経験の幅を広げてくれます。

言葉の世界を広げ、様々な言葉の存在を知り、物語の場面と合わせて言葉の意味を知っていくことで、子どもたちは自分の伝えたいことを表すことのできる的確な言葉を見つけて表現することができるようになっていきます。それは、自己を確立していこうとする幼児期の子どもにとって、大変大きな意味をもちます。

（３）物語の世界を間接経験し、物語を味わう楽しさを通して、想像する力を育てる

子どもは絵本や紙芝居、お話を味わうことがとても好きです。それは、自分が生活している「今ここ」の現実の世界を離れ、物語の世界に入り込むことのワクワク感からではないでしょうか。

象徴的な言葉の獲得によって、「今ここ」を離れた思考が可能になります。おおよそ１歳ごろに言葉を発するようになった子どもは、その後語彙数を増やし大人とのやり取りを楽しむことを通して言葉で考え、言葉でやり取りをする力を獲得していきます。そして、ファンタジーの作品を観たり聴いたりして楽しむことができるようになります。

幼稚園教育要領　第２章　ねらい及び内容　領域「言葉」内容（９）には、「絵本や物語などに親しみ、興味をもって聞き、想像をする楽しさを味わう。」とあります。

「想像する」とは、まず、語られる言葉を聞いたり、物語の一瞬を切り取って描かれた絵本の絵を見て物語の様子を頭の中で絵にする作業です。前節の様々な児童文化財の特性で触れたように、アニメーションや実写の映像のように連続的な動きを表した映像ではない絵本

やおはなし（語りなど）の場合、子どもが今までの経験や知識をもとに想像し、物語の世界を絵にするのです。これは、言語理解の力の育ちによって可能になります。

この言語理解によって物語のストーリーを理解し、頭の中につくり出した物語の世界に入り込み、物語のワクワクする面白さを感じる「想像する」活動は、登場人物の気持ちを考えたり、お話の展開を予測したり、自分だったらこうするのにと考えたりといった、絵本や語りの文には十分には書かれていない、いわば行間を読むような、心を活発に動かして物語の世界を間接体験する活動です。

この面白さを感じることができるようになる過程においては、誕生して以降の様々な人との出会いとやり取り、自分自身で様々な行動をし、様々な感情体験をすること、そんな中で育った心の理論といわれる他者の存在を理解し、第三者的な視点で世界を理解する力の育ちが必要です。

子どもの生活は限定されていますが、絵本や紙芝居やおはなしといった物語の世界を味わう児童文化財によって、子どもは実際には体験できないような虚構の物語の世界を体験することができます。その中で出会った登場人物に心を重ね様々な経験をします。登場人物が出会う出来事、その出来事を通して考えることや感じたことを間接経験することは、それを表す言葉に出会い自分で使いこなすことになります。つまり、経験を広げ、言葉の世界を広げることになります。そして、それは、言葉で考える力を育て、自分自身をつくり出していくことにつながっていきます。

また、保育の場で子どもたちが１つの児童文化財を共に楽しむことは、その物語の世界を共有することとなり、同じ体験を共有した喜びを得ることになります。この児童文化財の共有体験は、そこから遊びを生みだし、子ども同士が遊びを生みだす次の活動のきっかけともなり、子ども同士の育ち合いを促すことにもなります。

【設問１】（目安：保育所実習Ⅰ前の学生向け）

数人でグループをつくり、紙芝居を順番に演じてみましょう。絵本の読み語りとの違いを意識しながら演じてみましょう。

【設問２】（目安：保育所実習Ⅰ・Ⅱの間の学生向け）

数人でグループをつくり、１つの昔話を選んで、その昔話の絵本と紙芝居を探してみましょう。絵本と紙芝居の表現の違いについて、絵本の読み語り、紙芝居の上演を通して皆で意見を出し合って考えましょう。

【設問３】（目安：保育所実習Ⅰ・Ⅱ後の学生向け）

１つの昔話を選び、その昔話の絵本を２冊探して比較研究をしてみましょう。場面数、絵の特徴、文の特徴などから比べ、それぞれの昔話絵本としての特徴を考えてまとめましょう。

コラム Column 1

家庭での児童文化財の活用

【事 例】

Tは赤ちゃんのころ、お母さんが抱っこしながら「ゆりかごのうたが～」と子守歌を優しく歌うと安心して眠りにつくことができました。「めぐろさんをまいて」のわらべ歌に合わせて、濡れたガーゼで顔を拭いてもらい、おむつを替えた後には「いちりにりさんり」のふれあい遊びを楽しみました。毎晩、寝る前には布団に寝転がりながら絵本を読んでもらい、『おつきさまこんばんは』[1)] を読んだ後には、ちょうど窓から覗いていた「まんまるおつきさま」に気づいて「こんばんは」と手を振ることもありました。ごっこ遊びでは、お父さんが手にはめたクマのパペットやぬいぐるみがお客さんや患者さんになったり、積み木がテーブルや椅子になったりします。少し大きくなると、折り紙や塗り絵も楽しめるようになりました。ときどき会うおばあちゃんは昔話をしてくれたり、あやとりを教えてくれたりしました。散歩中に階段があれば、「グリコ」などのじゃんけん遊びをして、車や電車に乗ればしりとりやなぞなぞなど言葉遊びを楽しみます。図書館で借りてきた紙芝居を家で見ることも大好きでした。

本章でも学んだように、子どもの周りには様々な児童文化財が存在し、子どもの育ちを支えています。事例にある光景を思い浮かべてみてください。何か声が聞こえてきませんか。児童文化財を介して、親（親以外も）と子の楽しい言葉のやりとり、つまり双方向のコミュニケーションが生まれます。それは、子育てを楽しくする大事なエッセンスともいえるでしょう。しかし、子守歌やわらべ歌は聞いたことがなければ歌えませんし、昔話を知らない大人も、子どもとどう遊んでいいのか分からないという保護者も多くいます。保護者自身の子ども時代の遊びの体験不足も背景にあると考えられます。身近な児童文化財を活用して、家庭においても親子が無理なく楽しい時間を共有できるよう、園で絵本の貸しだしをするなどしてきっかけをつくったり、遊びのヒントを保護者や地域の親子に伝えたりすることも大切です。そのためには保育者を目指す皆さん自身も児童文化財に親しみ、その楽しさや奥深さに触れ、豊かな言葉や感性を育むことへの意識を忘れないようにしましょう。

〈参 考〉

・林明子 さく『おつきさまこんばんは』福音館書店 ,1986

・わらべうた「いちりにりさんり」
あお向けの赤ちゃんの足首を「いちり」と言いながら両手で軽く握り、「にり」でふくらはぎ辺り、「さんり」でふともも辺り、そして「しりしりしりしり～」と言いながら、優しくおしりを揺らすふれあい遊び。赤ちゃんの表情を見ながら行う。

・わらべうた「めぐろさん（おでこさん）をまいて」
濡らして軽く絞った清潔なガーゼを指に巻き付け、「めーぐろさんをまいて」と歌いながら、赤ちゃんの目の周りを拭く。もう片方の目の周りも同様に。「はーなのはしわたって～」で眉間から鼻先までを拭く。「こいしをひろって～」で鼻の穴の辺りを拭って、「おいけをまわって～」で口の周りを１周。最後に「すっかりきれいになりました～」と歌いながら、顔の周り全体を拭いておしまい。ガーゼは常にきれいな面を出しながら、優しく拭く。「おでこさんをまいて」とおでこから触って遊ぶこともできるが、顔の清拭の場合は目の周りから拭くのがおすすめ。

・じゃんけん遊び「グリコ」
じゃんけんをして、グーで勝ったら「グリコ」と言いながら階段を３段上がる（または下りる）。じゃんけんを繰り返し、チョキで勝ったら「チヨコレイト」、パーで勝ったら「パイナツプル」とそれぞれ言いながら６段上がる。先に階段の上に着いた方が勝ち。階段での遊びなので注意は必要。階段ではない場所で、大股で進んで先にゴールに着いた方が勝ちというようにも遊ぶことができる。

コラム Column 2

地域資源の活用

たとえば、児童文化財の１つである「絵本」には、地域のどういった場所・施設に行けば出合うことができるでしょうか。

購入する場合はネット販売なども便利ですが、地域の書店に出かけて行って実際に絵本を手に取り、選ぶ楽しさも大事にしたいものです。気にしてみると、近くに絵本専門店や絵本カフェなどもあるかもしれません。そうした場所では絵本原画展や絵本作家によるトークイベントなどが開催されていることもあります。

東京の「ちひろ美術館」は世界初の絵本美術館として開館しました。全国には、「いわむらかずお 絵本の丘 美術館」（栃木）や「射水市大島絵本館」（富山）のように、絵本をテーマにした常設の美術館や博物館もあります。

絵本を読むことができる場所として、まず思いつくのは図書館でしょう。東京・上野には「国立国会図書館国際子ども図書館」がありますが、近年、子ども図書館や絵本図書館の設立は全国的に増えています。大阪の「こども本の森 中之島」なども貸しだしはしていませんが、絵本に出合える場所として大変人気のある文化施設です。

絵本専門店で絵本を選ぶ保育学生たち（店の奥のスペースでは定期的に絵本原画展が開催されている）。

児童センター内の図書コーナー（絵本や図鑑、紙芝居などの貸しだしもしている）。

子どもたちにとって身近な児童館や児童センターなどにも、絵本や児童書の環境があります。あまり子どものイメージはないかもしれませんが、地域の中にある公民館やコミュニティーセンターなどにも図書室（あるいは図書コーナー）があり、絵本など子ども向けの本を貸しだしていたり、ボランティアの方が定期的におはなし会をしていたりします。地域の集会所などを利用して活動している地域文庫の他に、個人の住宅などを開放して、おはなし会や貸しだしを行っている家庭文庫もあり、そうした子ども文庫は親子の絵本との出合いを力強く支える大事な地域資源の１つでもあるといえます。

さらに、絵本がまちづくりに深く関わっている地域もあります。たとえば、「絵本の里けんぶち」（北海道）、「絵本のまち有田川」（和歌山）、「たかさき絵本フェスティバル」（群馬）、黒川町のまちかど絵本箱「えほんのたね」（佐賀）など、絵本を身近に感じることができる機会が様々な場所に用意されています。

保育者を目指す皆さんもまずは、自分の住む地域に目を向けてみましょう。そこには、子育てや保育を豊かにしてくれる「人・物・場」があることに気付くでしょう。

第12章

言葉の楽しさや美しさに気づく

1．言葉のリズムを楽しむ ──童謡・わらべうた・手遊び・ふれあい遊び・詩

学習のPOINT

1．言葉の楽しさや美しさに気付く体験について、要領・指針等から確認

・言葉の楽しさや美しさを子どもが体験することについて、どのような点を押さえておけばよいでしょうか。保育所保育指針や幼稚園教育要領等を確認しながら、理解を深めましょう。

2．言葉の楽しさや美しさに気付く体験を保障するために必要な保育者の知識や技術

・言葉の楽しさや美しさに気付く体験について、具体的な活動から考えてみましょう。

3．言葉の楽しさや美しさに気付く活動の指導計画案の作成

・言葉の楽しさや美しさに気付けるような活動についての指導計画を考えてみましょう。

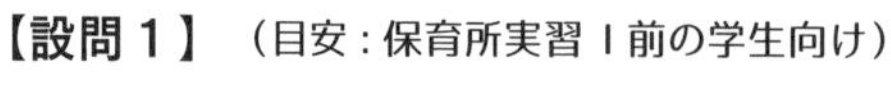

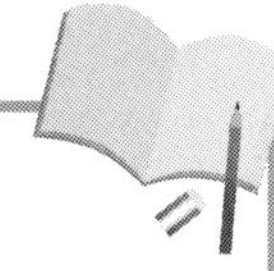

事前学習 Work

【設問1】（目安：保育所実習Ⅰ前の学生向け）

知っているわらべうたやふれあい遊びの歌を思い出して、歌ってみましょう。その歌をグループで共有して歌ってみましょう。

【設問2】（目安：保育所実習Ⅰ・Ⅱの間の学生向け）

園見学や実習に行った際、子どもたちが言葉のリズムを楽しんだり、歌を口ずさんだりして、生活や遊びの中で楽しんでいる様子を目にしましたか。実習を振り返って、グループで話し合ってみましょう。

【設問3】（目安：保育所実習Ⅰ・Ⅱ後の学生向け）

設問2のエピソードを、保育所保育指針や幼稚園教育要領等の該当箇所の文言と照らし合わせて、その「ねらい」や「内容」を確認してみましょう。

（1）言葉の楽しさや美しさに気付く体験について、要領・指針等から確認

「言葉の楽しさや美しさに気付く」という視点から、該当する箇所を中心に、幼稚園教育要領、保育所保育指針等を見て、その「ねらい」や「内容」等を確認してみましょう。

①乳児期

保育所保育指針の第２章　保育の内容　１　乳児保育に関わるねらい及び内容（２）ねらい及び内容　イ身近な人と気持ちが通じ合う（ア）ねらい②には、「身体の動きや表情、発声等により、保育士等と気持ちを通わせようとする」とあります[1)]。

乳児期は、まだ言葉でのやり取りが難しいですから、身体の動きや表情、発声などにより、気持ちのやり取りを行います。言葉の代わりに、保育者の心地よい歌声と共に「このこ～どこのこ～かっちんこ」などと、優しく身体を揺らしてもらえることで、乳児の「心地よい」「この人が大好き」「もっと関わりたい」という気持ちにつながります。このような体験が重なることで、次第に言葉のやり取りができるようになります。つまり、この時期に、言葉の楽しさを知る土台ができるのです。（イ）の内容④には「保育者等による語りかけや歌いかけ、発声や喃語等への応答を通じて、言葉の理解や発語の意欲が育つ」と書かれています。乳児と保育者との間の心地よいやり取りには、保育者に喃語を受け止めてもらう、そして優しい言葉で返答してもらうというような「応答性」が大事になるわけですが、その際に、少しリズムを付けて言葉を返したり、それに合わせて優しく身体を揺らしてもらったりして微笑み合うというような体験により、気持ちが通じ合うのです。

歌いながら微笑み合う

「ちょち、ちょち、あわわ、かいぐりかいぐり、とっとのめ…」と歌いながら、視線を合わせて、その心地よい時間を共有しています。

②１歳以上３歳未満児

保育所保育指針の１歳以上３歳未満児の保育に関わるねらい及び内容の（２）ねらい及び内容のエ言葉の（ア）のねらい①には、「言葉遊びや言葉で表現する楽しさを感じる」とあります。内容の取り扱いに「楽しい雰囲気の中で」という文言がありますが、まさに、この「楽しい雰囲気」という視点は重要なポイントになります。

保育者の膝の上でわらべうたを歌ってもらったり、一緒に触れ合い遊びをしたりするなかで「心地よさ」や「楽しい雰囲気」を感じ、言葉に対する豊かな感覚が育まれていくのです。

保育者とのやり取りでたくさん言葉の楽しさを体験した子どもは、今度は友達と「いないいない、ばあ！」をして楽しさを共有しようとしたり、人形やぬいぐるみに「でこちゃん、はなちゃん～」とわらべうたを優しく歌ってあげたりするような姿を見せるようになるでしょう。

友達といないいないばあ！をする

大人との心地よい気持ちのやり取りをたくさんした後は、お友達と「いないいない～」「ばあ！」等と、楽しいやり取りをする姿がみられます。

ぬいぐるみにわらべうた遊びをする

自分がしてもらって楽しかった経験を、ぬいぐるみや人形に「再現」するようになります。「で～こちゃん、は～なちゃん、き～しゃぽ～っぽ」と心の中で歌をイメージしながら、ぬいぐるみを触っています。

③3歳以上児

保育所保育指針の３歳以上児の保育に関するねらい及び内容（２）ねらい及び内容のエ言葉の（ア）ねらいの③には、「日常生活に必要な言葉が分かるようになるとともに、絵本や物語などに親しみ、言葉に対する感覚を豊かにし、保育士等や友達と心を通わせる。」とあり、（イ）の内容⑦には「生活の中で言葉の楽しさや美しさに気付く」と書かれています。また（ウ）の内容の取り扱い④には「子どもが生活の中で、言葉の響きやリズム、新しい言葉や表現などに触れ、これらを使う楽しさを味わえるようにすること。その際、絵本や物語に親しんだり、言葉遊びなどをしたりすることを通して、言葉が豊かになるようにすること。」とあります。これは、幼稚園教育要領でも、幼保連携型認定こども園教育・保育要領でも同様のことが書かれています。このねらいの③の「言葉に対する感覚を豊かにする」という文言と、内容の取り扱いの④の文言は、平成29年告示の要領・指針から新設されたところです。「言葉の理解」や「絵本や物語に接すること」、「先生（または保育士・保育教諭）や友達と言葉によって心を通わせること」に加えて「言葉に対する感覚を豊かにする」という内容が入ったのです[2)3)]。これは、コミュニケーション手段としての言葉だけではなく、言葉そのものへの関心を高めることが期待されています。言葉の楽しさやおもしろさを感じ取る感性を、言葉遊びやわらべうた等を通して感じられるようにする、ということも含まれます。そういう感覚が言葉への関心や理解を深め、ひいてはコミュニケーション手段としての使い方の巧みさにもつながっていくと考えられるでしょう。

（2）言葉の楽しさや美しさに気付く体験を保障するために必要な保育者の知識や技術

上記のようなねらいや内容について、子どもの具体的な活動をイメージしながら、考えていきましょう。

まず乳児ですが、「身体の動きや表情、発声等により、保育士等と気持ちを通わせようとする」というねらいや「保育者等による語りかけや歌いかけ、発声や喃語等への応答を通じて、言葉の理解や発語の意欲が育つ」という内容を踏まえます。具体的にはどのような子どもの姿になるか、イメージしてみてください。乳児期の子どもは、保育者に優しく抱っこされてわらべうたを歌ってもらったり、膝の上で、身体を揺らしながら歌ってもらったりすることで、心地よい言葉のリズムが体に刻まれていきます。また、乳児からの発声や表情をくみ取ってもらい応答してもらうことによって、乳児自身の言葉のリズムも大切にされる感覚を味わいます。そのような経験を重ねていくと、お座りができるようになったころに、保育者の声に合わせて体を揺らしたりして、一緒にわらべうたを楽しむようになります。

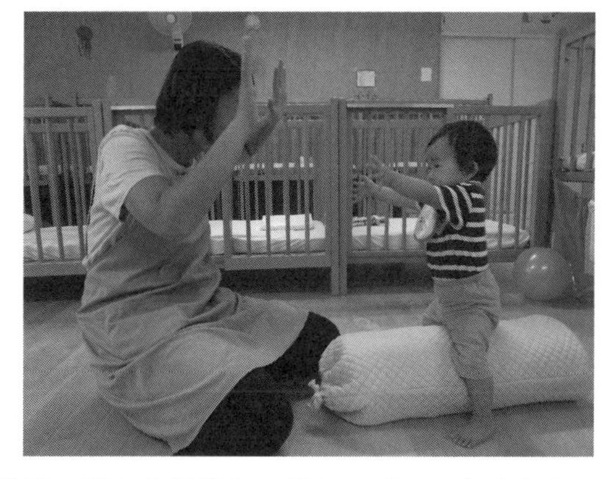

保育者は、その生活の中で、ゆったりした時間の流れを保障し、優しい声で、たくさんの歌を子どもと楽しんでいきます。言葉の代わりに歌を歌う……そのような気持ちでもよいかもしれません。次第に、その言葉の美しさや楽しさが、乳児自身の中に浸透していき、「やりとり」の意欲につながるでしょう。

次に、幼児期について考えてみましょう。

乳児期にたっぷりと歌や言葉遊びの世界を楽しんだ子どもたちは、幼児期になると、わらべうたや触れ合い遊びを日常的に遊びや生活の中に取り入れていきます。その活動のねらいは、領域「表現」や「人間関係」など様々な視点から見ることができます。たとえば、次の写真のように「せっせっせ～のよいよいよい」と遊ぶときには、友達との関わりを楽しみます（人間関係）。また「あ～ぶくたった、煮え立った～」と遊ぶときには、鬼になった子どもは、その声色を変えて楽しみます（表現）。

このように、1つの活動を考えるときに「今は言葉を学んでいる時間です」というような限定的な捉え方をすることはありません。5領域の様々な視点が混ざり合う活動がほとんどです。しかし今、皆さんは領域「言葉」を学んでいる訳ですから、保育者の振り返りをイメージして、「言葉」の視点からそれらの活動について考えます。子どもたちが遊んでいる姿を見て、そこから「生活の中で、言葉の響きやリズム、新しい言葉や表現などに触れ、これらを使う楽しさを味わえるようにすること」というようなねらいや内容が経験できているか……ということを振り返る訳です。

さらに、「指導計画」では、これらの子どもの姿を踏まえて、保育者の具体的な配慮を、言葉の視点から考えるということをしていく訳です。

5領域の「ねらい」や「内容」は、子どもたちの姿をそれぞれ「領域の視点から見る」というふうに考えると分かりやすいでしょう。

友達と言葉のリズムを楽しむ

「せっせっせ～のよいよいよい」と歌いながら、友達と言葉のリズムに合わせて身体を動かすことを楽しみます。

遊びのなかでリズムに合わせた「やり取り」を楽しむ

「あ～ぶくたった～煮え立った～」と歌い、最後は鬼ごっこになります。遊びのなかで言葉のリズムを自然に体験することが大切です。

次に、子どもたちが領域「言葉」の「ねらい」と「内容」を経験するためには、どのような遊びの展開があるでしょうか。活動から具体的に見ていきましょう。

①言葉のリズムを楽しむ

言葉は、コミュニケーションのためのツールというだけでなく、子どもの生活や遊びのなかで、その響きやリズムを楽しむという側面もあります。言葉は意志の伝達や思考を行うために必要不可欠なものではありますが、このような主要な言葉の機能にとらわれずに言葉を操作し、一種の遊び道具として使い、おかしみの効果を期待するという存在でもあるということです。たとえば、「ど、ち、ら、に、しようかな」と言葉にリズムを付けたり、「いない、いない、ばあ！」「ゆびきりげんまん」「も～いいかい！ま～だだよ！」などとリズムに合わせてやり取りしながら、遊んだ記憶は、誰にでもあるのではないでしょうか。

和田誠 さく・え『ことばのこばこ』瑞雲社、1995[4)]

保育者は、そのような言葉のリズムを子どもと共に楽しみながら、言葉の魅力を子どもに伝えていくことが大切です。ゆったりとした雰囲気のなかで、子どもと身体を触れ合いながら、言葉のリズムを楽しむとよいでしょう。

②わらべうた、触れ合い遊び

わらべうたは、古くから伝承されてきた子どもの歌です。親しみやすい平易なリズムと音程、比較的狭い音域により、心地よい響きが感じられるものが多く、日本語の美しさや面白さを感じることができます。またわらべうたは、大人と触れ合いながら一緒に歌うことにより、子どもが愛情をたっぷりと感じ取ることのできる力をもっています。「あずきちょ、まめちょ、やかんの、つぶれっちょ～」「さよなら、あんころもち、またきなこ～」など、言葉の意味がよく分からないものもありますが、そこがまた楽しいと感じる魅力があります。

このようなわらべうたは、大人や友達と身体を触れ合わせて楽しむことも多いので、「触れ合い遊び」と呼ばれることもあります。身体を触れ合わせて、優しいリズムに身を委ねて遊ぶひとときは、子どもの心の栄養になるのです。

いないいないばあ

言葉のリズムが楽しいわらべうたです。「ばあ！」のタイミングを待っています。

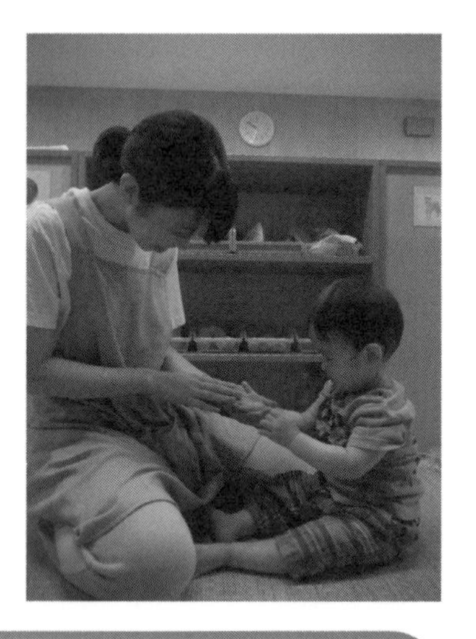

触れ合いが心地よい

「と～うきょうと、にほんばし、ガリガリやまのパンやさんと、つ～ねこさんが、かいだんのぼって、こちょこちょこちょ～」と言いながらスキンシップを重ね、心地よい時間を過ごします。

歌ってみましょう！

（わらべうたの例）

- おせんべおせんべやけたかな、こげたかな…
- いもむしご～ろごろ、ひょう～たん、ぽっくりこ
- お～ちゃをの～みにきてください、はいこんにちは…

③手遊び

手遊びは、手を用いた表現をしながら、音楽に合わせて歌うことを楽しみます。わらべうたは、古くから伝承されてきた歌ですが、手遊びは、子どものために近年、作られたものです。わらべうたに比べて、テンポの速いものが多く、音域も広くなります。わらべうた同様、道具が不要であり、

（手遊びの例）

- はじまるよ、はじまるよ……
- トントントントン
  ひげじいさん……
- むすんで、ひら～い～て……

どこでも手軽に楽しめるよさがあります。時間や場所を問わず、小人数でも大人数でも、また幅広い年齢でも手軽に楽しむことができます。歌い始めは保育者の真似をして歌うことが多いですが、その後は子どもの豊かな発想と表現を大切にしたいものです。

④童謡

童謡とは、日本において大正時代後期以降に、子どもに歌われることを目的に作られた歌曲です。わらべうたは、自然発生的に生まれ、伝承されてきた歌であるのに対し、手遊びうたや童謡は、大人が子ども向けに作曲したものです。季節に合わせた歌を選んで歌うと、子どもの生活と歌詞が重なり、子どものなかでのイメージが豊かになり、より楽しいでしょう。

(童謡の例)
- 『いぬのおまわりさん』
- 『おはなしゆびさん』
- 『もりのくまさん』

⑤詩

子どもの詩とは、子どもが創作したものと、大人が子どもを対象にして創作したものに分けられます。子どもは「詩を創作しよう」として作る訳ではなく、多くの場合は生活のなかで子どもが呟いたものを大人が拾いあげたものになります。言葉は口にした瞬間に消えていく性質ですが、その消えてしまうつぶやきを拾いあげて、文字にして残してくれる大人がいるというのは素敵なことです。

一方で、大人が子どもを対象にして創作した詩もあります。これは子どもに詩を暗唱させるためにある訳ではないですが、保育者自身が好きな詩を口ずさむことにより、美しい言葉のリズムが子どもたちの心に刻み込まれ、次第に子どもの口からその詩が出てくるようになります。美しい言葉のリズムが内在化していくということです。

くどうなおことのはらみんな
『のはらうたＩ』童話屋、1984[5)]

「おれはかまきり」
かまきりりゅうじ

おう　なつだぜ
おれは　げんきだぜ
あまり　ちかよるな
おれの　こころも　かまも
どきどきするほど
ひかってるぜ
おう　あついぜ
おれは　がんばるぜ
もえる　ひをあびて
かまを　ふりかざす　すがた
わくわくするほど
きまっているぜ

（3）言葉の楽しさや美しさに気付く活動の指導計画案の作成

これまで見てきたような子どもの遊び（経験や学びと言ってもいいでしょう）を、保育者は、環境を通して体験できるように工夫をしていきます。それが、指導計画案につながります。実習などでは、指導計画案（指導案）を作成する場合があると思います。紙コップシアターを見るという活動の指導案を示しますので、参考にしてみてください。

表 12-1　指導計画案

【ねらい】・言葉によるイメージの世界を楽しむ。・言葉のリズム心地よさを味わう。	
【子どもの姿】 歩きながら「どんどんばしわたれ、さ～わたれ、コンコがでるぞ、さーわたれ」などと、大人が歌う歌を真似て、口ずさむことが多くなっている。また、絵本の言葉の一節を覚えて、くり返し言いながら、保育者や友達と楽しむ姿が見られている。言葉を覚えて、リズムよく言うことが楽しい様子である。それぞれが思い思いの言葉を発して、その言葉の世界を楽しんでいる。	**【内容】** ・保育者が演じる紙コップシアター「ぼくになる」（与田準一作）を見ることにより、詩の言葉のリズムを感じ、その楽しさを味わう。 ・詩「ぼくになる」のイメージを保育士や友達と共有し、言葉のやり取りを楽しむ。 ・保育士等や友達の言葉を興味をもって聞くことにより、そのリズムの心地よさを味わう。
【環境構成】 ・絵本コーナーを利用して、演じる場所をつくる。 ・紙コップシアターが見えやすいように、台の上に乗せるなど、高さのあるところで演じる。 ・紙コップシアターを見て楽しんだ後は、子どもたちが自由に演じることができるように、台と紙コップシアターをコーナーに用意しておく。	**【保育者の配慮】** ・言葉のリズムや緩急を感じられるように、ゆっくりと詩の言葉を伝える。 ・言葉のリズムを味わえるように何度か繰り返す。 ・紙コップシアターを見て楽しんだ後は、子どもたちが自由に遊べるように、コーナーに置くことを伝える。

詩の世界をイメージしやすいように、紙コップに絵をかいて、クルリとひっくり返すようにして見せます。

「ぼくに　なる」
与田準一（作）

ミルクを　のむと
ぼくに　なる。
たまごを　たべると
ぼくに　なる。
やさいを　たべると
ぼくに　なる。
パンを　たべると
ぼくに　なる。
おかしいな
おかしいな
たべる　はしから
ぼくに　なる。

よだじゅんいち「ぼくになる」与田準一・周郷博・石黒修 編『おはなしだいすき』童心社、p.68，1964[6)]

【設問１】（目安：保育所実習Ⅰ前の学生向け）

新しく覚えたふれあい遊びを、実際に歌ってグループで共有してみましょう。

【設問２】（目安：保育所実習Ⅰ・Ⅱ前の学生向け）

子どもの詩を１つ覚えて、紙コップシアターを作って演じてみましょう。

【設問３】（目安：保育所実習Ⅰ・Ⅱ後の学生向け）

写真は「ずいずいずっころばし」をする子どもの姿です。この活動を楽しむための活動の指導案を書いてみましょう（「ねらい」と「内容」は、領域言葉の視点から書いてください）。

Memo

2. 言葉の感覚を楽しむ ——言葉遊び・なぞなぞ・しりとり・さかさ言葉

1．乳幼児期における言葉の発達の確認

・日常会話の中で子どもが気づく「言葉の楽しさ」「言葉の美しさ」は、それぞれの発達過程にふさわしい生活や遊びの中で生まれます。子どもの発達にふさわしい生活や遊びを確認したうえで、彼らにとっての「楽しさ」「美しさ」について考えていきましょう。

2．自分の身の回りにある言葉に目を向ける

・あなたが使っている言葉は、あなたがこれまでに経験してきたことや聞いてきた言葉が基となっています。自分の身の回りにある言葉を認識することで、子どもたちにとっての言葉の楽しさや美しさを感じ、一緒に楽しむ準備をしてみましょう。

3．身体と言葉の協応

・子どもの心が言葉に触れ動くとき、頭や口だけではない身体の動きによって実体験がより大きな実感を伴って言葉の習得へと繋がっていきます。遊びの中で、身体を動かしながら言葉を楽しむ子どもの姿に目を向けましょう。

事前学習 Work

【設問1】（目安：保育所実習Ⅰ前の学生向け）

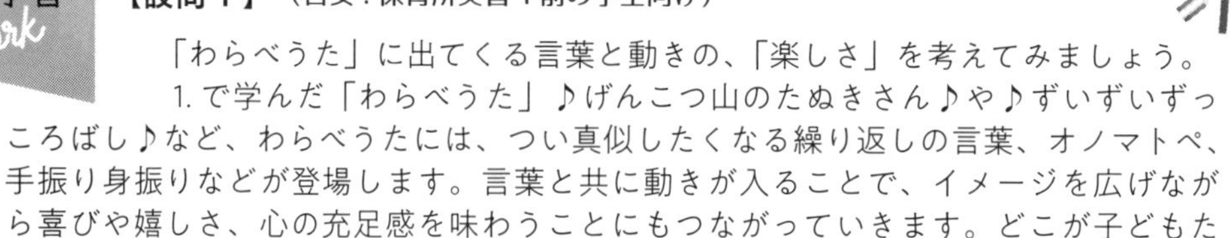

「わらべうた」に出てくる言葉と動きの、「楽しさ」を考えてみましょう。

1. で学んだ「わらべうた」♪げんこつ山のたぬきさん♪や♪ずいずいずっころばし♪など、わらべうたには、つい真似したくなる繰り返しの言葉、オノマトペ、手振り身振りなどが登場します。言葉と共に動きが入ることで、イメージを広げながら喜びや嬉しさ、心の充足感を味わうことにもつながっていきます。どこが子どもたちにとって面白いのか？という視点で考えてみてください。

【設問2】（目安：保育所実習Ⅰ・Ⅱの間の学生向け）

日常生活にある言葉から、「美しい」と感じる言葉を考えてみましょう。前項では「詩」の中の言葉の美しさが紹介されています。言葉には、似たような意味でも、使う言葉によってイメージが変化します。例えば、人の情緒を豊かに表す言葉「どきどきする」は、「胸が高鳴る」、「手に汗握る」といったように多様な表現があります。一つの言葉からできるだけ、多様で豊かな表現を考えてみてください。

【設問3】（目安：保育所実習Ⅰ・Ⅱ後の学生向け）

実習経験を振り返り、子どもたちがどのように言葉を楽しむ様子があったか、考えてみましょう。例えば、遊びにおける言葉は自然発生的な言葉遊びと、保育者が意図的に設定した言葉遊びがあります。ここでは、自然発生的に子どもたちが日常生活の中で発した言葉をきっかけに始まる「反対言葉（ex. 替え歌「ある日森の中くまさんに出会わない～♪」）」や「さかさ言葉（ex. ごりら→らりご）」などを思いだして、どのように楽しんでいたかを書きだし、グループで発表してみましょう。

（1）言葉の楽しさと保育者の役割（0～2歳ごろ）

ここでは、まず、0、1、2歳児の子どもが、言葉の意味を考えながら楽しむ以前に言葉の感覚をどのように感じているのかをエピソードから捉えていきましょう。

①乳児期～2歳未満の言葉と遊び

Episode 1

「イチ、ニ、イチ、ニ」

1歳のSちゃんは、ひざ立ちをし、おしりを上下に動かしながら、周囲を見回していました。それを見た保育者が「イチ、ニ、イチ、ニ」とSちゃんの上下運動に合わせて言葉を添えると、Sちゃんは保育者の顔を見てにっこりとしながらますます上下運動を続けます。その後から、Sちゃんが同じ動きをするたびに、「イチ、ニ、イチ、ニ」と掛け声をかける保育者の方をまるで「あの掛け声やって」というようにじっと見るようになりました。そして何回か続いた後、周囲にいた子どもも真似をして、「イチ、ニ、イチ、ニ」と聞こえてくると、近くの棚につかまって屈伸運動をしたり、四つ這いの子はおしりを前後に動かしたりしてリズムをとっていました。

Episode 2

「ショカ！」

1歳11か月のCちゃんは繰り返し『えんやらりんごの木』[1)]を保育者と一緒に読み、ページをめくりながら「ドーゾ」「ありがとう」のやりとりを楽しんでいました。

ある日Cちゃんは一人で『えんやらりんごの木』を開くと、自分で頁をめくりながら絵本のセリフ「あげましょか」の部分を「ショカ！」と言ったり、絵を指さして「ジージ、バーバ…」と呟いたりしていました。そして、「ショカ！」と言った後、手で「ドーゾ」と渡す動作をしながら、ウンウンと頷き、一人で何度も読み直していました。

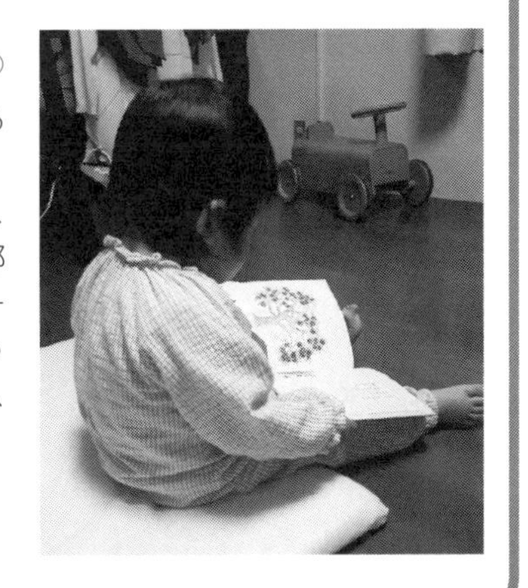

【Episode1】「イチ、ニ、イチ、ニ」では、子どもの動きに対して言葉を添える保育者の援助がまるで「合言葉」のようになり、子ども同士の共感性を引きだし、また動きと言葉の連動を楽しんでいます。保育者を仲介とした言葉の響きがもつ「楽しさ」と、そこで広がる仲間との共感関係が、この時期の「楽しさ」の特徴ともいえるでしょう。

【Episode2】「ショカ！」では、絵本を通して保育者と繰り返し読み合うことによって、子どもは言葉のリズムや響きを楽しむようになり、またそれを糧に子どもが自発的に絵本を手に取り、一人で絵本に触れる中でも、言葉を楽しんでいます。

②乳児期の言葉の発達と言葉遊び

第1章で学んだとおり、乳児期の言葉は安心できる大人との関係の中で、乳児の表情や喃語と大人の温かな言葉の応答を通して育まれていきます。遊びの中でも安心できる関係と応答の中で、子どもたちは豊かな言葉を獲得していきます。

保育者は子どもたちと「言葉遊び」を通して、「楽しさ」を分かち合い、共感性を高めながら、言葉の意味を知ることができるように関わることが大切です。乳児期に経験した歌、絵本など豊かな文化や言葉は、その後の子どもたちの言葉の発達を豊かにしていきます。できるだけ多様な豊かな言葉に触れられるよう、遊び歌や絵本を選ぶ際には、「子どもにとってどこが楽しいか？」という視点を大切にするとよいでしょう。

次の表は、乳児期に子どもと一緒に言葉の響きや動きを楽しむことのできる児童文化財と、保育者の援助のポイントです。文化財を選択する際に参考にしていきましょう。

表 12-2　乳児と楽しむ言葉の響きと動き

児童文化財	子どもの姿	保育者の援助
絵本『だるまさん』シリーズ／かがくい　ひろし	「ドテッ」「ギュ」「びろーん」などに合わせて、一緒に動く。「テッ」「ビヨン」など、まねしやすい言葉を繰り返す。	本をめくりながら、大人も一緒に身体を動かし、子どもが言いやすい言葉を繰り返し読む。
大きな栗の木の下で／イギリス民謡、作詞作曲者不詳	語尾をまねして歌う「～デー」「～ショー」など。歌に合わせて頭や肩に触れ、言葉と身体をリンクして覚える。	仰向けの姿勢の子どもであれば、大人が一緒に手をもって動かしながら歌う。
バスにのって／作詞作曲：谷口國博	歌に合わせて左右上下に身体を揺らしながら、「ゴーゴー」と一緒に言う。「右に曲がります」で右に傾く、など左右の言葉があることを知る。	膝の上に子どもをのせて、歌詞に合わせ左右に揺らす。歌を通した一体感と、身体を揺することで、ハラハラドキドキの共感が生まれるようにする。

（2）なぞなぞ、クイズ

ここでは、なぞなぞ、クイズを中心としたおおむね3歳以上の子どもの言葉遊びと認識の発達、活動の展開について学んでいきましょう。

「なぞなぞ」とは『広辞苑』[2]で調べると「ことばの中に他の物事を含ませ、何ぞ何ぞと問いかけて答えさせる遊戯」と書かれています。つまり、単に言葉そのものがもつ意味を示すのではなく、その言葉の中に隠れたほかの意味を探す遊びです。次に示すエピソードから、各年齢で楽しむことのできる「なぞなぞ」が異なることについて考えてみましょう。

①3歳～5歳ころの「なぞなぞ」と子どもの姿

3歳児になぞなぞを出すときには、「耳が長くて、ぴょんぴょんはねる。これなんだ？」

といった、聞いた言葉から単純に想像するだけで答えにたどり着く「クイズ」のようなものの方がわかりやすいでしょう。一方で「“パン”は“パン”でも食べられない“パン”はなあに？」と聞いたとき、多くの３歳児は一生懸命自分が知っているパンの名前を言うでしょう。

４歳児は、言葉からイメージを膨らませ、連想しながら考える力が少しずつついてきます。信号＝赤、青、黄、光る、交通安全…など、一つの言葉からいくつかのイメージをもつことができます。そのため、「３つの目を光らせながら、道路でみんなの安全を見ているおばけがいるよ。だーれだ？」というと、３つ目で道路に立っているものを考えます。中には「おばけ」というところだけ聞き取って、「ろくろくび」「ぬらりひょん」といった子どももいました。

５歳児になると、なぞなぞの本を片手に、友達や保育者になぞなぞを出題して楽しむ姿が見られます。４歳児からのなぞなぞの積み重ねがあり、そのロジックを理解している子どもたちは「朝になるとあらわれて、夜になると見えなくなってしまうものなーんだ？」といった、自然現象などについて抽象的に表現しても、想像を働かせて答えようとします。また、５歳児は自分も出題者になりたい！と、自分で考えたなぞなぞも出題します。子どもの出すなぞなぞは、時には友達からの意見を受けて正解が変わったりします。その柔軟性も面白味の一つです。「なぞなぞ」のルールに縛られず、「言葉遊び」として楽しんでいきましょう。

②クイズを通した行事と活動の展開

ここでは、クイズを楽しむ子どもたちの姿から、行事とつながった活動になり、興味・関心を広げていった保育実践事例を紹介します。

Episode 3

図鑑クイズ

５歳児クラスで、様々な図鑑を保育室の絵本コーナーに常設していました。クラスの中には「はかせ」とよばれるほど、動物に詳しい子ども、恐竜に詳しい子ども、電車に詳しい子どもなどそれぞれの得意分野をもった子どもたちがいます。５歳のユウくんは、普段は自分から友達に関わることがなく、ずっと図鑑を読んでいます。保育者が「何を読んでいるの？」とたずねると、「これは、こぶに見えるけれど実はシボウなんだよ」など、詳しく説明し、それが終わった後には必ず「じゃあ、せんせい。これはなんという動物でしょうか」とクイズを出してくるのです。そこで、保育者は帰りの集まりのときに、「クイズ」の時間をもつことにしました。

方法は、保育者が図鑑を手に少しずつヒントを出し、分かったところで手をあげて答える、というものでした。ところが、ユウくんは「クジラの中でも一番大きいです」…といった一つ目のヒントでだいたい答えてしまうのです。周りの子どもたちは「つまんない」といって、段々と興味が薄れていくのを感じ

ました。するとある子どもが「そしたらユウくんがクイズを出せばいいじゃん」と提案。なるほど…と出題者をユウくんに交代し、保育者も回答者として参加します。すると、ユウくんはすらすらとクイズを出し、友達の回答に対して「おしいね」「あー最初の文字はあってる」など、コミュニケーションを取りながら楽しそうに出題を続けていました。子ども達はクイズで知ったことを確かめるかのように、自ら絵本コーナーの図鑑を手に取り読む姿がたくさん見られるようになりました。

Episode 4

行事を通した図鑑づくりと動物クイズ

図鑑を使ったクイズが定着してきたころ、秋の遠足で動物園に行きました。図鑑をよく見ていた子ども達でしたので、自分たちが見たい動物を図鑑から写したお手製の『どうぶつずかん』を作りました。図鑑の作成過程では、初めは写し絵が好きな子どもが図鑑を写したこと。保育者がそれを見て「ずかん」と書かれた用紙をお絵描きコーナーに用意しました。すると、一人また一人と輪が広がり、自分たちが動物園で見たい動物を描きだしていきました。「これなんてよむの？」「カタカナもかいてみた」と、文字への興味もぐっと広がりました。

遠足の当日は、お手製の『どうぶつずかん』をもって、「ホントだ、これは“ぐうていもく”だから、足の爪が2本だね」と細かいところまで観察をしていました。

遠足から帰ってきた後、再び図鑑を使った動物クイズをすると、ヒントを出すときに、身体を使った表現で伝えようとする姿が見られました。そのため、みんなで円になり、その真ん中で身体表現によってクイズを出す、という形にしてみました。始めは、恥ずかしくて出題者にはなりたがらなかった子どもも、慣れてくると自分でもやってみたい、という気持ちが湧き、「次やりたい！」と円の中心に出てくるようになりました。フラミンゴの擬態、うさぎの跳ね方など分かりやすいものから、遠足で見た“ぐうていもく”を表す2本の爪を指で表現しながら歩く姿、サイはサイでも“インドサイ”など、動物園遠足を経たことによって、子どもたちの中でより具体的な表現へと変わっていきました。

以上2つのエピソードのように、日々の生活の中で楽しむクイズから、行事を通してひらがなや絵画への興味の広がり、身体表現といった表現の広がりへとつながっていきました。大切なことは、子どもたちの遊びをよく観察し、参加し、子どもの興味・関心がどこにあるかを捉え、保育者のねらいと重ね合わせた活動へと展開することです。言葉での表現に限らず、様々な表現方法を身に着けていくことで、子どもたちはより豊かなコミュニケーションを築いていくことができるのではないでしょうか。

③反対言葉

ここでは、言葉の発達を踏まえて、反対言葉やしりとりを楽しむ保育実践事例を紹介します。自分や友達の名前、言葉の文字数、ひらがななどへの興味と、発達の中で様々な興味の移り変わりが見られます。それに伴って、言葉遊びも変わってきます。年齢別にどのような姿があるか、見ていきましょう。

Episode 5

「アメナイ」

３歳２か月Ｋちゃんは、自己主張や言葉で伝えようとします。「ネナイ」「タベナイ」「イコナイ」「スルナイ」「アメナイ」「サムイナイ」…語尾に「ナイ」をつけることで、反対言葉を表現していました。

保育者は「雨、降ってないね。今日はピカピカの晴れだね」といったように、応答的に関わるとともに、「晴れ」という言葉とも結びつくように会話をしています。

Episode 6

「答えは２つあってもいいか」

５歳児クラス、「反対語ゲーム」を保育者と一緒にしています。リズムに乗って、「“寒い”の反対？」と保育者が投げかけると「あーつーい！」と子どもが答えます。このように、「高い」「太い」「大きい」「薄い」「凍る」「寝る」など形容詞から動詞まで、“反対”だと思う言葉を言い当てていきます。すると今度は子どもが「自分がクイズを出す」と出題者に名乗りをあげました。「“笑う”の反対？」というと、「泣く」という子どもと「怒る」という子どもがいました。それを聞いた子どもたちは、「どっちも反対だね」「答えは２つあってもいいか」と、次々と子どもたちがクイズの出題者に名乗りをあげていきました。

以上の２つのエピソードから、子どもは言葉の発達の中で「～ナイ」で表現するだけでなく、それぞれの感覚に合った言葉と経験を重ね合わせて多様な表現を学んでいくことが分かります。その学びには、【Episode5】「アメナイ」の保育者のように「ピカピカの晴れだね」と「～ナイ」ではない言葉での表現を伝えていく保育者の援助が重要な役割を果たします。

また、【Episode6】の「答えは２つあってもいいか」では、反対言葉を考えることで、言葉がもつ多様性を学んでいることが分かります。保育者はあらかじめ答えを用意しておくだけでなく、子どもたちの考えた言葉に対して柔軟に対応することが求められ、自らが考えたことを受け止められることによって、言葉に対する興味を深めていくことができると考えられます。

言葉遊びを通して、その言葉がもつ意味を考え、自分の気持ちや状況を思い浮かべながら、実体験を踏まえた「言葉」を学んでいきます。

④しりとり・さかさ言葉

ここでは、子どもたちの言葉そのものに対する興味を受け止め、遊びながら言葉を細かく分けて考えたり、文字の並びや文字数などに目を向けたりするようになる過程について、保育事例を通して紹介します。

Episode 7

おおむね３歳 「はなちゃん、だから３だね」

３歳になったはなちゃんは、数字を10まで数えられるようになり、身の回りの様々なものを数えることに夢中です。信号機を指さして「いち、に、さん。さんこあるよね」というようにモノを数える姿から、人の名前にも興味をもちはじめました。「“ママ”はなんこ？」と登園時、一生懸命尋ねます。「マ・マ、だから、いち、に、２文字だね」と母親は答えました。するとはなちゃんは、「じゃあ、はなちゃんは、は・な・ちゃん、だから３だね」と嬉しそうに話していました。

このように、３歳児は言葉がいくつかの音を組み合わせてできているものであることに気付き、数えられるようになる誇らしさと一緒に、文字数などに興味を示すようになります。

３歳児は、年上の子どもたちがしりとりをしているのを見て、「しりとりやろう」ととても前向きに挑戦していきますが、「しりとり、だから“り”からね」というと、「りんご」と滑りだしは好調です。続いて次の子は「りす！」と元気に答えます。「り・ん・ご、だから“ご”だよ」と伝えると、「ごりら！」と答えました。次の子は「ごま」…保育者は「一番最後の文字だよ」といって何度か伝えますが、「最後の文字」を認識することがなかなか難しいのです。

Episode 8

おおむね４歳「あるわけないじゃん！」

４歳になると、簡単なルールのある遊びを好むようになります。例えば、♪八百屋のお店に並んだ品物見てごらん♪という歌遊びです。“八百屋”に置いてあるものは「あるある」、ないものは「ないない」と答えるルールで、間違い探しのようなことです。保育者が八百屋にはないものを言うのを今か、今かと待っています。「キャベツ」「あるある」「にんじん」「あるある」「パンダ」「ナイナイ」ゲラゲラ・・・と笑いながら「先生、パンダなんかあるわけないじゃん」といいます。

４歳児は、ある程度のことが自分たちの力でできるようになり、遊びのルールへの理解度もあがってきます。その反面、ゲームの勝ち負けやルールにこだわり、間違えることに対する抵抗感や友達の間違いを指摘する姿も見られます。

しりとりに関しても、「しりとり」「りんご」「ごりら」「らっぱ」…と子ども同士でしりとりをある程度継続することができます。ただ、なかには「ん」が付いたらおしまい、ということを忘れて堂々と「みかん！」という子や、名詞ではなく「お…おなかすいた」など文章のような言葉を言う子もいます。「あーだめなんだー！」と指摘されて、思わず「うっ…」と涙がこぼれることもあるため、保育者は子どもたちが間違えることもゲームの面白さであることを体験していけるように、援助することが必要なのです。

Episode 9

おおむね５歳　二文字しりとり

５歳になると、ひらがなへの興味がグッと高まり、自分の名前以外にも、保育園の中の掲示物をじっと見つめて「ほ・け・ん・し・つ」「き・ゆ・う・し・よ・く」と一文字ずつ指さしながら読む姿が見られます。また、自分でひらがなを書いてみたい、という思いから、ひらがな表（「あ」ならばアイスの絵が描いてあるようなもの）を熟読したり、『あっちゃんあがつく』[3)]といった絵本を暗記したりして、五十音それぞれの言葉を身に着けている子どももいます。

Episode 10

おおむね５歳児　さかさ言葉

文字の数、ひらがなの表記などを気にするようになってくると、「上からよんでもトマト、下からよんでもトマト」といったさかさ言葉を楽しむ姿も見られるようになります。

５歳児のひなちゃんは、なんでも、さかさ言葉でいうことに熱心です。「お散歩に行くから、靴下を履いて待っていてね」と保育者が言うと。「“ぽんさ”いくから“たくつし”はくんだよねー」と言って笑っています。すると近くにいた子が「く・つ・し・た、だから、た・つ・し・く、じゃない？」と言ってきました。保育者も一緒になって「んー？く・つ・し・た、だから、た・し・つ・く、だよ」というと納得したように「そっか、たしつく、はこーっと」と言ってにこにこと準備を始めました。このやり取りをクラスの子どもたちも見ていたものですから、そこからは何もかもさかさ言葉。「みんなそろったかな？」と保育者が言えば「“なんみ”、いまーす」と返事。保育者も負けじと「では、“つーぱっしゅ”!!」と言うと、「…」と一瞬考える間が入り「“つーぱっしゅ”!!!」と納得したようにみんなで散歩に“しゅっぱつ”しました。

このように、５歳児はある程度、名詞なのかそれ以外なのかを認識し、先ほどのひらがな表の絵を思い浮かべながらしりとりに参加する姿があります。

また、普通のしりとりに飽きてきた子どもたちとは「二文字しりとり」にも挑戦します。例えば、「アイス」であれば「イスとりゲーム」といったように、最後の二文字をとって繋げていくのです。

以上のように、言葉遊びの子どもの姿を観察することで、３歳から５歳の言葉の発達段階が見えてきます。子どもたちの興味・関心が向いたときに、楽しみながら言葉遊びに保育者も参加し、豊かな言葉の面白さに触れていくことが重要なのです。

（3）言葉遊びの指導案

これまでに紹介してきた事例では、子どもの興味・関心の理解を踏まえた保育者の援助があって、言葉遊びが発展したようすが見られました。ここでは、それらをどのように指導案に反映するかについて、４歳児の姿をもとに考えていきましょう。

表 12-3　言葉遊びの指導案

【子どもの姿】	【ねらい】
・語彙が豊かになり、生活や遊びの中で友達とある程度、言葉を通してやりとりをすることができる。 ・ものごとの善悪や正誤について理解するようになり、「ちがう」「ただしい」と指摘するようになる。 ・「あべこべ」などの面白さに触れ、さかさ言葉や反対言葉などを楽しむようになる。	・様々な言葉に触れ、言葉で表現する楽しさを味わう。 ・言葉に対する感覚を豊かにし、保育士等や友達と心を通わせる。 【内容】 ・いろいろな体験を通じてイメージや言葉を豊かにする。 ・生活や遊びの中で、言葉の楽しさや美しさに気付く。
【環境構成】	【保育者の配慮】
・それぞれが好きなタイミングで参加できるように、子どもたちがそれぞれの場所から見える場所で、クイズなどを行う。 ・文字や標識等に興味がもてるよう、子どもが自ら手に取りやすい位置に、絵本やひらがなカード、反対言葉カードなどを常設する。	・子どもが興味をもったタイミングで言葉遊びを始められるよう、子どもの声に耳を傾け、興味・関心を捉える。 ・子どもが発言しやすいような雰囲気をつくるために、保育者が子どもの輪に入って遊びが展開していくようにする。 ・言葉の正誤ではなく、響きや面白さを感じられるよう、子どもにとっての楽しさを見出し、共感的に関わる。

このように、子どもの姿を保育内容の視点から捉え、子ども理解に基づいたねらいや内容を設定し、環境構成や保育者の配慮を明記していくことが大切です。

【設問１】（目安：保育所実習Ⅰ前の学生向け）

遊び歌を探して、グループで発表しましょう

例えば、「♪おおきなたいこ」では「おおきな」に対して「ちいさな」という言葉が登場します。子どもは歌を通して「大きい」「小さい」とはどういうことか、認識していきます。歌を通して楽しみながら、言葉に触れられるよう、遊び歌をいくつかそらで歌えるようにしておきましょう。

【設問２】（目安：保育所実習Ⅰ・Ⅱ前の学生向け）

３歳から５歳までの発達にあったなぞなぞを５個ずつ考えましょう

子どもの発達にあった「なぞなぞ」を考えることで、子どもの興味・関心の理解、言葉の発達について理解が深まります。

【設問３】（目安：保育所実習Ⅰ・Ⅱ後の学生向け）

この章で学んだことを踏まえ、いくつかの興味・関心を想定し、それをきっかけとした言葉遊びをグループで考えてみましょう

	興味・関心	言葉遊び
３歳児	例）乗り物	例）　乗り物の音当てクイズ 「ブーンブーン」これなんののりもの？
４歳児	例）あいさつ	例）「いただきます」の反対は？ 「ごちそうさま？」「ごはんですよ？」
５歳児	例）恐竜	例）こんな恐竜いたかな？自分だけの恐竜の名前を考えよう「レインボーむしゃむしゃ」

Memo

第13章

想像する楽しさを味わう

1．絵本

1．保育現場における絵本の役割

・保育者や友達と共に絵本を楽しむ子どもの気持ちや思いを理解し、絵本が子どもの育ちに与える影響について考えを深めましょう。

2．絵本を読み合うときに必要な保育者の専門的知識・技術

・子どもと共に絵本を読み合う保育者として絵本を楽しみ、味わい、読み合うことのできる感性を育みましょう。
・読み合うときに必要な具体的な専門的知識・記述を学びましょう。

3．絵本を読み合う時間の部分実習指導案の作成

・子どもたちの実態に即した絵本の選択方法や保育計画を学びましょう。

事前学習 Work

【設問１】（目安：保育所実習Ⅰ前の学生向け）

図書館に行ってあなたが好きな絵本を１冊選び、絵本の題目、作家、画家、出版年度、出版社、版数、絵本のストーリー内容、その絵本の魅力についてまとめ、おすすめ絵本を紹介するポップ作りをしてみましょう。

【設問２】（目安：保育所実習Ⅰ・Ⅱの間の学生向け）

０、１、２、３、４、５歳児の年齢に応じた絵本を１冊ずつ選び、なぜ、その年齢に適した絵本として選択したのか、絵本の内容を踏まえて自分なりの考えをまとめてみましょう。

【設問３】（目安：保育所実習Ⅰ・Ⅱ後の学生向け）

実習経験を振り返り、子どもと共に絵本を読むうえで保育者に必要な専門的知識・技術は何かについて自らの考えを300 ～ 500文字程度でまとめてみましょう。

（1）なぜ、保育現場では絵本を活用するのか

ここでは、まず、実践事例から絵本を楽しむ子どもたちの姿を捉えてみましょう。

Episode 1

「でんしゃってうたうの？」（3・4・5歳児異年齢児クラス6月）

雨続く給食前の絵本を読む時間、保育者笑子さんは絵本『でんしゃはうたう』[1]を手に取り、「今日は、この『でんしゃはうたう』っていう絵本を楽しみたいと思います。」と子どもたちに優しく語りかけました。

すると、すぐさまとおる君の「えっ、電車ってうたうの？」という言葉とともに驚きの表情を交し合う子どもたち。保育者笑子さんは、「そうだよ、電車がうたうの。ねぇ、みんな目をそっと閉じてみて。ほら、雨の音もうたっているでしょ。目を閉じていると、いろんなものがうたっているように聞こえるよ。この絵本を作った三宮さんはね、目が見えない人なの。三宮さんがね、電車に乗っていたときに耳を澄まして聴いていたらでんしゃがうたっているように感じてこの絵本を作ったんだって。」と応えました。今度は、さおりちゃんが「えー、目が見えないのに絵を描いたの？」と聞くと、「絵を書いたのは、みねおみつさんだよ。」と伝える保育者笑子さんの説明に「へー」と興味津々に絵本を見つめました。

三宮麻由子 ぶん・みねおみつ え
福音館書店、2004

読み始めると、子どもたちは「あっ、ほんとうに電車がうたってる！」「あっ、ふみきりの音だ！」など、楽しみながらそれぞれの思いや感じたことを語り合っていました。絵本を読み合った後には、毎日のように目を閉じながら生活の音に興味・関心を広げていきました。

事例提供：社会福祉法人高洲福祉会まどか保育園 保育士 山辺笑子

【Episode1】では、子どもたちが『でんしゃはうたう』という絵本のタイトルに驚き、保育者や友達と一緒に語り合っています。あなたは、この子ども（たち）の姿をどのように捉えますか？「電車はうたうの？」と疑問に感じた子どもの姿を微笑ましく思う人がいるかもしれません。保育者が「目をそっと閉じてみて。」と子どもたちに語りかけた保育者の感性に感銘を受けた人もいるかもしれません。このように、子どもだけではなく読む人それぞれに絵本というモノの文や絵から思い、感じ、考えを生みだし、言葉や表情などを交し合いながら、楽しんいきます。図 13-1 に示されるとおり、絵本は子どもの内面にある多くの心の扉を開いていくものだからです。この心の扉が開かれることによって子どもの日常生活上のヒト・モノ・出来事に興味・関心を広げ、様々な学びへとつながっていき

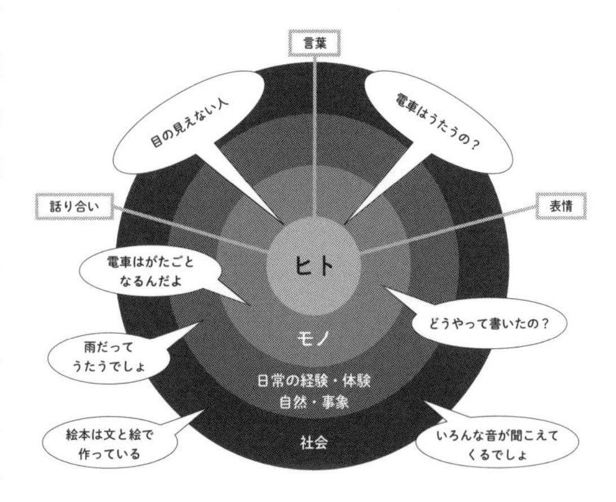

図 13-1　絵本を楽しむ子どもの心の扉

ます。保育者が絵本を活用していく際には、まずは絵本を楽しむ子どもに理解を深め、共に楽しみ合う人としての気持ちや姿勢が重要です。保育現場における絵本の役割とは、子どもが一人で絵本に親しむだけではなく、個別または集団で友達や保育者と共に絵本を楽しむことによって子どもの育ちに影響を与えられていくものであることも理解しておきましょう。

（2）絵本を読み合うときに必要な保育者の専門的知識と技術

絵本を読み合う時間は、子どもたちにとって期待に胸膨らませる楽しい時間です。その楽しい時間を過ごすために、読み手である皆さんがどのように読むのかは重要な役割となります。ここでは図13-2に示した絵本を読み合う際の9つのPointを中心に、保育者の専門的知識と技術を学んでいきましょう。

図13-2 絵本を読み合うときに必要な保育者の専門性

① Point1：絵本の選び方

絵本は言葉や絵の美しさや楽しさだけではなく、豊かな想像力を育んでいきます。また、そこから生みだされる想像の世界は読んだ絵本の内容からさらに広がっていくものです。保育者の役割とは、子どもに対してそのような多くの絵本と出合い、読む経験を積み重ねる保障をすることにあります。このことは、子どもにとってよい文化に触れることにも繋がります。そのため、保育者は絵本というよい文化を見極める感性や子どもに応じて選択するための基礎知識が必要です。まず、絵本には様々なジャンルがあることを知っておきましょう。表13-1（158頁）に示されるとおり、図書館や保育現場の絵本コーナーに行くと、創作・

物語絵本や昔話・民話・童話絵本、知識絵本、科学絵本、写真絵本、赤ちゃん絵本、しかけ絵本、詩・うたの絵本、言葉遊び絵本、文字のない絵本、バリアフリー絵本など、そのジャンルは幅広くあります。まず、このような幅広いジャンルの中から絵本を選択するためには目の前の子ども(たち)の現状に理解を深めることが必要です。【子どもの年齢や発達の状況】【季節感】【行事や生活そのものにて経験・体験していること、もしくは経験・体験を予定していること】【子ども（たち）が興味・関心をもっていること】などへの理解を深めたうえで、絵本を選択していきましょう。しかしながら、その一方、時には皆さん自身がこの絵本を子どもと共に読みたい、楽しみたいという気持ちから選択される1冊も子どもにとって新たな文化と出合うチャンスとなります。保育者を目指している皆さんが、絵本の豊かな内容を自らの声で子どもへ橋渡ししていくためには、絵本の世界をしっかりと味わう人であることが重要です。日頃から子ども（たち）と一緒に絵本を楽しみ合う人として、たくさんの絵本を楽しみ味わう感性を高めていきましょう。絵本の楽しみ方が身に付いてくると、1冊でも多く手に取って学びたいと意欲的になることでしょう。そのような流れの中で、自らが保育者となるための資質向上を目指し、知っている絵本の冊数を増やしていきたいものです。

② Point2: 読み合う環境や雰囲気

保育現場における絵本を読み合う時間は、一対一、または皆で一緒に読むことが多いものです。どちらも子ども一人一人が落ち着いて絵本の内容をじっくりと味わうことや読み合う者同士が楽しみながら過ごすことが大切です。絵本を読むときだけではありませんが、子どもが何かに集中したいときには、モノや音などが煩雑にある環境は避けていきましょう。特に絵本を持つ保育者の背景はできるかぎりシンプルで何もない環境を選ぶことが重要です。たとえば、多くの掲示物が張りだされた壁や収納した物がたくさんある棚の前で絵本を持った際には、せっかくの素晴らしい絵本の画面が見栄えしないことでしょう。美術館などで絵画を鑑賞するときと同じように、美しいもの、素晴らしいものを観るときにはどのような背景が適切なのかを考えて読む環境も選択しましょう。また、保育者は読み合う時間の雰囲気を作りだす人的環境です。あなたと一緒に読んで楽しみたいという気持ちはもちろんのこと、特に集団の場では子ども（たち）と共に落ち着いて読む雰囲気づくりを目指して気持ちや状況を整えることも必要です。筆者の知るある保育者Ａさんは、習慣として絵本を読み合う時間に使用する座布団を決めていて、その座布団を保育室のいつもの場所に置くと、そろそろ皆で絵本を読む時間が始まるよという合図としていたそうです。すると、絵本を読む時間だから集まりましょうと言わずとも片付けを終えた子どもから座布団の周りに集

表13-1　絵本のジャンルとその絵本例

絵本のジャンル	内容	絵本例
創作・物語絵本	主に、絵と言葉でストーリーを創作された絵本。作家が創作した内容の展開から、読者の想像世界を広げる要素がある。また、言葉や文章と共に描かれた画家の絵がその想像世界をさらに豊かに広げていく。	『おこだでませんように』小学館 『どんぐりむらのぱんやさん』学研 『けんかのきもち』ポプラ社
昔話・民話・童話・落語絵本	世界各国で語り継がれてきた昔話・民話・童話・落語などを元に文章が創作され、そこに画家の絵が添えられて展開する絵本。同じテーマであっても出版社によって趣が違い、ストーリー展開にも独自性が加わる要素がある。	『かちかちやま』フレーベル館 『手ぶくろを買いに』偕成社 『じごくのそうべえ』童心社
知識絵本	生活における様々な知識を絵と言葉（文章）によって説明し、展開する絵本。絵本によっては、物語のように展開するものもある。子どもの興味・関心を広げ、実際のものを調べたり、比較するきっかけにもなり、知識を広げることにつながる。	『1 2 3 かずのえほん』西村書店 『おへそのひみつ』福音館書店 『せいめいのれきし』岩波書店
科学絵本	生活における様々な科学分野のテーマを絵と言葉（文章）によって説明し、展開する絵本。絵本によっては、物語のように展開するものもある。子どもの興味・関心を広げ、実際のものを調べたり、比較するきっかけにもなり、知識を広げることにつながる。	『シロナガスクジラよりも大きいものっているの？』評論社 『たねのはなし』ほるぷ出版 『どんぐり』福音館書店
写真絵本	生活における様々な生き物・食べ物・植物などあらゆるものをテーマにして写真と言葉（文章）によって説明し、展開する絵本。絵本によっては、物語のように展開するものもある。子どもの興味・関心を広げ、実際のものを調べたり、比較するきっかけにもなり、知識を広げることにつながる。	『うまれたよ！モンシロチョウ』岩崎書店 『カマキリの生きかた』小学館 『このはなだれの？』ひさかたチャイルド
赤ちゃん絵本	0～2歳児の乳児を対象とした絵本。主に赤ちゃんにとって身近なヒト・モノ・出来事を中心に内容が展開されていく。モノを口に持っていきやすい時期の赤ちゃんを対象とした絵本では、厚紙であったり、怪我をしないように配慮された紙を使用したり、洗えるビニール素材で制作されたりして安全性に配慮している。	『もこ もこもこ』文研出版 『つみき』金の星社 『わんわん　わんわん』理論社
しかけ絵本	絵本の中に開いたり、引っ張ったり、閉じたり、外したり、回したりなど様々なしかけが作られている絵本。主に絵や文章と共に創作されていることがあります。読み合う人同士でそのしかけを楽しんだり、または子どもが一人で試行錯誤しながらしかけを楽しむことができる。しかけの内容が文章とつながりをもっていることも多いので、しっかりと絵本の展開としかけの両方を含めて楽しむ配慮も必要である。	『仕掛絵本図鑑　動物の見ている世界』創元社 『ギャロップ!!』大日本絵画 『ナマケモノのいる森で』アノニマ・スタジオ

絵本のジャンル	内容	絵本例
詩・うたの絵本	美しい、楽しい、面白いなど詩やうたのもつ特徴を生かして絵と一緒に展開する絵本。詩やうたに触れ合うことは、言葉が急激に成長する乳幼児期の子どもの育ちにおいて重要な経験となる。言葉そのものの意味に興味・関心を広げるだけでなく、テンポのよいリズムやフレーズ、うたによって楽しみながら絵と共にイメージを膨らませることができることもこの絵本の特徴であると言える。	『ママだいすき』こぐま社
		『ゆき』ひさかたチャイルド
		『空の絵本』講談社
言葉遊び絵本	言葉そのものの特徴やしりとり、なぞなぞなどの言葉遊びの文章と絵によって展開する絵本。言葉の意味理解を進める中で、子どもなりにその言葉の面白さや楽しさを絵と共に想像ながら読み進めることができる。時には、読み合う人同士が、互いに考え合うことの時間を作りだすことも言葉遊び絵本の特徴である。ただ、単に読み進めるというよりも楽しむ時間を配慮しながら読むことも大切である。	『あっちゃんあがつく　たべものあいうえお』リーブル
		『めの まど あけろ』福音館書店
		『さる・るるる』絵本館
文字のない絵本	絵本には文章は一切なく、絵だけで展開する絵本です。読み合う人同士の想像を広げやすく、自然と言葉が現れたり、もしくは絵に合わせて独自に物語を語り合ったりすることができる。子どもが感じる、考える、想像する時間はそれぞれであるため読み合う人同士の読む歩調にも配慮しながら読み進めることも重要である。	『木のうた』ほるぷ出版
		『ぞうのボタン』冨山房
		『したく』文化出版局
バリアフリー絵本	障害があるないにかかわらず、みんなで楽しめる絵本。子どもだけではなく、たとえば目の見えない保護者が子どもと一緒に読み合うときにも活用できる。	『バリアフリーえほん（1）さわってごらん　だれのかお？』岩崎書店
		『てんじつきさわるえほん　いないいないばあ』童心社
		『くろは おうさま』サウザンブックス社

まり、絵本を読み始めることにワクワクしながら待つようになりました。このように、子ども自らが意欲的に読みたい気持ちと行動を生みだす雰囲気づくりは、子どもの主体性を育てる大切な機会にもなるといえるでしょう。

③ Point3: 読む前の導入

保育現場でクラスの子どもたち全体でお話をする際には、話し手に注目をしてもらうために、集団で手遊びをしたり、歌を歌ったりすることがあります。それも子どもの興味・関心の引くための一つの方法ではありますが、必ずしもそれが集団で何かを行う際の導入ではありません。特に、現在の子どもの状況に応じた絵本の選択をした場合には、最初に手遊びなどによって子どもたちを注目させなくとも、絵本の読みたいという意欲を掻き立てるような読む前の導入を行うことは可能です。たとえば、絵本を読む前日に子どもたちは散歩途中に出会ったツバメに夢中になっていたとします。そのような子どもたちに対して、もし、あなたがツバメを主人公とした絵本を選び、一緒に読み合って楽しみながら、さらにツバメに興味・関心をもってもらおうとねらいを立てたとしたら、出会ったツバメの姿を皆で思いだしながら語り合うことからスタートすることが立派な導入になるといえるでしょう。何よりも大切なのは、子ども一人一人が今日は何の絵本を読むのだろうという期待に胸を膨らませる始まりを心がけることなのです。

④ Point4: 絵本の持ち方・めくり方

絵本を持つ前の準備として必要なことは、絵本が開きやすいものかどうかの確認です。新しい絵本は開きぐせがついていない状態なので、持ちづらさやめくりづらさがあります。1ページずつ開いてくせをつけていきましょう。また、図13-3にあるように、絵本を持つ場所はなるべく絵や文章に手がかからないように絵本の下部中央を持つようにしてください。子どもたちの座る位置を確認し、目線に合わせて見えやすいようにすることも必要です。安定した持ち方をするためにも、普段からいろいろな大きさや形、重さの絵本を持つ練習をしましょう。

図 13-3　絵本の持ち方

また、絵本には表紙と裏表紙があります。絵本によって、この表紙と裏表紙がストーリーとして絵本の始まりと終わりを示していたり、表紙と裏表紙が開くと1枚の絵としてつながっている場合もあります。その特徴をしっかりと把握し、表紙と裏表紙を開いた状態でスタートするのか、表紙から始まり裏表紙で終わるようにするのかを事前に確認しましょう。表紙を開いた直後の扉のページも絵本の内容として大切なページであったり、最後の裏表紙前のページも大切な余韻の間であったりと、絵本には作家の創意工夫があります。1ページずつ、しっかりと飛ばすことなく丁寧に読み進めていきましょう。

めくるペースは、ページごとの内容によって異なるものです。この場面ではゆっくり、この場面ではサッとめくるというように、事前に内容を把握することによって絵本によってめくり方に工夫をしていきましょう。

⑤ Point5: 目線や表情、身振り手振り

子どもと一緒に読み合う大人は、絵本を楽しむ一人でもあります。そういう意味では、大人も子どもと同じように絵本から感じたこと、考えたことが自然と目線や表情に現れたり、感じたことや考えたことが身振り手振りに現れたりすることもあるでしょう。しかしなが

ら、子ども一人一人にも感じている、考えている心があり、それを自らの想像する世界へと作りだす権利があります。この子ども一人一人が想像する世界を保障するためには、大人が過剰に目線で合図を送り過ぎたり、過度な表情や身振り手振りでの表現し過ぎることは避けるようにしていきましょう。また、子どもが楽しそうな表情をすればそれを受容して一緒に楽しんだり、悲しい場面から子どもが悲しげな表情をしていれば目線を向けて共感したり、想像している世界を壊さないように配慮することも必要です。現実の世界では絵本の読み手でありながらも、子ども一人一人の想像の世界に一緒に住まう人であることも心がけていきましょう。

⑥ Point6: 声の大きさや抑揚

目線や表情と同じように、声の大きさや抑揚は、読む人それぞれの個性が現れるものです。絵本の味わい方は人それぞれなので、やはり、過剰な声の大きさや抑揚によって子どもの想像している世界を壊さないように配慮する必要があります。ここでは、ある実習生Ｂさんの事例から捉えていきましょう。Ｂさんが絵本の鬼が出てくる場面において怖い鬼を演出するために低く大きな声で鬼のセリフを語ったときのことです。その声に驚いて、子どもたちが泣きだしてしまいました。また、数人の子どもはその声にびっくりして、しばらくの間、鬼が登場する絵本を好まなくなりました。このとき、Ｂさんはしっかりと自らの表現のあり方は子どもにとって不適切であったと、反省をしました。しかし、そのことを反省しただけではなく、子どもの想像する世界がこれほどまでに豊かであるのだということに気づかされる経験だったそうです。読み手は絵本の内容に応じた声の大きさや抑揚のあり方を検討する必要がありますが、その一方、やはり過剰な表現を避ける必要があります。絵本の内容の雰囲気が伝わる程度の読み手の表現を足がかりにして子どもは自らの力をもって想像する世界を広げることを常に忘れないようにしましょう。

⑦ Point7: 子どもとの応答性

子どもは絵本を読み合う時間、様々な気持ちや思い、考えを巡らせるものです。そのようなときには子ども一人一人の言葉や表情、行動が自然と現れていくこともあります。保育者は、子どもの様子に耳を傾けたり、気持ちに寄り添ったりしたいものです。読んでいる最中には、目線を送ったり、頷いたりしながら共感することもできるでしょう。読んでいる世界が妨げられない程度の間や状況であるならば、一緒になって言葉や行動を交し合うこともよいでしょう。しかしながら、時に、クラス全体で読み合う時間において絵本の内容から多くの子どもが集中しているときには静かに聞くことが適切だと考えられる場面もあります。そのような場面で質問をしたり、気持ちを交し合いたいという子どもがいた際には、「みんなが真剣に聞いているからね」と優しく目線で合図したり、そっと優しく状況を伝えたりする積み重ねの経験によって、その対象となる子どもも周りの状況を理解する力へと繋がっていくことでしょう。また、このような働きかけをした後には、絵本を読み終わった後に、必ずさっきはどんなことを質問したかったのか、お話をしたかったのかを問いかけ、気持ちを汲み取ることも大切です。絵本を楽しむ子ども（たち）が気持ちを交し合うことは絵本が生みだす人と人のつながりであることも理解しておくことが重要です。

⑧ Point8: 読んだ後の余韻

繰り返しになりますが、読んだ後の子どもの想像している世界も人それぞれです。どんな風に思ったのか、感じたのかを質問したりするのではなく、子どもが自然と発していく表情や言葉、行動を待ちながら、そこで子どもたちが生みだされた雰囲気から余韻を楽しむことが大切です。自然と語り合う時間を確保し、また、再び絵本を読み合う時間に期待を膨らませることのできる時間の終わり方を目指していきましょう。

⑨ Point9: 配慮が必要な子どもへの関わり

時には、集団で絵本を読み合うことを苦手としたり、周りの状況が見えなくなる程、夢中になって絵本の世界に入り込んでしまったりする子どももいます。夢中になりすぎて、立ってしまう子どもがいる際には、そっと優しく「後ろのお友達が見えなくなるから座ろうね」などと伝えていきましょう。また、集団での読み合う時間を好まない特性をもつ子どもには、無理強いをすることなく、敢えて一対一の読む時間を確保していくことが大切です。乳幼児期の育ちを支えるうえで重要なことは、子どもに対して絵本を聞かせる経験を強いるのではなく、絵本というよい文化と出合い、楽しさや喜びを味わう経験を保障していくことです。

最後に、子どもは一人一人感じる・考える心がありながら、読む権利をもち備えています。子どもの想像世界を壊すことのないようにすることが重要です。保育者となるために、皆さんが自らの読み方を客観視するためには、次のワークを学生同士で取り組んでみることもよいでしょう。

Work ワーク

【絵本の読み方のワークに取り組んでみよう！】

①一人、一冊ずつ読んでみたい絵本を選びましょう。
②選んだ絵本をまずは各自で読んで内容を味わい、楽しんだ後、手にとって読む練習をしましょう。
③４人一組のグループになって、一人ずつ絵本を読みます。読んでいる人以外の他の３人のうち一人が読んでいる最中の映像をスマートフォンやビデオカメラを使用して撮影しましょう。
④読む人以外は、子どもになった気持ちや行動で参加しましょう。（※ロールプレイ）
⑤４人すべてが読むことを終えたら、グループごとに撮影した映像から振り返り、読み方に関して互いにアドバイスし合いましょう。振り返りのポイントは以下を参考にしてください。

・絵本を読む時間に入りやすい導入でしたか？
・絵本の持ち方は安定してみやすい位置でしたか？
・絵本を読む声やペース、リズムなど絵本の世界を感じることのできるものでしたか？
・絵本のめくり方、間の取り方などは心地良いものでしたか？
・絵本を読んでいるときの表情や子どもとのやりとりは子どもにとって心地良い雰囲気でしたか？
・絵本を読んだ後の余韻は子どもにとって心地よいものでしたか？
・その他、気になったこと、考えたこと、感じたことを話し合いましょう。

注意：撮影した映像はワーク終了後、速やかに削除しましょう。

（3）絵本を読み合うための部分実習指導案を立てる

保育現場で部分実習に取り組む際には絵本や紙芝居など児童文化財を活用した実践を経験する人が多いものです。本書を手に取って学ぶ皆さんの大半もその経験をするはずです。そこで、本節では、11月中旬に初めての実習へ行くために保育現場でオリエンテーションへ行った実習生Ｄさんの事例から指導案作成の流れを捉えていきたいと思います。Ｄさんは、実習担当の保育者から絵本を読み合う時間の保育実践に取り組んでみましょうと提案されました。そこで、Ｄさんは早速、事前準備を進めることにしました。さて、どうやって準備に取り組んだのでしょうか。

①オリエンテーション時のDさんの姿

オリエンテーションのときにDさんは、絵本を読みあう時間の部分実習を実施することを聞きました。そこで、Dさんは事前の準備をするために、実習担当の保育者に【担当するクラスの年齢と人数】【担当するクラスの子どもたちの興味・関心のある事柄】【担当するクラスの週案や月案の確認】【担当クラスの保育室の環境】【絵本を蔵書しているコーナーの状況】の5つのことを聞いて、事前準備に必要な情報をメモに書き、持ち帰りました。

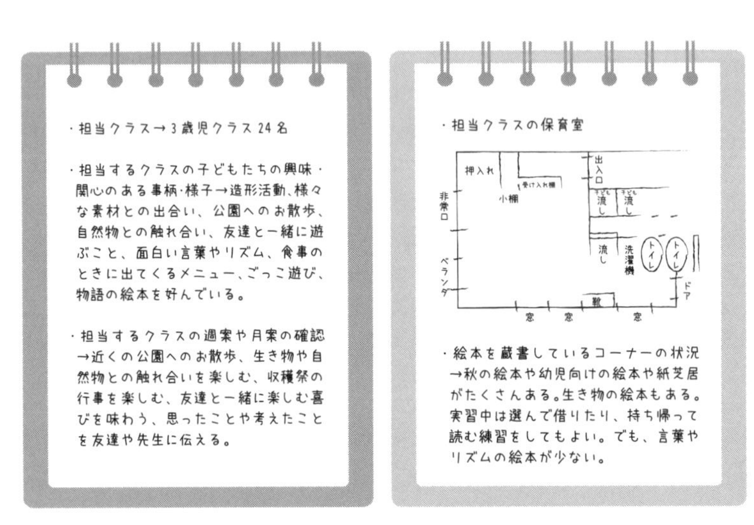

図13-4 Dさんのメモ帳

②事前に絵本を準備する

Dさんは、オリエンテーションが終わってから数日間、学校の図書館に通って、メモの内容をもとに、絵本を10冊選んでみました。実習前に子どもの姿を予想して絵本を選んでおくことで、実習中に時間のない中で慌てて選択することがないように気を付けました。

表13-2 Dさんが選んだ絵本10冊

<table>
<tr><th>絵本の題名・作家・出版社</th><th>Dさんがこの絵本を選んだ理由</th></tr>
<tr><td>『ともだちや』作：内田 麟太郎／絵：降矢なな／出版社：偕成社</td><td rowspan="2">・月案に友達と一緒に楽しむ喜びを味わうことにねらいがあったから
・月案に思ったことや感じたことを友達や先生に伝えることがねらいにあったから</td></tr>
<tr><td>『きみなんかだいきらいさ』文：ジャニス・メイ・ユードリー／絵：モーリス・センダック／訳：こだまともこ／出版社：冨山房</td></tr>
<tr><td>『ばけばけはっぱ』写真・文：藤本ともひこ／出版社：ハッピーオウル社</td><td>・自然物との触れ合いを楽しむ子どもたちの様子があるから
・造形活動に興味・関心をもっているから</td></tr>
<tr><td>『落ち葉』文と絵：平山和子／構成と写真：平山英三／出版社：福音館書店</td><td>・公園などで秋の自然物である落ち葉に興味・関心を深めることができるから</td></tr>
<tr><td>『どんぐりむし』写真：藤丸篤夫／文：有沢重雄／出版社：そうえん社</td><td>・秋の季節の自然物、生き物の写真絵本なので、お散歩のときに出合えるかもしれないから</td></tr>
</table>

<table>
<tr><td>『おおきなおおきなおいも』原案：市村久子／作・絵：赤羽末吉／出版社：福音館書店</td><td>・秋の食材に興味をもって、食べる意欲を育てる支えになるから
・収穫祭の行事にもつながる絵本になるから</td></tr>
<tr><td>『だじゃれどうぶつえん』文：中川 ひろたか／絵：高畠純／出版社：絵本館</td><td rowspan="2">・言葉やリズムに興味・関心をもっている子どもたちだから</td></tr>
<tr><td>『しりとりのだいすきなおうさま』作：中村翔子／絵：はたこうしろう／出版社：鈴木出版</td></tr>
<tr><td>『むしたちのおんがくかい』作：得田之久／絵：久住卓也／出版社：童心社</td><td>・子どもが生き物に興味・関心があったり、音やリズムを楽しむことができるから</td></tr>
<tr><td>『さるかに』作：松谷みよ子／絵：滝平二郎／出版社：岩崎書店</td><td>・子どもが物語が好きであるから
・秋の果物の柿が登場するから</td></tr>
</table>

③クラスの子どもへの理解を深めてから一冊の絵本を選ぶ

いよいよ実習がスタートし、Dさんは実習７日目に部分実習に取り組むことになりました。実習３日目までの間に３歳児クラス担任のＥ先生と相談しながら子どもたちの現在の姿を自分なりに捉えてみました。すると、子どもたちは公園に行って毎日のように落ち葉や木の実などの自然物と出合い、園へ持ち帰る様子があることやたくさんの素材に触れ合い、造形活動を楽しんでいる様子があることに気づき、現在の子どもの育ちへの理解を深めました。そこで、部分実習では事前に準備をしていた10冊の絵本リストの中から、『ばけばけはっぱ』[2)] の絵本を読み合うことに決めました。

藤本 ともひこ 『ばけばけはっぱ』ハッピーオウル社、2012

出版社の内容紹介：

秋は、紅葉と実りの季節。
子どもたちと落ち葉や木の実を集めて「落ち葉あそび」をしてみたら、子どもたちは大喜び。
いろんなアイデアがとびだして、怪獣や動物がつぎつぎでき上がり、楽しい絵本になりました。木の葉と実の動物たちがかわいい！

④部分実習の指導案を作成する

読む絵本を選択したDさんは部分実習の指導案作成をはじめました。絵本を読み合う時間では、主に導入・読み合う時間・余韻という大きく３つの時間軸をもって作成する必要があります。Dさんはそのことを考えながら、次のような指導案を立ててみました。■■に記入された解説は、Dさんが指導案作成時に配慮した事項になります。

表 13-3　絵本読み合いの部分指導案

日　時	20〇〇年11月15日(火)11:40-12:00	実習生氏名	〇〇〇〇
クラス	くるみ組(3歳児)　男児12名　女児12名　計24名		
担　任	〇〇〇〇先生　〇〇〇〇先生		

子どもの姿 ・日頃から絵本や紙芝居などを楽しみ、内容を通して友達や保育者と共に会話を楽しむ姿がある。 ・公園などへ散歩に行く際には、秋の季節を感じられる落ち葉や木の実、生き物と触れ合い、親しみながら、素敵なものと出会えたときには園へ持ち帰る姿がある。 ・保育室では、様々な素材と触れ合いながら、自分なりに作る楽しさを味わうだけでなく、友達が作っているものにも興味を示し、見せ合い、会話する姿がある。	**ねらい** 絵本を通して、クラスの友達と共に絵や文章に親しみ、読み合う楽しさを味わう。 絵本の内容から、日常親しんでいる落ち葉と触れ合う経験を重ねてイメージを膨らませる楽しさを味わう。 **主な活動内容** 絵本『ばけばけはっぱ』を読み合う。

前日までの子どもの姿を捉える

絵本を読み合うことを通して子どもの育ちの何を支えるのかを検討

時間	環境構成	予想される子どもの活動	保育者の援助・留意点
11：30	・窓やドアを開けて、換気をしておく。 ・散歩からの帰園時に、手洗いやトイレなどの動線や順番を把握しておく。  	〇公園への散歩からの帰園 ・手洗い・うがい・排泄をする。 ・公園から持ち帰った落ち葉や木の実を保育室に飾る。 〇準備が整った子どもが実習生の前に集まる。 ・絵本を読み合うことに期待に胸を膨らませている。 ・座りながら、友達と共に会話を楽しむ子どもがいる。 ・散歩での出来事を語り合う子どもがいる。 ・ゆっくりと準備をしている子どもがいる。	・散歩を楽しんだ子どもたち一人一人の様子を受け止めながら、手洗いやうがい、排泄を見守る。 ・子どもが公園から持ち帰った木の実や落ち葉を保育室の棚に飾りながら、一緒に喜んだり、気持ちに共感したりして喜び合う。 ・絵本を読み合う場所に集まってきた子どもたちと散歩を振り返りながら会話を楽しむ。 ・子どもたち一人一人の言葉や表情に耳を傾けながら、絵本を読むことに期待を膨らませる気持ちに寄り添う。 ・ゆっくりと準備をしている子どもには、優しく言葉をかけながら、次の行動に見通しをもたせる。 ・絵本を読む位置を確認しながら、「見えない子はいないかな？」「どこが見やすいかな？」など言葉をかけながら、見えづらい子どもや座りづらそうにしている子どもがいないかを配慮する。
11：40	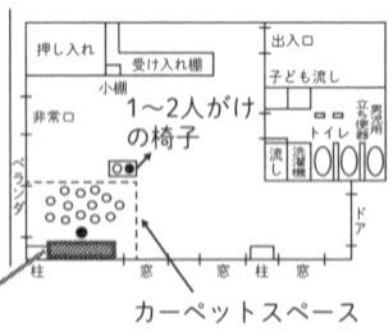 ・子どもが居心地がよいと感じるスペースや椅子を設置しておく。	〇絵本を読む前に、実習生と共に散歩で行った公園での体験を振り返る。 ・集めた落ち葉や木の実を手に取りながら、子ども一人一人の思いで語り合う。	・全員が座り終えたら、子どもたちと共に公園ではどんなことをして遊んだのかを振り返りながら、保育室に飾った落ち葉や木の実を手にして「今日もたくさん素敵なものを見つけたね」と美しさや面白さを一緒に語りながら、会話を楽しむ。 ・子どもたちが共通体験として自然物に親しみをもっていることを共感し合う。

子どもが大切にしたい気持ちを支える

絵本の見える位置に配慮しながらも一人一人が心地よいと感じる場所を選択する保障をする

時間	環境構成	予想される子どもの活動	保育者の援助・留意点
		○絵本『ばけばけはっぱ』を読み合う。 ・集中して聞き入る子どもがいる。 ・「あっ、公園のはっぱと一緒だ」など会話や指差しをしながら楽しむ子どもがいる。 ・自分だけのスペースで座って読み合いたいという気持ちの子どもがいる。	・「今日は落ち葉がたくさん出てくる絵本を持ってきました」と言って、子どもたちの興味・関心を掻き立てられるように、絵本の表紙を見せる。 ・子どもが絵本を読み合う雰囲気が整ったら読み始める。 ・一人で椅子に座りたい子どもには、そっと言葉をかけながら、クラスの担任の○○先生と共に落ち着いた場所に移動して座るように配慮する。
11：55 12：00	本棚	○絵本を読み終わる ・子どもたち同士、顔を見合わせながら楽しさを共感し合う。 ・実習生と共に会話をする。 ・「ばけばけはっぱを作ってみたい」という子どもがいる。 ・「明日は落ち葉をいっぱい集めよう」と話し合う子どもがいる。 ・絵本の時間も終わり、食事に気持ちが向き始める子どもがいる。 ○昼食	・ゆっくりと最後のページを閉じながら、余韻を味わうように裏表紙をゆっくりと見せる。 ・子どもたちに目線を向けながら、様子を見守り、言葉や表情、行動を交し合う。 ・子ども一人一人の気持ちや行動を受け止めながら、ばけばけはっぱを作ってみたいという意欲が現れた子どもには、「どうしようか、明日みんなで作ってみる？」「そのためにはどうしようか？」など、明日への意欲的な態度を支えたり、見通しをもつことができるような言葉がけをする。 ・もう一度、読みたいと思う子どもがいたときのために、保育室の本棚に『ばけばけはっぱ』を設置する。

絵本と日常生活とのつながりを考えた導入方法

平置きにできる本棚を設置し、また読みたいという意欲を支える

明日の保育へのつながりを考えた余韻

この部分実習の次の日、子どもたちは散歩中の公園でたくさんの落ち葉を持ち帰り、実際にばけばけはっぱを作ろうとクラス皆で楽しんだそうです。このＤさんのように、実習中に子ども（たち）と共に絵本を読み合うために、実践に入る前の事前準備や目の前の子どもの育ちや状況への深い理解、そして、指導案を立てる前のクラス担任との相談などが必要です。部分実習であったとしても、現在の子どもの姿にねらいをもち、絵本を選択し、一連の活動の流れを検討し、予想される子どもの姿と応じた関わり・援助ならびに環境構成などを含めましょう。また、週案や月案だけでなく、保育者となった際には年間や期ごと、または月ごとのクラスの保育年間計画とつながりをもった計画であることをしっかりと認識しておきましょう。

【設問１】（目安：保育所実習Ⅰ前の学生向け）

４名１グループとなり、各自が好きな絵本を紹介しましょう。その際、なぜ、その絵本が魅力的なのかをしっかり伝えましょう。各自の紹介が終了したら、図書館に行って自分以外の人が紹介した絵本に関連したお勧めしたい絵本を選びましょう。選んだ後、グループごとに自らがなぜ、その絵本を紹介したいと考えたのかを説明しながら楽しみましょう。このワークだけで16冊の絵本の魅力を学ぶことにつながります。

【設問２】（目安：保育所実習Ⅰ・Ⅱの間の学生向け）

子どもの姿に基づき、絵本を１冊選択し、読み合う時間の指導案を書いてみましょう。

子どもの姿：

①４歳児の６月

②友達との人間関係が深まり、遊びを楽しんでいるが、その一方、お互いの思いや願いを主張することから気持ちや行動がすれ違うこともある。

③戸外での遊びや散歩では、雨などの天候やカタツムリやカエルなどの生き物と触れ合い、遊びを楽しむ様子がある。

【設問３】（目安：保育所実習Ⅰ・Ⅱ後の学生向け）

実習にて経験した保育場面における絵本を読む時間を振り返り、子どもと保育者はどのように絵本を楽しみ合っていたのか、また、保育現場で絵本を活用することがどのように子どもの育ちを支えているのかについてのあなたの考えを300～500文字にまとめて書きましょう。

コラム Column 1

図鑑・科学絵本を活用した保育

子どもの言葉の育ちを支えるうえで、保育者は、絵本を毎日のように活用しています。特に、物語絵本や昔話絵本は個別または集団で読み合う場面において保育指導計画に含まれ、保育者は子どもの年齢や発達に応じて、適切な絵本を選択するように心がけています。実は、絵本や本というものは物語や昔話だけでなく、多種多様なジャンルがあります。そのため、保育者は子どもたちに対して様々なジャンルの絵本・本との出会いを保障していく必要があるのです。図鑑や科学絵本は、それらのジャンルの１つとなります。子どもたちが身の回りにあるものを発見したときに、図鑑や科学絵本が子どもの傍らにあることによって、より深く感じることや知ることへつながっていきます（『ずかん・かがく絵本から広がる遊びの世界』[1)] 参照）。

例えば、写真のような大きなトンボと子どもたちが出会ったとしましょう。このときに生みだされる「うわぁー、大きくてきれいな翅だね」という驚きの言葉は、自らの感動を友達と一緒に感じようとする姿です。この姿は、私たちが人間として生きるうえで感動したことを言葉にあらわす貴重な経験といえるでしょう。このような経験の積み重ねは、日頃から子どもが自らの思いや気持ちを言葉にあらわす力を支えていきます。さらに、自然と触れ合うことは親しみや愛情などを育てるだけでなく、科学的な見方や考え方の芽生えを培うえでの基礎を育てていきます。そのときに図鑑や科学絵本などの知識や情報を通して、今まで知らなかった言葉の獲得にもつなげていく保育を心がけていきましょう。

コラム Column 2

子どもの言葉から学ぶ　～生き物との関わりを通して～

これは、筆者が年長組の担任をしていたときのＳ君との出来事です。Ｓ君は、友達と遊ぶよりも一人で黙々と目的に向かって熱中することが多く、生き物が大好きな子どもでした。

Ｓ君との関係づくりをしたいと思った私は、一緒に幼稚園の目の前にある用水路に生き物を探しに行くことにしました。そこで用水路を覗いているとドジョウが泳いでいるのを見つけました。私はドジョウを捕まえて、Ｓ君に渡してみました。

Ｓ君「わぁ、ドジョウってぬるぬるしてる！」
私「ドジョウってなんでぬるぬるしていると思う？」
Ｓ君「人に捕まったときに、逃げやすいようにするためじゃない？」

ドジョウについて調べるために、図書の部屋に行って、『水の生き物図鑑』を調べてみると、「ドジョウの飼い方」が載っていました。そこには、「水槽に２～３センチの砂利が必要」と書いてありました。

Ｓ君「２、３センチの砂利が必要だって。」
私「本当だねぇ。園庭で集めてこようか。」

最初は、園庭の砂を水槽にドバっと入れます。すると水が濁ってしまい、ドジョウの観察ができません。

Ｓ君「全然見えないじゃん…そうだ！ザルでさ、細かい石だけ集めて、その砂利を水で洗えばいいんだよ。」

こうして始まったドジョウの床の砂利集め。ザルに園庭の砂を入れて、小石のみを集めていきます。「大変だな」「時間がかかるなぁ」とつぶやきながらも集めていく私とＳ君。水槽に１センチほど集めたところで昼食となってしまった為、最後までやり遂げずに一度おしまいになってしまいました。

昼食後、私は他児に誘われ、他の子と遊んでいました。すると、怒った表情でＳ君がやってきました。

Ｓ君「ドジョウの砂利集め、するんじゃなかったの？」
私「ごめんね。他の子から、遊び誘われちゃってさ。」
Ｓ君「**ドジョウの命と遊びどっちが大切だと思う？**」
私「命が大切ですね…。」
Ｓ君「そうだよ。これは、**遊びの時間だけど仕事だからね。**」
私「はい…。」

私と一緒に遊んでいた他児たちも手伝ってくれて、砂利はすぐに集まりました。

Ｓ君「ほら。一人でやるよりも、こういうのって早くできるでしょ。」
私「本当だね。みんなでやると早いし楽しいよね。」
（友達と関わる楽しさとか感じてくれたかな？と嬉しい気分で言葉をかけると…）
Ｓ君「**うん。でも、遊びは一人でした方が自由だから、一人でもいいんだけどね。これは、仕事だから。**」

私たち大人はついつい、今は「遊びの時間」、「活動の時間」というふうに分けて捉えてしまいますが、子どもたちは、遊びの時間に「仕事」をしていたり、「活動」と同じ気持ちで遊びに取り組んでいたりすることがあるように感じます。また、Ｓ君の自分の目的に合わせて、仲間を求めたり、一人で遊んだりと、使い分けていることにも気づかされ、改めて子どもの言葉から教えてもらうことの多さを感じた出来事でした。

2．物語（幼年文学・児童文学）

1．物語（幼年文学・児童文学）の読み合いから広がる遊び

・物語の世界を子ども同士が共有・共感し、活き活きとした読み合う活動へと発展していくこと は、子どもの育ちに大きな影響を与えます。保育者として、幼年文学、児童文学を楽しみ、子どもと読み合うことのできる感性を育みましょう。

2．絵本から物語（幼年文学・児童文学）へ

・絵本を読み合う経験の積み重ねによって「聞く力」が育まれ、年長クラスになるころには、絵の 少ない幼年文学や児童文学を毎日少しずつ読み進めても、理解して楽しめるようになります。そし て、物語を読み合う経験の積み重ねが、豊かな想像力、創造力、言葉の育ちへとつながっていくことを理解しましょう。

3．子どもたちの発達に即した物語（幼年文学・児童文学）の選択

・子どもと共に物語を読み合うなかで、「目に見える世界」だけではなく、「目に見えない世界」が あることを知り、様々な表現活動（遊び）を通して、共有・共感する経験を積み重ねていくこ とは人と共に生きる力にもなっていくと思います。具体的にどんな幼年文学・児童文学を選択して いけばよいか学びましょう。

事前学習 Work

【設問１】（目安：保育所実習Ｉ前の学生向け）

図書館に行ってあなたが好きな幼年文学・児童文学のいずれか１冊を選び、本の題目、作家、画家、出版年度、出版社、版数、物語の内容、その本の魅力についてまとめ、おすすめ幼年文学・児童文学を紹介するポップ作りをしてみましょう。

【設問２】（目安：保育所実習Ｉ前の学生向け）

２人１グループになり、お互いの本を１章ずつ、声に出して読み合いましょう。読み手は読みやすいか、聴き手は耳から入る物語の世界が豊かに想像でき、楽しむことができるか、経験してみましょう。

【設問３】（目安：保育所実習Ｉ・II の間の学生向け）

あなたが選んだ本を子どもと共に読み合ったとき、子どもは登場人物のどんなところに憧れ、実際 に経験してみたいと感じるでしょうか。自らの考えをまとめてみましょう。

（1）幼年文学とは

幼年文学は、幼児から小学校１、２年生くらいまでの幼い子どもを中心読者とした文学と定義されています[1)]。ここで想定される読者はこの年齢の子どもです。子ども自らが読むだけではなく、読んでもらう読者が含まれています。

幼年文学の特徴として宮川は、たくさんの挿絵がついていて、本の形はしているけれど、絵を抜いても読んだり読んであげたりすることができる言葉だけで成立する点をあげ、次のような特徴をもっていると述べています[2)]。まずは、絵が物語を語り、ページをめくることによって展開する視覚的で工芸的な絵本とは異なるとしています。また、登場人物が動物を擬人化した作品が多く、保育園や小学校、家庭などを舞台にしていることが多いため、幼い子どもにも親しみやすく、登場人物に同化して想像を広げやすい人物設定や場面設定になっているという特徴ももっています。さらに、言葉遊びが盛り込まれている作品も多く、言語感覚を養うことにもつながります。

幼年文学は大人から読んでもらう絵本から自分で読む本へ移行する段階で読まれるため、子どもが「自分で読む」文学ではなく、大人の読み聞かせを「耳で聞く」文学ということもできます[3)]。長めの文学作品にスムーズに親しんでいけるかどうかを決める子どもにとって重要な児童文化財なのです[4)]。たとえば幼年文学は、主人公が日常世界から非日常世界に行き、冒険などを経て成長して再び日常世界に戻ってくる「行きて帰りし物語」の構造（ファンタジーの特徴）をもつことが多いことも特徴としてあげられますが、幼年文学を通してこうした物語構造に親しむことが、小学校中学年以降にも読まれるようなもっと長い文学作品の読みの力の基盤にもなるのです。

このように、幼年文学を保育の場において扱うことには様々な意義があります。そこで本章では、保育における幼年文学の活用や子どもの言葉の育ちに果たす幼年文学の役割を考えていきます。

（2）物語（幼年文学・児童文学）の読み合いから広がる遊び

まず､実際に４､５歳児クラス（３～５月）で物語の読み合いをきっかけに広がった遊びの実践を紹介し、読み合う活動がどのように子どもの育ちに影響を与えるのか考えていきましょう。

てつたくんは、五さいで　ようちえんに　いっています。
みつやくんは、三さいで　ようちえんに　いっていません。
(p.5 より引用)

あらすじ：

てつたくんとみつやくんが森に探検に出かけると、食いしん坊で臆病だけど、優しいへんなきょうりゅう「へなそうる」に出会いました。
そして、へなそうると一緒に森の中で夢中になって遊び始めます。

『もりのへなそうる』
わたなべ しげお さく・
わまわき ゆりこ え
福音館書店、1971[5)]

Episode 2

子どもたちが物語の世界の扉を開く

2月中旬頃から『もりのへなそうる』を読み合って楽しんでいた子どもたち。すると、マサハルくんは、わくわくしながら周りの友達に次のように提案しました。

マサハルくん「ねぇ、今やってる遊びをおしまいにして、へなそうるごっこしようよ」

すると、

ユリナちゃん「ちょっと待って、私たちあと2週間で年長さんになるでしょう。今、へなそうるを積み木で作ったら、2週間しか一緒に遊べないよ。年長さんになってから作ったら、たくさん遊べるから、へなそうるごっこは年長さんになってからにしよう」

と意見を言います。

周りの子どもたちは聞きながら、どうしようかなと考えている様子。「いいね」「どうしようね」と5歳児進級前の子どもたちらしく、互いの考えを共有しながら遊びの相談をしています。最後には、「もうちょっと、今の遊びをしてから、やっぱり5歳になったらしようよ」というある子の提案で5歳児2日目の朝からもりのへなそうるの遊びがスタートしました。

この【Episode2】の4歳児クラスの子どもたちは、絵本や幼年文学を1年間親しみながら生活をしてきました。たとえば、幼年文学の1つに『いやいやえん』[6) などがあります。いやいやえんの主人公は年中で同じ思いや考えを巡らせながら楽しむことができる物語です。そのような絵本や幼年文学を親しむ経験を重ねてきたからこそ、子どもたちは想像力が身に付いていきました。その生活の流れのなか、『もりのへなそうる』を読み、遊んでみたいと思ったマサハルくん。あと2週間で進級する3月であったことから、子どもたちの話し合いで5歳児からの遊びのスタートとなっています。このような子どもたちの様子から、4歳児における絵本や幼年文学を読み親しむ経験から想像力や想像したことを自らの言葉で表現して友達と共有したり、話し合ったりする力が育っていることが分かります。

保育者は、4歳児の1年間の中で絵本や幼年文学を親しみ、自分たちの生活経験と重ね合わせながら、実際に自分たちも物語の世界と同じように遊んでみたいという意欲が生みだせるように導くような援助をしていました。そのなかで、子どもたちは友達同士でつながりながら互いの言葉を交わし合い、考えを共有し、話し合いのなかで自分たちのやりたいことを遊びの中で実現しようという経験を積み重ねています。このエピソードからも分かるように、そのような子どもたちの成長過程を経ているからこそ、子ども自らの想像力と遊びへの意欲で物語の扉を開くようになっていました。

3月に話し合っていたことを覚えていた子どもたちが、『もりのへなそうる』の物語に出てくるシーンを思い浮かべながら、積み木で遊び始めています。子どもたちは、『もりのへなそうる』の物語の世界をしっかりと自分の心のなかに取り込みながら、自分がイメージしたことややりたいことを言葉で表現し、友達に伝えています。また、友達である他者の思いや考えも受け止めながら、互いのイメージを共有し、遊びを展開しています。

保育者はその傍らで、その話し合いを見守りながら、積み木を積みあげるための脚立や新しい積み木の箱を押し入れの奥から出したり、卵を作るための大きな段ボール紙、絵の具や

Episode 3

へなそうるの遊びが始まる

5歳児に進級して2日目の朝、アヤちゃんとハナちゃんが積み木を積み始めていました。

アヤちゃん「あったとさ、あったとさ、ひろいのっぱら　どまんなか　きょだいなへなそうるがあったとさ……」

と、つぶやいています。

保育者サトコさんは、「あ、これは、『きょだいな　きょだいな』[7)]の絵本の中に出てくるフレーズだ」と気付き、大きなへなそうるを作ろうとしている意気込みを感じ、うれしくなりました。

その言葉遊びに誘われるかのように、他の遊びを楽しんでいた子どもたちも、少しずつ仲間に加わっていきます。

アヤちゃん「天井に届くくらいのへなそうるにしよう」

ハナちゃん「へなそうるは、前に作ったキリンよりもっと大きくしたいね。」

アヤちゃん「へなそうるは赤と黄色のしましまなんだよね」

ハナちゃん「でっかいたがも（たまご）からうまれるから、でっかいたがも（たまご）も作らなくっちゃ」

アヤちゃん「へなそうるはおにぎりが大好きなんだよね。おにぎりもって、たんけんに行きたいね」

と、物語のなかに出てくるシーンを思い浮かべ、話し合いをしていました。

机の準備をしたりなどの援助をしていました。子どもたちのやりたいことや遊びの展開を予測しながら、環境設定することでより子どもたちのイメージが表現できるように援助しています。また、時には子どもたちのイメージの広がりや深まりを支えるために、へなそうるの身体の特徴である「ここは赤と黄色なのかな？」などと言葉をかけながら、一緒に遊びを展開していく環境の１人としての役割を担いました。

４歳児のとき、『もりのへなそうる』を読み合っていた子どもたちは、物語に出てくる「たがも(たまご)」や「どうつぶ(どうぶつ)」「ちじゅ(ちず)」などの言葉に興味・関心をもち、その言葉遊びに夢中でした。なぜなら、その言葉は子どもたちにとっては幼い子どもが使う言葉であり、5歳児の進級目前の自分たちにとっては主人公の小さいみつやくんが言い間違える言葉が面白くて、楽しくて、愛おしくてたまらない言葉だったからです。その一方、年長になる自分たちにとっては幼い自分を振り返って、もう卒業したという自らの成長を実感できる経験となっていました。また、実際の本の中に登場するへなそうるの“たがも(たまご)”は、白黒の挿絵のみで色合いまでは解説はされていません。絵本に比べて幼年文学は絵が少なく、子どもの想像力を掻き立てるものだからこそ、子どもにとっての“たがも(たまご)”のイメージは豊かなものとなっています。

へなそうるができあがると、へなそうるの大好きなおにぎりを持って探検に出かけようと

Episode 4

どんなたまごから生まれるの？

素敵なへなそうるを作ろうと盛りあがって遊んでいる子どもたち。へなそうるの卵もつくろうよと話し合っています。

ユウキくん「ぐるぐるのたまごにしようか」

サツキちゃん「なにいろがいいかな」

アカリちゃん「ほしもかきたいよねー」

シュンヤくん「ピンクいろにしてもいいかもね」

子どもたちにとって素敵なへなそうるを作るためには、素敵な卵も大切です。

保育者サトコさん「絵の具が必要？それとも色鉛筆？」

アカリちゃん「えのぐがいい！」

あっという間に、子どもたちが描いた色とりどりの卵が増えていきます。卵はへなそうるの周りに飾られていきます。

みんな「この"たがも"からうまれたんだよねー」

と、うれしそうにへなそうると卵を眺めていました。

Episode 5

たんけんごっこ遊びへと広がる

もりのへなそうるも完成し、周りには卵も一緒に暮らす昆虫や動物も作られていきました。そんなとき、物語の主人公であるてつた君とみつや君がおにぎりを持って森を探検する場面を思いだした子どもたちから、自分たちもおにぎりを持って探検をしたい！という気持ちが現れてきました。

ジュンちゃん「どんなおにぎりを持っていく？」

アケミちゃん「やっぱり、うめとかしゃけがいいかな～」

ユウキくん「たまごやきももっていきたいよね」

そんな声があちらこちらで聞こえてきます。

アケミちゃん「じゃあ、おにぎりやさんをはじめようか」

と、おにぎり屋さんが開店することになりました。

さぁ、おにぎりを買って探検へ出発。子どもたちは、へなそうるの森へ出発しました。

まず、「おにぎりや」が開店しました。また、虫好きな子どもたちは、散歩先で見かけた昆虫を図鑑で調べ、LaQというブロックで再現したり、絵に描いたりして、へなそうるの周囲に仲間入りさせていきました。さらに、発展させて森には、様々な動物もいると話し合い、図鑑で調べて動物も仲間入りさせていました。探検に出かけるために必要な望遠鏡や水筒など様々なグッズも作っていました。そのころに出かけた散歩先の公園で写生している画家のおじさんに出会い、写生の様子を見せてもらった経験から、森でへなそうるに出会ったときに写生もできるようにと、写生セットも準備することになりました。

このように子どもたちの遊びでは、物語での読み合う経験と生活経験を一緒に重ねていき

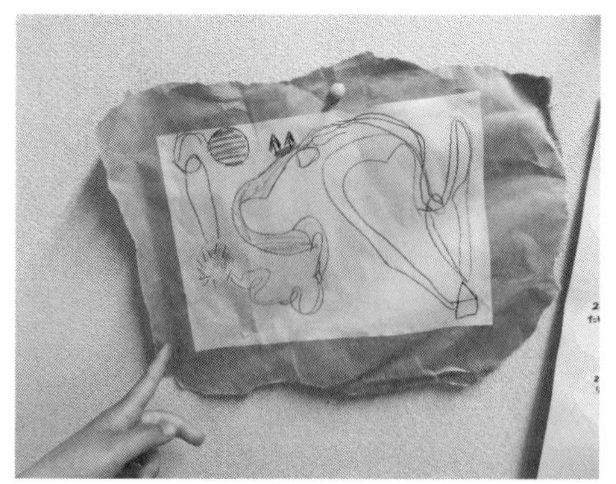

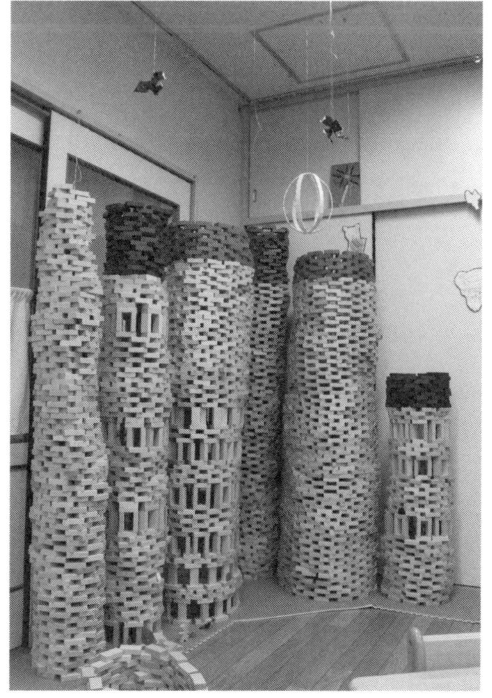

ながら、それぞれが思い付いた遊びのアイデアを言葉で伝え合い、話し合いながら、遊びを展開していきました。自らの思いや考えを言葉によって他者へ伝え、他者の思いや考えを言葉で聞く力となっています。このような子どもたちの経験は、物語の内容にはないところまで想像を巡らせたり、自分たちの発想から生みだされたことの楽しみを十分に味わったりすることで、さらに豊かなイメージが広がり、言葉が豊かになっています。

この場面で保育者は言葉が豊かに育つために、『もりのへなそうる』の読み合いをきっかけに、物語の世界と生活における人や生き物、身近な物との触れ合いを重ね合わせるための配慮を行うために、対話や会話を通して子ども同士のイメージが広がったり、深まったりするようにしていました。また、子どもたちの遊びの展開においては、子どもがイメージした言葉を汲み取りながら、やりたい遊びを予想して、必要な物(おもちゃ、造形表現の道具、自然物など)を子どもたちと話し合いながら準備し、さらに表現活動が広がっていくように援助をしています。

（3）絵本から物語（幼年文学・児童文学）へ

ここで紹介した『もりのへなそうる』は、幼年文学のジャンルに属するものです。

「幼年文学」は、４、５歳児から小学校低学年までを対象にした文学です。つまり、幼年文学は文字を読むことのできない子ども対象としている文学となります。文学とはいえ、「自分で読む」のではなく、「大人に読んでもらう」「聞く」文学ともいえます。絵本のような絵による情報が少ないため、子どもたちは、聞きながら時々描かれている挿絵から物語の世界を想像してイメージを膨らませ、登場人物に自分を重ねて、自分の経験とつなぎ合わせながら楽しんでいきます。「聞く力」が育っているからこそ、楽しむことができるのが物語です。そして、「聞く力」が育っていると、『大どろぼうホッツェンプロッツ』や『長くつ下のピッピ』など、自分で読むなら小学校中学年くらいからといわれる「児童文学」も十分に楽しむことができます。

物語というもう1つの不思議で、楽しくて、どきどきしたり、不安になったりと、日常とは違う世界に行って帰る豊かな経験を幼児期にたくさん積み重ねる機会をつくることは、保育現場では大人の大切な役割だと感じています。そしてその経験が自分で物語の世界に行きたい、自分で読みたいという、読書の世界の入口につながっています。

（4）子どもたちの発達に即した物語（幼年文学・児童文学）の選択と計画

保育所保育指針の３歳以上児の保育に関わるねらい及び内容の言葉の領域における内容の取扱いのなかには「絵本や物語などで、その内容と自分の経験とを結び付けたり、想像を巡らせたりするなど、楽しみを十分に味わうことによって、次第に豊かなイメージをもち、言葉に対する感覚が養われるようにすること」「子どもが生活の中で、言葉の響きやリズム、新しい言葉や表現などに触れ、これらを使う楽しさを味わえるようにすること。その際、絵本や物語に親しんだり、言葉遊びなどをしたりすることを通して、言葉が豊かになるようにすること」と示されています[8)]。

『もりのへなそうる』の物語の読み合いを通して、子どもたちが物語の世界の中に入り込んで表現したい、日常で経験したことも再現したい、自分も同じように体験したいという意欲が積み木遊びやごっこ遊びなどの友達と共に楽しむ表現活動に広がっていました。しかし、子どもたちのこの姿は５歳児だからという年齢だけで広がっていく遊びではありません。この事例に登場した子どもたちは、３歳児クラスのときに『からすのパンやさん』[9)]を読み合って、その物語の世界で遊びを楽しみ合いました。その遊びでは、物語の内容と自分の経験を結び付けることを積み重ねました。その中で、次第に豊かなイメージをもち、言葉に対する感覚が養われてきたからこそ、５歳児においてはイメージを言葉にする力が身に付いていました。その言葉の育ちの過程を保障することが保育者の役割なのです。

表 13-4　3歳児クラス～5歳児クラスで楽しんだ幼年童話・児童文学

ものがたりの題名	作家／出版社
『みどりいろのたね』	作：たかどのほうこ／絵：太田大八／福音館書店
『はじめてのキャンプ』	作・絵：林明子／福音館書店
『番ねずみのヤカちゃん』	作：リチャード・ウィルバー／絵：大社玲子／訳：松岡享子／福音館書店
『おおきなおおきなおいも』	原案：市村久子／作・絵：赤羽末吉／福音館書店
『ふくろうくん』	作：アーノルド・ローベル／訳：三木卓／文化出版局
『ハナさんのおきゃくさま』	作：角野栄子／絵：西川おさむ／福音館書店
『いやいやえん』	作：中川李枝子／絵：大村百合子／福音館書店
『エルマーのぼうけん』	作：ルース・スタイルス・ガネット／絵：ルース・クリスマン・ガネット／訳：わたなべしげお／福音館書店
『もりのへなそうる』	作：わたなべしげお／絵：やまわきゆりこ／福音館書店
『大どろぼうホッツェンプロッツ』	作：オトフリート・プロイスラー／訳：中村浩三／偕成社
『魔女の宅急便』	作：角野栄子／画：林明子／福音館書店
『長くつ下のピッピ』	著：アストリッド・リンドグレーン／絵：桜井誠／訳：大塚勇三／岩波書店

【設問１】（目安：保育所実習Ⅰ前の学生向け）

あなたが選んだ１冊の物語をきっかけに、どのような遊びが広がっていくか、予想してみましょう。

【設問２】（目安：保育所実習Ⅰ・Ⅱの間の学生向け）

実習先で出会った子どもたちに、あなただったら、他にどのような物語を選択しますか。１冊選択し、その理由を書いてみましょう。

【設問３】（目安：保育所実習Ⅰ・Ⅱ後の学生向け）

実習先の保育現場で、何の物語を楽しみ、どのような読み合う活動に発展していましたか。そして、読み合いを通して、子どもの育ちにどのように影響していましたか。あなたの考えを 300 ～ 500 文字にまとめて書きましょう。

Memo

3．昔話

1．現代社会における昔話の役割

・昔話は、伝説や民謡、わらべうた等と同じ伝承文学の１つです。文字を用いず民衆によって口伝えに伝承されてきたので、口承文学ともいわれます。
・昔話を子どもに語ることは、子どもの発達と文化の伝承において大きな意味があります。昔話の役割について理解を深めるとともに、保育者として子どもたちと一緒に昔話を楽しみ、味わうことができる感性を育みましょう。

2．昔話の特徴

・日本昔話、ヨーロッパの他、各国の昔話には共通の特徴があります。
・子どもの発達に効果的な昔話の特徴について理解を深めましょう。

3．子どもの発達における昔話の意味

・伝承の話を聞くことで聞く力が発達することについて学びましょう。
・昔話を聞くことで、子どもの想像力が発達することについて理解を深めましょう。

4．昔話の語り聞かせの部分実習指導案の作成

・子どもたちの実態に即した昔話の選択方法や保育計画を学びましょう。
・実際に子どもたちがいると想定して昔話を語る練習をしましょう。

事前学習 Work

【設問１】（目安：保育所実習Ⅰ前の学生向け）

自分が覚えている昔話の中から１編を選び、昔話の題名、話のあらすじ、なぜ、その昔話を選択したのかについて、昔話の紹介文を200字程度で作ってみましょう。

【設問２】（目安：保育所実習Ⅰ・Ⅱの間の学生向け）

３歳以上児を対象に語る日本昔話とグリム童話をそれぞれ１編ずつ選び、なぜ、その昔話を選択したのか自分なりの考えをまとめましょう。また、そのうちの１編を子どもに語れるように練習しましょう。

【設問３】（目安：保育所実習Ⅰ・Ⅱ後の学生向け）

実習経験を振り返り、３歳以上児を対象に昔話を語るために必要な専門的知識や技術は何かについて、自らの考えを300字程度でまとめてみましょう。

（1）現代社会における昔話の役割

多くの絵本が出版され、映像技術が進歩した現代社会の中で、なぜ保育者があえて肉声で昔話を語るのか、子どもたちが昔話を聞いている様子から考えましょう。

Episode 6

「繰り返しに笑い」「体でリズム」（3・4・5歳児異年齢保育）2023年8月

夏の暑い日、水遊び前の時間に「今日は皆さんにお話をしに来ました」と伝えました。園児は25人でした。語り手がエプロンのポケットから「熱っ」と焼き立てのパンを取りだす仕草をして「今日は焼き立てのパンのお話です」と言うと、数人が目を大きく見開きました。他の子どもたちも語り始めるのを静かに待っていました。

「かたやきパン」はイギリスの昔話です。他の地方にも似ている話はたくさんありますが、イギリスの昔話集[1)]から選んで話をしました。かたやきパンが男の子の家から駆けだして、井戸掘り、二人の溝掘り、クマ、オオカミと駆け比べをして相手を負かし、最後にキツネに食べられてしまう話です。

この話では、かたやきパンが出会った登場人物に「ぼくはね、～と～と～とかけっこをして負かしちゃったんだ。お前になんかつかまるかい」と言ってかけっこをし、「けれども、かたやきパンはつかまりません」という同じ言葉で締めくくられるモチーフが続きます。同じ言葉を省略せずに繰り返すと、その度に子どもたちから笑いが起き、「～と～と～と」という数が増えるごとに子どもたち同士が顔を見合わせて笑う声は大きくなりました。

語り手が笑い声を少し待つ間に、子どもたちは笑いながらも次の話を聞こうとして静かになって前を向きました。子どもたちの顔を順に見ながら「～と」と続けると、頭でリズムを取ったり一緒に指を折りだしたりする子もいました。最後にキツネが登場し、「キツネが『もっとよく聞こえるようにそばに来ておくれ』と言いました」と言うと、前の方に座っていた3歳の子どもたち数人が少し前のめりになり、語り手の方に近づいて来ました。

【Episode6】では、語り手がポケットから焼き立てのパンを取りだす仕草をしたことに子どもたちが興味をもち、「場」の雰囲気ができあがっています。「聞こう」「聞きたい」という意欲が「静かに待つ」行為となって「お話を聞く場」がつくられました。これは人と人とのやりとりから作られた場です。

また、同じ言葉の繰り返しで起こった笑い声が「～と～と」という数が増えるごとに大きくなっているのは、友達と楽しさを共有できたことで子どもたちが心を開いているからです。語り手が子どもたちの顔を順に見ながら「～と」と言う度、子どもたちは自分の頭でリズムを取り始めました。これも心を開いて話を聞き、昔話のリズムを感じ取った楽しさの現れです。キツネが登場する場面で、前のめりになった子どもたちがいたのは、自分たちもその場にいるかのような臨場感を感じてのことでしょう。

昔話を保育現場で語り聞かせる際には、人と人との気持ちがやりとりできていること、子どもたちが語り手とだけでなく友達とも共に楽しめるよさを感じていることが重要です。文字が変えられない絵本や動画とは違って、聞き手の様子を見ながら保育者が肉声で語ることで、子どもたちがじっと話を聞いて楽しめる場をつくっていけるように考えていきましょう。

（2）昔話の特徴

昔話には地域によらず共通した顕著な特徴が見られます。ここでは、昔話の次の４つの特徴について考えてみましょう。

①分かりやすいテーマ

１つ目の特徴は、勧善懲悪型、因果応報型、知恵型のように、昔話のテーマは子どもにも理解しやすく、分かりやすいものが多いということです。

日本昔話「花さかじいさん」では、欲張らず心優しいおじいさんに福が与えられ、欲深く意地悪な隣のおじいさんには罰が下されます。グリム童話「ホレおばさん」では、ホレおばさんとの約束通りに働いた上の娘には金（きん）が与えられます。一方で、約束を守れないのに金を欲しがった妹にはヤニが与えられます。これらの話では善悪が明確に示されて中立はなく、悪は懲らしめられる勧善懲悪型の構造をもちます。

また、日本昔話「クラゲ骨なし」のクラゲは、口が軽くて役目を果たせなかったために皮を剥がれて骨もなくなってしまいます。「かたやきパン」のかたやきパンは調子に乗って油断したためにキツネに食べられてしまいます。これらの話のように「○○だったからこうなった」という因果応報型の話も多く見られます。

さらに、日本昔話「絵姿女房」では、ある男の嫁が殿様の城に無理やり連れて行かれますが、嫁の知恵によって男と嫁は元通りに一緒に暮らせるようになります。グリム童話「ヘンゼルとグレーテル」では、ヘンゼルとグレーテルがそれぞれに知恵を働かせて魔女から逃れ、無事に家に戻ることができます。こうして、主人公が知恵を働かせることによって困難から逃れる構造をもつ知恵型の話も多くあります。

②単純なストーリー展開

２つ目の特徴は「単純なストーリー展開」だということです。昔話は民衆が口承で伝えてきた話なので、難しい言い回しや複雑なストーリーは簡略化され、耳から聞くだけで容易に理解できる語り口や単純なストーリーだけが残ったといわれます。

登場人物の数が少なく、必ず主人公と関わりをもちます。伏線はなく、「主人公にこういうことが起こった」「主人公は次にこうなった」と、時間の経過に従い、主人公を中心にして一方向に話が進んでいきます。「かたやきパン」では、主人公のかたやきパンが行く先で出会った登場人物とかけっこをして相手を負かし、最後にはキツネに食べられてしまいます。

図 13-5　「はじまり」から「おしまい」までが一方向に進む

また、昔話の始まりと終わりには決まった型があります。「むかしむかしあるところに」で始まり、「おしまい」だということが分かる言葉で終わります。「おしまい」と言う代わりに「どっとはらい」や「めでたしめでたし」などの独特の言葉が使われるのは、日本昔話にもヨーロッパの他、各国の昔話にも見られます。

③同じモチーフの繰り返し

３つ目の特徴は、「かたやきパン」に見られるように、重要となるモチーフが繰り返し語られる点です。繰り返しは途中で省略せず、同じ文句が繰り返されます。

日本昔話「梨とり兄弟」では３人の兄弟が沼に行くモチーフが３回繰り返され、「ねずみ経」では盗人がお経を聞いて驚くモチーフが４回繰り返されます。

グリム童話「白雪姫」では白雪姫が魔女に３回殺されかけます。イギリスの昔話「3匹のこぶた」では３匹のこぶたとオオカミのやりとりが３回繰り返されます。

④言葉のリズム

４つ目の特徴は、昔話はリズミカルに語られるということです。「かたやきパン」の、「ぼくはね、〜と〜と〜とかけっこをして負かしちゃったんだ。お前になんかつかまるかい」という繰り返しでは、英語でも日本語訳でも、一定のリズムがあります。

日本昔話「かにむかし」ではさらに特徴的です。かにが柿の種をまいた後の「はやく芽を出せ、かきの種、出さねばはさみでちょんぎるぞ」は、七五調のリズムで語られます。また、下の図のように４拍子で語られることもあります。

♩ ♫ ♫ ♫	♫ ♫ ♩ 𝄽	♫ ♫ ♫ ♫	♫ ♫ ♩ 𝄽
はやくめをだせ	かきのたねー	ださねばはさみで	ちょんぎるぞー

「おむすびころりん」では、じいさまが転がしたおむすびが穴に入るときの「おむすびころりん　すっとんとん」「ころころころりん　すっとんとん」のリズムも、下の図のように４拍子のリズムです。

♫ ♫ ♫ ♫	♩ ♫ ♩ 𝄽	♫ ♫ ♫ ♫	♩ ♫ ♩ 𝄽
おむ すび ころ りん	すっ とん とん ー	ころ ころ ころ りん	すっ とん とん ー

(3) 子どもの発達における昔話の意味

先に述べた昔話の4つの特徴は、子どもの発達と大いに関係があります。

①理解する力の発達：分かりやすいテーマ・単純なストーリー展開

昔話を語り聞かせることは、聞いた話を大づかみに捉え、全体像を理解する力の発達を促すことにもなります。特に、分かりやすいテーマと単純なストーリー展開という昔話の特徴が関係します。

昔話のテーマは分かりやすいので、昔話を何度も聞くことで話全体を大づかみに捉え、理解する力が身に付いていきます。また、昔話は単純なストーリー展開であるために、理解できる語彙が少ない時期の子どもでも、話全体を大づかみに捉えることができます。

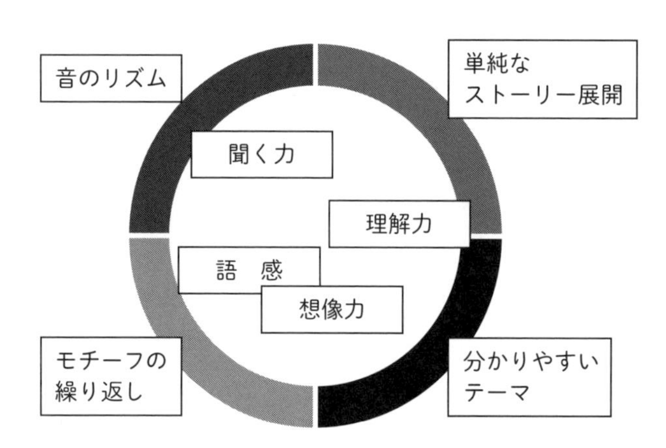

図 13-6 子どもの発達と昔話の特徴

さらに、昔話では途中で主人公に困難が生じますが悲劇は少なく、多くの話はハッピーエンドです。そのため、途中にハラハラする場面があっても安心して聞くことができます。むしろ、途中の困難が大きければ大きいほど、後の展開を想像しながら集中して楽しむことができます。

つまり、テーマが分かりやすくてハッピーエンドが多く、単純なストーリー展開という構造をもつ昔話は、この時期の子どもにとって無理なく楽しめる話であり、理解する力の発達を促します。

②聞く力の発達：同じモチーフの繰り返し・言葉のリズム

昔話を肉声で語り聞かせることは、子どもの聞く力の発達を促します。これには、昔話における同じモチーフの繰り返しと音のリズムという特徴とが関係します。

「聞く力」については、保育所保育指針[2)]第２章２(2)エの②簡単な言葉に気付き、聞き分ける、④絵本や紙芝居を楽しみ、簡単な言葉を繰り返したり、模倣をしたりして遊ぶ、⑤保育士等と言葉のやり取りを楽しむ、⑥友達との言葉のやり取りを楽しむ、⑦興味や関心をもって聞いたり話したりする、と示されているように、言葉に興味や関心をもって聞くこと、言葉を模倣したり繰り返したりするやりとりを楽しむことが重要だというわけです。

昔話では同じモチーフが繰り返し語られ、言葉にリズムがあるので、同じ言い回しや言葉を何度も繰り返し聞き、言葉のリズムに合わせて楽しく真似て遊ぶようになります。昔話を聞いて語り手や友達と一緒に言葉をやりとりする楽しさが、聞こうとする意欲や態度を身に付けることになり、聞く力の発達を促すのです。

幼児期に培った聞く力は、小学校教育で重要となる「話し手が知らせたいことや自分が聞きたいことを落とさないように集中して聞き、話の内容を捉えて感想をもつこと」[3)]にもつながります。

③想像する力の発達：同じモチーフの繰り返し・分かりやすいテーマ

昔話は子どもの想像力の発達を促すことにもつながります。絵本とは違って絵がない話を聞くので、出てくる登場人物の姿や様子を頭の中で想像しながら楽しみます。たとえば、「大きな桃が流れて」と聞いて想像する桃の大きさや形は一人一人がそれぞれに想像して一様ではありません。この、自分なりに想像して話を聞くということそのものが、昔話を聞く面白さです。

また、同じモチーフを繰り返し聞くことで、子どもが「はじめは、次は、その次には……」という時間の経過とともに次の展開を想像し、話の展開を楽しむようになります。さらに、繰り返されるモチーフの最後だけ、途中から前の展開と少し異なって結末へと向かうので、子どもは「次はきっと……」と期待を膨らませて聞くようになっていきます。こうして想像することができるのも、同じモチーフの繰り返しの構造をもつ昔話を聞く効果です。子どもに想像する力が付いていきます。

④語感の発達：言葉のリズム・同じモチーフの繰り返し

同じモチーフの繰り返しは聞く力の発達と関係すると②で述べましたが、言葉のリズムや同じモチーフの繰り返しは耳に残るので、子どもが復唱したり覚えて一緒に唱えたりして親しみながら、言葉に対する感覚を養うことにもなります。

子どもの言葉の発達において、特に２歳後半から３歳には周りの大人や友達との会話が増え、獲得する語彙が増大します。４歳から５歳には言葉が質的に深まる時期となります。昔話は、この時期の子どもの語感を高めることにも大きく関わっています。

（４）昔話を語り聞かせるときに必要な保育者の専門的技術と知識

昔話を聞く時間が子どもたちにとって楽しいワクワクしたものになるよう、「Point1 ～ 4」

を中心に、昔話を語る時に必要な保育者の技術を学びましょう。156頁の「絵本を読み合うときに必要な保育者の専門的知識と技術」も参考にしましょう。

① Point 1：お話を聞く場

昔話を語る場は、子どもたちとのやりとりで誕生します。子どもたちが落ち着いて聞けること、話に興味をもって聞けることが重要です。静かで、視界に刺激の強い色や形がない場所をできるだけ選びましょう。

保育者の中には、お話の時間に皆が座るための専用マットや、決まったテーブルに蝋燭を置くことを続けている人がいます。こうした小道具で子どもたちがお話だと気付き、自主的に集まって静かになるのは、主体的な聞き手を育てることになります。

② Point 2：昔話の選び方

昔話がテレビで放送されたり絵本になったりする中で、踵を切ったり（「灰かぶり」）、背中が焼かれたり（「かちかちやま」）という「残酷」な部分が省略されたり、変更されたりすることが起こりました。しかし、昔話には体から血が流れたり傷口が化膿したりする詳しい描写はなく、「切った」「焼いた」という言葉から、どちらかというと平面的にサクッと事実が伝わるだけで話が進行します。日本昔話「馬方やまんば」では、やまんばに脚を一本食べられた馬が三本脚で走ったり二本脚で走ったりしますが、ユーモラスな馬の姿を思い浮かべて思わず笑ってしまうのではないでしょうか。途中の「残酷」な部分や結末を変えてしまった話を語るのではなく、口承で伝わった元の話を選び、子どもたちと楽しむようにしましょう。それが、次の世代に口承文化を伝えることにもなります。

また、特にグリム童話では「ホレおばさん」や「ヘンゼルとグレーテル」のように、長い話も多いです（表13-5参照）。自分が好きな話だけでなく、目の前の子どもの聞く力に合わせ、話の長さを考えて選びましょう。

③ Point 3：語り方（覚えて、淡々と、ゆっくりと、目を合わせて）

昔話を語るためには話を覚える必要があります。昔話には詳しい描写はほとんどありません。口承で伝わったために語り口が整っていてストーリーが単純なので、長い話でなければ覚えて語ることができます。鏡に向かって自分の目を見ながら語ることができるかどうか何度も練習しましょう。途中で目が上にあがってしまったら、それはまだ十分に覚えきれていないということです。

そして、ゆっくり語ることを意識しましょう。昔話には耳慣れない道具の名前や呼び名が出てくることがあるので、速過ぎると内容を理解するのが難しくなります。

子どもたちは昔話を聞いて、自分の頭の中に登場人物の様子を想像して話の展開を楽しみます。その楽しみが、語り手の大きな声や抑揚、大げさな声色、身ぶり等の過剰な演出で壊されないようにすることが大事です。子どもたちが自分で想像する楽しみを大切にしましょ

表 13-5　昔話の作品例

	作品例	内容	タイプ
日本昔話	かさじぞう	おじいさんとおばあさんが年越しに笠を作ったが売れず、雪にうもれた地蔵様にかぶせた。その晩、正月の御馳走が地蔵様によってたくさん運ばれた。	勧善懲悪型
	かちかち山	おばあさんを騙して食べ（殺し）たタヌキに、ウサギが敵討ちをして溺れさせた。	
	かもとりごんべえ	一度に多くの鴨を取ろうとしたごんべえは鴨と一緒に空に飛ばされ、粟畑や傘屋に落ちる。最後に五重の塔から降りようとして五重の塔を燃やしてしまう。	因果応報型
	猿の尾はなぜ短い	猿は川の魚をたくさん取る方法を熊に相談した。寒い日に川に尻尾を垂らすとよいと言われ、その通りにした。尾が重くなるのを喜んで夜中に引き上げようとしたが凍って抜けず、尾は根元から切れた。力んだため顔は赤くなった。	
	絵姿女房	嫁を殿様に連れて行かれた男が、嫁に言われて育てた桃を城に売りに行く。桃売りを見て嫁が初めて笑ったので、殿様は自分も笑わせようと桃売りと着物を交換する。桃売り姿の殿様を城から出し、男と嫁は城で暮らした。	知恵型
	三年寝太郎	寝てばかりいた寝太郎がある夜、鳩と提灯を持って隣の長者の家の松に登った。火を付けた提灯を鳩に結び付けて飛ばし、森の神と偽って「寝太郎を娘の婿にしろ」と言った。長者は神のお告げと信じ、寝太郎は長者の婿になった。	
ヨーロッパの昔話	ホレおばさん（ドイツ）	働き者の姉娘が井戸に糸巻きを落として探しに行った先でホレおばさんと出会う。よく働いたので金が与えられた。妹もホレおばさんのところに行くが、働かなかったので、ヤニだらけになって帰った。	勧善懲悪型
	トルーデおばさん（ドイツ）	わがままで親の言うことを聞かなかった娘はトルーデさんのところに行き、開けてはいけないと言われた部屋を覗く。そこで見た奇妙な物をトルーデさんに話すと、娘は木の枝にされて燃やされてしまう。	
	漁夫と、その妻（ドイツ）	漁夫がカレイを捕まえたが、呪いをかけられた王子だというので逃がした。そのお礼に漁夫の妻は家や城、王様、皇帝、法王の座を欲しがり、手に入れた。最後に神になりたいと言ったところ、元の貧しい漁夫とその妻に戻った。	因果応報型
	かたやきパン（イギリス）	かたやきパンは、男の人も女の人も男の子も井戸掘りも溝掘りもクマもオオカミもかけっこで負かして得意になっていた。キツネが「聞こえない」「もっと近くで」と言うのに乗ってどんどん近づいたところ、食べられてしまった。	
	ヘンゼルとグレーテル（ドイツ）	ヘンゼルとグレーテルは森に捨てられるが石を目印にして帰る。二度目はうまくいかず魔女につかまるが、グレーテルが機転を利かせて魔女をかまどに押し込み、家に帰る。	知恵型
	ブレーメンの音楽隊（ドイツ）	年をとって役に立たず、殺されそうになったり食べられそうになったりしたロバ、犬、ネコ、雄鶏がブレーメンを目指す途中で泥棒の家にたどり着く。協力してそれぞれができることをして泥棒を追いだし、幸せな住み家を得た。	

う。子どもたちが昔話を聞いてリズムを取る、モチーフの繰り返しで笑う等の姿から、話を理解して昔話の世界に浸っている子どもたちの楽しさを、語り手も感じながら語るとよいでしょう。

また、聞いている子どもたちの目を見て、一人一人と向き合う気持ちで語ることも大事にしましょう。昔話は人が人に語り聞かせるものです。【Episode6】では語り始めから終わるまで、ほぼ全員の子どもと目が合っている状態でした。

④ Point 4：教訓は語らず

昔話のテーマは分かりやすいと述べましたが、昔話は教訓を学ぶためのものかというとそうではありません。もちろん、主人公が困難を乗り越えて成功する話や、生きる知恵が伝わる話も多く、「かさじぞう」や「花さかじいさん」のように道徳的な内容の話が保育や教育の現場で喜ばれた結果、有名な昔話として残っているものも多くあります。このような昔話から生きる知恵を学ぶ意義は大きいと言えます。ただ、そうした中で、昔話には、「わらしべ長者」や「いばらひめ」のようにどこが教訓なのかよく分からない話もあります。教訓を得るためのもの、知恵を学ぶものとだけ考えるのではなく、多くの人の生き様が語られているお話を楽しむことに価値があると考えるとよいでしょう。

だから、昔話を語り聞かせた後で、「何が大事ですか」「何が分かりましたか」と聞くのではなく、読んだ後の余韻を大事にしましょう。聞き手の子どもたちが自分で「○○したから～なっちゃったんだね」「○○しない方がいいな」という言葉を発することもあれば、言葉のおもしろさを十分味わったことが表情に出てくることもあります。子どもたち一人一人の味わい方を大事にし、次のお話を楽しみに待てるようにすることが重要です。

（5）昔話の語り聞かせの部分実習指導案を立てる

保育現場で部分実習として昔話の語り聞かせをすることはたいへん貴重な経験となるはずです。ここでは二度目の保育実習へ行くために事前オリエンテーションへ行った実習生Ｆさんの事例をもとに、部分実習指導案を作成してみましょう。

Ｆさんは、実習担当の保育者から、昔話の語り聞かせの保育実践に取り組んでみてはどうかと言われました。これまで絵本の読み聞かせは何度もしているので、絵本の準備をしてあったＦさんでしたが、よい機会なのでやってみることにしました。Ｆさんの準備を参考にして、昔話の語り聞かせのワークに取り組みましょう。

Work ワーク

【話の語り聞かせのワークに取り組んでみよう！】

①各自１編の昔話を選びましょう。
②選んだ昔話が、原話に忠実に再話されているかどうか、元の話を探して確認しましょう。
③選んだ昔話を自分で読んで内容を味わい、読む練習をしましょう。
④何度も読んで覚えたかどうか、鏡を見ながら練習しましょう。
⑤４人一組のグループで１人ずつ、昔話の語り聞かせをやってみましょう。
他の３人のうち１人が語り聞かせの様子を撮影しましょう。語り聞かせを聞いた後で、下の表に記録しましょう。
⑥順番に全員が語り聞かせを行いましょう。
⑦４人全員が終えたら、グループごとに撮影した映像や、聞いていた感想を基に振り返り、互いにアドバイスし合いましょう。振り返りのポイントは以下を参考にしてください。

・お話を聞くのを楽しみにできる導入でしたか。
・語り手はお話を覚えて語ることができましたか。
・語る速さは聞いていて分かりやすいものでしたか。
・語り手の目線は聞き手の方に向けられていましたか。
・語り手の表情や間は、子どもにとって心地よい雰囲気でしたか。
・昔話を聞いた後の余韻に浸る十分な場と時間がありましたか。

	Aさん	Bさん	Cさん	Dさん
昔話題名				
導入				
覚えたか				
速さ				
目線				
表情や間				
余韻				
その他何でも				

・その他、気になったことや感じたこと、考えたことを伝え合いましょう。

①オリエンテーション時Ｆさんのメモ

６月の実習に向けてのオリエンテーションの際に、Ｆさんは昔話の語り聞かせの事前準備をするために、実習担当の保育者から【担当するクラスの年齢と人数】【担当するクラスの子どもたちの興味・関心のある事柄】【担当するクラスの月案や週案の確認】【これまで子どもたちが経験した昔話の語り聞かせ】の４点をお聞きし、メモに書きました。また、保育室を見せていただき、略図を書きました。

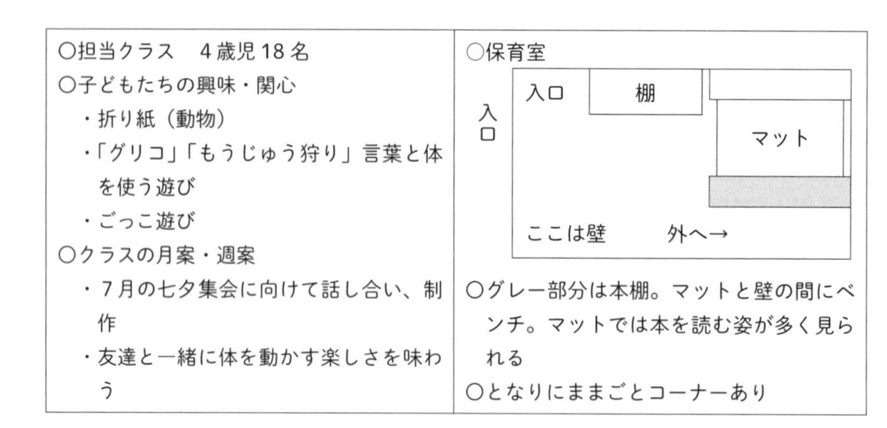
○担当クラス　４歳児18名
○子どもたちの興味・関心
・折り紙（動物）
・「グリコ」「もうじゅう狩り」言葉と体を使う遊び
・ごっこ遊び
○クラスの月案・週案
・７月の七夕集会に向けて話し合い、制作
・友達と一緒に体を動かす楽しさを味わう

○保育室

○グレー部分は本棚。マットと壁の間にベンチ。マットでは本を読む姿が多く見られる
○となりにままごとコーナーあり

図 13-7　Ｆさんのメモ帳

②事前に昔話を準備する

Ｆさんは、担当クラスが４歳児だということを踏まえ、図書館の昔話コーナーで数編を選んで読み、そのうち３編の昔話を読んで覚えることにしました。時間に余裕をもって準備することで、直前に慌てずにすむようにしました。

表 13-6　Ｆさんが選んだ三選

昔話の題名	出典	語る時間、選んだ理由
ねずみの婿取り	おざわとしお（再話）『日本の昔話 5 ねずみのもちつき』福音館書店、1995、pp.300-305	・５分 ・お日様、雲、風、壁と４回の繰り返しがある。覚えやすいし、分かりやすい。
馬方やまんば	おざわとしお（再話）『日本の昔話 5 ねずみのもちつき』福音館書店、1995、pp.62-68	・６分 ・魚と馬、「甘酒、もち、かやと」の繰り返しがある。昔の言い方がある。
七ひきのこやぎ	佐々梨代子・野村泫（訳）『子どもに語るグリムの昔話 1』こぐま社、1990、pp.9-18	・９分（少々長い） ・おおかみとのやりとりが3回ある。 ・最後は安心できる。

③クラスの子どもへの理解を深めてから昔話を選ぶ

実習が始まり、Ｆさんは４歳児のクラスに入った３日目に昔話の語り聞かせを行うことになりました。クラスに入った初日がちょうど雨天で、子どもたちの制作活動や絵本を楽しむ姿を観察できる時間が長くとれました。子どもたちは７月の七夕集会に向けての準備をしており、「機織り」「のきば」「すなご」等、昔よく使われていた言葉に親しんでいる様子でした。昔の家にも興味をもっていることに気付きました。そこで、担任のＧ先生に相談して、準備していた話の中から「馬方やまんば」を選びました。

④部分実習の指導案を作成する

絵本を読み合う指導案と同様に、昔話でも主に導入・語り聞かせの時間・余韻という大きく３つの時間軸が必要です。□に記入された解説は、Ｆさんが指導案作成時に配慮した事項です。

表 13-7　部分実習指導案

<table>
<tr><td>日　時</td><td colspan="2">20○○年６月５日（火）　10：00～10：20</td><td>実習生氏名　F○○○</td></tr>
<tr><td>クラス</td><td colspan="3">きりん組（４歳児）　男児10名　女児８名　計18名</td></tr>
<tr><td>担　任</td><td colspan="3">○○○○先生　○○○○先生</td></tr>
<tr><td colspan="2">子どもの姿
・言葉遊びが好きで、友達や保育者とともに耳で聞いた言葉をもとに体を動かして遊ぶ姿がある。
・絵本や紙芝居、保育者のお話などを楽しみ、内容について会話を楽しむ姿がある。
・保育室には七夕に使う星、笹が折り紙でたくさん作られている。また、織り機セットが人数分あり、友達や保育者が織っている布に興味を示し、会話する姿がある。</td><td colspan="2">ねらい
昔話を聞き、クラスの友達とともに聞いた言葉から様子を想像する楽しさを味わう。
昔話の内容と、昔の家について知っていることを合わせてイメージを膨らませる楽しさを味わう。

主な活動内容
昔話「馬方やまんば」の語り聞かせを聞く。</td></tr>
<tr><td>時間</td><td>環境構成</td><td>予想される子どもの活動</td><td>保育者の援助・留意点</td></tr>
<tr><td>10：00</td><td>・換気しておく。
・外遊び後の手洗いやトイレから部屋に戻る動線を把握しておく。

棚
マット
実習生
蝋燭と台

床にマットを敷く。台に蝋燭を置き、特別感を出す。</td><td>○外遊びや畑の観察から戻る。
・手洗い・うがい・排泄をする。
○準備が整った子どもが実習生の前に集まる。
・蝋燭があることに気付き、お話を楽しみにしている。
・マットの上に座りながら、友達と何のお話か期待して会話する子どもがいる。
・ニンジンの葉が伸びてきたことを話し合う子どもがいる。
・丁寧に手を洗い、ゆっくり部屋に戻る子どもがいる。</td><td>・外遊びや畑の観察を楽しんだ子どもたち一人一人の様子を受け止め、手洗いやうがい、排泄を見守る。
・マットの上に集まって来た子どもたちと、外遊びや畑の作物の様子を振り返りながら会話を楽しむ。
・蝋燭やお話の題名に興味をもっている子どもの言葉や期待に寄り添う。
・壁に貼ってある昔の家を見ながら、梁、軒、囲炉裏等の名前を子どもたちと言うのを楽しむ。
・ゆっくり準備する子どもが次の行動を見通せるように声をかける。
（「どこ見てる？」と時計、窓へと目線を動かし、最後は蝋燭を見て話に入る準備をする。）
・実習生の顔が見えていない子がいないかどうか、「実習生がどこ見てるクイズ」をして確認する。</td></tr>
<tr><td>10：10</td><td>・始める前に照明を少し暗くしておく。</td><td>○昔話「馬方やまんば」の語り聞かせを聞く。
・集中して実習生をじっと見て話を聞く子どももいる。
・「三本足の馬で～」のところで笑う子どもがいる。
・「火の神、火の神」のところで自分でも言ってみる子どもがいる。</td><td>・「お話の時には蝋燭をつけます」と電池式蝋燭のスイッチを入れて、特別感を出す。
（炎が出ないが光が灯る電池式のものを準備しておく。）
・「知っているお話でもお友達は知らないかもしれないから、最後どうなるか言わないで聞いてね」と、聞き方を伝えてから始める。
（子どもが笑っても過剰な抑揚にならないようにする。）
・静かになったら語り始める。
・笑ったり驚いたりする子どもの表情に対応して頷きながら話を進める。</td></tr>
</table>

10:16	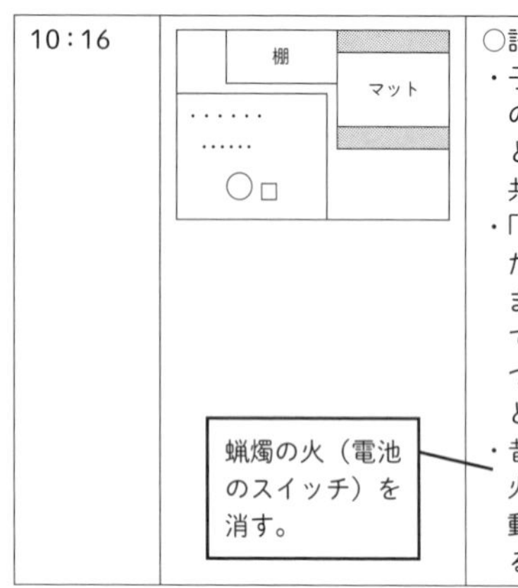 蝋燭の火（電池のスイッチ）を消す。	○語り聞かせが終わる。 ・子どもたちが「二本脚の馬、ガッタガッタ」と言いながら楽しさを共有し合う。 ・「やまんばって何でもたべちゃうんだね」「やまんばも火の神を信じてたね」「最後、やっつけた」と話し合う子どもがいる。 ・昔話が終わり、蝋燭の火が消えると、次の活動に気持ちが向き始める子どもがいる。	・結末句（「こんで、えんつこもんつこ、さけた」）を言い終わった後、子どもたちの様子を静かに見守る。 ・子どもたちがそれぞれ近くの子と不思議に感じたことやおもしろかったことを共有するのを受け止め、「またお話聞きたい」「別のお話あるかな」などの言葉が出たら「では、また今度ね」と、聞こうとする意欲を支えられるようにする。

Fさんのように月案や週案を確認し、七夕の準備の一環で昔の家の様子が掲示される情報を得ていると、クラスの先生に許可を得て掲示物の家の天井近くに梁を加えるようなこともできます。そうした保育者の工夫によって子どもたちは日常の生活の中で知っている語彙を増やし、戸惑うことなく昔話に集中することができます。

実習中や実習の前後に行われる行事や遊びの計画をもとに、子どもの姿を具体的に予想し、子どもが楽しめる話を選ぶことが必要です。

【設問１】（目安：保育所実習Ⅰ前の学生向け）

４名１グループとなり、日本昔話、ヨーロッパの昔話からそれぞれ１編の昔話を選び、登場人物やその話を選んだ理由を紹介し合いましょう。そのうち、１編をお互いに語り聞かせ、感想を伝え合いましょう。

【設問２】（目安：保育所実習Ⅰ・Ⅱの間の学生向け）

５歳児に語り聞かせるための昔話を１編選び、指導案を書いてみましょう。その際、子どもの姿は以下の設定とします。

①５歳児の６月
②絵本に親しみ、友達と一緒に自分たちでも本を見て楽しんでいる。
③８分程度の話は聞いて楽しむことができる。

【設問３】（目安：保育所実習Ⅰ・Ⅱ後の学生向け）

これまで経験した絵本の読み聞かせや昔話の語り聞かせを踏まえて、肉声で子どもに昔話を語ることが子どもの言葉の発達とどのように関係していくのかについて、あなたの考えを300～500文字にまとめましょう。

コラム
Column

ストーリーテリングはどのように工夫して話しをすればいいの？

ストーリーテリングとは、保育者、教師、図書館の職員や親などによる子どもたちへの読み聞かせ（読み語り）のことです。現在では、ビジネスでも企画や商品を販売する際の交渉や商品説明において、印象付ける手法の一つとして広く用いられるようになってきました。子どもたちへお話を語る時には、特にお話を通じて「共感の獲得と拡大、子どもたちが想像（イメージ）を膨らませ、記憶に残ること」ができる話し方が大切です。そのような話し方をするためには、お話しの内容に関して次の３つのことを意識することが必要です。

① いつ、だれが、何を、なぜ、どこで、どのようなことをしているのか
② 場面における感情表現（喜怒哀楽）はどこにあるのか
③ 五感（視覚、聴覚、味覚、嗅覚、触覚）を感じられる場面はどこにあるのか

それでは、ここで一つの例をあげてお話しの内容をイメージして語るための練習してみましょう。最初に、自分自身が、目覚めた時から学校（職場）に着くまでのことを思い出して記述してみます。

（記述例）朝６時半に目覚め、洗面をして着替えをし、朝食を食べ、電車に乗って学校（職場）に向かった。８時45分に着いた。

この記述例を①・②・③の事項を織り交ぜて「ストーリー化（より具体的な表現に）」していきます。例えば次のようなものです。

朝、6時半にかけたアラームがけたたましく鳴りました。まだ眠くて起きるのが辛かったです。部屋のカーテンを開け、窓を開けると朝陽が差し込み、朝の冷たい空気が部屋の中に流れ込んできました。深呼吸すると清々しい気持ちになり目が覚めました。洗面をして、着替えていると「ご飯の用意ができたわよ。」という母の声がしました。パンの焼けるいい香りもしてきました。父と一緒にパンと目玉焼きとソーセージ、コーヒーの朝食をおいしく食べました。「ごちそうさまでした。」「行って来ます。」「行ってらっしゃい。」いつもと変わらない会話をし、遅刻しそうだったので、急いで駅に向かいました。

以上は一例ですが、このあと「駅で出会った人や他の人々の様子、電車の中で思ったり感じたりしたことや学校(職場)までの出来事をできるだけ詳細に記述します。感情面を含め現実にあった事項ですので、記述した事項を語る時は、自身の思いがその言葉に生かされます。音声表現のトーンにも反映されストーリー化された内容は、聞く人に印象付けられるでしょう。このような話し方の工夫はストーリーテリングをする際にも聞く人に印象付ける練習となるでしょう。

また、その他にも次の方法でストーリーテリングの技術を向上させることも可能です。人に言葉を届けることができるように自らの「活舌・音声」の資質を磨くことを心がけたり、時にはスマートフォンなどを利用して自らの音声を録音（動画撮影含む）し、再生したりして、言葉の明瞭さや語りの声量、テンポ（速さ）、抑揚のつけ方、印象的な語り方、表情などを振り返って自らを客観的に捉えます。上記の方法を意識して、普段から美しい語りができる人を目指していきましょう。

※スマートフォンの使用に関する注意事項…録音、録画したものはSNS等の外部に流出しないようにしましょう。市販されている本などのストーリーには著作権があります。

4. 紙芝居

1．保育現場における紙芝居の役割

・保育現場での児童文化財である紙芝居について、有用性や面白さなどの理解を深めましょう。また、紙芝居の聞き手（子ども）と演じ手（保育者）の立場から見方や考え方を理解して紙芝居の使い方を具体的に構想しましょう。

2．紙芝居を演じるときに必要な保育者の専門的知識・技術

・日本独自の伝統的な児童文化財である紙芝居の歴史や特性を知り、保育現場で活用する意義を学びましょう。
・紙芝居は紙のお芝居であることを理解し、「演じ手」「聞き手」「紙芝居」の３つの関係性を成り立たせるための専門的なスキルを身に付けましょう。

3．手作り紙芝居への発展

・授業や保育内で既存の紙芝居を見る（受け身的）だけでなく、実際に作って演じてみることで、紙芝居の構造を理解したり、何を工夫すればよいのかを理解しましょう。そして、その教材（手作り紙芝居）で遊ぶ幼児のことを考え、どのように活動し発展していくのかを構想しましょう。
・紙芝居の使い方や面白さを具体的に理解し、児童文化財全体の可能性や指導による展開について活用方法を見出す契機としましょう。

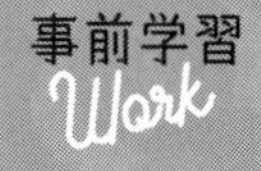

事前学習

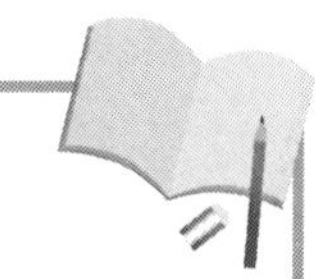

【設問１】（目安：保育所実習Ⅰ前の学生向け）

保育現場で多く活用されている絵本と紙芝居の違いを知ります。

図書館に行って好きな紙芝居と絵本を１冊ずつ選び、両方とも机の上に並べます。ページをめくったり声に出して読んでみて、双方の構造上の違いをできるだけたくさん書きだしてみましょう。

【設問２】（目安：保育所実習Ⅰ・Ⅱの間の学生向け）

「紙芝居は紙のお芝居」であることを理解し、演じ方の練習をします。紙芝居の舞台を用意しましょう。登場人物の声や「さっと抜く」「半分で止める」等の抜き方の演出を考えます。

【設問３】（目安：保育所実習Ⅰ・Ⅱ後の学生向け）

実習経験を振り返り、保育における紙芝居の効果的な使い方を発表しましょう。上演した作品名やよかった点・悪かった点も共有しましょう。

（1）紙芝居とは

まずは、紙芝居を知ることから始めます。今は当たり前のように存在している紙芝居ですが、実は日本生まれ日本育ちの伝統的な児童文化財です。紙芝居を効果的に上演するためには、紙芝居の歴史を知る必要があります[1)]。そこから「紙芝居は紙のお芝居」であるということを理解していきましょう。

①紙芝居の歴史

a）写し絵

透明シートに描かれた絵や文字をライトで投影するスライド映写機のように、ガラスに描かれた絵を和紙のスクリーンにロウソク等で投影し、物語を進めていきました。幻灯機（風呂と呼ばれる）は、徐々に改良され絵を素早く映しだす仕組みが加わり、「写し絵」として大衆演芸の興行場である寄席で人気の見世物となりました。

b）立ち絵（明治中・後期）

竹串に別々の動作の絵を表と裏で貼り合わせ、余白を黒く塗りつぶした紙人形を動かします。立ち絵専用の舞台を用いて寄席で上演しましたが、写し絵を期待していた客から「なんだこりゃ、ただの紙の芝居じゃねえか」とヤジが飛ばされ、次第に紙芝居という呼び方が定着していきました。スピーディな場面展開と、当時人気があった「猿飛佐助」や「孫悟空」などをすばやく取り入れたことから、立ち絵は全国に普及し、「紙芝居」という言葉が定着していきました。

c）平絵紙芝居（1930（昭和５）年）

１枚の紙に背景や登場人物をまとめて描き込めばたくさんの紙人形を操作する必要もなくなり、裏側に脚本を書いておけば覚える手間が省けるということで、現在の紙芝居の形状が浸透していきました。手描きの一点もので、何度もニスを塗り重ね、人から人へと渡り、角が丸くなるほど使い込まれました。

昭和初期で娯楽が少なかった時代に登場し、路上や公園で水飴を売り紙芝居を見せる街頭紙芝居は、瞬く間に全国に広まりました。

上演作品は喜劇・漫画やクイズ形式・時代劇など。でももっと集客したいから絵や内容をグロテスクにして、続きが気になるようにしよう！

子どもたちに影響力が強いから、お家の人や学校の先生たちから嫌われそうだね。でも水飴食べてみたいな

d）教育紙芝居（1933（昭和8）年）

子どもたちを魅了している紙芝居を教育の場でも活用できるのでないかと考え、キリスト教の伝道に用いられました。

1935（昭和10）年には、高橋五山が全甲社を立ち上げ、「幼稚園紙芝居」全十巻の出版を開始しました。いよいよ私たちがよく知っている紙芝居の誕生です。

なぜ子どもたちは紙芝居が好きなのか、それは人間的な結びつきだ。芸術性を盛り、子どものための紙芝居を作ろう！

幼児教育を目的とした紙芝居の誕生だね。高橋五山の業績を称えて、出版された優秀な作品に毎年「五山賞」が授与されているよ

e）街頭紙芝居

終戦の混乱の中、街頭紙芝居屋が急増し、第二次街頭紙芝居黄金時代がやってきました。しかし、高度経済成長とともにブラウン管テレビが普及し始め、街頭紙芝居の姿は消え始めていきました。

「黄金バット」という作品が有名で戦後社会の子どもたちの心を楽しませたよ。一方で手軽に日銭が稼げることから紙芝居屋さんが急増したので、街頭紙芝居をするのに免許が必要な時代だったよ

自転車に紙芝居舞台を乗せたおじさんは、拍子木や小太鼓を鳴らして実演したんだって。子どもたちはもちろん水飴などを食べながら見ていたよ！

②紙芝居の現在

ここまで、写し絵から街頭紙芝居までの歴史を辿ってきましたが、1955（昭和30）年前後になると、子どもたちにとって日常的な生活文化であった街頭紙芝居が、急激な衰退を始めました。その理由は、当時は電気紙芝居と称されたテレビ視聴が普及し、子どもたちの興味は紙芝居のようなアナログ的紙媒体からテレビのようなデジタル的画面媒体へ移行したことでした。

その一方、1960年代に入ると、紙芝居は宗教の伝道や教材紙芝居として教育の場で活用されるようになりました。1964（昭和39）年に全面改訂された幼稚園教育要領（第1次改訂）では、紙芝居についての扱いが明記され、重要な保育教材の一つとなっていきました[2)]。その当時は、紙芝居の保育現場への定期購読システムが普及し、主に行事の導入や集団行動のルール、交通安全等の意義を伝える保育教材として使われる場面が多くありました[3)]。

その後、時代とともに変化してきた紙芝居ですが、保育現場での活用を見出し、昔話や物語、対話などのやり取り、クイズ形式などの多様な内容で紙芝居特有の形式や演じる方法を活かし、その種類は豊かになりました。また、1960（昭和35）年以降は図書館でも取り扱いが始まり、子どもたちを始め、広く一般的に紙芝居への関心が寄せられるようになりました。現在は福祉施設や育児支援・海外へと活用の場が広がり、手作り紙芝居も盛んに上演されるようになってきています。それでは、次に実際の保育現場での活用例を見ていきましょう。

（2）なぜ、保育現場では紙芝居を活用するのか

実践事例から紙芝居を楽しむ子どもたちの姿を捉えてみましょう。

Episode 7

「みんなで紙芝居を楽しもうよ！」（4歳児クラス4月）「参加型紙芝居」

新学期が始まって間もない4歳児クラス、新しい環境になかなか慣れずクラス全体に落ち着きがありません。個々で好きな絵本を見る時間でも、着席せず廊下に出たり、隣の子とケンカが始まったりしていました。

担任はその様子を見て、みんなが見えやすい位置に紙芝居の舞台をセッティングし、拍子木を叩いて「紙芝居がはじまるよー」と子どもたちに呼びかけました。

“カンカン”という拍子木の音が保育室に響き、ケンカをしていた子たちもびっくりした様子で顔を見合わせています。

また、突然、紙芝居舞台が現れたことで、何が始まるのかと担任に聞きにくる子や、友達を誘い合って一緒に準備をする子などがいました。

担任は時間をたっぷり使い、子どもたちがこちらに集中するのを待ちました。次第に紙芝居舞台を中心に子どもたちが集まり、クラス全体が落ち着いていきました。

この日は『まんまるまんま　たんたかたん』[4)]という作品を上演しました。ちびっこ忍者のまんまるが隣村のじいちゃんに手紙を届けに行くのですが、途中で大蛇に行く手を阻まれます。しかし分身の術で難を逃れるという内容です。また、「まんまるまんま　たんたかたん」というセリフに合わせて、皆でリズムに合わせ手を三度叩かないと、分身の術が使えないため、一体となって声を出し、手を叩いていました。

最後は目的を達成したまんまるの気持ちになって、「やったー」「よかったね！」などと話し合い一体感が生まれました。

荒木文子 脚本・久住卓也 絵
『まんまるまんまたんたかたん』
童心社、2007

本来は個々で絵本を見る時間でしたが、担任は意図的に紙芝居を選びました。

この紙芝居では、演じ手が何度も「“まんまるまんま　たんたかたん”と言ってね」と、子どもたちに呼びかけます。子どもたちはそれに応じて「まんまるまんま　たんたかたん」と言いながら手を叩きます。演じ手は「みんなで手拍子を合わせて！」や「もっと大きい声で応援しよう」などと勢いづけたり「みんな一助けてくれてありがとう！」と言って一体感を促したりします。まさに集団で見ることの楽しさがあります。

このように紙芝居を用いて、演じ手と聞き手がコミュニケーションを交わすものを「参加型紙芝居」といいます。一方的に話を進めようとするのではなく、子どもたちの顔を見ながら一緒に声を出したり、体を動かすことによって作品を進めていきます。

今までと環境が変わる新学期は、子どもは何かと不安定になるものです。このとき担任は全体の様子を見て、紙芝居を用いてコミュニケーションを育むことにしました。声を出すタイミングを合わせたり、皆でドキドキ、ワクワクなど、同じ感情を味わう経験を積ませたかったのです。

Episode 8

「みんなで紙芝居を見ようよ！」（4歳児クラス12月）「物語の紙芝居」

松谷みよ子 脚本・二俣英五郎 絵
『たべられたやまんば』童心社、1970

運動会や発表会など、友達と力を合わせて様々な活動や遊びに取り組んできたこの時期、集中力や仲間意識が深まってきました。

担任は、いつもの保育室の環境を少し変え、カーテンを閉め暗幕を準備しました。子どもたちも自主的に集まり、何が始まるのかと期待を膨らませて待っていました。

準備が整うと、担任は保育室の電気を消し、紙芝居舞台に照明を灯しました。子どもたちは一瞬にして紙芝居の世界に引き込まれている様子で、静かになるように友達同士で声をかけ合っています。

この日は『たべられたやまんば』[5]（三枚のお札）を上演しました。担任も登場人物になりきって声のトーンを変えたり、場面の変え方も工夫していました（さっと抜く・半分で止めるなど）。

やまんばが小坊主を追いかけるシーンでは、子どもたちも自分が逃げている気持ちになって、手足を動かしたり隠れるように隣の友達にしがみついたりと、自分たちがその場にいるかのような臨場感を楽しんでいました。

お話が終わると保育室はシーンと静まり返り、隣の子と顔を見合わせたり、大きく拍手する姿が見られました。このとき担任は特段何も語らず、皆と一緒に余韻を味わっていました。

このような保育を展開した保育者のねらいは何でしょうか。まず、幼稚園教育要領や保育所保育指針等のねらいと内容を中心に、保育の基本と指導のあり方を見ていきましょう。

表 13-8　5 領域を意識した紙芝居の活用例

保育内容	保育者と子どもの姿（様子）	ねらい
健康	運動会や発表会などのイベントが一段落した時期。ゆったりと落ち着いた雰囲気。	・のびのびと体を動かす遊び（動の遊び）と落ち着いて紙芝居に集中（静の遊び）することで、生活にメリハリを付ける。
人間関係	自発的に紙芝居を見るための準備をする。保育者や友達と同じ作品を見ることで感情の共有（ドキドキ・ワクワク等）をする。	・自主的に声をかけ合って準備をする。 ・感情を友達や保育者と分かち合う。 ・信頼関係を基盤として自分の感情や意思を表現する。
環境	暗幕を用意し、保育室全体を暗くした。舞台に照明を灯した。紙芝居は物語性が強いものを選択した。	・子どもたちの発達に合った物語や環境を楽しむ。 ・身近な環境（保育室や保育教材）に興味をもつ。
言葉	登場人物になりきって抑揚や声色を付けるなどの感情表現をした。聞き手の気持ちや伝え方を考え工夫した。	・心を動かされる体験をし、自分の気持ちを自分なりに表現し、それに対して言葉で対応してもらう体験をする。
表現	照明や環境設定などをした。紙芝居の上演方法の工夫（さっと抜く・間や余韻）をすることで物語のイメージを膨らませる。	・発表会で得た経験と照らし合わせ表現することの楽しさを感じる。 ・ストーリーから情景をイメージする。

紙芝居の特性の 1 つに「共感」があります。集団で同じ作品を見ることで、会場全体が物語に沿って同じ感情になっていくのです。つまり、「びっくりした！」や「よかったね！」を隣同士皆で同時に共有しているのです。特に物語性が強い紙芝居は、お話の世界観に浸ることができ、参加型の紙芝居は演じ手、聞き手双方での会話のやり取りが発生し人間関係が深まっていきます。このように、紙芝居の特性である「共感」を最大限発揮することができれば、保育現場で紙芝居を活用する意義が十分あるといえます。

（3）紙芝居を演じるときに必要な保育者の専門的知識と技術
～紙芝居は紙の芝居であるため読むのではなく“演じる”～

日本独自の児童文化財である紙芝居の特性を生かして、「表現する力」「聞く力」「言葉に対する感覚」を育成していくための媒体として活用してほしいと思います。

そのために、紙芝居を演じる際に必要な保育者の専門的知識と技術を学んでいきましょう。

① Point1：紙芝居舞台の必要性

紙芝居はそもそも「紙の芝居」であるため、上演の際には紙芝居専用の舞台を用いることが求められます。また、分かりやすい物語展開と、はっきりとした色彩の絵が織りなすスピーディーな場面展開が持ち味です。紙芝居の最大の特徴は、「抜き方の工夫によって演出方法が多彩である」ことです。この特徴を生かすには紙芝居舞台が必要です。ここでは、紙芝居舞台の必要性を 3 つ紹介します。

a）環境との調和

そもそも紙芝居は小集団が見ることを前提に作られています。そのため少し遠くからでも見えやすいように、輪郭を太くしたり、全体の色を濃くしたり、簡潔で分かりやすいストーリー展開になっています。絵本に比べて紙芝居は画面が大きいような気がするのはこのためです。紙芝居のサイズは縦約 26 ×横約 38㎝で B5 のノートを広げたくらいです。さらに舞台に入れることでより大きく感じることでしょう。また、紙芝居の舞台は物語の世界と現実の世界（後ろの景色）を切り離し集中させるねらいがあります。舞台の存在感自体も、保育の中では子どもたちの注目を促すうえで重要です。

舞台あり

舞台を設置する高さに気を付ける。紙芝居は舞台に入れて演じることを前提に作られている。固定される安定感以外にも、舞台の後ろ側の景色と作品の絵を切り離し、物語に入り込める・期待感を高めるなどの効果がある。

舞台なし

手で持って演じるときは、画面がぐらついてしまったり手が邪魔になってしまう場合があるため、十分な配慮が必要。演じ手の背後はすっきりとした場所を選び、舞台がなくても影響がない作品を選ぶ。

b）舞台の袖の活用

紙芝居は聞き手から見て、右から左に引き抜かれるように作られています。(進行方向など) その中で、“半分で止める”という演出の指示があったときに画面上に同じ登場人物が二度出てしまうのを舞台の袖で隠します。

紙芝居の効果をより高めるために舞台の袖がある。また、「ゆっくりと」や「さっと抜く」等の演出も舞台の有無によって見え方に違いが出る。

c）上演のしやすさ

演じ手は紙芝居のタイプによって立ち位置を変えます。参加型紙芝居の場合は舞台の横に立ち、聞き手と一緒に楽しむというイメージです。

物語型の紙芝居の場合は、舞台のやや後ろに立ち、演じ手の表情や仕草が邪魔にならないように配慮します。

どちらにしても、舞台に入れることで画面のぐらつきを防ぎ、両手があくことによって紙を抜くことに集中できます。また、紙芝居の特徴である「さっと抜く」や「カタカタと揺らしながら抜く」等の演出時において、舞台の有用性は非常に大きくなります。

② Point2：準備の仕方

a）作品選び

赤ちゃん向けや参加型（演じ手・聞き手皆で声を出し進行していくもの）、物語型（ストーリー性が強く観劇の要素がある）､教材型（生活・自然科学・知識・挨拶）等があります。季節・年齢（言葉や絵のレベル）・テーマ（何を伝えたいのか）等を考慮して選びましょう。

b）下読み

上演する作品が決まったら必ず下読みをします。上演の際､失敗してしまう多くの場合は、下読みをしなかったためと考えられます。

失敗例として、まったく違う季節のものだった・内容が難しすぎた・絵の雰囲気が思っていたものと違った・順番がバラバラだった・1枚紛失していたなどがあります。どれも準備段階で下読みをしていれば防げた問題です。

また、紙芝居には脚本の欄外に“演出ノート”や“実演ノート”といわれる上演の際のコツが記載されています。これらは､「半分まで抜く・さっと抜く・ゆっくり読む・間をあける」などがありますが、どれも効果的に演じるための大切なポイントです。下読みで練習し、自分なりに演出してみましょう。下読みの方法は、テーブルの上で絵と脚本を照らし合わせながら読み進めます。

次に実際に舞台に入れて立ち位置や見え方も工夫し、抜き方の練習をしましょう。下準備がしっかりとできれば、本番も落ち着いて上演でき、より紙芝居の効果を引きだすことができると思います。

③ Point3：演じ方

効果的に紙芝居を演じるために必要なポイントを紹介します。

a）声の出し方と感情表現

「声色の出し方を教えてください」とよく質問を受けますが、大げさな声色はあまり必要ありません。「紙の芝居」であることから絵本やおはなしの語りよりは感情表現を豊かにするべきですが、作品・演じ手・聞き手のバランスを考えて、演じ手が目立ちすぎずに作品を引き立てられる演出家になるよう心がけます。
では、実際に声を出してみましょう。

Work ワーク

声の表現練習

病気のおじいさんと元気な女の子の「こんにちは」というセリフで練習します。

1．病気のおじいさんの様子を想像します。
例）ゆっくり、低めの声、息遣いが荒い
2．元気な女の子の様子を想像します
例）早口、高い声、明朗活発

以上のことを念頭に置いて、それぞれの声で「こんにちは」と言ってみましょう。セリフは同じですが、声の表現は違うはずです。

b）抜き方

紙芝居は右から左に抜かれるように作られています。また一枚一枚画面がバラバラであることから、抜き方の工夫次第では紙芝居の効果をより高めることができます。しかし、その半面、難しさを感じる人もいると思います。たしかに演じ手側からは正面の画面を見ることができないので、「半分まで抜く」という注意書き通りにピタッと止まっているか不安になることもあります。このような場合は、途中で止めたい場所にあらかじめ鉛筆で印を付けておくと安心です（最初から印が印刷されている紙芝居もあります）。
紙芝居はゆっくり抜いたり、さっと抜いたりすることで作品にメリハリを付け、スピード感やドラマチックになるなどの演出をすることが可能です。下準備をして効果的な抜き方を練習してみましょう。

c）舞台の位置・演じ手の立ち位置

舞台の位置は低すぎず、高すぎず、観客から一番見えやすい位置に設置します。また、紙芝居の後ろ側は壁（窓の場合はカーテンを閉めて）になるようにしてください。理由は逆光になって画面が暗くなる恐れがあるのと、観客がまぶしく、外の景色に気を取られて集中しにくくなります。

d）間の取り方

著名な紙芝居実演家の右手和子氏(1927-2011)は、紙芝居を演じるための基本的な表現方法は「声」「ぬき」「間」としています。その中で「間」について、

・息継ぎの「間」

物語型紙芝居の場合
演じ手は舞台のやや後ろに立ちます。

参加型紙芝居の場合
演じ手は舞台の横や前に立ち、子どもたちと対話したりジェスチャーをしたりしながら進めていきます。

- **話変わりましての「間」**
- **ドラマを生かす「間」**
- **期待させる「間」**
- **登場人物の気持ちになって思いをためる「間」**

としています[6)]。期待させる「間」も、話変わりましての「間」もほんの数秒のことですが、ぜひとも効果的に「間」を使うことができるようになってほしいです。作品の情感を思い浮かべながら演じてみましょう。

④ Point4：手作り紙芝居（保育実践）

手作り紙芝居は、子どもたちに伝えたいことを保育者が作ったり、子どもたちが実際に作ってみることができます。環境教育に即した保育教材を実際に作ってみて、紙芝居を媒体として自分の思いを言葉で表現できる楽しさを味わう活動をしてみましょう。

【Episode9】のように主体的・対話的で深い学びへとつながったのは、幼児自ら明確な目的をもって活動に取り組み、完成したときの達成感と拍手をしてもらったときの充実感を得ることができたためだと考えます。

子どもの豊かな感性を発揮させ育てることが保育者の役目であることから、子どもの豊かな感性に気付き、それを受け止める保育者の「感性」もまた必要です。「うまい、へた」など大人の価値観で評価することなく、そのプロセスを肯定的に受け止め、豊かで自由な表現活動を行っていくことが求められます。そして、自分の感性を認めてもらう経験をすることによって、他の人の表現も柔軟に受け止め、感性を相互に尊重し合う姿勢が身に付くと考え

「紙芝居ができたよ！」（５歳児クラス２月）「手作り紙芝居」

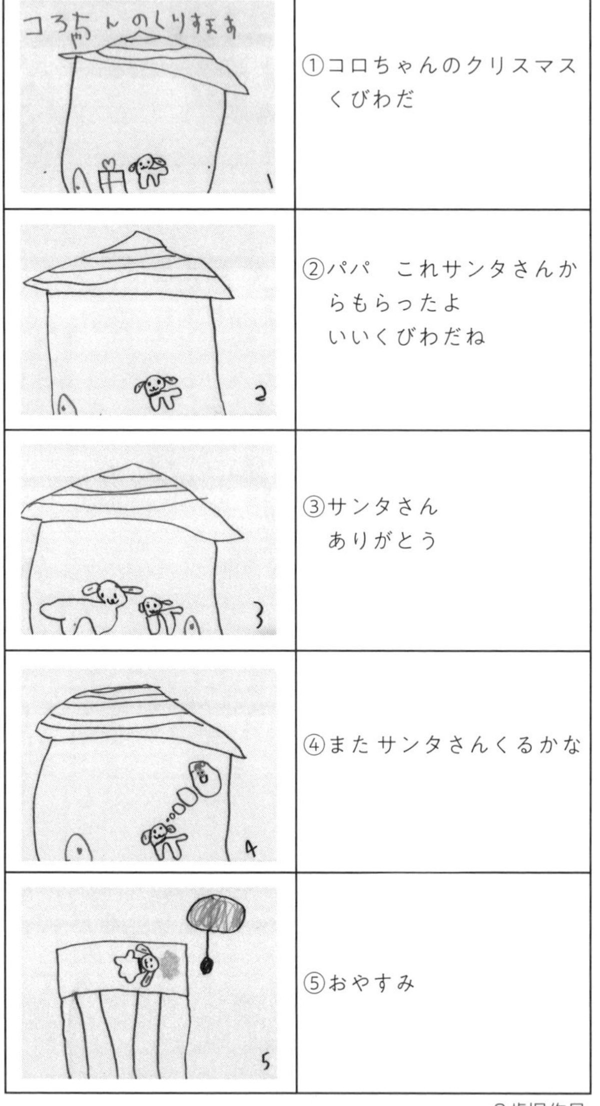

	①コロちゃんのクリスマス くびわだ
	②パパ　これサンタさんからもらったよ いいくびわだね
	③サンタさん ありがとう
	④またサンタさんくるかな
	⑤おやすみ

6歳児作品

担当保育者は日頃から、主体的に幼児が紙芝居に触れることができるように環境設定をし、上演前の準備などを幼児自らが率先して行えるよう促していた。

このような紙芝居との関わりを経て、子どもたちの紙芝居への盛りあがりが多く垣間見えるようになったため、紙芝居を作ってみないかと提案した。すると数名の女児が「あかちゃんクラスへ行って演じてあげよう」と反応した。そこで担当保育者は、自由遊び時に主体的に紙芝居が作れるよう手作り紙芝居コーナーを設け、作り方などのアドバイスをした。文字が書けない子に対しては、物語を保育者が聞き取り、裏に書き込んだ。表面と裏面の番号さえ間違わなければ、絵本のように背表紙で綴じたりすることもないため、簡単に作ることができた。

その後、拍子木を鳴らし「紙芝居がはじまるよ」と言いながら廊下を歩き、お客さんを集め上演会が始まった。他のクラスでも上演会を開き、拍手をしてもらい充実感を得たようだった。

ます。

児童文化財を用いて多様な表現活動に寄り添い、具体的な展開を考え、保育者としての資質・能力を身に付けていきましょう。

【設問１】（目安：保育所実習Ⅰ前の学生向け）

絵本と紙芝居の違いについて隣同士で説明し合いましょう。また、なぜ紙芝居は舞台を使うのか、舞台の必要性を確認しましょう。

【設問２】（目安：保育所実習Ⅰ・Ⅱの間の学生向け）

紙芝居を手元に置き、以下の一連の流れで演じてみましょう。

①下読み
②舞台に入れる
③立ち位置の確認
④抜き差しの練習
⑤登場人物や物語背景を考え演じる

【設問３】（目安：保育所実習Ⅰ・Ⅱ後の学生向け）

グループに分かれ、各自が実習にて経験した保育場面における紙芝居のあり方について発表しましょう。

Memo

第14章

表現を楽しむ

1．シアター遊び

学習のPOINT

1．シアター遊びの特色、基本の演じ方についての理解

・様々なシアター遊びに触れ、その楽しさを知ることが、子ども理解の第一歩になります。

・子どもたちとよりシアター遊びを楽しむために、基本の演じ方を身に付けましょう。

2．保育者としてシアター遊びを保育に取り入れる意義

・シアター遊びは児童文化財の１つです。子どもを惹き付けるための道具ではなく、子どもの心を豊かにする保育教材であり、保育者が専門職として遊ぶ意味を考えてみましょう。

事前学習 Work

【設問１】（目安：保育所実習Ⅰ前の学生向け）

図書館やインターネットで「ペープサート」「パネルシアター」「エプロンシアター」「手袋シアター」「紙皿シアター」「スケッチブックシアター」「封筒シアター」について調べてみましょう。なぜ子どもは、こうしたシアター遊びが好きなのか考えてみましょう。

【設問２】（目安：保育所実習Ⅰ・Ⅱの間の学生向け）

シアター遊びを１つ制作し、同じ作品でも子どもの年齢によってどう演じ方を変えるのか、遊びの工夫について考えてみましょう。

【設問３】（目安：保育所実習Ⅰ・Ⅱ後の学生向け）

実習を振り返り、保育現場におけるシアター遊びの意義について考えてみましょう。保育者としてシアター遊びを保育に取り入れるためには、どういった準備、姿勢、配慮が必要になると考えますか。自分の考えをまとめてみましょう。

（1）保育現場で活躍するシアター遊び

保育現場では絵本や紙芝居、人形劇以外にも多様な児童文化財が遊びとして取り入れられています。ここでは子どもと保育者、子ども同士が相互にやりとりをしながら楽しむ児童文化財として、代表的なシアター遊びを紹介していきます。

①シアター遊びとは

シアター（theater）は劇場、演劇、芝居の意味をもち、保育現場では「○○シアター」と呼ばれる遊びが数多く取り入れられています。ペープサート（なぜシアターに含まれるかは第2節を参照)、パネルシアター、エプロンシアター、手袋シアター、紙皿シアター、スケッチブックシアター、封筒シアターなど様々です。シアター遊びに共通するのは、絵や人形を用いて視聴覚に働きかけながら、その時々に織りなされる語り合いによって、子どもと保育者の間に遊びの世界が広がることにあります。児童文化財の分類上では人形劇に属していますが、近年では芝居や遊びの要素が薄れ、子どもの注目を集める保育技術のみとして扱われることも少なくなく、保育者として保育に取り入れる意義を十分に理解しておく必要があります。

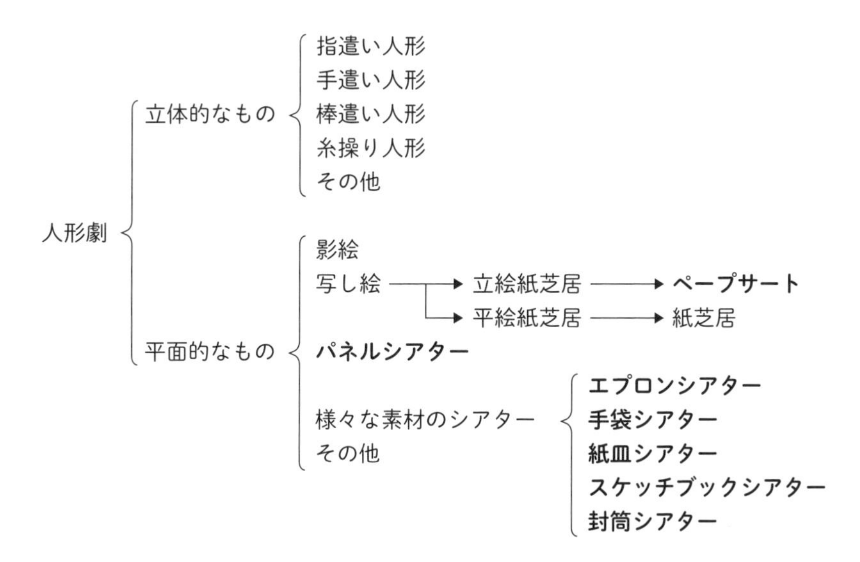

図 14-1　シアター遊びの位置付け

高橋司 編著『児童文化と保育 こころ豊かな文化を育むために』宮帯出版社、2008 を参考に著者作成[1)]

②シアター遊びの意義

あるとき、保育者がクラスの子どもにパネルシアターのどこが好きかを尋ねたことがありました。すると1人の子から「みんなで笑うところ」と答えが返ってきました。なんだか分からないけど、みんなが笑っているから楽しい。笑いには人と人をつなぐ力があり、シアター遊びにはこうした生きる力の基礎となる、他者と共感する心地よさが詰まっています。

まさに、子どもと保育者が一緒になって心から楽しむことができる場を、シアター遊びがつないでいると言えるでしょう。もちろん、見て、聞いて、表現して楽しむシアター遊びが、子どもの言葉や感性の育ちに有用であることは言うまでもありません。乳幼児期の言葉の育ちでは「話したくなる経験があること」「話したい相手がいること」が大切です。シアター遊びを活用することで、楽しさの中から子どもの言語活動は豊かになり、保育者を介して、話す・聞く・伝えるといったコミュニケーション力が身に付いていきます。

（2）基本のシアター遊び

この節ではシアター遊びの基本となる「ペープサート」「パネルシアター」について深めていきます。

①ペープサート

a）ペープサートとは

ペープサート[2)]は「紙人形劇（Paper Puppet Theater)」を略して名付けられた造語で、日本発祥の児童文化財になります。江戸時代末期に広まった「写し絵」と呼ばれる、ガラス板に描いた絵に光を当てプロジェクターのように映しだす出し物がペープサートの始まりいわれています。明治時代の終わりになると、活動写真（無声映画）の登場によって「写し絵」は廃れていきますが、その絵師が、2枚の紙を竹串で挟んで、異なる絵が描かれた表裏を交互に見せることで動きの効果を示す「立ち絵紙芝居」を考案しました。1948年ころ、永柴孝堂（1909 ~ 1984）がこの立ち絵の手法を児童文化財として取り入れ、今私たちがよく知るペープサートが誕生しました。ペープサート作家であり実演家である永柴が、ペープサートという名称を最初に使用しました。

b）ペープサートの特徴

ペープサートはうちわ型紙人形とも呼ばれ、2枚の紙に絵を描いて竹串で挟み、表裏の二面を素早く裏返して操作をします（これを「転画」といいます)。表と裏の絵が変化することで、動くはずのない人形画を動いたように見せることができるのが最大の特徴です。また永柴はペープサートの特徴を「簡便さ」と称し、特別な材料や道具の必要がなく、身近な素材で簡単に作って演じることができるため、子どもたち自身が遊びに取り入れやすい児童文化財ともいえます。実際に筆者も季節の歌をペープサートにするなど、子どもたちと繰り返し保育の中で楽しんできました（竹串は危ないのでトイレットペーパーの芯で代用）。

2歳児が作ったペープサート

ペープサートの人形画は基本人形、活動人形、基本景画・活動景画（動かない風景画のこと）の４種類から成り立ちます。人形画を斜め横向きで描くことで、左右に動かすだけで歩いて見せることができます。正面向きではカニ歩きとなってしまうため不自然になります。最近は物語よりも、歌や手遊び、クイズといった内容が増えてきました。そのため舞台を使わない、活動人形中心のペープサートが多く見られますが、人形劇から派生したシアター遊びであることを意識することで、単にイラストを見せるだけの動かし方から、生命の宿った人形画としての演じ方に変わっていきます。

基本人形

酒井基宏「おそうじおそうじ」
（株）メイト『ひろば』2023年12月号

活動人形

酒井基宏「おそうじおそうじ」
（株）メイト『ひろば』2023年12月号

活動人形

酒井基宏「春よ来い」
（株）メイト『ひろば』2022年2月号

c）ペープサートの作り方

材料

画用紙（またはケント紙）、竹串（または割り箸）、油性黒ペン、
絵の具・マジック（耐水性のもの）、でんぷんのり、はさみ

作り方の手順

1．下絵を描く

基本人形を描く場合、感情は動きと台詞で表現するので、表情はあっさりしたものにしましょう。

2. 色を塗る

遠くから見てもはっきりする色を選びましょう。周囲の余白を白のままにすることで、裏返したときの残像効果で人形画が変化したように見えます。

3. ふちどりをする

アウトライン（一番外側の線）を太くすることで、人形画がはっきりします。

4. 竹串を挟んで人形画を貼り合わせる

竹串（または割り箸）の持ち手は10cmほどがお勧めです。割り箸の場合は平形を使います。丸形では回転しすぎてしまいます。でんぷんのりで貼り合わせたら、重しをのせて押しをしましょう。

5. 余白を残して切り取る

うちわ型に切り取ります。人形画の線に沿って切ってしまうと余白がなくなるため、残像効果が現れなくなります。

d）ペープサートの基本の演じ方

人形の持ち方

竹串は握って持つのではなく、親指と人差し指、中指の３本で持ちます。

ペープサートの舞台

子どもから保育者の表情が見える「お話方式」と、保育者が隠れて人形だけを見せる「人形劇方式」があります。どちらも舞台を使用することで、特別な世界をつくることができます。舞台は本格的に木材で作るものから､段ボールや空き箱で手軽に作れるものがあります。

手作り舞台

人形の動かし方

人形画は、自分が見ている絵と子どもが見ている絵では異なります。覗き込んで絵を確認するようでは、遊びの世界が損なわれてしまいます。また、楽しくなって人形を左右に振っている人が時々いますが、動かし過ぎると人形画がぶれて見えづらくなります。常に「子どもがどう感じるか」を意識して演じましょう。

②パネルシアター

a）パネルシアターとは

パネルシアターもペープサートと同様に日本で生まれた児童文化財の１つです。1973年に西光寺の住職である古宇田亮順が創案しました。キリスト教布教活動の教材にフランネルグラフと呼ばれる、フランネル生地を板に貼った舞台に、絵人形を貼り付けて物語るものがあります。しかし、フランネルグラフは絵人形の裏にフランネル生地を貼らなければならないため、児童文化研究家の古宇田は人形劇やペープサートのように裏表に描けて動かせる素材を探していました。その後、フランネル生地に磁石のように付着する不織布を発見し、「新しいジャンルの文化財」としてパネルシアターが誕生しました。パネルシアターには、パネル板で繰り広げられる劇場という意味が込められています。

b）パネルシアターの特徴

はり絵人形劇、動く紙芝居ともよばれ、パネル板に絵人形を貼ったり外したりすることで簡単に演じることができるのが大きな特徴です。「真っ白なパネルに小さな絵がおかれて話を聞いたり歌ったりするうち、いつの間にか演者と幼児の間に暖かな関係性が育っていく」[3]ことがパネルシアターのよさであると古宇田は語っています。白い空間には想像の余地が秘められ、魚を貼れば目の前には海が広がり、ロケットを貼れば宇宙空間に様変わりします。つい私たち大人はしかけ（c.パネルシアターの作り方を参照）にこだわってしまいがちですが、絵人形の貼り方１つでも表情が変わります。素朴な楽しさ、保育者と子どもが心通わせることにパネルシアター最大の魅力があるといえます。

パネルシアターは大きく２種類あり、ホワイトパネルとブラックパネルがあります。ホワイトパネルは白いパネル布を貼った舞台で演じ、保育室で使われるのはこのタイプです。ブラックパネルは暗い部屋で黒いパネル布を貼った舞台で演じ、蛍光塗料で彩色した絵人形をブラックライトの光で照らすことによって、幻想的な演出をすることができます。七夕やクリスマスなどの行事場面で使用されています。

c）パネルシアターの作り方

絵人形となるＰペーパーは丈夫で保存性の良い素材のため、一度作った作品は生涯の保育の相方になります。筆者の作品も20年以上現役で活用しています。

材料

Ｐペーパー、パネル布、鉛筆、油性黒ペン、絵の具・マジック（耐水性のもの)、はさみ、ボンド、太口木綿糸・針

作り方の手順

1. 下絵を写す

Ｐペーパーは薄手と厚手の２種類があります。表（表面がツルツル）と裏（表面がザラザラ）があり、表に絵を描きます。

2. 色を塗る

ペープサートと同様にはっきりした色を選びましょう。白の部分は白色で塗ることで、絵人形を重ねたときの透け防止になります。

3. ふちどりをする

アウトライン（一番外側の線）を太くすることで、絵人形がはっきりします。

4. 切り取る

アウトラインに沿って切りますが、絵人形の細かい部分は余白を残して切ることで折れ曲がりの防止になります。ただし、余白を大きくしすぎてしまうと、絵人形を重なり合わせたときの一体感がなくなることがあります。

5. しかけを作る

裏返し、重ね貼り、ずらし貼り、糸どめ、ポケットなど多彩なしかけがあることで、表現の幅が広がります

裏返し

重ね貼り

ずらし貼り

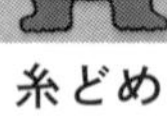

糸どめ

ポケット

上左2点：酒井基宏 作・絵『カラープリントパネルシアター 3びきのこぶた』大東出版社
上中央：酒井基宏　構成・絵・えんがいほいくえんにゃにゅにょ 原作『カラープリントパネルシアターオニはどこいった？ - せつぶんとまめまきのお話 - 』大東出版社
上右：酒井基宏 作・絵『カラープリントパネルシアター うれしいひなまつり』大東出版社
下左：酒井基宏 作・絵『カラープリントパネルシアター いとまき』大東出版社
下右：酒井基宏 作・絵『カラープリントパネルシアター サンタさんの１にちとクリスマスのうた』大東出版社

d）パネルシアターの基本の演じ方

保育者の立ち位置

右利きの人は**上手（かみて）**に、左利きの人は**下手（しもて）**に立つと演じやすくなります（パネルシアターの舞台を正面に見て右側が上手、左側が下手)。その際、保育者の立ち位置によって死角ができていないか、確認を行うようにしましょう。パネルシアターの特徴で空間の大切さをお伝えしましたが、パネル板のどこに絵人形を貼るのか、全体のバランスを予め考えておくと演じやすくなります。

パネルシアターの舞台

一般的なパネル板の大きさは110×80cmサイズですが、筆者が保育室で使用していたのはこの半分の80×55cmサイズになります。市販のパネル板もありますが、スチレンボードにパネル布を貼るだけで簡単に作ることができます。設置の際は、子どもの目の高さや光線など環境設定にも配慮しましょう。

演じ方

パネルシアターは絵人形の動きだけでなく、それを操る保育者の存在があって初めて成り立ちます。保育者は黒子ではありません。絵人形と保育者、そして子どもたちの三者が一体となって表現される文化活動です。古宇田は「パネルシアターは、ただ単に伝達するだけではなくて、演じる人によって作品が変わっていくことがおもしろいのです」[4)]と演者の人間性が現れるものこそ、パネルシアターであると語っています。つまり保育者自身が楽しく笑顔で演じることが何よりも大切になります。最近インターネットでは、ただイラストをパネル板に貼っただけのものをパネルシアターと呼んでいることがありますが、多彩なしかけがあって、保育者自身がパネルシアターの一部となる、そうした基本を十分に理解して保育に取り入れるようにしましょう。

（3）様々な素材のシアター遊び

この節では身近な素材を使って表現する、近年新たに誕生したシアター遊びを紹介していきます。

①エプロンシアター®

胸当て式エプロンを舞台に見立てたシアターで、1979年に中谷真弓が考案・発表しました。エプロンを舞台にした人形劇は、1970年代にアメリカの保育現場でパペットエプロン、ストーリーエプロンとして行われていた記録があります。エプロンシアター®が登録商標されていることから、エプロン人形劇、ポケットシアターという名称で演じられているものもあります。身につけたエ

尾崎富美子「小さな庭」

プロンが舞台になっているため、保育者自身が自由に移動をしながら、全身を使って表現できることが大きな特徴です。他の児童文化財と比べて制作には時間がかかりますが、布の人形たちが持つ温かさは子どもたちに親しみと安心感を与えます。

②手袋シアター

大野雄子「かさこじぞう」

保育現場では古くから作業用の軍手やカラー手袋を用いて､人形遊びが盛んに行われていました。人形形式ではなく、手袋を舞台に見立てて、手遊びや歌・お話などを演じるものを手袋シアターとよびます。裁縫が苦手でも、フェルトを切ってボンドやグルーガンで接着することで簡単にアイテムを作ることができるのが特徴です。手軽さと演じやすさから、多くの保育現場で使われています。素材が手袋であるためアイテムの大きさを考慮すると、少人数での遊びに適しています。

③紙皿シアター

切込みを入れた2枚の紙皿を重ね合わせ、かみ合っている中心部分を支点にして回すように動かすことで、紙皿に描いた絵柄が変化して見えるシアター遊びです。「ニンジンの好きな動物はな～んだ？」「うさぎさん！」「せいか～い！」で終わってしまっては、それは保育ではありません。「ニンジンをいっしょに食べてみよう」と食べる真似っこ遊びをしてみたり、苦いニンジンを食べたらどんな顔？甘いニンジンを食べたらどんな顔？とやりとりをしてみたりするなど、子どもたちの年齢や興味・関心に応じて、遊び方を工夫していくことが何よりも大切です。

全て著者作品

④スケッチブックシアター

スケッチブックの特性を活かし、めくる、戻る、のぞくといったしかけを用いて、お話やクイズ、歌などを楽しむシアター遊びです。手軽に作って演じられるため、近年保育現場において注目を集めていますが、スケッチブックの性質上、次の絵柄は決まっており、ペープサートやパネルシアターのように子どもたちの反応に合わせて自由に内容を変えることはできません。そのため紙皿シアターと同様に、遊び方を限定しないよう、「見せて終わり」ではなく「やりとり」を大切にした演じ方を心がけましょう。

全て著者作品

⑤封筒シアター

新聞紙、紙コップ、うちわ、クリアファイルなど、○○シアターと呼ばれるものはたくさんあり、その多くが現場で遊び継がれてきたものであるため、由来ははっきりしていません。筆者が保育雑誌で発表した封筒シアターもまた、遊び方はオリジナルですが、世界のどこかには似たような遊びが存在しているのかも知れません。封筒シアターの最大の特徴は、遊び方を1つにしないことにあります。封筒の性質を活かし、絵柄の内容や順番を変えることができます。シアター遊びはコミュニケーションツールの1つです。それと同時に、人形劇から派生した「シアター」であり、道具としてではなく生命が宿ったものとして、丁寧に演じるようにしていきましょう。

酒井基宏「オニのパンツはどんなパンツ？」メイト『ひろば』2022年2月号

（4）保育現場での実践

シアター遊びは子どもと一緒に楽しむことで完成します。次の実践エピソードを読んで「子どもとつくる」とはどういう意味なのか、考えてみましょう。

①子どもとつくるシアター遊び

a）エピソード1「こびとさん、かわいそう」

ある2歳児クラスでは「いとまき」の手遊びが大流行し、子どもたちは“ぞうの靴”“おにの靴”など思い思いに歌詞をアレンジして表現遊びを楽しんでいました。そこで担当保育

酒井基宏『カラープリントパネルシアターいとまき』大東出版社

者は、この手遊びをパネルシアターにすることを思い付き、子どもに人気の高かった小人・ぞう・ごりら・たこを登場人物としてお話をつくりました。［小人の靴屋は大忙しでいろんなお客さんに靴を作ります。ところが、たこさんの靴を作ろうとしたとき、糸が足りなくなってしまいました。靴を作ってもらえずに悲しむたこさんでしたが、小人やぞうさん、ごりらさんが自分の靴を貸してくれたおかげで、たこさんも無事に靴を履くことができました。］お話としてきれいにまとまり意気揚々で子どもたちの前に演じた保育者でしたが、たこさんの靴の場面では予想せぬ反応が返ってきました。保育者が小人やぞうの靴を外そうとすると、「こびとさん（靴がなくなって）かわいそう」「（形が違うから）たこさんのくつじゃないよ」「せんせー、（たこさんに）あたらしいくつ、つくってきてあげて」などの声が子どもたちからあがりました。私たち大人はつい、お話に矛盾はないかなど構成や段取りに注意を払いがちですが、子どもたちはお話を楽しむ以前に、シンプルに目の前の事象に関心を向けて、その瞬間を大切に、ヒトやモノとの関係性を築いていることがこのエピソードからも読み取ることができます。

b）エピソード２「かんでる」

こちらも２歳児クラスのエピソードです。担当保育者が子どもたちの好きな「いぬのおまわりさん」のパネルシアターを演じたときの保育場面になります。歌詞中ではこねこちゃんは迷子のままですが、パネルシアター版ではお母さんとお父さんが登場し、出会えるお話になっています。お話の終わりに保育者がこねこちゃんのお母さんをパネル板に貼り付けたところ、1人の子どもから思わぬ声があがりました。「せんせー、かんでる」。噛んでる？不思議に思った保育者は、その子に確認をしたところ、まっすぐ絵人形を指さし再度「かんでる」と答えてくれました。皆さんはもうお分かりになったでしょうか。写真の絵人形の配置をよく見ると、犬のおまわりさんの口がお母さんの顔に少し重なって貼り付けられていることが分かります。絵人形は生きていて、子どもたちの目にはそのように映っています。絵人形に生命を吹き込むかは保育者次第であり、シアター遊びの捉え方からも子ども観は育まれていきます。

酒井基宏『ミニカラーパネルシアターいぬのおまわりさん』アイ企画

c）エピソード３「せんせいみたいにしてみたよ」

保育者を目指す皆さんにとってパネルシアターは、集会や行事で演じるイメージが強くあるかと思います。児童文化が「子どものための文化」と「子どもによる文化」の両輪から成り立っているように、パネルシアターも子ども自らが遊びとして取り入れることができるシアター遊びの１つです。ある保育所ではおやつ前の絵本や紙芝居の代わりにパネルシアターが演じられ、コーナー保育としてパネル板が常設されるなど、日常の保育として活用されています。次のエピソードは５歳児クラスでの保育場面です。室内にて子どもたちが好きな遊びを見つけて遊んでいたところ、あるグループはオリジナルのパネルシアター制作に夢中になっていました。そこで保育者が声をかけると、子どもたちはうれしそうに登場人物や色彩表現、お話のストーリーなど個々のこだわりポイントを報告していました。そうした中、数人の子どもからこんな声が聞こえてきました。「せんせいみたいにしてみたよ」。手元の絵人形をよく見ると、絵人形を裏表で貼り合わせる「裏返し」や、絵人形を重ね合わせる「重ね貼り」のしかけを、見よう見まねで編みだしていたのでした。保育者が子どもたちにしかけの技法を教えたことはなく、興味・関心から自分たちで試し、工夫し、挑戦する年長児としての姿がそこにはありました。楽しいからやってみたい。子どもたちの好奇心や意欲は特別な活動から生まれるのではなく、毎日の生活の中で保育者が子どもたちと真剣に向き合い、本気で遊んでいくことで育まれていきます。まさに保育者は子どもたちにとって遊びのモデルといえます。

５歳児がつくったパネルシアター

（５）実習での取り入れ方

これまでシアター遊びが子どもたちの言葉の育ちを支え、コミュニケーション力を高めていくことを学んできました。子どもたちにとってシアター遊びとの出会いは、それを演じる保育者との信頼関係を深め、安心できる心の拠り所になります。また、子どもたちにとっては楽しい活動、つまり遊びそのものであり、探求心や想像力、共感性や社会性などの生きる力が同時に培われていきます。そこで保育者を目指す皆さんには、ぜひシアター遊びを実習で行うことをお勧めします。子どもの発達を促す以上に、シアター遊びを通して保育者としての専門的な技術を学ぶことができます。目に見える技術面だけに捉えられず、言葉かけや関わり方、子どもの気持ちを理解する姿勢など保育活動としてのシアター遊びの取り入れ方を身に付けていきましょう。

①事前準備

a）大好きなシアター遊びを見つける

実習を前にした皆さんの多くは、何かしらのシアター遊びを用意していることだと思います。その際の選ぶ基準に“簡単”“惹きつける”という言葉はありませんでしたか。手軽に作ることや子どもを夢中にさせることが悪いわけではありません。大切なことは、子どもたちにとっての遊びの意味をどう考えるかということになります。シアター遊びは「遊び」であり、遊びは子どもたちにとって生活そのものです。私たちが提供する遊び１つで子どもたちの１日が、大きく言えば人生が変わっていくかもしれません。そのように考えたら、シアター遊びに対する捉え方も改まってくるのではないでしょうか。時間をかければよいのではなく、“子どもたちとこんなことがしたい”“こんなことを伝えたい”などの願いが、保育のねらいとなっていきます。保育者として皆さんがどのような願いを込めて子どもたちと向き合い、シアター遊びに託していくのか。発表のみならず事前準備の時間が皆さんを保育者にしていきます。

また、シアター遊びを選ぶ際には、子どもの発達や人数、季節や時間など配慮すべき要素はいくつかありますが、まずは皆さん自身が楽しんでいるものであるかが重要になります。保育者が楽しければ子どもも楽しい。保育現場において子どもたちの遊びが充実していくためには、それを提供していく保育者自身の感性も欠かすことができません。難しく考え過ぎずに、大好きなシアター遊びを見つけることから始めていきましょう。

b）子どもから見た自分を想像して練習する

どのようなシアター遊びでも、事前の練習は必要です。子どもに分かりやすい言葉選び、人形画や絵人形の出し方・片付け方、時間配分など、頭の中で考えてみても、実際に全身を使って行ってみなければ分からないことはたくさんあります。ここでの練習は上手に発表するためのものではありません。心にゆとりをつくるために行います。ゆとりがもてることで、実際に演じたときに子どもたちの表情や視線に目を向けることができます。シアター遊びは保育者の表現を通して、初めて子どもたちの心に届いていきます。「うまく見せよう」と意気込まず、大まかな流れや構成を掴み、仕上げは子どもたちとつくるようにしましょう。皆さんが目指すのは、パフォーマーではなく保育のプロです。子どもたちの姿を丁寧に観察し、次の援助を検討していく。シアター遊びから子どもを理解する力を養われていきます。

練習の際は、お腹から声を出す、身振り手振りを使って表情豊かに演じるなど、子どもから見た自分を想像して取り組んでみましょう。表現力の向上は子どもたちの遊びの世界を広げるとともに、子どもに思いを寄せる、保育者としての子ども理解の第一歩につながります。

c）積極的に「やってみたい」と発信する

「子どもたちや先生とうまく関われるか心配です」。実習に向けた皆さんの正直な感想だと思います。新しい環境に、身一つで臨むのは大変勇気がいることです。そのようなとき、シアター遊びは武器となっていきます。武器といっても戦うためのものではなく、子どもたちと仲良くなるための手段という意味です。ぜひ自分から積極的に「やってみたい」と発信するようにしましょう。現場の保育者はうまい下手の技術面ではなく、実習への意気込みや子どもへの眼差しなど保育者としての姿勢を見ています。シアター遊びは子どもたちの前で演じて初めて成り立ちます。子どもたちへの導入方法、配慮の仕方など実践を重ねていくことで、保育者としての気づきを学ぶことができます。実習で得るものに失敗はありません、全て経験になります。

②保育で演じるということ

シアター遊びを「保育」として取り入れるために、実習生として意識してほしいポイントを２点あげました。

ａ）生活の流れを意識して取り入れる

保育は、連続した生活場面によって織りなされています。そのためシアター遊びを取り入れる際も、生活の流れを中断するようなことがあっては保育活動とはいえません。たとえるなら、子どもが好きだからとお昼寝前に激しいダンスを行うことはあり得ず、それと同様になります。一つ一つの遊びは楽しいものであっても、子どもにとってはどれも生活の一部であり、保育者になる皆さんはそうした生活の流れを意識したうえで、どのようなシアター遊びをどのような場面で行うのかを考える必要があります。ここに、イベントとは異なる、保育としてのシアター遊びがあるといえます。現場の保育者に相談しながら、シアター遊びの内容だけでなく、生活の流れを意識して計画していきましょう。

ｂ）子どもに合わせて提供する

シアター遊びそのものは保育技術ではありません。子どもに合わせて提供することで初めて、保育技術と呼べるようになります。グーチョキパーの手遊びうたで考えてみましょう。「右手がグーで左手がチョキで」と問われた皆さんは、何が思い付きましたか。多くの方が「かたつむり」と答えたのではないでしょうか。それでは次に「かたつむり以外で５つ考えてください」と限定された場合、回答に困ったことだと思います。遊び方を１つにせず、子どもに合わせて変えていくことで遊びは広がっていきます。発達や興味・関心を踏まえて、目の前にいる子どもたちが何を求め、実習生である皆さんが何を分かち合っていきたいのか。シアター遊びは提供する皆さんの人柄が反映されていきます。子どもを知ろうとする姿勢、遊びを面白がる感性が何よりも大切です。

（６）パネルシアターの制作と実演

シアター遊びを実習で行うためには、①作品、②脚本、③指導案を用意しましょう。脚本と指導案は異なります。脚本はシアター遊びの台本であり、指導案は保育の計画です。ここでは、パネルシアター「おかいものいってきます」の作品を例に指導計画について考えてみましょう。

①「おかいものいってきます」パネルシアターづくり

学生が作ったパネルシアター

221頁の下絵をPペーパーに写して、制作してみましょう。「準備が大変」と尻込みしていた先輩たちも、実際に作り終えた感想は「大変だったけど達成感を感じることができた」「時間をかけたことで愛着が生まれた」「大事につくったから今後もたくさん使っていきたい」と保育の引き出しを増やす以上に、遊びと向き合うことで保育者としての姿勢が育まれていました。

ここで紹介しているパネルシアターは、実習時の自己紹介として活用することができます。脚本を参考にしながら、自分の好きな食べものや動物など、お買いものバッグに入れる絵人形をオリジナルで制作してみてください。シアター遊びを通じて、実習生や友達とのやりとりを楽しむこと、実習生である皆さんのことを知ってもらうことが保育のねらいになります。このパネルシアターはお買いものバッグ形式であるため、パネル板を使用せずに取っ手を持って遊ぶことも可能です。

②「おかいものいってきます」脚本づくり

脚本はその遊びの楽しさ、制作者の思いが込められているものになります。一字一句その通りに演じることよりも、目の前の子どもたちに合わせてつくりあげていくことを意識しましょう。思わぬ反応を示す子どもたちに臨機応変に演じる難しさを感じることだと思いますが、そうした柔軟な関わりは、事前の計画とイメージをもった練習、そして子どもたちと真剣に向き合おうとする子ども理解によって培われていきます。また、実際に演じてみることで、絵人形の動かし方、貼る位置やタイミング、言葉のかけ方など表現方法についても気付き、考えることができます。

『おかいものいってきます』パネルシアター脚本シート（例）

<table>
<tr><td>学籍番号</td><td>氏名</td></tr>
<tr><td>種別：パネルシアター</td><td>タイトル：『おかいものいってきます』</td></tr>
<tr><td colspan="2">保育のねらい：実習生や友達とのやり取りを楽しむ。パネルシアターを通して、実習生のことを知る。</td></tr>
<tr><td>脚本・セリフ</td><td>演じ方・配慮点など</td></tr>
<tr><td>みなさん、こんにちは。
私の名前は○○○○と言います。よろしくお願いします。</td><td>子どもの見えやすい位置に立つ。</td></tr>
<tr><td>わたし、お買い物が大好きなの。みんなはお買い物好きかな？
</td><td>女の子の絵人形を動かしながら、子どもたちとやり取りを楽しむ。
声の大きさや、子どもたちにとってわ分かりやすい言葉を選んで演じる。</td></tr>
<tr><td>お買い物に必要なのは、バッグとお金。
あれ？丸い形が３つあるけど、どれがお金だろう？
</td><td>シルエットの絵人形を３枚出して、クイズのやり取りをする。
子どもたちの反応をよく見ながら、言葉に合わせて動かしたり、わざと間違えたりして遊ぶ。</td></tr>
<tr><td>よかった。お金はこれね。
</td><td>演じることのみに意識がいかないよう、子どもたちとの視線を合わせて丁寧に話しかけてやり取りをする。
楽しくなって席を立つ子には、さりげなく座るように声をかける。</td></tr>
<tr><td>お店屋さんではね、いろんなものを買ったんだよ。
これは何だと思う？ニンジンだね、大正解！
いっぱいお買い物して楽しかったね。
今日から、○○組で、みんなと一緒に遊ぶことになりました。
どうぞよろしくお願いします。</td><td>楽しかった時間を一緒に振り返りながら、これからお世話になることの思いを伝える。
担任保育者に引き継ぎ、次の活動へ意識がいくように声をかけていく。</td></tr>
<tr><td colspan="2">発表に向けた意気込み</td></tr>
</table>

③「おかいものいってきます」指導案づくり

子どもたちの成長の見通しを立てていくためには、具体的な指標となる指導計画の作成が必要になります。シアター遊びに触れることで、子どもたちは保育者や友達と言葉を交わし、言葉を得ていきます。歌や物語に親しむ、数字や平仮名などの文字に親しむ、そうした意味でシアター遊びは言葉の育ちを育む豊かな物的環境と言えるでしょう。シアター遊びの指導案の作成において大切なことは、ねらいの立案はもちろんですが、“予想される子どもの活動”をなるべく多く考え、書いてみることです。耳で聞こえる音としての言葉、言葉にならない心の言葉、子どもたちがどのような反応や行動をするのか予想を立てておくことで、子どもに合わせた保育技術としてのシアター遊びとなり、保育活動が組み立てやすくなります。

うまく見せることが部分実習や責任実習での目的ではありません。どんな思いをもって、なぜ保育に取り入れたのか。子どもたちの姿を想像しながら書くようにしましょう。技術は人を惹きつけますが、心には残りません。皆さんがシアター遊びを通して、保育者として大事にしたい願いが形になったものが指導案になります。計画を練って立ててみたが、実際は予想とは異なっていた。そうした場面はよくあります。だからこそ、保育は面白いのです。あの子たちはこうしたことが好きなんだ、次に演じるときにはここを工夫してみようなど思いを巡らせ、子どもたちと真剣に向き合っていくことで、保育者としての専門性が高まっていきます。第13章1の表13-3部分実習指導（p.166）を参考に書いてみましょう。

【設問1　グループワーク】（目安：保育所実習Ⅰ前の学生向け）

実習で行いたいシアター遊びを考え、①なぜそのシアター遊びを行いたいのか、②何歳児クラスで行いたいのか、③どんな保育場面で行いたいのか、④そのためにはどんな準備が必要になるのかをグループ内で発表し合いましょう。また、シアター遊びの制作にあたり、お勧めとなる書籍やサイトの共有をしてみましょう。

【設問2】（目安：保育所実習Ⅰ・Ⅱの間の学生向け）

「おかいものいってきます」を制作し、グループに分かれて発表してみましょう。発表者は何歳児に向けて演じるかをあらかじめ伝え、他の学生は子どもになりきって参加してください。発表後、子役の学生は感想を伝え合いましょう。

【設問3】（目安：保育所実習Ⅰ・Ⅱの後の学生向け）

実習先で「おかいものいってきます」を実際に子どもたちの前で演じ、その感想（気付き・学び）をグループ内で共有し合いましょう。保育現場におけるシアター遊びの意義を改めて考えるとともに、自身が保育で取り入れていく際の課題をまとめてみましょう。

「おかいものいってきます」　作／構成 酒井基宏

pp.218 ～ 219 を参考に、自己紹介パネルシアターとして制作してみましょう。133%に拡大すると、テキストの写真と同じ大きさになります。

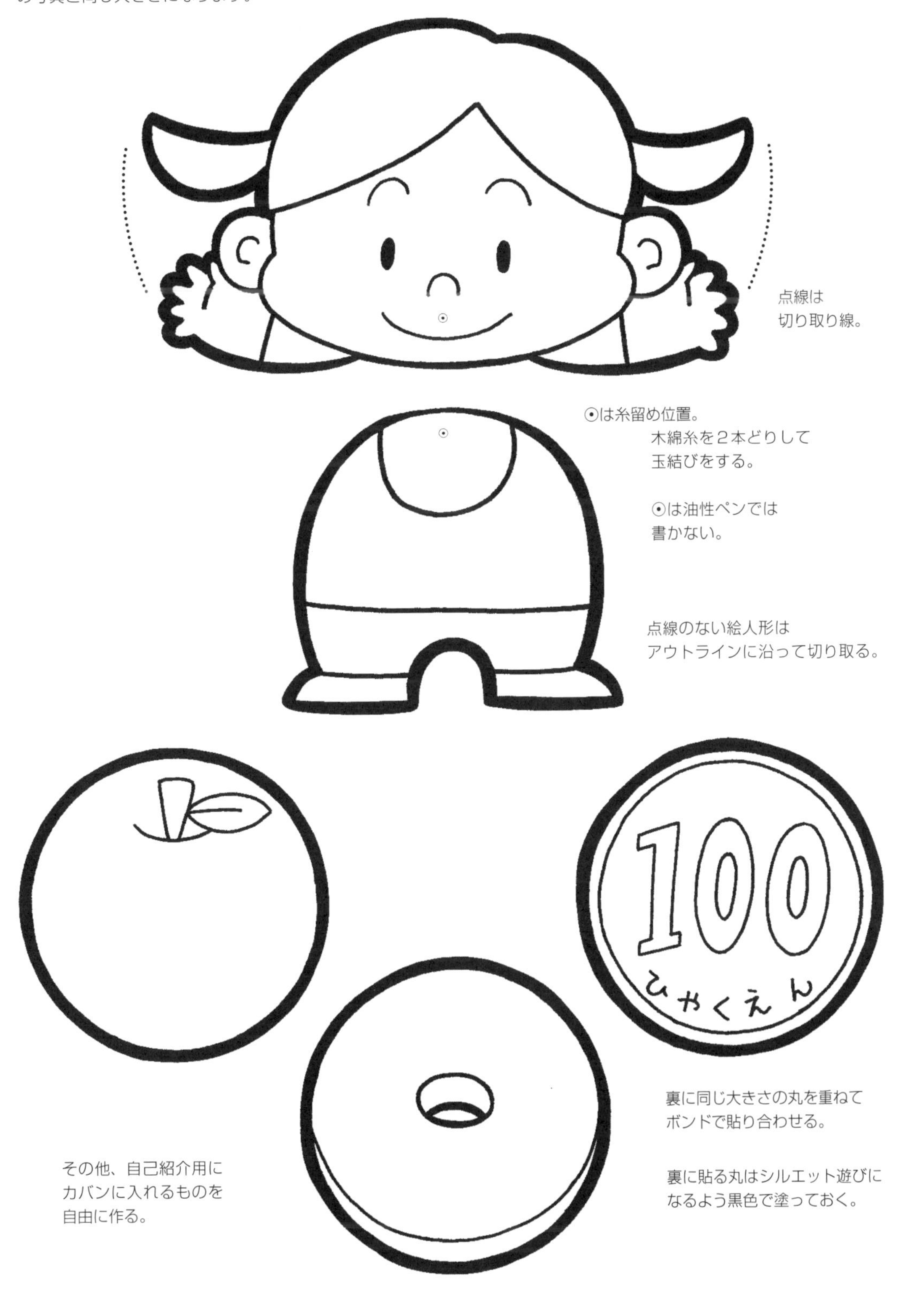

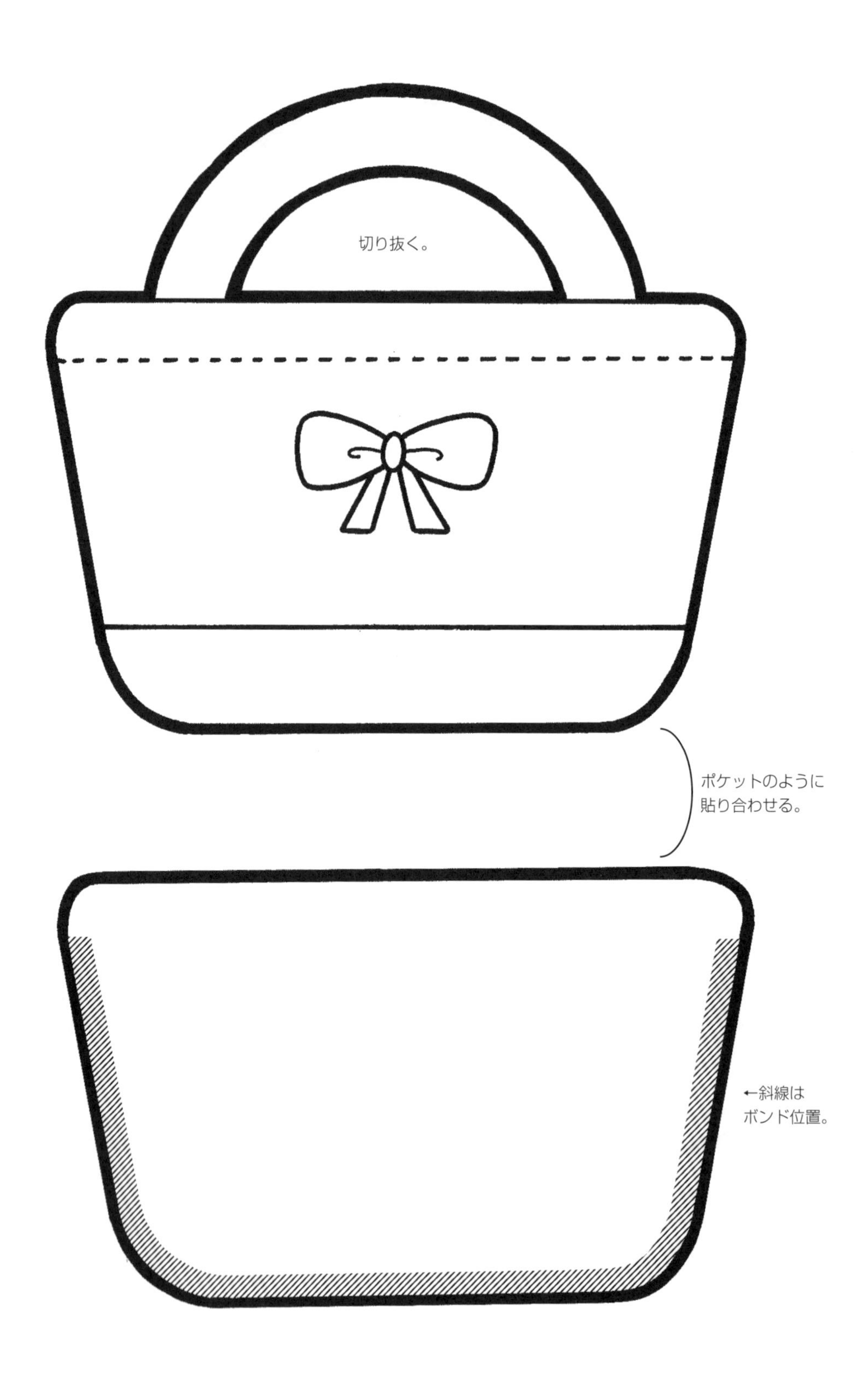
切り抜く。
ポケットのように
貼り合わせる。
←斜線は
ボンド位置。

2．ごっこ遊び

学習のPOINT

1．ごっこ遊びで起きている言葉のやりとりに注目する

・保育における遊びを考えるうえで、ごっこ遊びは外すことのできない遊びです。ごっこ遊びでは遊ぶ仲間同士が遊びのイメージを共有する必要があり、そこには言葉が大変重要な役割を担います。ごっこ遊びの際に、子どもたちがどんな言葉のやりとりをしているかを注意深く把握していく必要があります。

2．ごっこ遊びの際の保育者の関わりについて理解する

・子どもたちのごっこ遊びが充実していくためには保育者の関わりが不可欠です。ごっこ遊びの面白さの持続のために、保育者もそこに関わり、子どもたちとやりとりをする場合もあります。保育者はごっこ遊びにおいて、子どもたちとどのような言葉をかけるのか、考えてみましょう。

3．保育の指導計画をごっこ遊びの視点から考える

・ごっこ遊びの主体は子どもですが、放っておいてもごっこ遊びが充実していくわけではありません。保育者は子どもたちの実態に沿って保育のねらいを立て、援助の方策を練ります。ごっこ遊びもその例外ではありません。保育者はごっこ遊びについてどのように指導計画を立案しているのか、理解しましょう。

事前学習 Work

【設問１】（目安：保育所実習Ⅰ前の学生向け）

自分が子どものころどんなごっこ遊びをしたか、できるだけ具体的に（ままごとであれば何役だったか、お店屋さんならどんなお店だったか、ヒーロー・ヒロインごっこならどんな役だったか）思いだして書きだしてみましょう。またその遊びのどんな点が楽しくて取り組んでいたか、考えてみましょう。

【設問２】（目安：保育所実習Ⅰ・Ⅱの間の学生向け）

まず本章のEpisode 1だけを読み、自分だったらどのように子どもに声をかけるか考えてみましょう。その後、４～５人のグループになって、意見を交換しましょう。

【設問３】（目安：保育所実習Ⅰ・Ⅱ後の学生向け）

４～５人のグループになって、保育所や幼稚園での実習の際にごっこ遊びに関わってみて、楽しかった出来事や難しかった点について情報を交換しましょう。

（1）ごっこ遊びに見られる子どものやりとり

子どもたちは遊びの中で様々な言葉のやりとりを行っています。ここではごっこ遊びに見られる子どものやりとりや、そこに関わる保育者のやりとりを通して、その実際と保育者の役割について考えていきましょう。

①ごっこ遊びと子どもの言葉

ごっこ遊びとは一般的に子どもが、日常生活の中で経験したことを模倣して現実の遊びの中で再現したり、また現実の物・人・ことをイメージして象徴的に遊んだりすることを包括した遊びを示すとされています[1)]。具体的には、ままごとやお店屋さんごっこなどのほか、鬼ごっこなどを含むこともあります。イメージされるものは現実のものに限らず、物語やテレビのキャラクターなど空想のものも含まれる場合もあります。

これらのごっこ遊びは子どもが単独で行う場合もありますが、複数の子どもが一緒に遊ぶことの方が多いでしょう。そのような複数の子どもが関わるごっこ遊びにおいては、一緒に遊ぶ子ども同士がその遊びのイメージを共有する必要があります。

ごっこ遊びは「物の見立て」「行為の見立て」「場所の見立て」の３つが絡み合いながら成立していきます[2)]。子どもたちはこれらの見立てを行いながらイメージを共有していくのですが、そこには大抵、言葉でのやりとりが必要になります。

「物の見立て」を共有するには、自分が使っている物や作っている物が何なのかということを伝える必要があります。料理を作っているのか、料理であれば何を作っているのか、探検に行くなら望遠鏡を持っているのかカメラを持っているのか、など、物を何に見立てているのか、言葉で表現することがイメージの共有には必要です。同様に、自分が何になっているつもりで、今楽しんでいることは何なのか、という「行為の見立て」を伝えることも必要です。「朝ごはんを食べよう」「（野菜を切りながら）トントントン」「車に乗って出かけようよ」など動きを言葉に出すことで、相手にも自分がしている行為の意味が伝わります。また、「ここはお風呂ってことね」「駐車場はどこにする？」「洞窟に探検に行こうよ」など、実際には保育室にはない場所を、ごっこ遊びのイメージに合わせて見立てるような「場の見立て」にも言葉でのやりとりが欠かせません。

子どもたちはごっこ遊びを行いながら、これらの見立てを通してイメージの共有をしていきます。また、その過程の中で様々な言葉のやりとりをしています。イメージが共有されることで自分のしたいことが相手に伝わり、ごっこ遊びがさらに充実し、相手とやりとりをしながら遊ぶ楽しさを味わうことにつながります。これは領域「言葉」のねらい（2）「人の言葉や話などをよく聞き，自分の経験したことや考えたことを話し，伝え合う喜びを味わう。」とも直結します。また、［内容］（1）「先生や友達の言葉や話に興味や関心をもち，親しみをもって聞いたり，話したりする。」（2）「したり，見たり，聞いたり，感じたり，考えたりなどしたことを自分なりに言葉で表現する。」（3）「したいこと，してほしいことを言葉で表現したり，分からない ことを尋ねたりする。」（4）「人の話を注意して聞き，相手に分かるように話す。」などの項目とも関連します[3)]。

ここでは、子どもたちのごっこ遊びの実際を理解し、保育者の関わりを考えるために、エピソードを見ながら考えていきましょう。

Episode 1

美味しいスパイスいる？（4歳児2月）

タカシとシュンが保育室でバーベキューごっこを始めました。タカシとシュンは2人で遊び始めることが多く、この日も色画用紙を切りながら肉や野菜を作りはじめました。タカシが「肉、肉、豚肉を切りますね」と言うとシュンは「牛肉もあるよ、玉ねぎも、ソーセージもあるよ」など、次々に色画用紙を切っています。

その様子を少し離れたところからタクミが見ています。タクミは空き箱や画用紙などを使って製作をすることが好きで様々なアイデアを遊びの中で出しますが、1人で遊ぶことの多い子どもです。

タクミはしばらくタカシとシュンの様子を見ていましたが、製作用のテーブルに向かいました。色画用紙を細かく刻んで乳酸菌飲料のカップに入れています。刻んだ色画用紙がカップにたまると、タクミは2人のところに近寄りました。タクミは2人に向かって「ねえ、美味しいスパイスいる？」と尋ねました。タカシとシュンはフライパンで肉を焼くことに夢中になっているためその声が聞こえていません。タクミはもう一度「ねえ、美味しいスパイス、いる？」と少し大きな声で話しました。それに気づいたタカシは、「え、いらなーい」と返事をしました。

断られてしまったタクミはスパイスを持ったまましばらく保育室の中をうろうろと歩きます。そしてまた2人の元に近づき、「ねえ、僕も一緒にやりたい」と声をかけました。それを聞いたタカシは「えー、だめ」と答えます。タクミは食い下がり「何で」と聞き返します。タカシは「だって今シュンくんと2人でやってるんだもん」と答えます。それでもタクミは諦めずに「僕もバーベキューやりたいんだよ」と伝えますがタカシは「だめ、シュンくんと2人でやるってことに決めたから」と言われてしまいます。タクミは「えー…」と呟くと肩を落とし、その場を離れました。

【Episode1】は、ごっこ遊びの遊びだしの場面と仲間入りの場面です。タカシとシュンは2人で遊ぶことも多いため、互いのしたいことを言葉に出して相手に伝えようとしています。タカシの「肉、肉、豚肉を切りますね」という言葉は、自分のしていることを相手に伝えようとする言葉です。自分が切っている色画用紙は豚肉であるというイメージを相手に伝えることで、自分たちのしている「バーベキューごっこ」のイメージがより具体的になり、一緒に遊んでいるシュンにもそのことが伝わります。また、それを受けてシュンは「牛肉もあるよ、玉ねぎも、ソーセージもあるよ」と答えていることから、シュンは一緒に遊んでい

る相手の言葉を聞いて同じイメージの中で遊ぼうとしていることもわかります。さらに、タカシの「豚肉」という言葉から影響を受けたのか「牛肉」「玉ねぎ」「ソーセージ」など他の食材のイメージも出てきています。

このように、遊びの中で自分がしていることを話したり相手の言葉を聞いたりすることを相互に繰り返しながら「バーベキュー」というごっこ遊びのイメージがだんだんと具体的になっていくのです。また２人の中で「今、自分たちはこんなバーベキューをして遊んでいるんだ」ということが共有されていくのです。

このようなごっこ遊びを繰り返していくことが相手とイメージを共有しながら遊ぶ楽しさを感じることにつながります。また、そのために自分のしたいことやしていることを相手に伝えたり、相手の話を聞いたり、相手のしていることを理解して遊んだりする力も身についていきます。

一方で、タカシとシュンのように、一緒に遊ぶことが心地よい友達が固定化してしまうこともあります。遊びのペースや言葉のやりとりのペースが合う相手と一緒に遊ぶと楽しさが持続するため、これは仕方のないことです。そこに仲間入りをしようとする子どもが現れたときには、このエピソードのようにその仲間入りがうまくいかないことも、また仕方のないことです。

タクミは２人の楽しそうな姿を見て、自分も遊んでみたくなったのでしょう。しかし普段一緒に遊んでいる相手ではないため、タクミは仲間入りの方法を考えます。バーベキューにはスパイスが必要だということをタクミは生活経験から知っていたのでしょう。自分で画用紙を細かく刻んでスパイスを作り、それを「ねえ、美味しいスパイスいる？」と持ちかけることで仲間入りを試みます。４歳児後半になると相手のしている遊びに興味をもったり、同じイメージで遊んだりすることを楽しもうとするようになります。タクミは２人の遊びの様子を見たうえで、自分なりに仲間入りの方法を考えて、対話によって仲間入りをしようとしています。

ただ、先述したように、４歳児後半は仲間関係も固定化されてくる時期でもあるためタクミの計画は失敗します。このような場面は４歳児では頻繁に見られます。一緒に遊びたい相手がいるからこそ、その心地よい時間が続くようにと考えるのは当たり前のことです。タカシの「だって今シュンくんと２人でやってるんだもん」や「だめ、シュンくんと２人でやるってことに決めたから」という言葉は、タクミのことを除け者にしようとしている言葉ではなく、タカシとシュンの仲間関係の高まりを表す言葉と捉えることもできるのです。

②ごっこ遊びに関わる保育者

では、このような場面で保育者はどのように関わるのでしょうか。Episode 1の様子を保育者Aは少し離れた場所から見ていました。Episode 2では、その後の様子を見てみましょう。

Episode 2

タクミくんと先生のバーベキュー作ったからね

保育者Ａは、製作コーナーで他の子どもと遊びながら一連の様子を見ていました。仲間入りができなかったタクミは保育者Ａの元へやってきて訴えます。「あのね、タカシくんたちのバーベキューに入れてって言ってるのにタカシくんがダメって言う」それを聞いた保育者Ａは「タクミくんもバーベキューがやりたいの？」と尋ねます。タクミは「うん、それなのにタカシくんが入っちゃダメって言う」と答えます。保育者Ａは「わかった。じゃあ先生と一緒にやってみようよ」と言い、タクミと一緒にウレタン積み木を持ってきて、タカシとシュンが遊んでいるすぐ隣にテーブルと椅子を作りました。また、タカシとシュンが使っているのと同じようなフライパンや焼き網、トングなどを用意しながら「隣にタクミくんと先生のバーベキューも作ったからね」とタカシらに声をかけました。

タクミは自分もバーベキューごっこができることが嬉しくなり、タカシらと同じように色画用紙で肉や野菜を切ったり、それに自作のスパイスをかけながら「美味しいスパイスをかけまーす」と言ったりして遊び始めました。

保育者はタクミの真似をしながら同じように動いたり、「美味しいスパイスをこちらにもお願いします」などと言ったりしています。

隣り合った場で遊ぶことになったタカシ･シュンとタクミは、次第にやりとりをし始めます。シュンがタクミに向かって「焼きそばもあるんだよ」と言うと、タクミは「美味しいスパイスかける？」と返します。するとシュンは「牛肉にかけて、やきそばにはソースがかかってるから」と答えます。

そのような言葉でのやりとりをしているうちに、３人は互いの場所を行ったり来たりしながら、いつの間にか二つのバーベキューはつながり、一つの場となり、３人は同じ場で同じようなことをして遊んでいました。

その様子を見届けた保育者Ａは、「ちょっとお腹いっぱいになってきたのでお仕事に行ってきますね」と声をかけ、その場を離れました。

【Episode2】では、仲間入りを断られたタクミが保育者Ａに助けを求めてきます。上手くいかないことがあった際に、身近な人（ここでは保育者）に助けを求めることができるのも重要な言葉の育ちです。「幼稚園教育要解説」の領域「言葉」［内容］（３）には「どう行動したらよいのか分からない場面などに出会うこともある。その場合には，自分が分からないことや知りたいことなどを教師や友達に伝え，教えてもらうことが必要になる」「幼児は幼稚園での集団生活を通して，自分の分からないことや知りたいことなどを，相手に分かる言葉で表現し，伝えることが必要であることを理解していくのである。」との記載がありま

す[4)]。困ったときに泣いたり、諦めたり、相手に威圧的に接したりする時期もありますが、様々な関わりを通して次第にこのような姿も見られるようになります。

ここで保育者Aは一連のタクミの姿を把握したうえで、タクミの想いに寄り添いながら援助を行います。このような場面での援助のあり方にはいくつかの方法が考えられます。①保育者がタクミの代わりにタカシに「タクミを仲間に入れて」と交渉を行う。②保育者がサポートしながらタクミ自身が交渉できるように促す。③保育者とタクミが2人一緒に仲間入りできるように働きかける。などの方法もあるでしょう。Episode 2では、保育者Aは敢えて仲間入りをするのではなく、保育者Aとタクミのバーベキューの場を、タカシらのすぐ隣で作るという援助を行います。

これには、保育者Aのタクミの内面の読み取りが現れています。保育者Aは、タクミが、「タカシらとバーベキューごっこがしたい」のではなく「とにかくバーベキューごっこがしたい」のではないかと捉えています。そこで、一旦は保育者A自身と一緒に遊び始められるようにし、そこでの遊びが面白くなればきっと二つの遊びは次第に融合していくだろうという予想のもとに援助を行っています。

その援助もあって、タクミは自分なりのバーベキューごっこを始めることができました。タカシとシュンは自分たちの関係を侵されることなく、隣でタクミが同じような遊びを始めただけですので、どちらの場も遊びが進んでいきます。互いに同じイメージで遊んでいるため、互いの動きが目に入り、必然的に言葉でのやりとりが生まれています。Episode 2ではシュンが「焼きそばもあるんだよ」とタクミに声をかけ、タクミが「美味しいスパイスかける？」と返したことにより、シュンの「牛肉にかけて、やきそばにはソースがかかってるから」というやりとりが生まれました。このことにより、隣り合った別々の遊びであった遊びに、言葉のやりとりに加え、タクミがシュンの肉にスパイスをかけるという動きでの交流も生まれたことが分かります。

「幼稚園教育要領」領域「言葉」3内容の取り扱い（1）には、「言葉は，身近な人に親しみをもって接し，自分の感情や意志などを伝え，それに相手が応答し，その言葉を聞くことを通して次第に獲得されていくものであることを考慮して，幼児が教師や他の幼児と関わることにより心を動かされるような体験をし，言葉を交わす喜びを味わえるようにすること。」とあります[5)]。保育者がごっこ遊びに関わりながら、子ども同士の言葉でのやりとり、つまり「伝える・応答をする機会」を見逃さずに援助することによって、ごっこ遊びのイメージがより具体的になり、さらにごっこ遊びを面白くするような言葉や動きが引きだされていくのです。

（2）ごっこ遊びと指導計画

これらのエピソードは日常的によく見られる光景です。そこに対する保育者の援助は、もちろん即興的に行われるものです。しかし、保育者にはそれまでのクラスの子どもたちの実態の把握に基づいたねらいがあり、指導計画があります。ここでは前述のエピソードの時期の保育者の指導計画の例を見ながら、保育者がごっこ遊びに対してどのような意図をもって関わろうとしていたのかを考えてみましょう。

表 14-1 は、エピソードの次の週の指導計画の例（筆者作成）からごっこ遊びに関することを抜粋したものです。この計画を見ると、前週までの子どもたちの様子を受けて、保育者 A が子どもたちにどのような意図をもって援助を行おうとしていたのかがわかります。

幼児教育における指導計画は、子どもの実態を読み取り、子どもの育ちを把握したうえで指導すべきねらいを立案します。保育者 A は、子どもたちが気の合う相手と集まって遊びだし、言葉でのやりとりを楽しんでいる実態を捉え、「□自分のしたいことや思いを相手に伝えながら遊ぶ楽しさを味わう」というねらいを立てています。また、そのねらいを達成するために子どもが経験するべき内容として、「気の合う友達と誘い合って遊び始めようとする」「自分のしたいことを相手に言葉や動きで伝えようとする」「一緒に遊ぶ相手の言葉や動きを感じて遊ぶ」の３点をあげています。

子どもたちが好きな遊びをする際に遊びたい相手を誘い合って遊びだすためには相手に声をかける必要があります。また、ごっこ遊びが始まったら自分のしたいことや想いを相手に

表 14-1　４歳児の週の指導計画の例

<table>
<tr><td colspan="2">４歳児学年　週の指導計画（２月５日～２月９日）</td></tr>
<tr><td>４歳児ももぐみ　男児 12 人女児 13 人　計 25 人</td><td>担任　萌文Ａ子</td></tr>
<tr><td>先週までの子どもの姿</td><td>環境の構成と保育者の援助</td></tr>
<tr><td>○遊びについて
気の合う友達を探して遊び始めようとし、自分たちで遊びの場を作ったり遊びに必要なものを作ったりして遊んでいる。室内ではお店やさんごっこやままごとなどをしながら、作ったものを見立てたり、なりきって動いたりすることを楽しんでいる。
□人との関わりについて
一緒に遊びたい相手が決まっている子どもが多く、同じ場で同じようなことをして遊ぶことで安心している。自分のしていることやしたいことを相手に伝えようとしている子どもが多く、互いのやりとりを楽しむ姿もある。一方で、仲間意識の高まりから、普段関わらない相手とは距離を置こうとしたり仲間入りを断ったりする姿もある。</td><td rowspan="3">○一緒に遊ぶ友達と大まかなイメージを共有しながら遊ぶために
・遊びの場作りでは、子どもと相談しながら、一緒に作ったり他の遊びと動線が重ならないように調整したりする。
・ごっこ遊びのイメージやそれぞれのしたいことが具体的になりやすいように作りたいものに合わせてそれらしく見立てられる素材（廃材・広告紙・色画用紙・キッチン用品など）を保育者も一緒に探すようにする。
・子ども同士が遊びはじめたらなりきって動いたり話したりしている様子を受け止めていく。

□自分のしたいことや思いを相手に伝えながら遊ぶ楽しさを味わうために
・気の合う相手と遊びだそうとしている姿を受け止めつつ、互いのしたいことが言えているか様子を捉える。
・子どもが発した言葉を保育者も言ったり、やりとりを仲介したりしながらイメージを共有しやすいようにする。
・無理に仲間入りをさせようとせず、遊びの面白さや同じものを使っている楽しさなどからつながっていけるように、介入のタイミングを図る。</td></tr>
<tr><td>ねらい及び内容</td></tr>
<tr><td>○一緒に遊ぶ友達と大まかなイメージを共有しながら遊ぼうとする
・ウレタン積み木や衝立などを使って遊びの場を自分で作る。
・友達と同じものを使ったり同じ動きをしたりして遊ぼうとする。
□自分のしたいことや思いを相手に伝えながら遊ぶ楽しさを味わう
・気の合う友達と誘い合って遊び始めようとする
・自分のしたいことを相手に言葉や動きで伝えようとする。
・一緒に遊ぶ相手の言葉や動きを感じて遊ぶ。</td></tr>
</table>

言葉で伝えることで自分たちのごっこ遊びのイメージが明確になっていきます。さらに、自分から話すだけではなく相手の話を聞くことによって、より遊びが充実していきます。保育者はこれらの体験を通して、「□自分のしたいことや思いを相手に伝えながら遊ぶ楽しさを味わう」というねらいが達成できると考えていることがわかります。

そのために保育者としてどのような援助を行うかというポイントも示されています。「環境の構成と保育者の援助」の欄には、まず遊びの中での子どものやりとりの様子をしっかりと把握しようと考えていること、子どもが発した言葉を保育者も復唱したり、相手に伝わるように仲介したりしながら遊びのイメージを共有しやすいようにしたいと考えていること、更に、気の合う友達が決まってきていることを受け、無理に仲間入りをさせようとせずに、同じような遊びを楽しむ中で次第に交流が生まれていくように配慮しようと考えていることがわかります。

このように、保育者はそれまでの子どもの姿をもとに立案されたねらいや内容をもとに、環境の構成や援助のポイントを考えています。特にごっこ遊びは、一緒に遊ぶ相手とイメージを共有しながら物を見立てたり、それらしく動いたり、場所を作ったりすることが楽しい遊びですので、その楽しさが味わえるようにサポートするための援助の方策をしっかりと考える必要があります。

ごっこ遊びでは、子どもたちは身近な生活の中で体験したことや憧れを基盤としながら言葉を発したり動いたりすることを楽しみます。楽しさを土台としながら、自分のしていることを言葉に発したり、保育者や友達に受け止めてもらったりしながら、言葉を交わす喜びや楽しさを感じ、その必要性を理解していきます。

保育者はまずその子どもたちの発している言葉をよく聞き、楽しんでいる姿を受け止めたり、うまくいっていない点に気づいたりすることが必要です。そのうえで、どのような伝え方がよいのかモデルを示したり、相手の話を聞ける状況を作ったり、やりとりが活性化するような状況をつくったりする必要があります。

ごっこ遊びに対するその場その時の関わりも重要ですが、幼児の発達に沿った計画的な援助を行うという思考も重要です。日々の子どもたちの言葉のやりとりの姿を包括的に捉えて育ちを理解し、今後必要な体験を考えてねらいを立て、そのねらいの実現のために必要な、子どもが体験する内容を考え、それに沿って必要な自分の関わり方のポイントを整理しておくことが重要です。なぜならば、ごっこ遊びの中での子どもたちの言葉のやりとりは、その時その場で突然即興的に発せられる場合がほとんどで、具体的な言葉をあらかじめ想定しておくことが難しいからです。「この言葉をかけよう」などと決めておくことはできないため、前日までの子どもたちの様子をもとにしながら、このような言葉のやりとりを大切にしながらこのような方向性で関わろうという方策を、指導計画を作成する中で練っておくことが、子どもたちのごっこ遊びにおけるやりとりを支えるうえで重要なのです。

【設問１】（目安：保育所実習Ⅰ前の学生向け）

養成校内の保育教室に行って、ままごとコーナーにはどのようなものが必要か考えてみましょう。また、実際に子どもになりきってままごとをして遊んでみましょう。

【設問２】（目安：保育所実習Ⅰ・Ⅱの間の学生向け）

保育所や幼稚園での実習中の子どもたちの遊びの姿をもとに、自分が実習を行う際のごっこ遊びにおけるねらい、環境の構成や保育者としての援助のポイントについて考え、指導計画を作成してみましょう。また、４～５人のグループで互いの指導計画を読み合い意見交換をしましょう。

【設問３】（目安：保育所実習Ⅰ・Ⅱの後の学生向け）

保育所や幼稚園で、自分が関わったごっこ遊びにおいて、子どもたちがどのようなやりとりをしていたか、記録に起こしてみましょう。その子どものやりとりが、ものとの関わり、人との関わり、遊びの面白さなど、どのような点に影響を及ぼしていたか、考えをまとめてみましょう。

Memo

3. 劇遊び

1. 劇遊びの特性を知る

・劇遊びが生まれた過程や特性を知り、想像の世界を楽しむ方法を理解し、保育への活用を見出しましょう。

2. 演じて遊ぶ活動が子どもの言葉の育ちにもたらす理解

・子どもにとって自分自身が主体となって演じて遊ぶ場合と、他の仲間たちと共に遊ぶ場合の教育的意義を考えてみましょう。

3. 劇遊びの活動の展開と指導計画についての理解

・子どもが劇遊びに興味をもち、お話を想像し、創造しながら演じて遊ぶ劇遊びの活動の事例を参考に、ごっこ遊びや手遊びから劇遊びへの展開方法における指導者のあり方や指導方法、考え方を理解しましょう。

事前学習 Work

【設問1】（目安：保育所実習Ⅰ前の学生向け）

あなたが知っている、童話や民話、昔話、絵本、紙芝居などを書きだしてみましょう。そのお話は誰に読み聞かせてもらい、どんなときに自分で読んで楽しんでいたか、そのお話の概要について思いだしてまとめてみましょう。また、自身の幼少期に遊んでいたごっこ遊びを思いだし、誰と（1人のときもある）どんな遊びで何をしたか、覚えている言葉（セリフ含む）などを記述してみましょう。

【設問2】（目安：保育所実習Ⅰ・Ⅱの間の学生向け）

4～5人のグループになり、保育所や幼稚園で行った、ごっこ遊びや演じて遊んだ経験にはどのような遊びがあったか、そのときの子どもたちの状況（環境や喜怒哀楽などの感情を含む）を情報交換しましょう。

【設問3】（目安：保育所実習Ⅰ・Ⅱ後の学生向け）

4～5人のグループになり、保育所や幼稚園では、童話や民話、昔話、絵本、紙芝居を用い、保育者が子どもと関わりながら演じて遊ぶことがあったか、また、ごっこ遊びに保育者が関わって遊ぶことがあったか、その際の子ども同士や子どもと保育者との関係について事例を出し合い、子どもにとっての想像の世界を演じて遊ぶことについて意見交換してみましょう。

（1）ごっこ遊び・劇遊びの特性

①ごっこ遊び

ごっこ遊びでは、何かになって遊ぶ、まねをする、ことが多くあります。「～になる」という行為は、子どもが自分以外の立場になるという心理面の発達を促し、やがて、人の立場になって考えるという社会性への導きになります。ごっこ遊びでは現実にありえないことも、あたかもそこにあるようにイメージ（想像性）をもって遊びます。友達と現実の世界でなくとも思い切って自分のイメージや考えを楽しみながら表現することを積み重ねながら、自信をもつようになります。それが子どもの自己肯定感を高めるだけでなく、友達とイメージを共有する経験にもつながり、他者を認める協調性が培われます。

また、テレビやアニメのヒーローやヒロインを見て、「あんなふうになってみたい」という憧れは、遊びに創意工夫をもたらし、思考力を育てます。

このように子どもたちのごっこ遊びは、日常生活の中で自然に何かになりきったり、演じて遊んだりする活動のなかで、想像性、創造性、社会性、協調性、思考力、心理面の発達が育まれます。

②劇遊び

劇遊びという言葉を日本で最初に使ったのは、東京麹町富士見幼稚園、山村きよだといわれています[1)]。その中で山村は、幼児は劇遊びにおいて、「幼児は演ずることが大好きで、非常な興味を持って演じたがる」「劇に似たものだが、劇としての効果をいまだ十分に表しえない幼児の遊びの材料として行っている」「お話の立体表現といったものを試みている」と記し、日常保育の中の遊びとして重要な位置付けがあると述べていました。

アメリカでは、幼児・児童の劇的表現活動である「クリエイティブ・ドラマ」でジェラルディン・ブレイン・シックスが「何よりこれは（劇遊び）演ずる子どもたちの活動であり、見せるものではない。個々の子どもが、グループの中でみんなと一緒に考え、動き、遊びながら即興的に劇をつくって自己表現することであり、楽しい集団活動なのである」[2)]と記し、「それは子どもたち自身の成長を助ける経験であり、その表現はその子どもの成長度を示す目安であり、同時にその要求も示している」と明快な理念を示しています。このことから捉えていくと、劇遊びはクリエイティブ・ドラマの表現活動に包含されるものと考えられています。岡田陽は、「劇遊びでは、大人が子どもに教えこんでやらせることでなく、子ども自身の創意工夫を大切にしたい。大人の問いかけによって子ども自身がイメージをつくり、それを勇気を持って外へ出してみる経験の繰り返しから表現することへの自信が生まれるのである」[3)]と述べ、あくまでも活動の主体は子どもたちであることを大切にしています。そして、劇遊びはイメージ作りを大切にしていることから、「想像の遊びである」とし、「思考するだけでなく行動化してみて、全人的、体験的に深く知ることができる」と述べています。劇遊びを体験的側面から考えると、物語や出来事の流れを内に受け入れイメージするだけでなく、行動として外へ表現してみることによって、間接体験を直接体験へと近づけることができるのです。また、子どもたちと劇遊びを活動するにあたって、保育者がお話の中のある役になって子どもたちをお話の世界に引き込むティーチャー・イン・ロールというドロシー・ヘスカットの方法論があります[4)]。これは、子どもたちの興味・関心を引き付け、反応を引きだし、劇遊びに緊迫感を与えます。そして、子どもたちは自発的に活動することができ、劇遊びに対する理解を深めることができるのです。子どもたちの遊びに、大人が時にリーダー（提案者)、交通整理役、登場人物として関わって遊びます。セリフを覚えて演ずる「劇」とは違い、子どもたちと一緒にお話を創造しながら演じて遊ぶのが劇遊びです。

（2）手遊びを劇遊びにして楽しむ活動が子どもの言葉の育ちにもたらす経験

手遊びは、道具を使わず自分の身体を用いて場所や時間に制限なく遊べるので保育の場では多く親しまれています。しかし、手遊びを時間つなぎや子どもを静かにさせる手段として行うことも少なくありません。子どもにとって手遊びは、保育者と目線（表情）を交わし合い、言葉、身体、音声、リズム、気持ちを合わせて行うことが楽しく大切なひとときなのです。手遊びを十分楽しんだ後、保育者の提案のもと、劇遊びに展開することは年少児にとって安心して活動できます。ただし、保育者の提案に指導性が強くなり、結果としてやらせてしまうことにならないように注意が必要です。年少児は、まだ社会的経験も少ないので、保育者の問いかけに答えが出ないこともあるでしょう。そんなときこそ保育者の提案が、子どもたちにとって「おもしろそう、やってみたい」と興味をもつ内容であることが大切です。手遊びを通じて子どもたちと保育者が呼吸を合わせて楽しめる心地よさと安心感を得て劇遊びに展開することが望ましいのです。

ここでは、ある保育者が取り組んだ実践の「手遊びから劇遊びへと発展していく幼児期の指導計画」を一例として、解説していきましょう。この指導計画では、子どもたちが手遊びから劇遊びを楽しむにあたり、子どもたちが身体を動かすことを導入としています。ねらいには「物を用いず、手遊びから想像の世界を広げ、保育者や友達と共に、お話の展開を即興で創作し、思考することから表現することを楽しみ、言葉の成長を育む」となっています。とかく指導計画では、劇遊びをすぐ始めてしまいがちですが、想像の世界を遊ぶには、まずは、穏やかで子どもたちが安心して表現できる雰囲気作りが大切です。今、見えているものから徐々に想像の世界へ誘うことを保育者は心がけています。指導計画を基本として、その場面ごとのエピソードから保育者のねらいや意図、子どもたちの姿を捉えていきましょう。

（3）手遊びから劇遊びへの展開

劇遊びへ展開する際の冒頭は、進行しやすい問いかけを考案し、子どもたちが想像しやすく様々な意見（言葉）が出るよう促しましょう。ここでは、指導計画「手遊びからお話を作って遊ぼう」の予想される子どもの活動時の劇遊びに展開する場面における保育者の問いかけから子どもの言葉の発想や動きにつながる方法を、実際の指導計画に基づいた保育実践のエピソードとともに説明していきます。保育者が子どもの発想や状況を汲み取りながら、主体

表 14-2　手遊びから劇遊びへと発展する幼児期の指導計画（例）

<table>
<tr><td colspan="2">11月7日（火）</td><td colspan="2">3歳児　出席児数　27名
ゆり組　　男児　16名
　　　　　女児　11名</td><td>保育者</td><td>クラス担任</td></tr>
<tr><td>主な活動</td><td colspan="5">手遊びからお話を創って劇遊びにして楽しもう。</td></tr>
<tr><td rowspan="2">子どもの姿</td><td rowspan="2" colspan="2">手遊び「八べえさんと十べえさん」を「人差し指」「腕」「小指」「身体全体」など、様々なバージョンで楽しむ。1つの手遊びをいろいろな方法で遊ぶことに対してもおもしろさを感じて「言葉を発する・身体を動かす」ことに抵抗なく表現する姿が見られる。手遊びから劇遊びに展開し、保育者、友達と一緒にお話を想像し言葉を交わしたり、創作したりして自分以外のものになって演じて遊ぶ姿が見られる。</td><td>ねらい</td><td colspan="2">「保育所保育指針言葉」のねらいに沿い、言葉の表現を楽しみ、自分の思ったことを伝え、身近な人たちと気持ちを通わせるために、物を用いず、手遊びから想像の世界を広げ、保育者や友達と共に、お話の展開を即興で創作し、思考することから表現することを楽しみ、言葉の成長を育む。</td></tr>
<tr><td>内容</td><td colspan="2">手遊び「八べえさんと十べえさん」をもとに子どもたちとお話の展開を創作し、想像の世界を言葉や身体を用いて表現することを楽しむ。</td></tr>
</table>

時間	環境構成	予想される子どもの活動	保育者の援助および配慮
10：30	○園のホールを用い、床には何もない広いスペースを確保し、いろいろな遊びを楽しめる穏やかな雰囲気にする（ピアノはある）。	○ピアノの曲想や保育者の言葉がけに合わせて、スキップ、ジャンプ、寝転ぶなどをして、身体を動かして遊ぶ。 ○ゆっくり深呼吸をして、気持ちを落ち着かせている。	・活動の導入として行うので、子ども同士がぶつからないよう、時折「広いところを見つけて…」などの言葉がけをし、身体と気持ちをほぐすことを心がける。 ・深呼吸ができるテンポで身体が落ち着くようにする。
	○保育者と子どもが床に座る。	○手遊び「八べえさんと十べえさん」を様々なバージョンで楽しむ。	
	○保育者は子どもたち全員が見渡せるようにする。	・手遊びの言葉を覚えることや、手や指、腕、身体全体で動かすことに難しさや恥ずかしさを感じている表情の子どもたちもいる。	・手遊びのおもしろさを伝えると同時に、言葉を覚えやすい、手や指を動かしやすい速さを心がけ、子どもたち全員が、保育者に注目しているかを確認する。
10：45		○保育者の問いかけ「八べえさんと十べえさん、ケンカしちゃった。どうしたらいいかな？」に対して「仲直りしたほうがいい、謝りに行こう。お土産持っていく」「どっちがやられたのかなぁ？」と心配する意見等、様々な意見が出される。 ・意見を言いたいが、言いだせない子どもたちもいる。 （解説：Episode3）	・八べえさんと十べえさんのケンカの場面ではあまり深刻にならず、日常にありがちな雰囲気で話す。 ・子どもたちからの様々な意見に対し、「そうだね」と賛同する姿勢を示す。 ・ここから、子どもたちが八べえさんと仮定して、お話を進行する。
		○お土産に「お菓子、ケーキ、リンゴ、バナナ、ハンバーグ、おもちゃ」等、意見が出される。	・子どもたちの意見を受け入れる。 ・全体に対し、なかなか意見を言えない子どもに、「隣の友達にも聞く、伝えてみる」等を促す。

的な劇遊びへと発展させるための援助や関わりをしていたのかを考えていきましょう。

Episode 3

子どもそれぞれが意見を交わし合う

なおちゃん:「どっちがやられたのかなぁ？」
保育者:「けんかしているの、しんぱいなの？」
しのちゃん:「うん、ちょっとしんぱい」
あつしくん:「だいじょうぶだよ、あやまればいいんだから」

子どもたちと保育者は、手遊びをしながら、そのなかに出てきた言葉に対するお互いの気持ちや考えを意見として交わす様子がありました。

この【Episode3】の場面では、「八べえさんと十べえさん」の手遊びを楽しんだ経験から、その中に出てきた言葉をきっかけとして、なおちゃんがけんかのイメージをもって心配そうに語り始めています。すると、保育者が「心配なの？」と問いかけると、同様に自らの気持ちを子どもたちが語り始めました。手遊びであってもストーリー性を感じる内容と「ケンカ」という言葉に対し、子どもそれぞれがそのイメージを持って言葉で気持ちを表すことにつながります。保育者は、なおちゃんの言葉から遊びであっても八べえさんと十べえさんの気持ちを真剣にとらえていると感じ取っています。すると近くにいた子どもたちは、なおちゃんのお話しを注意深く聞くことによって、自らの気持ちも現れ、相手に分かるように話しています。そのことから、あつしくんの「だいじょうぶ、あやまればいいんだから」という言葉で、子ども同士で安心感を得ている様子がありました。

Episode 4

子どもの想像に対して保育者が呼応する

保育者:「八べえさん、八べえさん、崖の上に登ったら雲の上についたよ。どうしよう？」
あつしくん:「ふわふわの雲の上をそーっと歩こう！」
りんちゃん:「そーっと歩こうよ。」
たつやくん:「雲消えちゃった！落ちる落ちる～」
保育者:「どうする、どうする？」
みくちゃん:「飛べばいいよ！」
保育者:「どうやって？」
みくちゃん:「こうやって」
と、腕をいっぱいに広げて羽のようにしました。その瞬間、
他の子どもたちもみくちゃんのイメージに共感し、一斉に腕を広げて飛び始めました。

この【Episode4】の場面では、雲の上も想像の世界ですが「空を飛ぶ」という想像の世界も信じて縦横無尽にフロアーをかけめぐる子どもたちは生き生きとしています。心の中では「空を飛んでいる」のです。子どもは、絵本や物語などで見たり、聞いたりした内容を自分の経験と結び付けながら、想像したり、表現したりすることを楽しむものです。子どもは、1人で絵本を見て想像を巡らせて楽しむこともあれば、保育士等が絵本や物語、紙芝居を読んだり、物語や昔話を話したりすることもありますが、手遊びも同様です。子どもにとっては文化財を通した言葉の経験は、自己表現や友達との感情の共有にもつながることが分かります。また、これら絵本や物語、手遊び等からの想像は与えられた内容の枠組みを超えてイメージすることもできるようになります。この指導計画では、保育者の提案で、八べえさんが乗り越えなければならない「壁、雨、雷、海、」等の場面を想定しています。そこで、子どもたちの自由な発言からアイディアが広がっていくことを予想しています。この保育者が予想した子どものアイディアは以下の通りです。

壁：ジャンプして乗り越える。パンチ、ハンマー、爆弾で壊す。
雨：傘をさす。カッパを着る。
雷：逃げる。隠れる。魔法で消える。「来ないで」と言う。
海：泳ぐ。クジラ（イルカ）に乗る。潜る。

現実的なアイディアから空想的なものまで様々ですが、子どもの予想される姿を一つ一つ受け止めて実際に動いていくことを計画しています。たとえば、壁ならば「ジャンプして乗り越えられたね。皆の力で壊れたね」などの言葉がけに子どもの動きがより発展するように導きながら、一人一人の自己肯定感が高まるようにすることも大切です。

Episode 5 子どもたちと保育者がそれぞれの役になって会話を楽しむ

八べえ役の子どもたちと十べえ役の保育者がそれぞれの役になりきって、どんどんと遊びが広がっていきます。

子どもたち：「こんにちは」
保育者：「はい、どちら様ですか？」
子どもたち：「八べえです。」
保育者：「どうしたの？」
ひろくん：「仲直りしに来た」
保育者：「こちらこそ、謝らなきゃと思っていたんだ。ごめんね」
子どもたち：「（個々に）ごめんね。ごめんなさい」等
保育者：「そのリュックは何？」
なみちゃん：「おみやげ！」
保育者：「何が入っているの？」

子どもたち：「お菓子、ケーキ、リンゴ、バナナ、ハンバーグ、おもちゃ」
（出かけるときに入れたおみやげとそうでないものも含め、口々に伝えてきます）
保育者：「ありがとう。一緒に食べてもいい？」
仲直りという気持ちとともに、子どもたちはそれぞれがイメージしたフルーツ、ケーキ、アイスクリームなどを一緒に食べるふりをしたり、おもちゃを持ってきてお土産を渡したりしていました。

この【Episode5】の場面では、子どもたちの遊びはすでに劇遊びへと発展しています。そこで、子どもたちは八べえさんの気持ちになりきりながら、自らイメージした思いや考えを言葉にして伝えていきます。このように、幼児期の子どもたちは登場人物になりきることなどにより、自分の未知の世界に出会うことができ、想像上の世界に思いを巡らすこともできるようになります。このような過程で、なぜ、どうしてという不思議さを感じたり、わくわく、どきどきして驚いたり、感動したりします。想像力を働かせて見えないものを周囲の仲間たちと共に信じて遊ぶことは、様々な意見や提案を交わしながら言葉を体験的に学んでいくことになると考えます。幼少期において他者への思いやりや、やさしさ、人の立場になって考えること等の基礎となるでしょう。

しかし、時にはその思いや考えをすぐに伝えられない子どももいますので、保育者は個々の気持ちを受け止め、子どもたちの気持ちを理解する表情を心がけます。想像上の人物になりきり、一生懸命に伝えてくる子どもたちの言葉に耳を傾け、一緒に遊ぶ保育者の姿勢が大切です。また、子どもたちとの劇遊びは、保育者の問いかけに対して、必ずしも予想した返答があるとは限りません。そんなときこそ、保育者の臨機応変なアイディアや対応が大切で、子どもたちの奇想天外な発想を共に楽しむ姿勢を心がけましょう。

Episode 6 八べえさんと十べえさんの気持ちが通じ合う楽しいひととき

八べえさんと十べえさんの仲直りの提案はどんどん続いています。

保育者：「なぞなぞ遊びしようよ。」
子どもたち：「いいよ。」
※ここで八べえさん、十べえさんそれぞれから出されるなぞなぞ遊びを楽しみました。
保育者：「じゃあ、この歌なーんだ？（と言って保育者がアカペラで歌いました）」
子どもたち：「知ってる、知ってる。○○の歌だ」
そう言って、自然と子どもたちは歌い始めていました。

絵本や物語だけではなく、言葉を通した遊びのときには、楽しさを十分に味わうことができるよう、題材や子どもの理解力などに配慮して選択し、子どもの多様な興味や関心に応じ

ることが必要です。特に、なぞなぞでは子どもの言葉の育ちに応じた言葉の選択や概念の選択が重要です。子どもにとって正解、不正解ではなく、言葉に親しむ楽しさを味わうことを大切にしていきましょう。また、なぞなぞは、子どもと保育士等との心の交流が図られ、お互いの関係においてより親しみを感じるようになっていきます。そして皆で一緒に考え合う機会では、一緒に考えている子ども同士も共感し合い、皆で答えたり、質問したりする楽しさを味わっていることが多いものです。そうしたなかで、一層イメージは広がっていくので、皆で一緒に楽しむ雰囲気づくりを大切にしていきましょう。保育所保育指針の解説書でも述べられているように、子どもは、遊びや生活の中で様々な言葉に出会い、その響きやリズムに興味をもったりします。やがて、その意味や使い方にも関心をもつようになり、いろいろな場面でその言葉に繰り返し出会う中で、徐々に自分が使える言葉として獲得していくものです。そして、考えるときや、感じたり考えたりしたことを表現するときに、その言葉を使うようになります。子どもが言葉を使って表現することを楽しむようになるためには、単に言葉を覚えさせるのではなく、日常生活のなかで見たり聞いたりしたこととそのときに聞いた言葉を重ね合わせながら、意味あるものとして言葉に出会わせていくことが望ましいのです。

だからこそ、この【Episode6】の場面では、このような言葉の経験を積み重ねた子どもたちは「一緒に歌って」と言わなくても、また、ピアノ伴奏がなくても八べえさんと十べえさんが一緒に歌って仲良くなるような経験となりました。また、歌う際も「大きな声で元気よく」などと言わなくても、子どもたちと保育者が一緒に歌うことの喜びを感じ得ることができる保育実践となったといえるでしょう。

（4）手遊び「八べえさんと十べえさん」

最後に、この章で（3）の指導計画で子どもたちと保育者が楽しんでいた「八べえさんと十べえさん」という手遊びを紹介しましょう。作者不詳の手遊びです。伝承的には、「井戸の中に落っこちて　首を出したらチョッキン　あ、いててて～」ですが、現代では「井戸」の理解が薄くなっていることや「首をチョッキン」という表現の適切性に関しては賛否両論がありますので、筆者が変更しています。クラスの友達と一緒にグループごとに楽しむこともできますので、実践的に取り組んでみましょう。

手遊び「八べえさんと十べえさん」で、子どもたちは保育者や周りの友達と十分に言葉と身体の表現を楽しみます。自身の指や身体を使い言葉と空間を用いた手遊びは、想像と創造の世界で見えないものが見えてくる遊び「劇遊び」への基礎作りになるでしょう。

<手遊び A >

①はちべえさんと

人差し指で八の字を作る。

②じゅうべえさんが

人差し指をクロスして十字を作る。

③けんかして

人差し指を左右を互い違いに
クロスさせる。

④追ってけ逃げてけ

左右の指を曲げたり伸ばしたりしながら
追いかけっこをする。

⑤追ってけ逃げてけ

左右の指を曲げたり伸ばしたりしながら
追いかけっこをする。

⑥穴の中に落っこちて

片方の手を穴に見立て、もう片方の
人差し指を逆さにして穴に落とす。

⑦顔を出したら

穴の下から、人差し指が手前から
穴の上に出るようする。

⑧ぼよよよ～ん

人差し指をグーで軽くパンチし、
人差し指を左右に揺らす。

⑨あ、やられたぁ

両手を上から下へ左右に揺らしながら
降ろす。

＜手遊びＢ＞

①はちべえさんと

両腕で八の字を作る。

②じゅうべえさんが

左右の腕をクロスして十字を作る。

③けんかして

左右の腕を互い違いにパンチする。

④追ってけ逃げてけ

左に走る。

⑤追ってけ逃げてけ

右に走る。

⑥穴の中に落っこちて

両腕で大きな輪を作り、
見立てた穴に飛びこみ、しゃがむ。

⑦顔を出したら

しゃがんだ状態から穴から顔を出す
イメージで、伸び上がる。

⑧ぼよよよ～ん

両腕で左右にパンチし、全身で揺れる。

⑨あ、やられたぁ

両腕で大きな輪を作り、
見立てた穴に飛びこみ、しゃがむ。

【設問１　グループワーク】（目安：保育所実習Ⅰ前の学生向け）

10 人前後のグループになり、手遊びから劇遊びへの展開をもとに、実際に保育者役を決め、他のメンバーは子どもになって劇遊びを行ってみましょう。

【設問２】（目安：保育所実習Ⅰ・Ⅱの間の学生向け）

子どもの年齢によって劇遊びにはどんな話の内容（題材）がよいのか、劇遊びは子どもたちにどんな効果がもたらされると思うか、250 字程度にまとめてみましょう。

【設問３】（目安：保育所実習Ⅰ・Ⅱの後の学生向け）

本章の学びを通して、劇遊びにおける保育者の役割はどうあるべきかを改めて検証し、子どもたちが主体的に活動に取り組め、想像の世界を膨らませ豊かな表現を楽しむことができるために、保育者としての指導方法や考慮すべき点を 400 字程度にまとめましょう。

Memo

4．人形劇

1．人形劇の特性と種類を知る

・歴史や表現方法から、人形劇の特性を理解しましょう。そして、様々な種類の人形の仕組みや演じ方の基本を知り、保育への人形劇の活用に関心を広げましょう。

2．人形（もの）を用いて演じて遊ぶ活動が子どもの言葉の育ちにもたらす経験の理解

・自分自身が演じる主体となる場合との比較を中心に、人形というものを介した二元的表現である人形劇遊びの教育的意義を考えてみましょう。

3．〈人形劇遊び〉の活動の展開と指導計画についての理解

・子どもが人形劇に興味をもち、演じて遊んでみたくなり、遊び込む、そんな一連の〈人形劇遊び〉の活動の事例を参考に、指導のあり方や考え方を理解しましょう。

事前学習 Work

【設問１】（目安：保育所実習Ⅰ前の学生向け）

あなたが持っていた玩具やグッズに人形（ぬいぐるみ・着せ替え人形・抱き人形・キャラクター人形・ロボット・マスコットなど）はありますか。その人形でどのように遊んだか、その遊びの面白さについて思いだしてまとめてみましょう。

【設問２】（目安：保育所実習Ⅰ・Ⅱの間の学生向け）

４～５人のグループになって、保育所や幼稚園にはどのような人形があったか、それらを用いて子どもがどのように遊んでいたか、情報交換をしましょう。

【設問３】（目安：保育所実習Ⅰ・Ⅱ後の学生向け）

４～５人のグループになって、保育所や幼稚園では、子どもが人形を用いてどのような遊びをしていたか事例を出し合い、その際の子どもと人形の関係について考え、子どもにとっての人形の存在について意見交換をしてみましょう。

（1）人形劇とは　～人形劇の歴史および人形の種類～

皆さんは、人形劇を観たことがありますか。「NHK 教育テレビ（E テレ）の番組で見た」という方がいるかもしれません。子ども向けテレビ番組には人形が登場するものがたくさんありますが、本節で扱う「人形劇」は、演者と観客が同じ空間を共有する生の舞台芸術として演じられるものを指します。

人形劇は子どものものというイメージをもつ人が多いようです。ここではまず、人形劇とはどういうものかを歴史や様々な人形の種類から説明します。

①人形劇の歴史

人形は、呪術や神事に関わるところから誕生し発展してきました。ヒトガタ（人形）は、人間の身代わりとして厄災を引き受ける役を担いました。また、農作業の動きに合わせて道具を舞い躍らせるように動かすことで道具に精霊が宿り、道具は神を象徴する人形となりました。こうして形や動きの見立てから誕生した人形を、動かし、物語を演じさせることで人形劇が始まりました[*1・1)]。

人形劇は神事や大衆芸能として、大人が楽しむものだったのです。芸能として芸術性を極めていった人形劇の全盛は、江戸時代、大坂に誕生した「文楽座」の人形浄瑠璃で、「文楽」は現在も日本の伝統人形芝居の代表です。

子どもを対象とした人形劇がつくられ保育の場で上演されたのは、1923 年、倉橋惣三が東京女子高等師範学校附属幼稚園で保育者と共に上演したのが始まりでした。倉橋は、海外視察の際にヨーロッパで目にした子どもたちが歓声をあげて人形劇を鑑賞している様子に感銘し、帰国後保育への人形劇の取り入れに尽力したのです[2)]。

第二次世界大戦後、1948 年の文部省公刊「保育要領」の保育内容 12 項目の 1 つに「ごっ

写真所蔵：お茶の水女子大学付属幼稚園

図 14-2　東京女子高等師範学校附属幼稚園での人形劇の様子

出典：日本幼稚園協會『幼兒の教育』30(6)、1930

＊1　福岡県の古表神社と大分県の古要神社の「神相撲」は、我が国の人形劇の誕生を示すものと言える。

こ遊び・劇遊び・人形芝居」とあり、人形劇を演じて遊ぶ活動が設定されました。しかしその後は、1956 年の幼稚園教育要領の領域「言語」に「紙しばいや人形しばいをしたり、見たりする」とあるのを最後に、教材や活動として一切位置付けられていません。

現在の保育現場の実態を見ても、保育者が定期的に人形劇を演じたり、プロやアマチュアの劇団による人形劇の観劇、また、子どもが人形劇をつくり演じて遊ぶ活動などは、ごく一部の園でしか取り組まれていないようです。保育者が人形劇を演じることについては人形をつくること、演技の練習をすること、台詞や演技を覚えて演じることなどが、取り組みへのハードルを高くしているようです[3)]。

②人形劇の種類と人形の仕組みおよび操作方法

人形劇は、もの（人形）を用いて演じる演劇ということができます。人形劇は、何か・誰かに「見立て」られたものである人形が演じ、それは観客の想像力を刺激し、観客が能動的に想像力を働かせることによって楽しまれ完成するといえます。

そんな人形劇には様々な種類があります。代表的なものを取りあげて、それぞれの人形の仕組みや操作の仕方を紹介します。人形劇は人形をつくるのが大変だと思われがちですが、仕組みを知っていれば身近な材料を工夫して簡単につくることができます[4)]。

・指人形

指にはめる小さな人形です。フェルトや紙で指の大きさに合わせて袋状のものをつくり、顔を描いたり貼ったりしてつくります。わらべ歌などに合わせて子どもの前で動かしたり、話しかけたりして遊べます。

・片手遣い人形　パクパク人形（くつした人形）

1 体の人形を片手にはめて演じる人形です。手の動きが直接人形の動きに反映し、人形の頭や左右の手、腰など、小さな人形が愛らしく動きます。

人形の口の部分が開閉するようにすると、口がパクパクと動き、おしゃべりや食べる演技を効果的に表現します。

・棒遣い人形

人形の頭から体の軸を支える心棒が演者の持つ操作棒となっている人形です。人形の手に指金（さしがね）の操作棒を付けると、人形の手を自在に動かすことができ表現の幅が広がります。子どもが演じる場合は、手の指金は付けずに心棒のみがよいでしょう。演者となった子どもが人形と一体化し、気持ちのままに心棒を動かすことで動く人形は、人形劇の起源に通じる原始的なエネルギッシュさを感じさせます。

・マリオネット（糸操り人形）

糸で吊った人形の糸を持ち上げたり下げたりして演じます。安定感のある人形の動きを表現するのは大変難しいですが、逆に、うまく操作できないクネクネした人形の動きは滑稽で面白さを感じさせます。

複数の空き箱を組み合わせてつくる糸操り人形の製作では、体の各部位や構造を意識することができます。

・オブジェクトシアター

オブジェクトシアターはObject(物体)劇の名前の通り、日用品などのものを人形に見立てて演じる人形劇です。身の回りのものがふと何か人や生き物のように感じることがあるかと思いますが、見立ての感性と発想から人形が生まれそれを用いて演じます。ハンドモップに目玉を付けて、「きれい好きなモップン」などの名前を付けるとすぐに人形劇が始まります。

・立ち絵（ペープサート）

団扇型の紙人形の両面に、表裏で向きや異なる行動の２場面の登場人物の絵を描きます。回転して表裏を変えることで人形が左右に動いたり、歩いていたら転ぶなどの２コマの動きの表現が楽しめます。

・影絵人形

人やものの形を描いて切り取り、それに持ち手の棒を付けると影絵人形ができます。人形の絵に描いた色や線は影には表れず、輪郭線の内部はシルエットとして影になるため、映しだされた影を見て、子どもは実物と影の違いに不思議さを感じます。

・抱え遣い人形（ぬいぐるみ）

ぬいぐるみなどの人形を、背面から抱えるようにして持ち、頭や手を動かして演じます。

・腹話術

人形を操作する演じ手が、人形とやり取りをする役者としても演技する、一人二役の人形劇です。

上述の片手遣い人形・棒遣い人形・立ち絵（ペープサート）・抱え遣い人形（ぬいぐるみ）などを使って演じることができます。保育者が人形と語る演技形態を用いて子どもたちに何かを伝えることもできます。

・自立型人形

手にはめたり操作棒を持つことなく、テーブルの上に自立する人形を置いて演技します。紙コップや瓶にペープサートの様式で絵を描いて切り抜いたものを貼り付けたものを人形にすることもできます。

１人で何役もの人形を操作することができ、保育者がクラスの子どもに人形劇を演じるのに向いています。

Episode 7

人形劇観劇をきっかけに生まれた人形劇遊び（５歳）

毎年、地域のアマチュア劇団が保育所に人形劇の上演に来てくれます。今年は「三枚のおふだ」を上演してくれました。山姥が逃げる小僧を追いかける鬼気迫る場面の３回の繰り返し、そして、最後の山姥と和尚さまの化け比べでの大きく化ける山姥の迫力に、子どもたちは歓声をあげ、人形劇観劇を大いに楽しみました。

翌日のことです。３人で追いかけごっこをして遊んでいたうちのＡくんが、「小僧、まてー」と言ってＢくんとＣちゃんに迫りました。追いかけられた２人は「山姥だー」と言いながら、逃げ回っています。しばらくすると、３人が保育者のところにやってきて「先生、人形劇やりたい」と言いだしました。Ａくん「ぼく、山姥」、Ｂくん「ぼくは、なんにしようかな」、Ｃちゃん「私は、ウサギ」。「三枚のお札」を人形劇でやりたいわけではないようです。

保育者は、人形をつくってすぐに人形劇遊びに取りかかれるようにと考え、演じたい役の絵を描いて切り取り、それを棒に貼り付けるペープサートのような人形づくりを提案しました。子どもたちは思い思いの人形をつくりあげました。できあがった山姥、ウサギ、恐竜の人形を見て、保育者はテーブル２つ出し、そこに緑と茶色の布を掛けて「舞台」をつくりました。人形を持った子どもは、舞台を囲むようにして集まると、山姥とウサギがいっしょにお料理を始め、そこに恐竜もやってきました。「ねえ、ご飯食べたら、恐竜の国に行こうよ」とウサギの人形を持つＣちゃんが言いました。Ｂくんは空き箱やプラスチック容器などの廃材が入っている箱からいくつか持ってくると、それを布の下に入れてゴツゴツした山のような場所を舞台につくりあげました。

（2）人形を用いて演じて遊ぶ活動が子どもの言葉の育ちにもたらす経験

①イメージを豊かに広げ表現して楽しむ

【Episode7】の子どもたちの人形劇は劇とは言い難いもので、人形を用いて遊ぶごっこ遊びのようなものです。人形劇を観劇しその面白さを十二分に味わった子どもたちは、それを真似て自分たちも人形を使って遊んでみたいと思ったのです。「人形劇やりたい」という言葉の真意は、劇として演じ観てもらうことではなく、人形を使って遊びたいという思いだと、保育者は理解したのでした。子どもたちが「三枚のお札」の登場人物だけではなく、それぞれが思い思いの人形をつくって遊びだしたのを見ても、保育者の理解は子どもに沿ったものだったといえます。

３人の子どもたちが始めた「人形劇遊び」は、奇想天外な展開となりました。山姥とウサギと恐竜という組み合わせは、普段のごっこ遊びでは見られない役です。自分自身が演じる主体となるごっこ遊びでは、「おうちごっこ」や「レストランごっこ」など身近な生活の場面や経験の再現となりますが、人形というものを用いたごっこ遊びでは、自分が何にでもなれるのです。そして、自分の体を使った表現ではないため、人形に何でもやらせることができます。小さな人形を持って動き回るとピアノと壁のわずかな隙間が恐竜の秘密の隠れ家になって、そこでウサギと恐竜の秘密会議が始まり、保育室の中をグルグル回転して走り回るのは、時空を超えた移動だというのです。

人形を用いることで、想像によってつくりだすイメージの世界は無限大に広がり、その世界で、子どもたちはやってみたいと想像したことを人形と一体化することで遊ぶのです。それぞれが自分の世界をつくり出すため、一緒に遊ぶ子どもの中でイメージの共有が難しくなることもありますが、お互いに刺激を受けながら想像力を働かせて人形劇の世界をつくり出していく子どもたちは、時間を忘れて遊びこみました。

幼稚園教育要領　第２章　ねらいおよび内容　領域「言葉」の内容（８）には、「いろいろな体験を通じてイメージや言葉を豊かにする。」とあります。

子どもたちは、日々の生活の中での経験や絵本や人形劇などを楽しむことを通して、物語の世界を心の中に豊富に蓄積していきます。それが、何かのきっかけで刺激を受けて生き生きと想起され、子どもは想像力を発揮します。そして、思い描いた想像の世界を１つずつ形 —それは「役」であり、「人形」であり、舞台の「場面」であり、人形たちの「台詞」や「行動」などです— にしていきます。この一連の活動こそが、言葉の豊かさとつながっているのです。

②人形を用いることでもたらされる表現への積極的な取り組み

【Episode7】の３人の子どもの人形劇遊びは、山姥とウサギと恐竜という人形のやり取りで、その後、片付けの時間が来るまで延々と続きました。

恐竜の人形を持つＢくんは、普段は自分の思っていることを言葉でうまく言えなかったり、みんなの前で１人で話すことが苦手で、声が小さくなってしまうような姿が見られていました。そんなBくんが、この人形劇遊びの中では、恐竜の人形を持ち「まてー、まてー」と大声をあげて山姥のAくんを追いかけたり、1人で「舞台」に細工をし「ここは、落とし穴なんだ」と言って、山姥をおびき寄せようとしたりしていました。その姿は、いつものBくんの姿とは違い、やりたいことが思い切りできている生き生きとした様子を感じさせました。

人形を用いるということは、表現の主体が人形になります。これは、「おうちごっこ」のように自分自身が表現の主体となるのとは異なり、自分ではない誰かになることを容易にし、安心感をもって演じることを支えます。「自分がやっているんではない、この人形がやっているんだ」という思いです。Bくんは、手にした恐竜の人形を動かして演じることで、自分ではない誰かになり、自分でも気が付いていない一面を表現することができたのではないでしょうか。

別の誰かの役を演じることで普段の自分を離れ、その役になった行動をし、その役ならではの言葉を話す。こうした遊びの経験は、様々な言葉を体験的に学び、言葉の世界を広げていくことにつながるといえます。

(3) 人形劇遊びの活動の展開と指導計画

表現を楽しむ活動は、表現したくなるような経験や思いが子どもの内面に蓄積されることで生まれます。

①絵本を楽しむ活動から人形劇遊びへの展開

年長つき組では、絵本「11ぴきのねこ」シリーズ（馬場のぼる：作　こぐま社）を楽しむ活動から、ねこの人形と遊ぶ活動、ねこの好きなものを作る製作活動、そして、ねこの人形を用いた劇遊びを経て、つき組人形劇場開催へと遊びの活動が展開していきました。保育者は、およそ3か月以上に渡るこの活動を、子どもの主体性を尊重しながら、子どもたちと共に取り組みました。

表14-3の活動の展開に示した⑤ねこの人形を用いた劇遊びから2日間の指導計画を選択し、人形劇遊びに含まれた言葉の育ちにつながる様々な経験と保育者の指導（環境構成と援助）を考えてみましょう。

②ねこを楽しませるお話づくりの指導

⑤ねこの人形を用いた劇遊びの過程では、それぞれの子どもたちが今まで絵本の読み語りやねこの人形と遊んだ経験の中で蓄積されたイメージをもとに、ねこたちを楽しませるお話をつくり、ねこを楽しませる劇遊びに取り組みました。

劇遊びは、参加者が場面やお話の筋立てについては共通に理解し、そのつくられた虚構の世界の中で、自分の役を演じることを楽しみます。保育者は、停滞した時や参加者間でイメージや理解の共有に問題が生じそうなときに、ガイド役として導いたり確認を取り合える援助をするなどして関わることで、皆で劇を演じる楽しさを感じることができます[5)]。

表 14-3　絵本を楽しむ活動から人形劇遊びへの展開の過程

時期	遊びの過程とねらい	活動の様子
9月上～中旬	**①絵本「11 ぴきのねこ」シリーズを楽しむ** ねらい：11 ぴきのねこに思いを寄せて、11 ぴきのねこの絵本の世界を味わうことを楽しむ。	保育者が、絵本「11 ぴきのねこ」シリーズを1冊ずつ何度も読み語り、みんなで楽しんだ。 繰り返し読んで味わうことで、子どもは 11 ぴきのねこが身近に感じられ、大好きになっていった。
9月下旬～10月	**②ねこの人形と出会い、一緒に遊ぶ** ねらい：ねこの人形とともに想像を広げて遊ぶことを楽しむ。	1人に1体ずつねこの人形を用意すると、子どもは自分のねことしてそれぞれに名前を付け、友達のようにして遊び始めた。
11 月初旬	**③ねこたちの遊ぶ世界をつくる** ねらい：グループで話し合い、ねこが楽しめる世界を考えてそれを協力してつくる。	ねこたちが楽しく遊ぶ世界をつくってあげたいという子どもの提案があり、ねこたちがほしがっているもの、ねこたちにあげたいものをグループで相談しつくりあげる。
11 月中旬	**④ねこたちの遊ぶ世界を作品展に飾る** ねらい：ねこの気持ちやねこの楽しい世界を想像し、それを展示作品として工夫して表す。	グループごと、ねこのために作ったものとそれを楽しんでいる様子を表した展示をする。ねこが楽しんでいる様子が表れるように、ねこの人形を置く位置や置き方を工夫していた。
11 月下旬	**⑤ねこの人形を用いた劇遊び** ねらい：友達と話し合い、イメージを共有してお話をつくることに取り組む。 ねこの人形を用いて演じることを楽しむ。	グループに分かれ、ねこたちが楽しむ世界の作品をもとに、お話をつくる。 子どもたちが考えたお話をもとに、保育者が関わってねこの人形を用いた劇遊びに取り組む。
12 月上旬	ねらい：他のクラスの友達に喜んでもらえるように、人形劇を演じる。	自分たちの人形劇を他のクラスの友達にも観てもらいたいという提案が子どもからあり、「つき組人形劇場」として、劇遊びを観にきてもらうことにする。ポスターをつくったり、直接各クラスに行って宣伝をする。 園の全クラスの友達に来てもらい、劇遊びを上演して観てもらった。

次頁の指導計画は、劇遊びの始まりに当たり、劇遊びのお話をつくる活動に取り組む「ねこたちの楽しいお話をつくろう」という活動の計画です。

表 14-4　指導計画「ねこたちの楽しいお話をつくろう」

11　月　25 日　（水）	5 歳児 つき組	出席児数　21 名 男児　11 名 女児　10 名	保育者	M S
主な活動	ねこたちの楽しいお話をつくろう			
子どもの姿	ねこの人形を用いてごっこ遊びをしたり、ねこたちの遊ぶ世界の製作活動に取り組んできた子どもたちは、様々な思いを巡らせて想像の世界をつくり出すことに興味をもって楽しんでいる。ねこの人形を用いて遊ぶことで、想像の世界がより広がりをもち、また、自分以外のものになって演じて遊ぶことに対しても面白さを感じて遊び込む姿が見られる。	ねらい	想像の世界を広げ、友達と話し合いながら「ねこたちのお話」をつくることを楽しむ。	
		内容	製作したねこたちの世界の作品をもとに、ねこたちの楽しいお話をグループごとに相談してつくる。	

時間	環境構成	予想される子どもの活動	保育者の援助および配慮
10：30	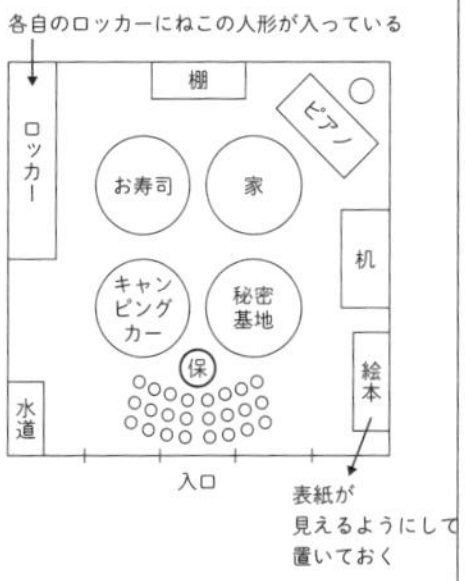 各自のロッカーにねこの人形が入っている 棚　ピアノ　ロッカー　お寿司　家　机　キャンピングカー　秘密基地　保　絵本　水道　入口 表紙が見えるようにして置いておく	○これまでのねこの人形との遊びについて先生の話を聞く	
		・ねこの人形とどんなことをして遊んだかを思い出す。自分がしたことを話し出す子どもがいる。	・これまで、ねこの人形といろいろな遊びをしたこと、グループに分かれてねこの好きなものをつくったことを話す。
		・作品展で飾られた 4 つのグループの「ねこの世界」を改めて見て、つくったときのワクワクした気持ちを思いだす。	・各グループのつくったねこたちが楽しみたいねこの世界の作品を 1 つずつ見せ、紹介する。作品展のお客さんの感想を伝える。
	＊保育者と子どもが床に座る。	・ねこが、楽しいことをしたいと思っていることを知り、楽しませたいと思う。	・ねこたちが、みんなのつくってくれたねこの世界で遊びたいと言っていたと伝える。
	＊各グループがつくったねこの世界の作品を保育室の中央に出して置く。	・ねこたちのお話づくりに興味をもつ。 ・子ども同士、目を合わせたり、会話をしたりして、やりたい気持ちを伝える。	・ねこがみんなのつくってくれたもので楽しく遊ぶお話をつくって、ねこを楽しませてあげることを提案する。
	＊ 4 つのグループごとに座る。 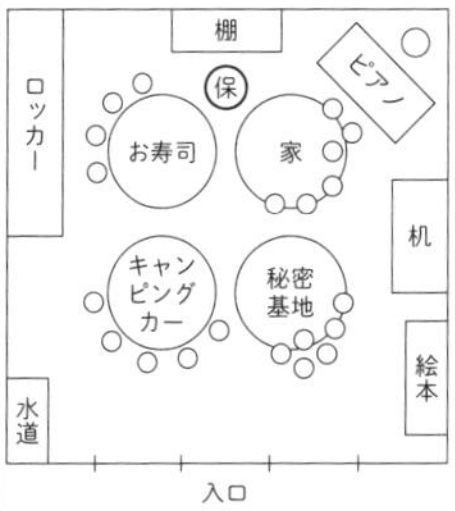 棚　保　ピアノ　ロッカー　お寿司　家　机　キャンピングカー　秘密基地　絵本　水道　入口	○グループに分かれてお話をつくる	
		・自分のねこの人形をロッカーからもってきて、自分たちのつくった作品の横にそれぞれ座る。	・各自、自分のグループの作品の横に座るように伝える。 ・ねこも一緒に考えてもらえるように、ロッカーに置いてある各自のねこの人形を持って来てから座るように伝える。 ・全員が人形を持って来たのを確認し、話し合いができるようにグループの友達で固まって座るように伝える。
		・人形を手にはめて、ねこの世界でつくった「お寿司」や「家」や「キャンピングカー」「秘密基地」で遊び出す子どもがいる。	・みんなでつくったねこの好きなものを使って、ねこさんたちはどんな楽しいことをするか、みんなで考えてお話をつくろうと提案する。
		・グループで固まって座る。 ・ねこの人形を大事そうに抱いてねこのお話を考え、それを友達に伝える子どもがいる。	・発言できていない子どもには、言葉がけをし、自分の言葉で、思いついたことをみんなに伝えられるように寄り添う。
		・ねこの人形を手にはめ、ねこが話すようにして考えを伝える子どももいる。	

		・まとめ役になって話し合いを進めようとする子どもがいる。 ・なかなかお話としてまとまらないグループもある。	・お話として筋立てができるように、一人一人が提案したことを、どのようにつなげていくかを一緒に考える。
		・みんなの提案を取り入れ、並べてつなげたお話ができあがる。	・お話としてまとまらないグループには、保育者が加わり、はじめはどうするか、次はどうするか、過程を追って１つずつ決めていくように導く。
		○できあがったお話をグループごと発表する ・グループごとに立って、自分たちのグループのお話の筋を、みんなに向けて発表する。 ・１人の子どもがある程度まとめて発表するグループや、自分の考えた部分をお話の筋の展開にあわせて順番に言うなど、グループごと工夫して発表する。	・各グループで考えたお話を発表してもらうことを伝える。 ・１グループずつ順番に発表してもらう。お話の筋が分かりやすく発表できるように、「はじめは？それから？」など補う言葉がけを行う。 ・文字への関心が出てきた子どもたちがいるので、忘れないように、先生のノートに書いておくことを伝え、メモを取りながら子どもの発表を聞く。 ・うまく言えない場合は、保育者が把握しているお話の内容を、これでいいかと確認しながら代わりに発表する。
		・聞いていた子どもたちは発表した子どもに拍手をする。 ・発表した子どもたちは、拍手をうれしく感じる。	・発表者に、拍手をする。
11：10		・明日、ねこたちとお話で考えたことをやって遊ぶことに期待を膨らませる。 ・ねこの人形をロッカーに置きにいく。	・明日は実際にねこたちが今日考えた楽しいお話を人形劇でやってみようと伝える。

この日の活動のねらいは、「想像の世界を広げ、友達と話し合いながら『ねこたちのお話』をつくることを楽しむ」と設定されました。今まで絵本やねこの人形と遊ぶことを通して、子どもはそれぞれ自分の思いや考えをもち想像の世界をつくり出すことができています。この日は、その一人一人の思いや考えを友達に伝え、話し合いながら皆で１つのお話をつくるのです。

それぞれの子どもがねこを楽しませたいという思いから想像し考えること、それを友達に伝えること、そして、友達の考えを聞き、みんなの考えを取り入れたお話づくりに取り組むこと、これらの経験を保育者は重視しました。お話の内容や構成は、あり得ないような、それぞれの考えを順番に「それから」でつなげただけのものになってしまったとしても、今回は、お話づくりの初めての取り組みとして意義があると考えました。

ねこの人形をロッカーに取りに行き手元に置いたことで、「ねこのために」と意識を集中して考えることができるのではと考えました。お話を１つにまとめる際には、「はじめは何をする？」と子どもに問い、順番に決めていくという方法を体験を通して気付けるようにと考えました。

その翌日は、つくったお話を人形劇にして遊ぶ活動に取り組みました。

表 14-5　指導計画「ねこたちのお話を人形劇にして楽しもう」

<table>
<tr><td>11　月　26 日 （木）</td><td>5 歳児
つき組</td><td>出席児数　21 名
男児　11 名
女児　10 名</td><td>保育者</td><td colspan="2">M
S</td></tr>
<tr><td>主な活動</td><td colspan="5">ねこのお話を人形劇にして楽しもう</td></tr>
<tr><td rowspan="2">子どもの姿</td><td colspan="2" rowspan="2">劇遊びにつなげる活動としてねこを楽しませるお話づくりをする中で、友達とイメージを共有し、みんなで人形劇をしようという気持ちになっている。</td><td>ねらい</td><td colspan="2">想像してつくり出したお話の世界を、人形を用いて演じることを楽しむ。</td></tr>
<tr><td>内容</td><td colspan="2">グループの友達とつくったお話を、ねこの人形を用いて演じる。</td></tr>
</table>

時間	環境構成	予想される子どもの活動	保育者の援助および配慮
10：20	 各自のロッカーにねこの人形が入っている 棚　保　ピアノ　ロッカー　お寿司　家　机　色紙・布などを用意しておく　キャンピングカー　秘密基地　絵本　水道　入口　ソフト積み木	○ねこたちの人形劇をつくることについての話を聞く ・ねこの人形を持って、グループごとに座る。	・グループの場所を示し、各自ねこの人形を持って、グループごとに座るように伝える。
	・4 つのグループの舞台（机に布をかける）とねこのためにつくった作品が置かれている。 ・ソフト積み木や布（子どもたちが劇の世界をつくり出していくときに使用するために準備しておく）	・保育室につくられた人形劇の舞台に興味をもつ。 ・お話の世界をつくるために必要なものを考えようとする。	・昨日のお話づくりで、各グループがつくったお話を改めて紹介する。合わせて、各グループの舞台とねこの世界の作品を具体的に示し、お話の世界をつくるのに何が必要かみんな考えてみようと提案する。
		・ソフト積み木がいろいろなものに見立てられることを知る。 ・積み木を使って劇に必要なものをつくることに興味をもつ。	・ソフト積み木を紹介し、いくつかを組み合わせて見立てクイズをする。 ・ソフト積み木で、人形劇に必要なものがつくれることを伝える。 ・グループに分かれて、昨日つくったお話を人形劇にすることを伝える。保育者 2 名は、2 グループずつに関わって指導する。 ・グループごと、それぞれの舞台に行くように伝える。
		・舞台にグループごと集まる。	
		①グループ「ロケットで風の国に行く」 ・それぞれの場面でのねこの人形のやり取りを想像し、演じて遊ぶ。	①グループ「ロケットで風船の国に行く」 ・お話の順を追って演じてみる。どんなところか、そこで何をするのかを確認し、ねこたちがそこでどんなことを言ったりやったりするか、イメージできるようにする。

		・ソフト積み木でロケットをつくろうと三角柱や直方体などを組み合わせる。	・風船の国に行くロケットはどんなロケットかを子どもにたずね、ロケットを一緒につくる。ソフト積み木や空き箱などを材料として提案する。見立てで簡単につくり、演じて遊ぶ楽しさを経験することを優先する。
		・ソフト積み木でつくったロケットにねこの人形をしがみつくようにくっつけて、ロケットに乗った演技をする。 ・「ゆれる」とか「こわいよー」など、それぞれがその場をイメージし、そのときに感じたことなどを、ねこの台詞として表現する。	・ロケットは、どうやって発射するかなど、場面の具体的な様子、そこでのねこ同士のやり取りや行動が想像できるように必要に応じて問いかける。
	・風船がほしいと子どもから提案があったら、ビーチボールを3～4個用意してシャボン玉に見立てる。	・風船の国に到着する。 ・風船の国の風船を飛ばして遊び出す子どもがいる。	・ロケットで風船の国に着いたことを確認し、風船の国で何をするか、ねこたちに問いかける。
		・風船をねこたちが飛ばし合いをしたり、蹴って遊んだりする。	・子どもたち自身がビーチボールで遊び出したら、ねこが楽しんで遊ぶ劇だということを意識できるようにする。
		・ねこたちがロケットに乗って家に帰る場面を演じてみる。	・ロケットの発射音などの擬音を、子どもの演技に合わせて言ってみると、その場の雰囲気が表現できる。子どもの想像力に働きかけるかもしれない。
		・ねこたちが家に帰り、お寿司やごちそうを食べる。 「おいしい」など、その状況に応じた言葉を言いながら、ねこの人形が料理を食べる演技をする。	・子どもがお話の筋にそって演じることができていれば、様子を見守る。停滞したり、お話の確認が必要なときには言葉をかけて状況を確認する。 (＊以下のグループ別指導②～④は略す) ②グループ「ブランコで遊んだあとねこの家をつくる」 ③グループ「秘密基地とお菓子の山に行く」 ④グループ「ピクニックに行ってウヒアハに捕まる」
		・舞台や小道具、人形を片付ける。	・時間をみて終了とする。今後継続して取り組むので、時間で活動の区切りとする。 ・また続きをして遊ぶことを伝える。

この日の活動のねらいは、「想像してつくり出したお話の世界を、人形を用いて演じることを楽しもう」と設定されました。4つのグループに分かれ、保育者が関わりながら、場面ごとの様子やそこでやりたいことを確認し、ねこの人形を持った子どもたちがその場を演じることでつくり出していきます。

この日だけで終わりではなく、何日も繰り返し遊ぶ中で、キャラクター設定も明確になり、その登場人物らしいセリフや行動が生まれてきます。また、偶然思いついた発想によってお話が膨らんだり、演技が変わったりすることも、劇を創造していく面白さとなっていくのだと考えます。こうした経験は、子どもが文化の創り手という児童文化の考え方につながります。

【設問１】（目安：保育所実習Ⅰ前の学生向け）

②人形劇の種類と人形の仕組みおよび操作方法で紹介したオブジェクトシアターの人形を参考に、身近な日用品などに目玉を付けて人形を作ってみましょう。その人形に名前を付けて、自己紹介してみましょう。

【設問２】（目安：保育所実習Ⅰ・Ⅱの間の学生向け）

本章の学びを通して、子どもが演じて遊ぶ活動において人形を用いることは人形を用いない表現活動と比べたとき、どのような違いを子どもにもたらすと考えますか。300字程度でまとめてみましょう。

【設問３】（目安：保育所実習Ⅰ・Ⅱ後の学生向け）

子どもたちが想像を豊かに広げ演じて表現する活動に主体的に取り組んでいくために、保育者としてどのような指導がふさわしいか、または、指導において考慮しないといけないことはどんなことでしょうか。300字程度でまとめてみましょう。

Memo

コラム
Column

文字に親しむ経験を保障することの大切さ

乳幼児期の言葉の育ちは著しいものです。人間として生まれた直後から音の世界としての言葉と出会い、その言葉という音はどうやら意味をもってやりとりするものらしいということに気が付き始めます。そこから、瞬く間に話し言葉を習得していくのです。さらには、生活の中でその言葉は「文字」という記号をもって表現されていて、周りの人々はその「文字」を活用して読んだり、書いたりしていることへの認識を深めていきます。このような「文字」への興味・関心を深めていく時期には、子ども自らが読んでみたい、書いてみたいという「文字」を使うことへの意欲からスタートすることが重要です。そのために、保育現場では遊びを中心とした生活の流れの中で慣れ親しむ経験を保障します。

宮崎県日南市のあがた幼稚園では、保育室に言葉の表現遊びの１つとして文字スタンプとスタンプを自由に押すことのできる大きな模造紙を机一面に用意しています。子どもたちは自由に文字をかけ合わせて頭に浮かんだ言葉を綴りながら遊ぶことができます。自分や友達の名前、大好きな食べ物や動物、覚えたての言葉など自らの興味・関心のあることを表現しながら、友達と一緒にその言葉を繰り返し読んでは顔を見合わせてにっこりとほほ笑む姿があります。しかも、あがた幼稚園では地元の日南杉を使ったひらがな積み木を作成し、この積み木も文字の自由な組み合わせをして遊ぶこともできます。このような文字遊びは、子どもたちの主体性にゆだねられた答えのない言葉遊びです。就学前の子どもの育ちの段階では、就学後以降に国語としての学びに入る以前に、遊びながら文字に親しむ経験を保障することが重要なのです。

事例提供：学校法人吾田学園 幼保連携型認定こども園 あがた幼稚園

第4部

言葉を育む保育の今

子どもたちを取り巻く社会的状況は日々刻々と変化しています。少子化や情報化が進む中で、子どもたちの生活も、求められる資質・能力も大きく変化してきているのです。

第４部では、子どもの言葉の育ちに影響を与える現代の社会状況を踏まえ、そうした状況の中でいかに資質・能力を育んでいくかについて、「言葉をめぐる現代的な課題と展望」「子ども同士で紡ぎ合う対話の場」「言葉の育ちを支える豊かな文化」など、子ども同士の対話を大切にし地域社会と連携しながら子どもの言葉を育む、新たな時代の保育実践に関する知識と指導法について、多様な Episode を通して学んでいきます。

第15章

言葉をめぐる現代的な課題と展望

学習のPOINT

1．現代の親子についての理解

・現代の子どもや保護者が生活している社会環境に目を向けてみましょう。

2．言葉に影響を及ぼす今日的課題についての理解

・メディアの普及など、子どもの言葉に影響を及ぼすものについて具体的に考えてみましょう。

3．保育者の専門性と言葉の重要性についての理解

・保育者としての言葉の影響力や専門性について、理解を深めましょう。

事前学習 Work

【設問1】（目安：保育所実習Ⅰ前の学生向け）

現代の子どもや家庭を取り巻く状況として、皆さん自身が子どもだったころとどのようなことが変わってきているでしょうか。それらを箇条書きで紙に書きだしてみてください。次に、そのなかで子どもの言葉の育ちに影響しそうな内容を○で囲みましょう。そして気付いたことをクラスメイトと話し合ってみましょう。

【設問2】（目安：保育所実習Ⅰ・Ⅱの間の学生向け）

保育者の日頃のどのような言葉がけや態度が、子どもや保護者と信頼関係を形成することにつながっていると思いますか。実習中の学びや気付きも含めて、思い付くことをまとめてみましょう。

【設問3】（目安：保育所実習Ⅰ・Ⅱ後の学生向け）

子どもの豊かな言葉を育むために、保育者はどのようなことを心がけたらよいでしょうか。学生のうちから具体的に意識したいことも含めて、300～500文字程度でまとめてみましょう。

1. 現代の子どもを取り巻く「人」の環境と言葉の育ち

ここでは、現代の子どもを取り巻く「人」の環境に目を向け、そのなかで生活する子どもの言葉の育ちへの影響や課題について、具体的にイメージしながら考えてみましょう。

Episode 1

子育てと家庭環境

Tちゃんは、母・父・父方の祖父母が一緒に暮らす家で生まれました。母方の祖父母も車ですぐ近くの場所に住んでいて、よく行き来します。母親は正規の仕事をしていましたが、1年間の育休を取って、子育てをしました。地元なので仲のよいママ友もいます。育休中も子どもを連れて近くの公園に出かけたり、子育て支援センターに行ったりして、日中は同年代の子どもと過ごす機会も多くありました。父親はほぼ毎日定時で仕事が終わり、夜はTちゃんをお風呂に入れたり、寝る前には絵本を読んでくれたりしました。料理好きな祖母が食事を作ることも多く、夕食は皆で揃って食べます。Tちゃんが笑うと皆も笑顔になり、テーブルにつかまって初めて立ったときには、祖父が手を叩いて喜びました。

【Episode1】のように、子と親、そして祖父母等が一緒に暮らす家族のことを拡大家族といいます。Tちゃんは一人っ子ですが、5人家族で、人の声やぬくもりをいつも身近に感じられる環境のなかで育っていることが分かります。こうした家庭からは、どのような言葉が聞こえてきそうでしょうか。

母親や父親、祖父母がそれぞれTちゃんに話しかけることもあれば、両親の会話をTちゃんが聞いていることもあるでしょう。祖父母同士の会話も自然と聞こえてくるようです。また、母親が食事中に「お義母さんのお料理、おいしいです。いつもありがとうございます」や「このさつまいもは、お義父さんの畑で採れたものですか？とっても、ホクホク。甘くておいしいですね」と話しかけたとします。このような会話のなかの言葉には、相手に対する感謝や敬う気持ちが込められていると感じられます。さらに、良好な人間関係もうかがうことができます。これらは、Tちゃんへの直接的な言葉がけではなく、間接的に耳にしているものではありますが、Tちゃんの心や言葉を育む大事な環境になっていると考えられるのではないでしょうか。

特にTちゃんに言葉を覚えてほしいと意識していなくても、「おとうさん」の「はたけ」で「とれた」「さつまいも」「ほくほく」「あまくて」「おいしい」のように、日常的な生活場面における会話にこそ、生きた単語が多く含まれています。このときに、実際に皆で同じものを食べているからこそ、食感や味だけでなく、一緒に食べる楽しさや言葉を交わす喜びも共有することができます。これは、祖父母と暮らす拡大家族だから、というわけではありませんが、家族の形や実情によって、家庭における子どもにとっての言葉環境は大きく影響を受けているということが想像できるでしょう。

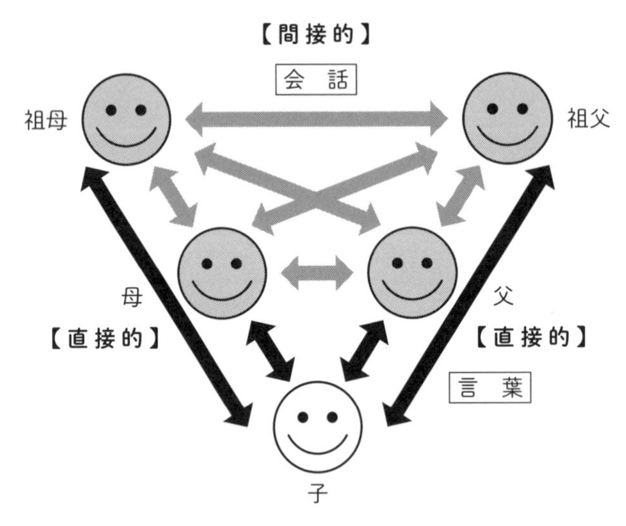

図 15-1 多様な会話のパターン

子どもにとって、自分の父親は「おとうさん（お父さん）」ですが、自分の母親が祖父のことを「おとうさん（お義父さん）」と呼んでいることにも、「どうして」と気になるときがくるでしょう。図 15-1 に示したように、子どもに対して直接的に、あるいは間接的に語りかけられる家庭内での会話のパターンや言葉の遣い方、意味合いも、周りにいる人の数やどのような人がいるかによって変わってくるといえます。子どもは、生活のなかで多種多様な会話を聞くことで、様々な言葉やそこに意味があることに気付いていくのです。

以前は祖父母と暮らす三世代同居も少なくはありませんでしたが、高度経済成長や都市化の流れとともに、核家族化が進行したといわれています。厚生労働省がまとめた「2022（令和4）年国民生活基礎調査」[1)]によれば、全国の世帯数は過去最高になっています。これは、高齢者を含む「夫婦のみの世帯」や「単独世帯」が増えているからです。1986 年に 15.3%（全世帯に占める割合）であった三世代世帯は、2022 年には 3.8%にまで減少しました。核家族化が進行しただけではなく、深刻な少子化により、児童がいない世帯が増加し（81.7%）、児童のいる世帯が減少しているのです（18.3%）。そして、その 18.3%の内、児童が 3 人以上いる世帯はわずか 2.3%という割合です。ひとり親のケースもあるので、世帯の構成人数はさらに少なくなっているのが現状です。そう考えると、【Episode1】のような家庭で育つ子どもは現代では希少な存在になりつつあります。

日本では、1990 年のいわゆる「1.57 ショック」を契機に、合計特殊出生率の低下と子どもの数が減少傾向にあることが「問題」として認識され、子育てと仕事の両立に向けて様々な少子化対策が講じられてきました。しかし、2022年の出生数は初めて80万人を割り込み、2023年には72.7万人となり、出生率は1.20と過去最低を更新しています[2)]。

新型コロナウイルスによるパンデミックも婚姻数および出生数の減少に拍車をかけた1つの要因と考えられますが、皆さんが生まれたころに比べても、少子化は改善されるどころか急速に進んでいることが分かるでしょう。「少子化対策は待ったなしの課題」という認識のもと、2023年4月に発足したこども家庭庁を中心に、現在は「こどもまんなか社会」の実現を目指して、様々な子育て支援などを含む施策について検討が続けられています。

総務省がまとめた労働力調査（基本集計2021年平均結果）[3)]によれば、1997年以降は「雇用者の共働き世帯」が「男性雇用者と無業の妻から成る世帯」を上回り、2024年現在、その数は2倍以上となっています。共働き世帯の増加とともに、子育て世代の男女（25～44歳）の就業率も増えて、低年齢児の保育の利用率は上昇しているのが現状です。2011年から2021年の10年間を見ても、1・2歳児の保育利用率は34.7％から61％に増加しています[4)]。

働き方の見直しがいわれていますが、日本においては依然として長時間労働が問題となっていて、その削減もまた喫緊の課題とされています。保護者の労働状況によって、保育所等で長時間過ごす子どもたちも増えています。

Episode 2

保育者の言葉をきっかけに

Mさんは、毎日、仕事の都合でAちゃんの園へのお迎えが18時を過ぎてしまいます。Aちゃんに申し訳ない気持ちを感じながらも、急いで自宅に帰り、晩御飯を作って食べて、お風呂に入って、着替えをします。Aちゃんが寝るまでに親子で過ごせる時間は短く、慌ただしく過ぎていきます。毎日いっぱいいっぱいで、子育てを楽しむ余裕もありません。「早く早く」「それは後でね」といった言葉が口癖になっていました。

保育所の親子遠足で、大きな公園に行ったときのことです。他の子どもたちは楽しそうな大型遊具で遊び始めました。Aちゃんはじっとしゃがみこみ、拾った木の葉をクルクルと回して見ています。Mさんは、せっかく来たのだから、皆と同じように遊具で遊べばいいのにと思っていました。そこへ、保育者が来てAちゃんの隣に座り、Mさんに言いました。「Aちゃんは、きれいな色の葉っぱを見つけたんですね。色だけじゃなくて、形もおもしろいのかな。葉っぱ1枚で遊べるAちゃん、素敵ですよね」と声をかけました。Mさんは、その言葉にハッとしたそうです。

それからしばらくして、MさんはAちゃんと一緒に絵本の原画展に出かける機会がありました。たくさんの原画の中に葉っぱが描かれた絵本の原画がありました。Aちゃんはその中の1枚の葉っぱを指差して、公園で見つけた葉っぱと同じだということに気付いたのです。

Mさんは、相変わらず忙しいのですが、Aちゃんにとっての今を大切にしたいと思ったことを話してくれました。そのきっかけは、あのときの保育者の言葉があったから、ということも。

【Episode2】のMさんのように、近くに協力者がいないで子育てを行う世帯も増えています。両親のどちらか一方が、またはひとり親が家事や育児のほとんどを1人で行う「ワンオペ育児」という言葉も耳にしたことがあるのではないでしょうか。これも現代の日本が抱える社会問題の1つといえます。

保護者を対象にした2022年の「幼児の生活アンケート」の結果によれば、子育てへの肯定的な感情は減り、「子どものことでどうしたらよいかわからなくなること」や「子どもを育てるためにがまんばかりしていると思うこと」が「よくある・ときどきある」など、否定的な感情が以前よりも増えていることが明らかとなりました[5)]。

労働環境の改善も子育て支援と両輪で考えなければならない課題ですが、保育者として日常的にできることとしては、お迎えに来た保護者を「おかえりなさい」「お仕事、お疲れさまでした」「今日も暗くなるまで大変でしたね」のように、なるべく温かい言葉とともに迎えたいものです。もちろん、仕事をしている保護者だけではありませんし、家庭の状況も様々です。しかし、毎日の送迎時のこうした言葉のやり取りが非常に大切で、良好な信頼関係の形成につながっていきます。

子どもはどんなに幼くても、自分の大好きな親と保育者のやり取りをよく見ています。【Episode2】のように、保育者がかける言葉によって、保護者を笑顔にしたり、元気にしたり、勇気付けたり、安心させたりすることができるのです。その日1日の子どもの様子を保護者に分かりやすく、愛情を込めた言葉で伝えることで、子育ての楽しさや喜びを共有することもできます。

広い視野をもつと同時に、その社会の中で生きる目の前の子どもや保護者が置かれている状況を理解し、寄り添いたいという気持ちがあれば、保育者の言葉がけも挨拶1つも変わってくるのではないでしょうか。こうしたことも子どもの育ちや保護者の子育てを支える重要な要素であるということを心に留めて、保育者自身の言葉も大切にしたいものです。間違っても保護者の悪口や同僚の陰口を言わないようにしましょう。また、学生の皆さんは実習のときだけ、あるいは就職してから言動に気を付ければよいとは思わずに、常日頃から思いやりある丁寧な言葉を使うようにしてください。

言葉の豊かさは思考の豊かさでもありますから、普段の生活でも様々なことに興味・関心をもって、自分なりに考えてみる習慣を付けておくことも大切です。子どもの言葉を育む保育者としては、伝える言葉や表現の引き出しがたくさんあった方がよいのではないでしょうか。言いたいことは同じでも伝え方次第で、ずいぶんとニュアンスや相手への伝わり方が変わってくるということがあります。言葉は慎重に選びたいものです。それは保育者の専門性でもあるといえるでしょう。

2. 現代の子どもを取り巻く「物」の環境と言葉の育ち

前項では、少子化や核家族化、共働き世帯の増加など、家庭や労働環境の変化を中心に見てきましたが、ここでは「物」の環境の視点から、子どもたちの言葉をめぐる今日的課題について考えてみましょう。

総務省が2022年にまとめた情報通信に関する調査の結果によると、2010年のスマートフォン(以下、スマホ)の世帯保有率は9.7%で、タブレット型端末に関しては7.2%でした[6)]。それが、2022年にはスマホが90.1%、タブレットが40.0%になり、モバイル端末全体では97.5%の保有率となっています[7)]。つまり、今では生活の中に当たり前にあるスマホも2010年以降、急激に普及してきたことが分かります。

乳幼児のスマホ利用を中心に調査したある研究結果（2018年）からは、0歳児の23%がスマホに接触していることが見えてきました[8)]。2歳児では46%という結果になっています。0～3歳のスマホ利用者のうち、1歳児の42%が、2歳児では57.3%が2本の指で画面を拡大縮小する動きを習熟していたことも分かりました。

保護者が家事で忙しいときにスマホを渡したり、電車などで静かにしてほしいときに動画を見せたり、寝かしつけとして音楽を流したり、読み聞かせアプリを利用したりと、こうした利用から「スマホ育児」とも呼ばれています。

現代では、子どもだけでなく、親もまたデジタルネイティブ世代になっています。便利なICT機器は私たちの生活に欠かすことができないものですが、多くのメリットがある一方で、過度な利用は大人にも子どもにも弊害があることが指摘されています。

気になることがあればすぐに検索をして、瞬時に情報を得ることが可能ですが、それはまた思考力の低下や情報過多シンドロームなどを引き起こすこともあります。SNSでは、定量的に表示される「いいね」の評価を気にしたり、誹謗中傷が言葉の暴力となって大きな問題に発展していたりするケースも頻発しています。

文化庁が行った国語に関する世論調査では、パソコンやスマホといった情報機器の普及によって、社会における言葉や遣い方が「影響を受ける」と感じる人が90.6%にのぼる結果となりました[9)]。そのなかには、「漢字を正確に書く力が衰える」(89.0%)、「人に直接会いに行って話すことが減る」(54.5%)、「電車の中など公共の場でも、自分だけの世界に没頭するようになる」(38.8%）などの回答が含まれていました。

スマホによる生活習慣の乱れや脳への影響を懸念する声をあげる脳科学者もいます。たとえば、川島らが読み聞かせをしているときの親子の脳活動を調べたところ、前頭葉の中の思考や言語の領域にはほとんど動きが見られず、大脳辺縁系と呼ばれる感情を扱う部分が大きく動いていたという結果が出ています[10)]。そして、それは絵本を読んでいる親の方も同じであったということでした。さらに、親子の脳波もシンクロナイズ（同期）しているということがわかり、「読み聞かせによって親子の共感状態が作られることが科学的に証明された」と説明しています。

また、川島は「この共感状態は、一緒に同じものを見て、お互いに思いを寄せる」ことで作られるため、動画などを一方的に見るだけでは起こらないとしています。短い時間でも良いので、そうした体験をすることが親のストレス軽減にもつながっているということがわかってきています。生の声で、共に絵本を読み合うことの大切な意味がそこにはあるといえるでしょう。

メディアを否定するのではなく、その使い方については十分に考えながら、実体験の重要性を認識し、共同的体験や相互応答的な関わりを大切にしたいものです。保育の場はまさにそうしたことを保障する場でもあるといえます。たとえば､物の取り合いなどが起こった際、トラブルを回避するために、単に「貸して」「いいよ」という言葉だけを大人が教えて、「ごめんなさいは？」「ありがとうは？」などと言わせてはいないか、そのときの子どもの内面の気持ちに目を向けてよく考えてみる必要があります。

2023年４月、日本で初めて子どもの権利が謳われた「こども基本法」が施行されました。0歳の乳児であっても権利を持つ主体として認識することが大切です。上垣内は、保育者に求められることの１つとして、「0歳からの子どもの意見（view）を代弁すること。先ずは不断の観察と共感的理解から始まり、内なる子どもの声を代弁したり汲み取ったりし行動を支えたりすること」をあげています[11)]。

保育者の言葉には、大きな影響力があります。何気なく子どもにかけている言葉が子どもの自尊心を傷つけていないかについても省察が必要です。否定的な言葉ばかりを言われていたら子どもの心は豊かには育ちません。ひどい場合は、言葉の暴力によって、子どもの尊厳を傷つける心理的虐待になるということも理解しておかなければなりません。

保育者自身が子どもの声に耳を傾け、「聞く」ということを大切にしましょう。子どもたちは自分の思いを伝えるための「話す力」だけでなく、同時に「聞く力」ももてるようになることで、社会性が育っていきます。保育者の関わり方がそのロールモデルにもなるということを認識したうえで、日々の保育に当たることが求められます。今日的な課題は様々ありますが、子どもの豊かな言葉を支えるための大きな力が保育者にはあるということを忘れないようにしましょう。

【設問１】（目安：保育所実習Ⅰの前の学生向け）

育児でスマホを利用する際のメリットやデメリットについて、保護者、子ども、それぞれの視点から考えてみましょう。

【設問２】（目安：保育所実習Ⅰ・Ⅱの間の学生向け）

０歳の乳児にも権利があるということを踏まえて、たとえば、おむつを替える際などには、どのような環境設定や言葉がけが適切かを考えてみましょう。

【設問３】（目安：保育所実習Ⅰ・Ⅱ後の学生向け）

実習を振り返って、子ども一人一人の「話す力」や「聞く力」の育ちを支えるために保育現場ではどのような工夫や実践がされていたでしょうか。300 ～ 500 文字程度でまとめてみましょう。

Memo

コラム
Column

子どもの言葉の育ちにおいてテクノロジーは必要なのか？

私たちは、テクノロジーいわゆるデジタル機器やICT(情報通信技術)が必要不可欠な生活となり、日常的に親しみをもって活用しています。スマートフォンを持っていれば、情報検索は毎日のように行っているということは言うまでもなく、「1歳児となって間もないような子どもが四角い平たいものを手に取って人指し指をサッと一直線にスライドしているんですよ」などという、デジタル機器を活用しているような見立て遊びの姿があると語る保育者の声は日常茶飯事となっています。

ほんの10数年前の日本においては、テクノロジーが子どもの人との交流の希薄化を招くのではないか、デジタル機器が子育てや保育の代用品となってしまい、実体験・実経験を失わせてしまうのではないかなどと懸念されたこともありました。もちろん、その懸念は大切な一つの考えであります。しかし、2019年に経済協力開発機構（OECD）が「ICTの効果的な活用を確実にするために、教育システムはカリキュラムを見直さなければならないし、教員も自分の授業スタイルを見直さなくてはならない」[1)]と言及した通り、これほどまでにテクノロジー社会となった現在、学校教育のみに限らず、就学前の子どもたちに向けてもこのようなリスクから子どもを守りながら、保育者が適切なテクノロジーを活用した保育を構築していくことが求められているのです。では、実際の保育現場ではどのようにテクノロジーと向き合いながら、子どもの育ちを支えているのでしょうか。ここではテクノロジーの活用をしながら子どもの言葉の育ちを支えている保育現場の実践事例から捉えていきましょう。

ある4歳児クラスの子どもたちが、園庭の雑草に興味をもった日の出来事です。観察しているうちに、一つ一つに違いや特徴があることを知ると同時に、いつも同じ草に同じ虫がついていることに気が付き、顕微鏡でじっくりと見たことで、自分のお気に入りやこだわりの雑草を選ぶまでにいたりました。

「園内の友達にも私のお気に入りの雑草の特徴を伝えたい！」

そのような思いや願いが生まれてきた子どもたちにA保育者は思い切って電子顕微鏡の使用を提案したのでした。

それはまさしくデジタル機器の一つでした。大きなモニター画面につながっている電子顕微鏡を通して雑草を細かく調べはじめました。

すると、まずは最初に電子顕微鏡を使ったB君が観察しながら言葉でその感動を表現しました。

「はっぱのギザギザが手のカタチ（みたい）！」
「しっぽのながいへびみたい！」…

大きな画面に映し出された雑草に感動して、次々に雑草を説明する言葉が生み出されました。傍らにいるA保育者は、その言葉を熱心に記録していきました。

紙に雑草を貼り付けて、B君が観察した言葉を添えるA保育者。あっという間にその雑草を説明した図鑑のような一枚掲示物が完成したのです。

しかし、はっぱの上にいる虫は何なのかが分かりませんでした。すると、保育者と一緒にiPadを利用して虫の特徴を捉えながら一緒に画像検索していきました。時間がかかりましたが、どうやら「せすじすずめ」という虫だということが分かりました。そのような発見のプロセスから、B君は自分なりの言葉で雑草の名前「せすじすずめのすきなはっぱ」と紹介しました。自分の発見から導かれた言葉で文章として説明したのです。

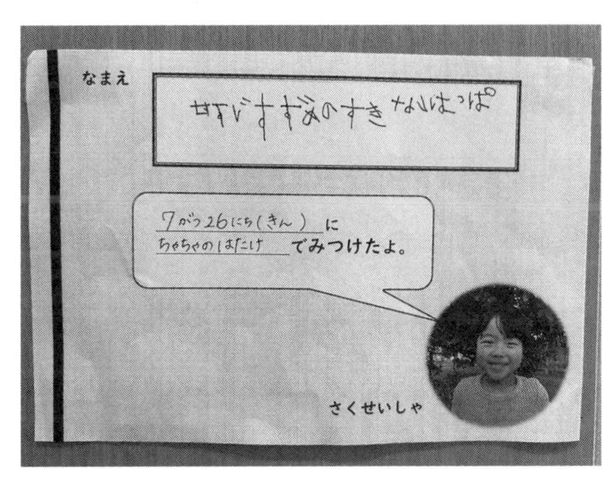

B君やほかの子どもたちの雑草の説明も廊下に掲示され、子どもたちが楽しそうに対話・会話をしながら園庭に雑草を見に行ってみようという意欲が生まれていました。

この実践では、テクノロジーが単なる情報を得るためだけのツールや技術ではないことがわかります。子どもが物事や出来事をきっかけにして何かを知ったり、それに感動したり、言葉で表現したり、共有したりなどのプロセスにおける一場面の活用であることが伝わってきます。その意識をもって、保育者が人的環境としてしっかりと子どもの意欲や興味・関心、態度を導く関わりや援助を心がけているのです。筆者は、言葉に限らず子どもの育ち全般を支えるためにテクノロジーを活用した保育を実践するうえにおいては、この点が重要であると考えています。子どもが何かを知ることや、もっと知りたいと思うことは心動かされる喜びであり、楽しみであり、学びであることが必要だからです。その一方、テクノロジーを物事や出来事を知ることや学ぶことが容易いものとして活用したならば、人間として生きるうえで生きる営みを失うことにもつながってしまうのです。

子どもの言葉の育ちの背景においては、常に心の動きがあります。その心から生み出される言葉なくしては、本来の人間としての言葉の成長とは言えないことなのです。そのことはいつの時代でも変わることはないでしょう。これからの未来、どんなにテクノロジーが発展を遂げていこうとも、そのテクノロジーをどのように活用していこうとするかはその時代に生きる人間次第なのです。保育や教育の現場においては、これからのテクノロジーの進化においては、常に活用方法を考え合いながら、その進化と共に歩み、目の前の子どもの姿を捉えながら実践を模索する保育者の存在が求められていると言えます。

写真ならびに事例提供：ChaCha Children Oizumi

第16章

子どもの言葉を育む保育の実際
～子ども同士で紡ぎ合う対話の場～

学習のPOINT

1．子どもの育ちにおける対話の意義と保育者の役割を理解する

・自由に発話できる場があることで、子どもたちは様々なことに思いを巡らし、言葉にしようとします。また、保育者にはどのような役割があるのでしょうか。

2．実践事例を通して、対話の理解を深める

・対話の場は、園によって様々な取り組み方がありますが、従来の話し合いとは何が違うのでしょうか。「対話」という言葉が示す意味を考えていきましょう。

3．発話を共有したり、問題解決したりすることにより子どもの成長・発達が支えられる過程を知る

・対話の場には、共有することや問題の解決、新たな物事への理解など様々な意味が生まれます。従来の話し合いと何が違うのか考えていきましょう。

事前学習 Work

【設問１】（目安：保育所実習Ⅰ前の学生向け）

小学校や中学校の授業で、子どものころに友達と共に話し合ったり、議論したりした経験を思い出してみましょう。その際、何が印象に残り、なぜ印象に残ったのかを考えてみましょう。

【設問２】（目安：保育所実習Ⅰ・Ⅱの間の学生向け）

保育での話し合いや対話場面で、子どもたちの発話や子ども同士の応答があれば記録してみましょう。また、保育者は子どもの発話に対して、どのように対応していたか記録したり、振り返ってみましょう。

【設問３】（目安：保育所実習Ⅰ・Ⅱ後の学生向け）

保育所や幼稚園では、対話や話し合い場面はどのような形態や頻度、内容で行われていたのかを振り返り、グループで話し合いながら、保育で行われている対話や話し合いの実態を調べてみましょう。

1．実践としての対話

（1）保育における対話とは

保育現場では、子どもたちがクラスの仲間の前で意見を言ったり、相談したり、話し合ったりする機会があります。最近では、サークルタイム、ミーティングという名称で、子どもたち同士の「対話」を大事にした実践事例が聞かれるようになりました[1)2)]。従来、保育現場では子どもたちの「話し合い」の場を大事にしてきましたが、サークルタイムやミーティングと何が違うのでしょうか。

従来の話し合いは、劇活動や運動会などの行事内容を決めるための話し合いなど保育者からの投げかけや提案、または皆で話し合って何かを決めるという合意形成が多かったのに対し、「対話」という場は子どもたちからの求めに応じた自由性の高い場が特徴としてあげられます。もちろん、実践現場によって定義や用い方は様々であることは留意しなければなりませんが、何かを決めることだけでなく、子どもたちからあがる疑問や困ったこと、その日の遊びの振り返りなど多岐にわたるテーマが特徴であるといえます。

2021年からクラスタイムという名称を使用し、子どもたちの言葉による発表や質問、疑問、意見などを通して交流できる場を設定している保育現場があります。以前からクラスでの話し合いは行っていましたが、改めて名称を設定して取り組むことになりました。

ここで筆者が保育者として試行錯誤をしながら取り組んできたクラスタイムの実践を捉えていきましょう。

（2）クラスタイムの内容

クラスタイムでは、おおよそ、その日の遊びの振り返りが中心です。話したいと思った子が自由にその日の遊びのことを話します。

時期によっては、たとえば運動会のリレーについて、作品展での各グループの報告などテーマを絞り、子どもたちから気付いたことや感想を聞くこともあります。また、だんだん慣れてくると、子どもたち自身がクラスタイムを意識し、自主的に話題を考えたり、中には夏休み中に湖で拾った骨を調べて、その経緯や分かったことをクラスタイムで話したいと持参した子もいました。

時間帯は、遊んだ後、11時前後くらいから年中では10～20分、年長では15～30分くらいかけて行います。頻度は学年や時期によっても異なりますが、年中は週に1～3回、年長はおおよそ毎日です。年少は、クラスタイムという名称は使用せず、状況に応じて行っています。

形態は、椅子と机を使って前を向いている形態や椅子で丸くなる形態、床に自由に座った状態など、テーマや状況に応じて変えています。参加人数によって一概にはいえませんが、円形の形態の方が互いの顔が見えやすく、発話する子どもの言葉が聞き取りやすいといえるかもしれません。

また、作ったものや遊んだものを説明しやすいように園庭やホールで行うこともあります。遊びそのものを説明する際、説明する対象物が視覚的に分かるように、作ったものを見せたり、時には動画や静止画を活用しモニターに映しだすこともあります。

保育者は、子どもたちが発話した言葉を図に描いたり、文字にしたりして可視化することも行います。聞いている子どもたちが分かるようにしていく工夫も大切です。

(3) 子どもたちの発話の変化

話すことに慣れていない時期は、「ご飯作り」「ブランコ」と単語のみ（年少）が多く、保育者が「ブランコが楽しかった？」などと補足することで、何が言いたかったのか分かるようになっていきます。年中になると、「リレーで勝ててよかった」と簡単な文章として話せるようになり、年長になると遊びの過程を思い出しながら、言葉にしようとする姿が増えていきます。 短い例を具体的に見ていきましょう。

11月の年長でのクラスタイムでのＩ児の発話です。

> Ｉ児「あのさ、わたしさ、ポケモンさ、ニャオハ(ポケモンのキャラクター)のさ、ポケモン描いているときにさ、オレンジバッヂ(年中)さんがさ、ニャオハを持って行ってさ、あのさ、でさ、ニャオハのさ、どうなのか忘れたけどさ、うまく描けたのがよかった」

その日の遊びの経験を、単語や短い文章ではなく、どうにかそのプロセスを友達へ伝えようとしていることが分かります。しかし、この文章および言葉だけでは、意味が伝わりにくかったようです。そこで、Ｉ児の言葉を受けて、保育者が次のように補足しています。

> Ｎ児「あ～、描いている途中で、Ｉさんがリレーに行ったんだよね。それで、ニャオハの見本の紙を置いていっていいよって先生が言っちゃたんだけど。そのニャオハの紙をオレンジバッヂさんが貸してくださいって言って、いいよって先生も言っちゃって、まさかそのニャオハを持っていくと思わなくて、持っていかれちゃって、で、そのまま描いたってことか！」

つまり、Ｉ児が写し絵として使用していたキャラクターの紙を偶然目にした年中児が持って行ってしまったことで、Ｉ児は困ったけれど、何とか思い出しながら描いた、ということでした。

伝えたい思いや経験したことを詳細に振り返ることができるようになると、発話が長くなっていきます。しかし、発話の長さと比例して、その場にいない他者が理解できる発話になるわけではなく、保育者の支えが求められます。この場合の保育者は、補足することや言い換えることでＩ児の

発話を周りの仲間に知らせるとともに、保育者自身もＩ児の真意を理解しようと考えながら発話していたのです。

（４）子ども同士で言葉を補い、意味を紡ぎだしていく

言葉を補うのは、保育者だけではありません。年中後半や年長になると、発話者に子どもが質問したり、同意しながらさらなる説明を促したりしながら、発話者の意図やその場の状況が鮮明になっていくことがあります。

Episode 1

助けてくれるどろぼうがいなかったという言葉の背景

年長クラスの２学期でのクラスタイムです。その日のクラスタイムでは、遊びの振り返りとして、どろけいでの出来事があがりました。参加していた数人の子たちから、「時間制限で勝敗を決める遊び方を導入した」「ストップウォッチ（時間を測るために使用した）を誰かがいじっていた」「どろぼうが少なくて困った」という言葉があがりました。

最後に、Ａ児が以下のように発話します。

Ａ児：あのさ、なんかさ、どろぼうの牢屋がさ、助けてくれるどろぼうがあんまりいなくてさ、それで驚いた。
Ｎ保育者：助けてくれるどろぼうがあんまりいなくて……
Ａ児：これがさ、牢屋だとして、それでこれが仲間だとして、こうやって タッチする、あの、どろぼうがいなくて
Ｎ児：帰ったの？
Ｈ児：だから、警察がいたんだけど、周りに警察が動いてて
Ａ児：周りの警察が、もう厳しいんだよね
Ｎ保育者：あ、警察が厳しすぎて、どろぼうが助けに来られなくてちょっと 困ったぜっていう感じだったんだね
Ｏ児：そりゃあね、どろけいのルールだからね
Ｎ保育者：あ、じゃあ私ちょっと質問してもいいですか？
Ｎ保育者：Ａさん、どろぼう（になることを）嫌がっていたけど、どろぼうや ったんですか？さいご
Ｈ児：やった
Ｎ保育者：やったの？すごい
Ａ児：やったよ、２回勝った
Ｎ保育者：それは、なんで、最初はどろぼうやりたくないって言ってて、Ｋさんが（どろぼうを）代わってくれたところまでは先生見てたけど、なんでどろぼうやってみようかなって気持ちに変わったの？

Ｏ児：あのね、それはね
Ｎ保育者：ちょっと待って待って
Ａ児：頑張ろうかなーって思った
Ｎ保育者：頑張ろうかなって思ったの
Ｏ児：あの、５分が短いって教えたからー
Ｎ保育者：あー、あなたが？（Ｏ児に対して）

O児：うん
N保育者：短いって教えてくれたから気持ちが変わった。なるほどー

事例提供：筆者

（5）子どもたち同士で意味を補完する

A児は「助けてくれるどろぼうがあまりいなくて」と泥棒役の仲間が少なく困ったという思いを発話しています。その発話を受けて、N児は「帰ったの？」と、どろぼう役の子が辞めてしまったと解釈しています。保育者も、この時点ではA児の意図が理解できていません。

しかし、同じ遊びをしていたH児が、A児の発話を補うように「だから、警察がいたんだけど、周りに警察が動いてて」と警察役の立ち回りのうまさを指摘したことで、A児の発話の意図がみえてきました。

その場にいない人に、その場の状況を伝えることは難しいことです。しかし、クラスタイムの場で、共に遊んでいた仲間が状況を補っていくことで、A児の発話の意図が分かるようになってきました。これこそ、クラスタイムの1つの意義といえるでしょう。

（6）子どもたちの思いに耳を傾ける場

友達の言葉をきっかけに互いに補足し合っていきながら、語られなかった前提を明らかにしてきました。しかし、ここでもう1つ保育者が、掘り下げていっています。それは、A児自身がどろぼう役になったという心情の変化についてです。

A児は、どろけいでのどろぼう役をずっと避けていました。そのことを知っている保育者は、A児の心情がどのように変化したのかを尋ねます。

A児自身は、「頑張ろうかなと思った」としか発話していませんが、着目すべきは、A児を遮るO児の言葉です。A児自身に答えさせたいという思いがあったので保育者は制止しましたが、その後、その理由を「5分が短いって教えたからー」と説明してくれます。どろぼうが苦手であるというA児の心情を理解し、O児はどうしたら気持ちが変わるのか遊びの中でアプローチしていたことが浮かびあがってきました。

年長になると、自分の気持ちや、気持ちの変化を細かく話していけるようになります。そこで語られる言葉は、保育者の予想をはるかに超えていくことがあります。子どもたちの言葉を聞くと、子どもたちは、遊びや生活の中で、たくさんのことを保育者が思っている以上に考えていることを痛感します。対話の場は、保育者にとって、あらためて子どもの思いに耳を傾ける場ともいえるかもしれません。

2．クラスタイムから遊びが広がる

　ここまでは保育実践の場面例からクラスタイムについて捉えてきましたが、実は多くの場合、クラスタイムというものはその日限りのことを語り合うことでは終わらないこともあります。なぜなら、保育は昨日から今日、今日から明日という生活の中でつながっていくものであるからです。特に子どもの遊びはそのつながりをもって発展していくものです。クラスタイムでは常に、日々の子どもの発話がつながることで遊びが広がっていきます。

（1）発話がつながっていく

　そのような場面の様子を４歳児クラスの子どもたちとＦ保育者の姿を例に考えていきましょう。

Episode 2

鳥研究所の開設（4歳児）

子どもたちが最初に作った段ボールの巣箱。

　Ｆ保育者のクラスのＡ児は、自宅で作ってきた鳥の巣をクラスタイムで紹介したところ、子どもたちの対話は園庭に毎年訪れるセキレイに鳥の巣を作って住んでもらおうという流れになりました。すぐさま、紙の箱で作りあげてＦ保育者と共に木に括りつけた子どもたちでしたが、週末の雨で案の定ビショビショになり、崩れ落ちてしまいました。

　すると、子どもたちは毎日のようにクラスタイムで話し合います。また空き箱で作ったけれどやっぱり駄目だったと報告する子ども、木で作った方がいいと提案する子ども、どうやったら木材を使って作れるのかを話し合う子どもなどその姿は様々です。

　木の巣箱を作りあげても今度は括りつけた巣箱に住んでもらうにはどうすればいいのか、粘土で作ったみかんを置いたらどうか、いやいやそうじゃないなど、クラスタイムでの話し合いは何日間も続きました。結局、住んでもらうことはかないませんでしたが、子どもたちは自分たちが園庭にいない時間を見計らうようにセキレイがやってくることに気付いたり、テラスを悠々と歩く姿をこっそりと見かけるようになっていきました。

段ボールの巣箱は雪で濡れてしまった。

すると、今度は木材で巣箱を作っていく。

事例提供：白梅学園大学附属白梅幼稚園　深田美智子教諭

（2）3つの意義

1人の子どもの興味・関心がきっかけとなって、始まったクラスの子どもたちの遊びですが、このクラスタイムにおける子どもたちの伝え合いや話し合いには次のような3つの子どもの育ちへの意義があると考えられます。

1つ目は、子どもの遊びに発展を生みだしたことです。鳥小屋を作ってきたA児の鳥を捕まえたいという思いをクラスで共有したことで、具体的な活動としてスタートしていきます。クラスタイムという場で、自分の遊びが友達に受容され、一緒に取り組む仲間ができたことで、園庭の鳥の巣を見に行く、鳥小屋を作る、エサを考える、など独力ではできなかったかもしれない活動の展開になっていきました。

2つ目は、仲間同士とのより深いつながりです。子どもが友達と同じものを作りたい、という姿はよく見らえる光景です。クラスタイムでのA児の発話がきっかけになり、子どもたちの中には、過去の鳥との触れ合いの経験を思い出し、より深い鳥への興味をつながり、共通の目的をもつ仲間とのつながりとなっていきました。

3つ目はクラス全体の活動です。実際に鳥研究所と題して鳥巣箱作りの活動をしていたのはA児を含む4人ですが、クラスタイムという場を活用し情報を共有していることで、「参加はしていないけど、知っている」状態がクラスに生まれます。彼ら4人が何をしているのか知っているので、たとえば鳥小屋作りになると手伝いに来たり、エサを置いて待ち伏せしている場面では、4人以外の子たちも固唾を飲んで見守っていることもありました。セキレイが何を食べるのかのクラスタイムでは、4人だけでは辿り着けなかった知識や経験に触れる場にもなっていきました。このようにクラスタイムという対話の場で、個々の興味・関心を共有していくことで、クラス全体の協同性が生みだされることにつながりました。

3. クラスタイムで問題を解決していく

（1）トイレに見えるのは何で？

クラスタイムでは、保育者も子どもも、予想しない反応に出合うことがあります。共感してくれる場合もあれば、予想していなかった意見があがることもあります。

しかし、多様な意見を大切にするクラスタイムでは、異論はむしろ考えるきっかけになります。異なる視点による意見は、多角的に物事を考える契機になったり、物事へのさらなる理解へとつながる可能性があります。それは、子どもにとっても、保育者にとっても当てはまります。5歳児クラスでのO保育者の実践を例に考えていきましょう。

Episode 3

幼稚園の椅子作り（5歳児）

11月、O保育者の年長クラスでは空き箱で6人の女の子たちの幼稚園作りが始まりました。K児とS児は、手のひらサイズの人形が本当に座れるように、卵パックを一つ一つ切って、椅子を作りました。意気揚々とクラスタイムで、その椅子を紹介すると、何やらザワザワしています。どうやら椅子の形状が丸いということから、トイレに見えるようでした。O保育者は、「トイレにみえる」というクラスの仲間の発話に、確かにそう見えるかもしれないけれども、そう発話した子たちが悪意をもって発しているわけではないことも分かっていました。しかし、その場は、どうするか迷いましたが、2人が気付いていなかったので、「トイレに見える」という他児の言葉にアプローチはしませんでした。

卵パックを一つ一つ切って製作した椅子に人形が座る。

保育後、同僚とそのことを相談したところ、なぜトイレに見えるのかということを子どもたちに聞いていくことで、トイレと椅子の何が違うのかを考える機会になるかもしれないという話になり、翌日、早速聞いてみることにしました。

すると、子どもたちから「座るところが丸いから」「脚がないからだよ」という意見があがり、K児とS児は、すでに作っていた椅子に脚を付けることにしました。割りばしを短く切って脚にしようとしましたが、卵パックの座面が小さすぎて4本の脚を取り付けることができません。2本にすると、倒れてしまいます。

また、次の問題は、卵パックの座面から脚として使用した割りばしが突き出てしまい、人形に当たってしまいました。人形が座ることは可能ですが、2人が「痛そう」と人形の視点に立っているからこそあがった問題です。しばらく考えた末に、2人は綿を座面に入れることで解決しました。

2人で相談しながら製作。

その日のクラスライムで意気揚々と紹介したのですが、椅子に新たに取り付けた綿に話題が移り、「トイレの水みたい」という声があがります。しかし、O保育者が促し、何で綿を入れたのかを2人が説明したことで、「確かに、おしり痛そう」「なるほどね」と納得した声があがりました。また、ここで2人が遭遇した「立たない」という問題を尋ねてみると、「脚を4本付ける」「脚と脚の間に、もういっこ棒を付ける（筋交い）」「台を付けたらいいんじゃない」という意見があがりました。2人は、椅子の脚の下に台を付けることで、無事に立たせることに成功しました。

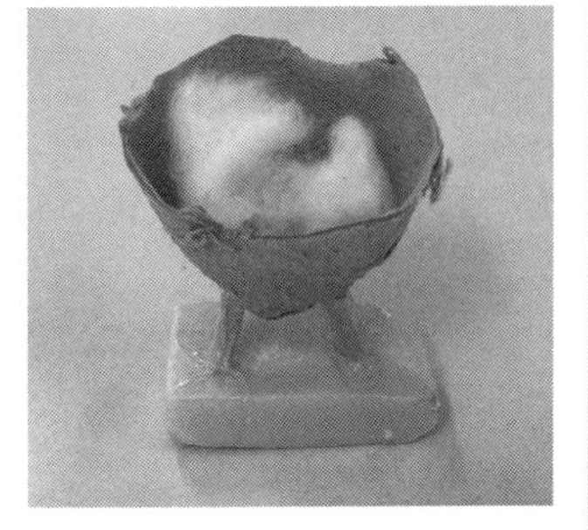

卵パックの座面に綿が入っている。最終的に2本の脚は台をつけることで無事に自立した。

事例提供：白梅学園大学附属白梅幼稚園　大塚美帆教諭

（2）考えるきっかけを探る

「トイレみたい」という一見すると、否定的な意見に見える子どもの発話をどう理解するかが問われます。担任のＯ保育者は、迷いながらも同僚との話し合いにより、子どもの言葉を、みんなで考えるきっかけにしようと考えました。

なんでトイレに見えるのか、イスとはどんなものなのか、と子どもたちに問うことで、座面の形や脚の本数の違いにも気付いていきました。反対意見として切り捨てるのではなく、異論をきっかけに解決すべき目標にしたことで、発話した子や製作した子だけでなくみんなで考えることに向かっていきました。

（3）対話という意味

冒頭から「対話」という言葉を使用しました。最近よく耳にする「対話」という考え方は、「会話」と何が違うのでしょうか。

ロシアの思想家バフチンは、対話を「ことばを用いたあらゆる交通、ことばによる相互作用」であり、「話し手の発話と、この発話の聞き手による理解からなる」ものが対話であると語っています[3)]。

これだけを見ると、どこにでもある言葉のやりとりのように思えますが、この「聞き手による理解」が重要です。バフチンの研究者である桑野によると、理解とは、「両者の間にあらたな意味が生み出される」[4)]ことを意味していると指摘しています。つまり、対話という概念は、面と向かい合って話す形態のみならず、両者の間に新たな意味が生まれることでもあります。

このエピソードでは、製作者であるＫ児とＳ児、そしてクラスの仲間が互いに本音による言葉を交わし、保育者が間に仲介していくことで、新たな意味が生まれています。まさに「対話」といえるでしょう。

【設問１】（目安：保育所実習Ⅰの前の学生向け）

日常生活の中で、対話をしている、あるいは対話のようにみえて対話ではなかったことを振り返り、グループで話し合ってみましょう。

【設問２】（目安：保育所実習ⅠとⅡの間の学生向け）

実習中に子どもと言葉を交わした場面を振り返り、自分のどのような言葉がけが子どもの言葉を引きだしたのか考え、保育者の役割を考えてみましょう。

【設問３】（目安：保育所実習Ⅰ・Ⅱの後の学生向け）

保育所や幼稚園で行われていた対話や話し合いは、子どもにとってどのような意義があったのか、あなたの考えをまとめてみましょう。

第17章

その他の言葉の育ちを支える豊かな文化「地域の特性に合わせた保育実践」

学習のPOINT

1．子どもたちが地域社会と出会う意味の理解

・子どもたちの生活は地域社会のなかで営まれています。保育者になる皆さん自身が、園の外にも目を向けてみましょう。

2．地域社会における多様な文化の理解

・保育現場を取り巻く社会環境への理解を深め、子どもたちの豊かな経験を育む文化について具体的に深めていきましょう。

事前学習 Work

【設問１】（目安：保育所実習Ⅰ前の学生向け）

保育所や幼稚園の周りにはどんな社会環境がありますか。ご自身の幼少期を振り返って、地域の人々と関わった経験はありますか。グループ内で発表し合いましょう。

【設問２】（目安：保育所実習Ⅰ・Ⅱの間の学生向け）

保育現場で行われている行事はどのようなものがありますか。また、子どもたちにとって行事はどんな意味があると思いますか。自分の考えをまとめてみましょう。

【設問３】（目安：保育所実習Ⅰ・Ⅱ後の学生向け）

実習を振り返り、子どもたちが地域社会と交流する意義について考えてみましょう。地域社会と関わりをもつ活動を行うために、保育者にはどういった準備、姿勢、配慮が必要になると考えますか。自分の考えをまとめて、グループ内で発表し合いましょう。

1. 地域社会に親しみをもつということ

保育所や幼稚園の周りには、小学校や図書館、スーパーなど暮らしを支える施設のほかに、公園、畑、山や海などの豊かな自然が存在しています。様々な人や物と関わることで、子どもたちの経験の幅は広がっていきます。ここでは地域に根ざした保育実践から、言葉の育ちについて学んでいきましょう。

(1) 子どもたちにとって地域の人々と触れ合う意義

地域社会とは、共通の地域において形成される社会生活上のまとまりを意味します。そのため、場所や雰囲気などの社会環境に限らず、誰かと出会い、そこで交わされる言葉といった、他者とのつながりも大切な要素として含まれています。私たちは誰しもが地域社会のなかで暮らしており、保育所や幼稚園に通う子どもたちも同様です。地域社会と切り離して保育を行うことはできず、保育者は園の外にはどのような社会環境が広がっているのか、情報収集と連携を図りながら、子どもたちが地域社会に親しみをもてる機会を整えていく必要があります。

地域社会との触れ合いについて、1つのエピソードを紹介します。ある日、保育所の2歳児クラスが住宅街を散歩していたときの出来事です。電信柱に見つけた「迷い鳥」のポスター。「とりさん、どうしたの？」「迷子になっちゃったんだって」「ママとバイバイかわいそう」。ポスターを見つめながら、保育者は子どもたちと何気ないおしゃべりを交わしたそうです。その数日後の散歩先で、交番の前を通り過ぎたときに「まいごのとりさん、ママにあえた？」と保育者は子どもたちから質問を受けました。「迷子の鳥」から「いぬのおまわりさん」をイメージしたのかもしれませんね。そこで保育者は、子どもたちと一緒に迷子の鳥のことを交番で尋ねてみたそうです。お巡りさんは笑顔で「まだ見つからないんだ。公園で見つけたら教えてね。お散歩気をつけていってらっしゃい。」と子どもたちの話に応え、この日を境にお巡りさんと子どもたちとのちょっとした交流が始まったということです。地域の人々と顔見知りになる、声をかけてもらう。子どもたちにとって見守られて、愛されている実感を得ることは生きる力の土台になっていきます。

(2) 地域社会との交流実践

保育現場では各園の特色や地域性を生かして、様々な交流が行われています。保育計画に示された活動や行事に限らず、迷い鳥のエピソードのように毎日交わす挨拶からも心通う交流が育まれていきます。子どもの年齢や発達、興味・関心に応じて、保育者は柔軟に保育に取り入れていかなければなりません。次に示した表 17-1 は、東京都内のある保育所で取り組まれている地域との関わりについて、大まかに年齢別でまとめたものになります。

表 17-1　年齢別における地域との関わり

	0・1・2 歳児	3・4・5 歳児
日々の保育	・園に出入りする業者、地域の人との交流 ・卒園生（主に小学生）との交流 ・園医との交流 ・散歩先での交流 ・地域の高齢者との交流（伝統遊び、野菜栽培など） ・地域の親子との交流（子育て支援の取り組み）	
行事	・敬老行事（祖父母との交流） ・地域のお祭りに参加	
		・商店街訪問（七夕、ハロウィン、勤労感謝の日、クリスマスなど） ・高齢者施設訪問 ・障がい者施設訪問 ・小学校訪問 ・年長児交流（地域の保育所や幼稚園との交流）

年齢が上がるとともに、行事としての活動が増えていることが分かります。これは保育所保育指針[1)] に記されている「幼児期の終わりまでに育ってほしい姿」にある「社会生活との関わり」から、社会性や公共性の育みがより意識されるようになり、指導計画上にも盛り込まれるようになったからといえます。予め計画がなされていることで、重点的に子どもたちの経験を積み重ねていくことができます。皆さんも実習に行った際は、その園での地域交流の様子や、年齢ごとの関わり方などを先生方に尋ねてみることをお勧めします。

それでは次に、2つの園の保育実践を読んで、地域社会の存在が子どもの言葉の育ちをいかに支えているかを考えてみましょう。

おひさま組 まちたんけん（5歳児）

描くことが好きなクラスで、自由に迷路や地図などを楽しむ姿が日々の遊びのなかで見られていました。そこでドキュメンテーション研修を受けた担任保育者は、子どもたちと「自分たちの住む街を探検して地図を作ってみる」ことを決めました。突然の訪問にも商店街の方は温かく、子どもたちの質問に対しても丁寧に応じてくれました。「ここしってる！ママといったことあるよ」とうれしそうに説明する子、魚屋では「さかな…、くさい」と話す友達に小声で「ちょっとやめてよ」とお店に気遣う発言も見られるなど、園の様子とはまた違う子どもたちの姿が見えてきました。普段通う道でも意識して見ることで、スーパーにはない専門店が並び、「乾物屋」「豆屋」「畳屋」「帽子屋」など地域らしさが出ていることを再発見しました。コロナ禍で地域との関わりが減ってしまいましたが、自分たちが住んでいる町を改めて知ることができた体験となりました。

（提供）西巣鴨さくらそう保育園（園長 山口範子）

新型コロナウイルス感染症の流行に伴い、多くの保育現場では感染予防の観点から地域と関わる活動の中止をせざるを得ない状況がありました。コロナ禍であっても、子どもたちの営みが地域に根づいていることに変わりはありません。地図遊びの要素を街探検に結び付けた保育者のセンスは、日々の子どもたちの様子をつぶさに観察していたからこそ生まれたものだと思います。「園の姿とはまた違う子どもたちの姿」とあるように、いろいろな人と触れ合い親しみをもつことで、自分の経験が誰かの役に立つ喜びを感じ、相手の立場に立って考えるようになります。また、遊びのなかで記号や標識といった「文字」に出会う経験は、子どもたちの言葉に対する興味・関心をより深めていきます。

Episode 2

サツマイモの苗植え（4・5歳児）

東京都内の高層マンションの一角にある保育所のため、子どもたちが土や身近な自然に触れられるように、マンション内の畑を借りて野菜作りを始めました。マンションの園芸クラブの方にお手伝いをいただき、4・5歳児クラスがサツマイモの苗を植えました。地域の人から直接的に話を聞く経験は少なく、子どもたちはいつもより真剣な表情で耳を傾け、しっかり聞こうとする意識が保育者にも伝わってきました。「根の部分を土の中に入れて、茎と葉の部分は土から出るようにね」「苗を寝かせたら土のお布団をやさしくかけてあげようね」と声をかけられると、「ねんねしてるみたい」「おふとんだね」と言い合いながら、そーっと大事そうに土をかける子どもの姿がありました。後日、子どもたちと散歩に出かけた際、すれ違う人を見ながら「○○さん（園芸クラブの方のお名前）かな？」「○○さんいるかなぁ」と気にかける様子が見られ、身近な人としての親しみを抱いているように感じました。

（提供）MIWAシンフォニア保育園（園長 松本和子）

「都市化によって地域の共同体は脆弱になった」と聞きますが、都会であっても地方であっても、きっかけさえあれば人間関係は築いていくことができます。日常生活において共に生きるということ、つまり子どもの存在によって地域と保育現場がつながっていくことを示した保育実践であるといえます。親や保育者以外の大人から話を聞く機会は、子どもたちにとって特別な経験になったことでしょう。子どもたちは土の温もりとともに、地域の方に大切にされているという心の通い合いを感じたのではないでしょうか。言葉はこうした関係性のなかで育まれていきます。

2．地域とつながる行事

保育現場では様々な行事が行われています。発表会でたくさんの人に囲まれて緊張した、節分の鬼が怖かった、遠足で友達と食べたお弁当がおいしかったなど、行事は私たちの生涯に渡って心に刻まれ、豊かな経験として培われていきます。子どもたちの生活に根付き、日常生活では得ることのできない特別な活動、あるいは総合的な活動として保育に取り入れられてきた行事は、園内で完結できるものではありません。人材・文化の宝庫である地域との連携・協働によって、より子どもたちの生活に一層の変化と潤いを与えることができると言えます。ここでは、地域社会と共に取り組む行事のあり方、地域社会に開かれた行事のあり方について学んでいきましょう。

（1）保育現場における行事と地域社会との交流

行事とは、定められた日に毎年繰り返し行われる儀式や催し物のことです。古くから日本人はハレの日として行事を大切にしてきましたが、保育現場では文化や伝統に親しむとともに、「社会への関心・意識をもつ」「豊かな経験を得る」「生活に変化と潤いを与える」ことをねらいとして保育に取り入れてきました。保育所や幼稚園等で行われている行事は、表17-2に示したように「園主催の行事」と「園外主催の行事」に分けることができます。伝統的行事が園と地域を結ぶ橋渡し的役割を担っていることが読み取れ、保育所保育指針においても「子どもの生活の連続性を踏まえ、家庭及び地域社会と連携して保育が展開されるよう配慮すること」と示されています[2)]。

地域で行われているお祭りを想像してみましょう。お囃子の美しい音色、心臓まで響く太鼓の振動、お神輿を担ぐ人々の熱気。こうした伝統的行事や地域的行事を地域社会と共に取り組むことによって、子どもたちは生きた経験として文化に親しみ、園内だけでは得られない異

表17-2　行事分類の定義

	行事分類名	主な行事
園主催の行事	**園行事** 園生活で行われる狭義の意味での行事の総称	入園式、卒園式、運動会、遠足、保育参観など
	宗教的行事 仏教、キリスト教、神道など宗教的な意味合いをもつ行事	花まつり、成道会、クリスマスなど
	社会的行事 国や社会が制定し、暦に基づいて記念として行われる行事	母の日、虫歯予防デー、勤労感謝の日など
	伝統的行事 一定の周期で繰り返され、伝統や文化に根ざした季節を感じる行事	七夕、節分、収穫祭など
園外主催の行事	**地域的行事** 地域で受け継がれてきた祝いごとなどを盛り込んだ行事	地域固有の祭り、地方祭など

なる世代との交流を体感することができます。また、地域との関わりは文化の継承のみならず、未就園児家庭の子育て支援、小中学校との連携、地域の高齢者との交流など、地域に開かれた保育所・幼稚園づくりとして園行事の中に組み込まれ、行われています。

（2）地域社会との交流実践

行事は保育活動の1つであり、「独自性や創意工夫が尊重される」ものであるため、その種類や内容を一律に捉えることは難しいとされています。ここでは各地の特色ある保育実践をいくつか紹介していきます。

・芋煮会（山形県）

祖父母や地域の人に声をかけ、芋煮づくりのお手伝いをしてもらいます。「おばあちゃん、どうして（こんにゃくに）わりばしさすな？」「こうすっど、こんにゃくさ、味しょむるなんよ」「おいしくなんな？」「んだよ」。こうした関わりのなかで伝統の味が引き継がれ、言葉と事柄が一致し、生活経験として体得されていくのです。

・神楽（広島県）

神楽が盛んな町にある保育所では、お祭りや祝いごとなど、子どもたちの生活に神楽が自然と溶け込んでいます。地域で練習があると子どもたちを連れて見学に行ったり、秋祭りが近づくと、子どもたちは長いブロックと牛乳パックを手に「ほいさっさー」と神楽ごっこを楽しんだりしています。地域的行事は土日に開催されることが多く、行事に直接参加せずとも、子どもたちの表現したい気持ちに寄り添うことで、地域の文化を大切にした保育につながっていきます。

・小学校との連携（千葉県）

小学校１年生が生活科の授業で近隣の保育所や幼稚園の園児を招待し、交流会を企画しています。子どもたちの連続した学びの確保となるよう、小学生は思いやりの心が育つこと、園児は就学への期待を高めることがねらいとなっています。「きゅうしょくのぎゅうにゅう、のめなかったらのこしていいの？」「飲める分だけ飲んで、あとは残して大丈夫だよ」。憧れのお兄ちゃんやお姉ちゃんとの交流は就学への不安の軽減のみならず、保育現場と小学校が一体となって子どもの成長を見届ける貴重な機会となっています。

「地域には自分、お母さんやお父さんといった家族以外に生活している人たちがいるんだ」。子どもたちがこうしたことに気付き、理解していくことで、保育現場における行事は「人と人との絆を深める」コミュニケーションツールになっていくのです。

3．異なる国の文化体験

街を歩くと観光目的ではなく、その地域で暮らしている外国人の方を多く見かけるようになりました。令和２年度の総務省の調査[3)]によると総人口に占める外国人の割合は 2.2%、つまり 45 人に１人は外国人であるという計算になります。これは保育現場でも顕著に現れており、同じく令和２年度に実施された厚生労働省の調査[4)]では、外国籍等の子どもが在籍している保育所等の割合は 60.2%であることが明らかとなっています。つまり、これから保育者を目指す皆さんは、日本の文化を土台としながら、子どもたちの背景にある保護者の文化についても目を向けていく必要があります。本節では、こども家庭庁の調査研究[5)]に基づき、「国籍にかかわらず、父・母のいずれか又は両方が外国にルーツを持っている子ども」の意味から「外国籍等の子ども」と表現していきます。

（1）外国籍等の子どもたちと保育

海外での生活を想像したときに、「言葉が伝わらないこと」や「その国のルールが分からないこと」はとても不安になります。日本で暮らす外国籍等の子どもたちとその家族は常にその状態にあり、「言葉」と「文化」の壁に戸惑いを覚えています。ここでは、ある保育所での外国籍等の保護者とのエピソードを紹介していきます。

１歳児クラスで入園してきたＡちゃんは両親ともにネパール出身です。お父さんは日本語をある程度話せますが、お母さんはまったく話せません。送り迎えは基本お母さんのため、連絡は連絡帳（平仮名で記載）または電話で、お父さんと直接やり取りをしていました。お母さんはいつも笑顔で接してくれるのですが、伝えたいことが伝えられない状況に、お互いもどかしさを感じていました。このままではいけないと感じた保育者は、何とかお母さんとやり取りができないものかと何度も職員同士で話し合いを行いました。日中のＡちゃんの様子を写真で伝えてみる、ネパール語の本を借りてやり取りをする、他のクラスのネパール出身の保護者に通訳してもらう。いろいろと試してみましたが、結果どれも思ったようにコミュニケーションを図ることができず、大事なことはお父さんに伝える方法は変わりませんでした。しかしある日、連絡帳に次の言葉が記されていました。「せんせいたち、いつもありがとうございます」。メッセージの隣にはお父さんの文字で「お母さんが先生に伝えたいと書きました」と言葉が添えてあり、保育者は涙してお母さんに感謝を伝えたそうです。

言葉や宗教観など、異なる国の文化を理解しながら保育を伝えることは容易ではありません。それでも私たち保育者は「子どもにとってどうか」「親子にとってどうか」を常に考え、安心感をもって保育所・幼稚園に通えるよう環境を整えていく必要があります。

（2）子どもたちから見た異なる文化

先ほどのエピソードをはじめ、外国籍等の子どもと保護者との関わりで問題となるのが、言葉や慣習の違いによる難しさであるといえます。そのため、「保育者の困り感」のみが先行し、「親子の困り感」を気にかけることができなくなると、アイデンティティを育む文化そのものを否定することにもつながりかねません。確かに、文化の壁は高く厚いものです。愛称で呼ぶ、ピアスをする、食べられない食材がある。しかし、子どもたちの目線で考えてみると、「世界」を身近に感じることができるまたとない機会となります。私たち保育者が捉え方を変えることで、幼少期からグローバルな感性を養うことができるだけでなく、保育はもっと楽しくなっていくと考えます。次の実践エピソードを読んで、改めて「異なる文化とは何か」について考えてみましょう。

別の保育所のケースでは、中国、韓国、ブラジル、フィリピン、バングラデシュなど様々な国籍の保護者が在籍していました。その年はオリンピックイヤーで、５歳児クラスの子どもたちは夢中になって図鑑や国旗絵本を眺めながら、まだ見ぬ「世界」に関心を寄せていました。世界にはいろいろな国があって、いろいろな国旗がある。言葉や食べるものも、違うものもあれば、似ているものもある。子どもたちは絵本で知った世界のふしぎをクラスで共有し合い、保育者は嬉々とする子どもたちの様子をお便りにして発信していました。ある日、お便りを読んだ外国籍の保護者が、子どもたちの学びになればと、その国の通貨や雑誌、民族衣装などを保育所に持ち運んでくれました。初めて目にする本物の「世界」に大喜びの子どもたち、興味・関心はさらに過熱していきました。「アメリカでじけんがあったっていってた」「ハングルもじのかんばんみつけた」「ブラジルからもつき（月）ってみえるのかな」「しゅわ（手話）って、にほんとがいこくではちがうんだって」。日々の会話の中にも「世

界」が感じられるようになり、こうした交流をきっかけに、より「世界」が子どもたちにとっての自分ごとになったと担任保育者は語っています。

多様性という言葉が近年注目を集めていますが、難しく考えず、小さなころから様々な文化に触れ、感じていくことが大切です。国が違えば、文化や習慣が異なることは当然になります。しかし、そうした違いを「そういうものなんだ」と捉えるのか、「おかしいね」と捉えるのかは、子どもたちのモデルとなる私たち保育者自身の姿勢や態度、価値観も大きく影響していくと考えられます。少子高齢化が進む中、皆さんが保育現場に立つこれからの時代は、様々な国の人々と支え合って築いていく、多文化社会へと突入します。互いを知り互いを認め合っていくことで、誰しもが安心できる居場所として、保育所・幼稚園が地域社会のインフラストラクチャー以上に機能していくのではないでしょうか。

【設問１】（目安：保育所実習Ⅰ前の学生向け）

保育現場で行われている伝統的行事について意味や由来、内容を調べてグループ内で発表し合いましょう。

【設問２】（目安：保育所実習Ⅰ・Ⅱの間の学生向け）

ご自身の住まいの地域（または実習先の地域）の社会環境を調べ、子どもたちとどのような活動をしたいのか、そのためには保育者としてどんな準備が必要なのか、自分の考えをまとめてみましょう。

【設問３】（目安：保育所実習Ⅰ・Ⅱ後の学生向け）

実習での体験を振り返り、保育現場で行われている地域社会と関わりをもつ活動、地域社会と共に取り組んでいる行事についてグループ内で共有し合いましょう。そして子どもたちが地域社会と交流する意義について改めて考えてみましょう。

コラム Column 1

保育現場の保育者自らの言葉の育みと言葉のエンパワーメント
── 子どもたちの社会的モデルとしての役割と援助 ──

保育者は子どもたちにとって重要な存在であり、その役割は私たちの社会的モデルとしての側面も含まれます。子どもたちは、保育現場で、家庭とは違うたくさんの言葉に出会います。保護者から「家庭で人形に向かって、保育者の真似をして、保育所ごっこをしています」という話もよく伺います。保育者の発する言葉その抑揚や表情、身ぶり、手ぶりも模倣しているそうです。保育者は、年齢に応じた環境を設置すると、子どもたちと一緒に家庭生活を再現し、経験したことや考えたことを自分なりの言葉で表現する姿が見られます。子ども同士が互いの言葉を聞こうとする意欲を育て、言葉感覚や表現する力を養う貴重な機会となります。以下は、子ども同士の会話です。

おままごと環境での子ども同士の会話

2歳A児　父役　今日の朝ごはんは、何にするー？
2歳B児　母役　お姉さんは何食べたい？
保育者　　姉役　卵焼きと魚が食べたいわ。
2歳A児　父役　お母さんは、疲れているから、お父さんが作るよ。
2歳B児　母役　一緒に作りましょう。
2歳A児　父役　お母さんは、疲れているから、魚の骨取ってあげるよ。
1歳C児　弟役　ぼくは、犬のご飯作るから、
（犬役の1歳D児に向かって）あっちいっててーてっ。
1歳D児　犬役　ワン　ワン、ワン、ワーン

保育者と子どもたちは、おままごと環境で、最初に朝食の準備から始め、次に、誰が準備するのか、何を作るのかと展開し、会話します。相手の身体を気遣い、それぞれの思いを自分の言葉で表現しています。さらに、ペットも登場します。このように、保育者や子どもの応答的な関わりから生活に必要な言葉は獲得されます。子どもは遊びの中で、言葉の意味を情緒的・身体的に学び、言葉に対して、ものやことを意味付ける機会としています。

保育者は、子どもの言葉の育つ姿を、保護者と相互に情報交換し、家庭との生活の連続性、発達の連続性を考えることで、子どもの言葉を育て楽しみ合う輪が広がります。保育者は自分の言葉を使って子どもたちと感情や考えを共有し、信頼関係を築くことが重要です。子どもをエンパワーメントしていく上では、子ども一人一人の「強み」を引きだすように支援することが大切です。また、保育者が使う言葉は、子どもたちの言葉に影響を与えることを忘れず、自らが話している言葉を改めて丁寧に考えていきましょう。

コラム Column 2

具体的な体験が本当の言葉の意味に気づかせる

年長児Ｋ君（以下Ｋ君）の「しにたい」という言葉に向き合ったエピソードです。

Ｋ君は、保育者に対して甘えたい気持ちはありますが素直に表現できないところや、不安が強くて、初めての活動や大きな行事の前には保育室に入室を拒否することもありました。また、様々な場面で自分の思い通りにならないことがあると「しにたい」と口にすることがある子どもでした。さすがの保育者も、「しにたい」と言われてしまうとたじろいでしまい、どのようにアプローチをしようかと悩んでしまいました。それでも「『しにたい』ではなく『助けて』と言ってくれたら助けに行くからね」と「しにたい」という言葉が置き換えられるようにと日々丁寧に関わっていました。少しずつ「しにたい」という言葉は減ってきましたが、それでも衝動的に「もう！しにたい！」と言うことは時々見られながら日々は過ぎていました。

11月のある日のこと、年長組の仕事の一つとして任されている鶏小屋の掃除をしようとしたとき、一羽の烏骨鶏が弱って横たわっているのを見つけました。「しんでるの？」「あ、いま　すこし　うごいた」「なんで　よわったんだ？」「はやく　びょういん　つれていこうよ」とクラスの子どもたちが見たこと、感じたことを言葉で表現していきます。

クラスに戻り、弱った烏骨鶏をどうするか話し合った結果「今日、担任の先生が動物病院に連れていくこと」を子どもたちが強く願った為、保育後に病院に連れていくことにしました。病院で診てもらった結果、「羽を骨折してしまっていること」「あと１０グラムでも体重が落ちてしまうと生きられないので鶏用のエサではなく生野菜をあげた方が良いこと」「もっても１週間ほどが限界なのではないかということ」が病院の先生から告げられました。そのことを、子どもたちに伝えると、その日から毎日のように家庭から生野菜を幼稚園にもって登園してくる子どもたちでした。

子どもたち、保育者が一緒になって「烏骨鶏を助けたい」一心でお世話をしました。それでも段々と弱っていき、一度は立ち上がることができた烏骨鶏も、起き上がることができなくなっていきました。最終的には自力で食べられなくなった烏骨鶏に注射器を使って口に直接餌食も行いました。

２学期も終業を迎え冬休みとなり、大晦日の朝に烏骨鶏は亡くなりました。それでも、「もって１週間」と言われた烏骨鶏が１か月も生きることができたのです。

クラスの一員として烏骨鶏のお世話も行い、段々と弱っていく烏骨鶏を間近で見てきたＫ君は、烏骨鶏の死をキッカケに「しにたい」という言葉を口にしなくなりました。友達とケンカをしても「もう！しに…たくない！」と耐えるようになったのです。

Ｋ君をはじめとした子どもたちにとって具体的な経験というものが、言葉をより確かに、正しく使われるようになっていくためにも重要であることを改めて感じる出来事となりました。

引用・参考文献

■第１部

第１章

1）DeCasper, A. J., & Spence, M. J.「Prenatal maternal speech influences newborns' perception of speech sounds」『Infant Behavior & Development』 9 (2)、pp.133-150、1986
2）Moon, C., Lagercrantz, H., and Kuhl, P.K.「Language experienced in utero affects vowel perception after birth: a two-country study」『Acta Pædiatrica』 102(2)、pp.156-160、2012
3）Partanen, E., Kujuala, T., Näätänen, R., Liitola, A., Sambeth, A., and Huotilainen, M.「Learning-induced neural plasticity of speech processing before birth」『Proceedings of the National Academy of Sciences of the United States of America』 110(37)、pp.15145-15150、2013
4）赤羽根有里子・鈴木穂波 編『新時代の保育双書　保育内容ことば』(第３版) みらい、2018、p.39
5）小林春美・佐々木正人 編『新・子どもたちの言語獲得』大修館書店、2008
6）駒井美智子 編『保育者をめざす人の保育内容「言葉」』(第２版) みらい、2018
7）太田光洋・古相正美・野中千都 編著『保育内容「言葉」：話し, 考え, つながる言葉の力を育てる』同文書林、2021
8）岡本夏木『ことばと発達』岩波書店、1985
9）Suskind,D.『Thirty million words：Building a child's brain』Dutton/Penguin Books、2015

第２章

1）厚生労働省「保育所保育指針解説」2018、p.101、p.131、p.188
https://www.cfa.go.jp/policies/hoiku/shishin-h30-bunkatsu　(2024/08/05 閲覧)
2）厚生労働省「保育所保育指針　第１章４（２）ケ」2017
https://www.mhlw.go.jp/web/t_doc?dataId=00010450&dataType=0&pageNo=1
(2024/08/05 閲覧)
3）中川信子『健診とことばの相談：１歳６か月健診と３歳児健診を中心に』ぶどう社、1998
4）厚生労働省「保育所保育指針」2017
https://www.mhlw.go.jp/web/t_doc?dataId=00010450&dataType=0&pageNo=1
(2024/08/05 閲覧)
5）森比佐志・わだよしおみ・若山憲『しろくまちゃんのほっとけーき』こぐま社、1972
6）文部科学省『小学校学習指導要領（平成 29 年告示）解説 国語編』2017
https://www.mext.go.jp/content/20220606-mxt_kyoiku02-100002607_002.pdf
(2024/08/05 閲覧)
7）ヴィゴツキー／柴田義松 訳『思考と言語』新読書社、2001
8）厚生労働省「保育所保育指針　第１章４（２）ク、ケ」2017

https://www.mhlw.go.jp/web/t_doc?dataId=00010450&dataType=0&pageNo=1
（2024/08/05 閲覧）

第３章

1）厚生労働省「保育所保育指針」第１章１（2）ア（カ）2017
https://www.mhlw.go.jp/web/t_doc?dataId=00010450&dataType=0&pageNo=1
（2024/09/20 閲覧）
2）新村出 編『広辞苑』(第７版) 岩波書店、2018、p.659，p.664
3）岡本夏木『幼児期：子どもは世界をどうつかむか』岩波書店、2005、p.214
4）レイチェル・カーソン / 上遠恵子 訳『センス・オブ・ワンダー』佑学社、1991
5）小寺卓矢 写真・文、佐藤孝夫 監『いろいろはっぱ』アリス館、2017
6）厚生労働省「保育所保育指針」第１章４（2）コ、2017
https://www.mhlw.go.jp/web/t_doc?dataId=00010450&dataType=0&pageNo=1
（2024/09/20 閲覧）
7）厚生労働省「保育所保育指針」第２章３（2）エ（イ）⑩、2017
https://www.mhlw.go.jp/web/t_doc?dataId=00010450&dataType=0&pageNo=1
（2024/09/20 閲覧）

【コラム】

1）マーシャ・ブラウン え・せたていじ やく『三びきのやぎのがらがらどん』福音館書店 2016

第４章

1）内閣府･文部科学省･厚生労働省『幼保連携型認定こども園における園児が心を寄せる環境の構成』フレーベル館、2022
2）LenzTaguchi,H.『Going Beyond the Theory/Practice Divide in Early Childhood Education：Introducing an Intra-Active Pedagogy』Routledge，2009
3）奥村高明・有元典文・阿部慶賀 編著『コミュニティ・オブ・クリエイティビティ：ひらめきの生まれるところ』日本文教出版、2022
4）矢野智司『幼児教育知の探究 13 幼児理解の現象学：メディアが開く子どもの生命世界』萌文書林、2014
5）レッジョ・チルドレン 著 ワタリウム美術館 編／田辺敬子 ほか訳『子どもたちの 100 の言葉：レッジョ・エミリアの幼児教育実践記録』日東書院本社、2012
6）秋田喜代美・松本理寿輝 監 東京大学大学院教育学研究科附属発達保育実践政策学センター、まちの保育園・こども園 編著『保育の質を高めるドキュメンテーション：園の物語りの探究』中央法規出版、2021
7）Corsaro,W.A.『We're friends，right?：Inside kids' Culture』Joseph Henry Press，2003
8）内田伸子『発達心理学：ことばの獲得と教育』岩波書店、1999
9）佐伯胖『幼児教育へのいざない：円熟した保育者になるために』東京大学出版会、2001
10）バーバラ･ロゴフ／當眞千賀子 訳『文化的営みとしての発達：個人、世代、コミュニティ』新曜社、2006
11）古田徹也『いつもの言葉を哲学する』朝日新書 845　朝日新聞出版、2021

12）倉橋惣三「保姆と詩感の教養」日本幼稚園協會『幼兒の教育』29（6）、フレーベル館、1929、pp. 4-7
13）倉橋惣三「詩心」日本幼稚園協會『幼兒の教育』46（4）、フレーベル館、1947、pp. 2-4

【コラム】

1）文部科学省「幼稚園教育要領解説」2018、p.16
https://www.mext.go.jp/content/1384661_3_3.pdf

■第2部

第5章

1）文部科学省『幼稚園教育要領解説』フレーベル館、2018
2）田中珠美・三宅茂夫「幼児教育現場における教材選定の現状と課題：保育者を対象としたアンケート調査の結果から」『神戸女子大学文学部紀要』(56)、2023、pp.97-112
3）国立教育政策研究所教育課程研究センター『幼児期から児童期への教育』ひかりのくに、2005
4）田代恵美子「豊かな教育環境の創造に向けた「教材研究」」文部科学省教育課程課・幼児教育課編『初等教育資料』(983)、東洋館出版社、2019、pp.90-93.
5）野口芳宏『野口流教師のための発問の作法』学陽書房、2011
6）吉永安里『ダイヤモンドチャート法：読みを可視化する方略』東洋館出版社、2013、p.9
7）モーリス・センダック さく・じんぐうてるお やく『かいじゅうたちのいるところ』冨山房、1975
8）林明子 さく『こんとあき』福音館書店、1989
9）新美南吉 作・かすや昌宏 絵『ごんぎつね』あすなろ書房、1998
10）ハンス・ウィルヘルム えとぶん・久山太市 やく『ずーっとずっとだいすきだよ』評論社、1988
11）まついのりこ さく『じゃあじゃあびりびり』偕成社、1983
12）なかがわりえこ 文・おおむらゆりこ 絵『ぐりとぐら』福音館書店、1963
13）椋鳩十 作・あべ弘士 絵『大造じいさんとがん』理論社、2017
14）長谷川摂子 作・ふりやなな 画『めっきらもっきらどおんどん』福音館書店、1985
15）阿部直美「保育者の言葉がけにみる子どもの主体性の育みについての一考察：「遊び」を通して子どもがのびのびと行動できる保育をめざして」『大阪樟蔭女子大学人間科学研究紀要』(5)、2006、pp.89-94
16）神長美津子「豊かな教育環境の創造につながる教材研究」『遊びを支える教材の工夫・教材研究』全国国立大学附属学校連盟幼稚園部会、2019

第6章

1）厚生労働省「保育所保育指針」2017
https://www.mhlw.go.jp/web/t_doc?dataId=00010450&dataType=0&pageNo=1（2024/08/05 閲覧）
2）内閣府・文部科学省・厚生労働省「幼保連携型認定こども園教育・保育要領」2017
https://www.mhlw.go.jp/web/t_doc?dataId=00010420 （2024/08/09 閲覧）
3）厚生労働省 雇用均等・児童家庭局保育課「社会保障審議会児童部会保育専門委員会（第10回）資料4」、2016
https://www.mhlw.go.jp/file/05-Shingikai-12601000-Seisakutoukatsukan-

Sanjikanshitsu_Shakaihoshoutantou/04_1.pdf　(2024/07/25 閲覧)

第7章

1）厚生労働省「保育所保育指針」2017
https://www.mhlw.go.jp/web/t_doc?dataId=00010450&dataType=0&pageNo=1 (2024/08/05 閲覧)
2）文部科学省「幼稚園教育要領」2017
https://www.mext.go.jp/content/1384661_3_2.pdf　(2024/08/05 閲覧)

第8章

1）中川信子『子どものこころとことばの育ち』大月書店、2003
2）駒井美智子 編『保育者をめざす人の保育内容「言葉」』みらい、2012
3）大橋喜美子・川北典子 編『保育内容指導法「言葉」乳幼児と育む豊かなことばの世界』建帛社、2019
4）鶴　宏史『障害児保育』晃洋書房、2018
5）中川信子『保育園・幼稚園のちょっと気になる子』ぶどう社、2020
6）厚生労働省「保育所保育指針解説」2018
https://www.cfa.go.jp/policies/hoiku/shishin-h30-bunkatsu　(2024/08/09 閲覧)
7）酒井幸子・田中康雄『発達が気になる子の個別の指導計画』Gakken 保育 Books、2013
8）市川奈緒子・仲本美央『子ども一人ひとりがかがやく個別指導計画：保育現場の実践事例から読み解く』フレーベル館、2022

第9章

1）Cummins, J.「Bilingualism and the Development of Metalinguistic Awareness」『Journal of Cross-Cultural Psychology』No.9（2), 1978, pp.139-149
2）Cummins, J.『Empowering Minority Students』California Association for Bilingual Education, 1989, p.45
3）太田晴雄『ニューカマーの子どもと日本の学校』国際書院, 2000, pp.204-205
4）Skutnabb=Kangas, T.『Bilingualism or Not：The Education of Minorities』Multilingual Matters, 1981, p.53
5）佐々木由美子『多文化共生保育の挑戦：外国籍保育士の役割と実践』明石書店、2020、p.68

第10章

1）A. トルストイ 再話／内田莉莎子 訳 佐藤忠良 画『おおきなかぶ』福音館書店、1966
2）文部科学省「幼稚園教育要領」2017
https://www.mext.go.jp/content/1384661_3_2.pdf　(2024/08/05 閲覧)
3）文部科学省『小学校学習指導要領（平成 29 年告示）解説 国語編』2017
https://www.mext.go.jp/content/20220606-mxt_kyoiku02-100002607_002.pdf (2024/08/05 閲覧)
4）秋山とも子 さく『はるちゃんもうすぐいちねんせい』こどものとも 720 号、福音館書店、2016

【コラム】

1）厚生労働省 保育所児童保育要録の見直し検討会「保育所児童保育要録の見直し等について（検討の整理）」2018
https://www.mhlw.go.jp/file/05-Shingikai-11921000-Kodomokateikyoku-Soumuka/seiri.pdf （2024/11/25 閲覧）

第 11 章

1）森上史朗・柏女霊峰 編『保育用語辞典（第 8 版）』ミネルヴァ書房、2015、p.383
2）厚生労働省「保育所保育指針」2017
https://www.mhlw.go.jp/web/t_doc?dataId=00010450&dataType=0&pageNo=1 （2024/08/05 閲覧）
3）文部科学省「幼稚園教育要領」2017
https://www.mext.go.jp/content/1384661_3_2.pdf （2024/08/05 閲覧)
4）瀬田貞二 再話・赤羽末吉 画『かさじぞう』福音館書店、1961
5）岩崎京子 文・新井五郎 絵『かさこじぞう』ポプラ社、1967
6）厚生労働省「保育所保育指針解説」2018
https://www.cfa.go.jp/policies/hoiku/shishin-h30-bunkatsu （2024/08/05 閲覧)
7）平山和子 さく『くだもの』福音館書店、1979
8）文部科学省「幼稚園教育要領解説」2018
https://www.mext.go.jp/content/1384661_3_3.pdf （2024/08/05 閲覧)
9）ユリー・シュルヴィッツ 作・画・瀬田貞二 訳『よあけ』福音館書店、1977

【コラム 1】

1）林明子 さく『おつきさまこんばんは』福音館書店、1986

■第 3 部

第 12 章

12 章 1.

1）厚生労働省「保育所保育指針」2017
https://www.mhlw.go.jp/web/t_doc?dataId=00010450&dataType=0&pageNo=1 （2024/08/05 閲覧）
2）文部科学省「幼稚園教育要領」2017
https://www.mext.go.jp/content/1384661_3_2.pdf （2024/08/05 閲覧)
3）内閣府・文部科学省・厚生労働省「幼保連携型認定こども園教育・保育要領」2017
https://www.mhlw.go.jp/web/t_doc?dataId=00010420 （2024/08/09 閲覧）
4）和田誠さく・え『ことばのこばこ』瑞雲舎、1995
5）くどうなおことのはらみんな『のはらうた 1』童話屋、1984
6）与田準一・周郷博・石黒修 編『おはなしだいすき』童心社、1964

12 章 2.

1）松谷みよ子 文・遠藤てるよ え『えんやらりんごの木』偕成社、1978

2）新村出 編『広辞苑』第７版 岩波書店、2018
3）みねよう げんあん・さいとうしのぶ　さく『あっちゃんあがつく：たべものあいうえお』リーブル、2001

第 13 章

13 章 1.

1）三宮麻由子 ぶん・みねおみつ え『でんしゃはうたう』幼児絵本ふしぎなたねシリーズ、福音館書店、2004
2）藤本ともひこ『ばけばけはっぱ』ハッピーオウル社、2012

【コラム１】

1）仲本美央 編著『ずかん・かがく絵本から広がる遊びの世界』これからの保育シリーズ 15、風鳴舎、2024

13 章 2.

1）佐々木由美子「明治期の幼年文学についての一考察」『白百合女子大学児童文化研究センター研究論文集 』（5）白百合女子大学児童文化研究センター、2001、pp. 13-39
2）宮川健郎 、大阪国際児童文学振興財団 編『ひとりでよめたよ！幼年文学おすすめブックガイド200』評論社、2019
3）八幡眞由美「幼年文学に関する研究 ：子どものことばの育ちにおける幼年文学の役割を中心に」『国立音楽大学研究紀要』（57）国立音楽大学、2023、pp.277-278
4）川端有子『児童文学の教科書』玉川大学出版部、2013
5）わたなべしげお さく・やまわきゆりこ え『もりのへなそうる』福音館書店、1971
6）中川 李枝子 さく・大村百合子 え『いやいやえん』福音館書店、1962
7）長谷川摂子 作・降矢なな 絵『きょだいなきょだいな』こどものとも傑作集 100 福音館書店、1994
8）厚生労働省「保育所保育指針」第２章３（2）エ（ウ）③④、2017
https://www.mhlw.go.jp/web/t_doc?dataId=00010450&dataType=0&pageNo=1
（2024/08/23 閲覧）
9）加古里子 絵と文『からすのパンやさん』かこさとしおはなしのほん 7 偕成社、1973

13 章 3.

1）石井桃子 編訳・J.D. バトン 画『イギリスとアイルランドの昔話』福音館書店、1981
2）厚生労働省「保育所保育指針」第２章２（2）エ②⑤⑥⑦、2017
https://www.mhlw.go.jp/web/t_doc?dataId=00010450&dataType=0&pageNo=1
（2024/08/23 閲覧）
3）文部科学省『小学校学習指導要領（平成 29 年告示）解説 国語編』2017
https://www.mext.go.jp/content/20220606-mxt_kyoiku02-100002607_002.pdf
（2024/08/05 閲覧）

13 章 4.

1）上地ちづ子『紙芝居の歴史』日本児童文化史叢書 久山社、1997

2）文部省『幼稚園教育要領』1964　https://erid.nier.go.jp/files/COFS/s38k/index.htm（2024/08/11 閲覧）
3）若林陽子「1960 年代の保育の言語活動における物語絵本の広がりと定位：素話・紙芝居との比較を通じた検討」読書科学 60（2）、pp.89-100、2018
4）荒木文子 脚本・久住卓也 絵『まんまるまんまたんたかたん』みんないっしょに、うれしいな！子ども参加かみしばい 童心社、2007
5）松谷みよ子 脚本・二俣英五郎 絵『たべられたやまんば』民話かみしばい傑作選 童心社、1970
6）右手和子 著・子どもの文化研究所 編『紙芝居のはじまりはじまり：紙芝居の上手な演じ方』子どもの文化双書 童心社、1986、p.81

第 14 章

14 章 1.

1）高橋司 編著『児童文化と保育：こころ豊かな文化を育むために』宮帯出版社、2008
2）古橋和夫 編著・金城久美子 ほか『保育者のための言語表現の技術：子どもとひらく児童文化財をもちいた保育実践』萌文書林、2016
3）古宇田亮順 著・松田治仁 絵『パネルシアターを作る：傑作選』大東出版社、2013
4）パネルシアター委員会 編『夢と笑顔をはこぶパネルシアター：誕生 40 周年記念誌』浄土宗、2011

14 章 2.

1）谷田貝公昭 編集代表『保育用語辞典 改訂新版』一藝社、2019、p.143
2）河邉貴子・田代幸代『遊びが育つ保育：ごっこ遊びを通して考える』フレーベル館、2020、p.12
3）文部科学省「幼稚園教育要領」2017、p.16
https://www.mext.go.jp/content/1384661_3_2.pdf（2024/09/13 閲覧）
4）文部科学省「幼稚園教育要領解説」2018、p.207
https://www.mext.go.jp/content/1384661_3_3.pdf（2024/09/13 閲覧）
5）文部科学省「幼稚園教育要領」2017、p.16
https://www.mext.go.jp/content/1384661_3_2.pdf（2024/09/13 閲覧）

14 章 3.

1）山村きよ「『劇遊び』について」日本幼稚園協會『幼兒の教育』38（6）、フレーベル館、1938、pp.55-56
2）ジェラルディン・B・シックス／岡田陽・北原亮子 訳『子供のための劇教育』玉川大学出版部、1978
3）岡田陽『子どもの表現活動』玉川大学出版部、1994
4）小林由利子 ほか『ドラマ教育入門』図書文化社、2010

14 章 4.

1）川尻泰司『人形劇ノート：その歴史的考察』紀伊國屋書店、1968、pp.29-126
2）加藤暁子『日本の人形劇 1867-2007』法政大学出版局、2007、pp.75-78
3）熊田武司「保育士における人形劇の実践について（Ⅰ）－岐阜市内の保育所（園）に勤務する保育士を対象にした調査から」岐阜聖徳学園大学短期大学部 編『岐阜聖徳学園大学短期大学部紀

要』(41) 岐阜聖徳学園大学短期大学部、2009、pp.87-99
4) 松崎行代『遊びからはじまる』世界思想社、2020、pp.45-48
5) 松崎行代「第8章 子どもと劇的活動～ごっこ遊び・劇遊び・劇～」川北典子・村川京子・松崎行代 編著『子どもの生活と児童文化』創元社、2015、pp.94-104

■第4部

第15章

1) 厚生労働省「2022年(令和4)年国民生活基礎調査の概況」
https://www.mhlw.go.jp/toukei/saikin/hw/k-tyosa/k-tyosa22/index.html
(2024/08/06 閲覧)
2) 厚生労働省「令和5年(2023) 人口動態統計月報年計(概数)の概況」
https://www.mhlw.go.jp/toukei/saikin/hw/jinkou/geppo/nengai23/index.html
(2024/08/06 閲覧)
3) 総務省統計局「労働力調査」
https://www.stat.go.jp/data/roudou/index.html (2024/08/06 閲覧)
4) 全国保育団体連絡会・保育研究所『保育白書 2023年版』ちいさいなかま社 発行、ひとなる書房、2023、pp.13
5) ベネッセ教育総合研究所「第6回幼児の生活アンケート レポート[2022年]」
https://benesse.jp/berd/jisedai/research/detail_5851.html (2024/08/06 閲覧)
6) 総務省『令和4年版情報通信白書』
https://www.soumu.go.jp/johotsusintokei/whitepaper/ja/r04/pdf/01honpen.pdf
(2024/08/06 閲覧)
7) 総務省『令和5年版情報通信白書』
https://www.soumu.go.jp/johotsusintokei/whitepaper/ja/r05/pdf/00zentai.pdf
(2024/08/06 閲覧)
8) 電通報「東京大学大学院との共同研究」
https://dentsu-ho.com/articles/6363 (2024/08/06 閲覧)
9) 文化庁「令和3年度「国語に関する世論調査」の結果の概要」
https://www.bunka.go.jp/tokei_hakusho_shuppan/tokeichosa/kokugo_yoronchosa/pdf/93774501_01.pdf (2024/08/07 閲覧)
10) 川島隆太・松﨑泰 編著『子どもたちに大切なことを脳科学が明かしました』くもん出版、2022
11) 上垣内伸子「子どもの権利条約を土台において保育を展望する」『発達』174号、ミネルヴァ書房、2023、p.7

【コラム】

1) アンドレアス・シュライヒャー 著、経済協力開発機構 編/一見真理子・星三和子 訳『デジタル時代に向けた幼児教育・保育:人生初期の学びと育ちを支援する』明石書店、2020

第16章

1) 大豆生田啓友・豪田トモ『子どもが対話する保育「サークルタイム」のすすめ』小学館、2022
2) 柴田愛子・青山誠『子どもたちのミーティング:りんごの木の保育実践から』りんごの木、

2011
3）ミハイル・バフチン／桑野隆・小林潔 編訳『バフチン言語論入門』せりか書房、2002、pp.20-21，p.144
4）桑野隆『生きることとしてのダイアローグ：バフチン対話思想のエッセンス』岩波書店、2021、p.95

第 17 章

1）厚生労働省「保育所保育指針」第 1 章 4（2）オ、2017
https://www.mhlw.go.jp/web/t_doc?dataId=00010450&dataType=0&pageNo=1（2024/08/05 閲覧）
2）厚生労働省「保育所保育指針」第 2 章 4（3）、2017
https://www.mhlw.go.jp/web/t_doc?dataId=00010450&dataType=0&pageNo=1（2024/08/05 閲覧）
3）総務省統計局「令和 2 年国勢調査 －人口等基本集計結果からみる我が国の外国人人口の状況」
https://www.stat.go.jp/info/today/pdf/180.pdf （2024/08/25 閲覧）
4）こども家庭庁『令和 2 年度「外国籍等の子どもへの保育に関する調査研究」』（実施主体 三菱 UFJ リサーチ＆コンサルティング株式会社）
https://www.cfa.go.jp/policies/hoiku/gaikokuseki-chousa （2024 年 8 月 19 日閲覧）
5）こども家庭庁「外国籍等の子どもへの保育に関する取組ポイント集」『令和 2 年度 子ども・子育て支援推進調査研究事業 外国籍等の子どもへの保育に関する調査研究』三菱 UFJ リサーチ＆コンサルティング、2021
https://www.murc.jp/wp-content/uploads/2021/04/koukai_210426_17.pdf（2024/07/26 閲覧）

おわりに

本書では、保育者養成課程における必修科目である保育内容の領域「言葉」と「言葉の指導法」について、必要な専門的知識とその技能をたくさんの子どもたちや保育者の姿を通して学んできました。

これまでの領域「言葉」のテキストでも、子どもの言葉の育ちの一般的なプロセスである発達とその発達に沿った指導法は取り上げられてきましたが、本書では、言葉の育ちに影響を与える現代的な課題もなるべく多く取り上げるようにし、そこに立ち現れる現代社会の多様な子どもたちの姿を浮き彫りにしながら、子ども理解に基づく多様で、かつ最先端の幅広い保育技術を取り入れた指導方法について学べる構成としました。本書をもとに、その指導方法の重要性、指導の際の留意点や計画立案に至るまで、保育者を目指す学生が自身の経験や実践を振り返り、他の学生と学び合いながら省察を深められるようにしました。やがて保育者となったとき、内容についての学びだけでなくその他者との学び合いのプロセスも含めて保育者としての専門性を高めていく際の礎となれば幸いです。

最後に、本書を刊行するにあたりご協力をいただきました執筆者の皆様、企画段階からご賛同をいただき機会を与えてくださった萌文書林代表取締役社長の服部直人氏、編集者の下中志野氏に心より感謝申し上げます。2年間という長期に渡り、執筆者・編集者・編者が三位一体となって熟考を重ねて刊行までに至りました。執筆者と編集者のどちらの立場においても多忙を極める中で、惜しみない労力と時間を注いでいただきました。また、イラストをご担当いただきました西田ヒロコ氏には、子どもの表情から保育者の動きに至るまでその微細なまでの表現のあり方に関する要望にも丁寧に向き合いながら、人間としての有り様を生き生きと描き出してくださいました。そして、巻末の協力園一覧に記された保育現場の皆様には、本書の Episode や写真のご提供をいただきました。この子どもたちと保育者の姿なくしては、本書を手に取る保育者養成課程の学生の皆さんへ向けて最も学んでもらいたいと願った乳幼児期における子どもの言葉の育ちとその育ちを支え、導く保育者の専門性は伝えきれなかったことと思います。

多くの人に支えられて、世に送り出させた一冊と深く感謝いたしております。ありがとうございました。

編者　吉永安里・仲本美央

本書刊行にご協力を頂いたみなさま

表　紙
（写真提供）社会福祉法人親愛会 音のゆりかご保育園

第1章
（写真提供）社会福祉法人親愛会 音のゆりかご保育園

第3章
（事例提供）学校法人百羊学園 昭島幼稚園 教諭 樺沢 朋恵

第6章
（写真提供）東京都多摩市私立保育園

第8章
（事例作成に伴う協力園）私立認可保育園キッズあおぞら保育園
※事例作成にあたり、協力園における様々な取り組み事例をご提供いただき、
その内容を筆者が総合的に捉えて改変している。

第10章
（指導計画案提供）社会福祉法人高洲福祉会 石神井町さくら保育園
園長 有馬聡子

第10章コラム
（写真提供）群馬県伊勢崎市 あやめ児童館

第12章1
（写真提供）東京都多摩市私立保育園

第13章
（事例提供）社会福祉法人高洲福祉会 まどか保育園 保育士 山辺笑子

第14章4コラム
（事例提供）学校法人吾田学園 幼保連携型認定こども園あがた幼稚園

第15章コラム
（事例提供）社会福祉法人 ChaCha Children & Co.
ChaCha children Oizumi

第16章
（事例提供）白梅学園大学附属白梅幼稚園 教諭 深田美智子
（事例提供）白梅学園大学附属白梅幼稚園 教諭 大塚美帆

第17章
（事例提供）西巣鴨さくらそう保育園 園長 山口範子
（事例提供）MIWA シンフォニア保育園 園長 松本和子

執筆者・執筆担当

＜編著者＞

仲本美央　白梅学園大学 子ども学部 教授　第１章、第３章、第８章コラム２、第13章１・コラム１、第14章４コラム、第15章コラム

吉永安里　國學院大學 人間開発学部 教授　第５章、第10章・コラム１

＜著　者＞

増田　泉　玉川大学 教育学部 非常勤講師　第２章、第13章３

伊藤美佳　東洋大学 福祉社会デザイン学部 講師　第３章コラム

桃枝智子　淑徳大学 総合福祉学部 准教授　第４章

田中　岳　学校法人けやきの杜 小平神明こども園 副園長 第４章コラム、第13章１コラム２、第17章コラム２

和田美香　東京家政学院大学 現代生活学部 教授　第６章、第12章１

松崎行代　京都女子大学 発達教育学部 教授　第７章、第11章、第14章４

綿貫文野　城西国際大学 福祉総合学部 助教　第７章コラム、第17章コラム１

豊永麻美　児童発達支援事業ドルフィンキッズ 公認心理師、白梅学園大学大学院博士課程在籍　第８章・コラム１

佐々木由美子　足利短期大学 こども学科 教授　第９章

小屋美香　育英短期大学 保育学科 教授　第11章コラム１・２、第15章

中塚良子　貞静学園短期大学 保育学科 講師　第12章２

有馬聡子　社会福祉法人高洲福祉会 石神井町さくら保育園 園長　第13章２

佐藤　厚　白梅学園短期大学 保育科 教授　第13章３コラム 第14章３

岡部千尋　群馬医療福祉大学 社会福祉学部 非常勤講師　第13章４、第10章コラム２

酒井基宏　敬愛短期大学 現代子ども学科 専任講師　第14章１、第17章

中野圭祐　國學院大學 人間開発学部 助教　第14章２

西井宏之　白梅学園大学附属白梅幼稚園 教諭　第16章

（所属は2024年12月時点）

保育内容「言葉」と指導法
子どもの心のことばに耳を澄ませて

2025年2月20日　初版第1刷発行

発行者　服部直人

発行所　株式会社萌文書林

〒113-0021　東京都文京区駒込6-15-11

Tel: 03-3943-0576　Fax：03-3943-0567

URL：https://www.houbun.com　E-mail：info@houbun.com

印刷・製本　中央精版印刷株式会社

乱丁・落丁本はお取替えいたします。

定価はカバーに表示してあります。

ISBN978-4-89347-442-1

表紙写真撮影　永渕元康（フォトグラファー）

ブックデザイン・DTP　大村はるき

イラスト　西田ヒロコ